错那年鉴

2023（总第6卷）

错那市地方史志办公室　编

图书在版编目（CIP）数据

错那年鉴. 2023 / 错那市地方史志办公室编.—北京 : 方志出版社, 2023.12
ISBN 978-7-5144-3895-6

Ⅰ. ①错… Ⅱ. ①错… Ⅲ. ①错那－2023－年鉴
Ⅳ. ①Z527.54

中国国家版本馆CIP数据核字(2024)第001262号

责任编辑：王娜
责任校对：张玉霞
责任印制：梅中英
出 版 者：方志出版社
地　　址：北京市朝阳区潘家园东里 9 号（国家方志馆 4 层）
邮　　编：100021
网　　址：http://www.zgfzcb.cn
发　　行：方志出版社图书营销中心（010-67110500）
印　　刷：云南美嘉美印刷包装有限公司
开　　本：889 毫米 ×1194 毫米 1/16
印　　张：22.5
字　　数：690 千字
版　　次：2023 年 12 第 1 版
印　　次：2023 年 12 月第 1 次印刷
定　　价：268.00 元

《错那年鉴（2023）》编纂委员会

《错那年鉴（2023）》编辑部

主　　编：周　兵　李广进
副 主 编：张　俊　王浩星
编　　辑：朱家星　何　杰　刘　强
图片编辑：刘　强

编辑说明

一、《错那年鉴》是由中共错那市委、错那市人民政府主办，错那市地方史志办公室编纂的年度资料性文献。《错那年鉴》自2018年创办，每年编纂出版一卷，《错那年鉴（2023）》为总第6卷。

二、《错那年鉴（2023）》以马克思列宁主义、毛泽东思想、邓小平理论、“三个代表”重要思想、科学发展观、习近平新时代中国特色社会主义思想为指导，坚持辩证唯物主义和历史唯物主义的立场、观点和方法，坚持“实事求是、质量第一、存史资政、服务大众”的办鉴宗旨，力求全面、系统、翔实地记载错那县的基本面貌和年度经济社会发展情况，为社会各界人士了解、研究县情提供准确可靠的信息资料和基本数据，为错那县的经济建设和社会事业协调发展服务。记述时限为2022年1月1日至2022年12月31日，个别事项的记述时间适当上溯或下延。

三、《错那年鉴（2023）》分为彩页和正文两部分。正文采用分类编辑法，以类目、分目、条目为主要框架结构。全书设置目录和索引，方便读者查阅全书。

四、《错那年鉴（2023）》载录错那县2022年经济、社会等方面发展的基本资料，设有特辑、大事记、错那概览、中共错那县委员会、错那县人民代表大会、错那县人民政府、中国人民政治协商会议错那县委员会、纪检·监察、受援工作、人民团体、法治、军事、综合经济管理、农林水电、商贸·旅游、财政·税务·金融、交通·邮政·通信、城建与环保、科教文卫、社会事业、乡（镇）概况、荣誉、附录、索引。

五、《错那年鉴（2023）》所提供的内容和数据，分别来自错那县各有关部门和乡（镇）人民政府，经各级领导审核，由于口径和统计方法不同，有不一致之处，使用时以错那县统计局提供的数据为准。

六、《错那年鉴（2023）》数字用法、标点符号用法分别采用国家标准《出版物上数字用法》（GB/T 15835—2011）、《标点符号用法》（GB/T 15834—2011）；计量单位采用国家技术监督局1993年12月发布的《量和单位》系列国家标准，农田土地面积仍保留“亩”作为计量单位。

数字错那·2022

辖区面积：35120 平方千米
耕地面积：15.5 平方千米
年末常住人口：13395 人

地区生产总值：9.13 亿元
第一产业增加值：3549.9 万元
第二产业增加值：45243.5 万元
第三产业增加值：42492.4 万元
社会消费品零售总额：21073.4 万元

国内旅游接待人数：33957 人次
旅游收入：1425.9 万元
农村居民人均可支配收入：17849 元
开复工项目：74 个
农牧区劳动力转移就业：6411 人
脱贫户劳动力转移就业：1363 人

农牧区劳动力转移就业收入：5360.7 万元
城镇新增就业：378 人
城镇失业率：2%
社会固定资产投资：11.26 亿元
招商引资：6792 万元
税收收入：2111.82 万元
财政收入：5240 万元

财政支出：13.51 亿元
居民储蓄存款余额：13.98 亿元
金融机构各项贷款余额：5.62 亿元
农林牧渔业总产值：6838.35 万元
牲畜出栏率：45%

粮食产量：5614.71 吨
青稞产量：4611.44 吨
油菜籽产量：400.26 吨
蔬菜产量：3160.59 吨
肉类产量：1643.45 吨
奶类产量：4965.81 吨
禽肉产量：4.36 吨
禽蛋产量：54.17 吨

领导关怀

6 月 20 日，西藏自治区人大常委会副主任、山南市委书记许成仓（中）到错那县调研
（县政府办公室　供图）

4 月 26—28 日，西藏自治区政协教科卫体委员会分党组副书记、副主任扎西加措（中）到错那县开展“加强边境地区公共服务能力建设”专题调研　（县政协办公室　供图）

4 月 26 日，西藏自治区民政厅书记边巴（右二）到错那调研　　（县政府办公室　供图）

7 月，西藏自治区人社厅党组书记李富忠（前排中）到养护公司调研就业增收工作
（县交通运输局　供图）

1月16日，西藏自治区乡村振兴局党组副书记、局长和忠华（左二）到错那县调研茶产业减贫带贫增收工作
（县乡村振兴局 供图）

6月19日，西藏自治区发展和改革委员会副主任付玉涛（前排左四）到错那调研
（县政府办公室 供图）

3月11日，山南市委常委、组织部部长冯小义（左二）到森木扎考察

（勒门巴民族乡　供图）

11月19日，山南市人大常委会副主任沈百存（中）到勒门巴民族乡调研人大工作

（勒门巴民族乡　供图）

11 月 10—11 日，山南市政协副主席董安学（中）到错那县宣讲中共二十大精神

（县政协办公室　供图）

8 月 5 日，山南市委副书记、市长次仁平措（前排中）到错那县调研

（县政府办公室　供图）

5 月 20 日，山南市委常委、政法委书记、市公安局党委书记扎西平措（前排）到娘姆江曲麻麻门巴民族乡段督导河长制工作　（县水利局　供图）

11 月 26 日，山南市乡村振兴局局长付成聪（右二）到桑玉村特色产品展销店调研村集体经济发展情况　（库局乡　供图）

重要会议

11 月 29 日，中国共产党错那县第十届委员会第六次全体会议召开　（县委办公室　供图）

1 月 18 日，错那县第十四届人民代表大会第三次会议第一次全体会议召开

（县人大常委会办公室　供图）

1月18日，中国人民政治协商会议第三届错那县委员会第二次会议召开

（县政协办公室　供图）

3月18日，中国共产党错那县第十届纪律检查委员会第二次全体会议召开

（县纪律检查委员会　供图）

学习宣传贯彻中共二十大精神

2月4日，县文工团到肖一带开展喜迎中共二十大文艺演出活动　　（浪坡乡　供图）

3月28日，错那县新时代文明实践中心在全民健身活动中心举办“盛世中国 幸福西藏 美丽错那喜迎党的二十大”主题红歌合唱比赛　　（县委宣传部　供图）

6 月 29 日，错那县举办“喜迎二十大　永远跟党走　奋进新征程”暨庆祝建党 101 周年系列活动

（县委组织部　供图）

11 月 16 日，错那县艺术团学习宣传贯彻党的二十大精神文艺演出现场

（县文化局　供图）

10月16日，浪坡乡干部群众收看中共二十大开幕会　　（浪坡乡　供图）

11月17日，县委政法委组织全县政法干警召开错那县委政法委员会全体（扩大）会议暨党的二十大精神宣讲报告会　　（县委政法委　供图）

10 月 15 日，县税务局开展“喜迎二十大 奋进新征程”活动　　　　（县税务局　供图）

12 月 2—5 日，县司法局到抵边村开展“学习宣传贯彻党的二十大精神，推动全面贯彻实施宪法”宣传活动　　　　（县司法局　供图）

11月18日，错那县学习贯彻党的二十大精神第一宣讲团专题巡回宣讲现场

（县人民法院　供图）

11月23日，中共库局乡委员会集中宣讲党的二十大精神　（库局乡　供图）

11 月 26 日，麻麻乡、村开展集中宣讲党的二十大会议精神活动

（麻麻门巴民族乡　供图）

11 月 28 日，中共错那县人社支部到曲卓木塔嘎村入户开展“学精神　抓落实”之党的二十大精神宣讲活动

（县人社局　供图）

乡村振兴

1 月 29 日，浪坡乡聚塘村举行 2021 年村集体收入分红仪式　　（浪坡乡　供图）

2 月 20 日，县工商联组织民营企业慰问搬迁群众　　（县工商联　供图）

2 月 23 日，县财政局举行 2021 年错那县“十三五”扶贫产业项目收益资金分红仪式

（县财政局　供图）

2 月 26 日，县委直属机关工委组织机关党员干部开展环境卫生大清扫活动

（县委直属机关工委　供图）

4 月，县农业农村局技术人员开展农机使用技术指导工作　　　　（县农业农村局　供图）

5 月 22 日，县乡村振兴局和县人社局联合举行错那县 2022 年一般劳动力民族手工艺加工（藏浅毛毯）编织技能培训结业典礼　　　　（县乡村振兴局　供图）

5月31日，县人民医院到勒布沟开展义诊活动　（县人民医院　供图）

6月5日，贡日门巴民族乡开展农村人居环境整治活动　（贡日门巴民族乡　供图）

6月10日，错那县举办2022年“文化和自然遗产日”系列展示、“发展传统工艺　助推乡村振兴”传统工艺展销活动　（县文化局　供图）

6月21日，县农业农村局到牲畜暖棚圈项目点开展项目验收工作（县农业农村局　供图）

7 月 1 日，错那县开展 2020 年高标准农田建设项目市级终验工作（县农业农村局　供图）

8 月，县水利局检查西午村蓄水池项目工作质量　（县水利局　供图）

平安错那

3 月 1 日，武警错那县中队开展治安巡逻　　（武警错那县中队　供图）

3 月 8 日，县公安局开展全警实战大练兵　　（县公安局　供图）

3 月 17 日，县委政法委组织全县平安建设成员单位开展三月综治宣传月集中宣传活动

（县委政法委　供图）

4 月 2 日，县消防救援大队开展救援工作　（县消防救援大队　供图）

6 月，县发改委组织消防、应急等单位督导检查物资储备库的安全情况

（县发改委　供图）

6 月，驻村工作队开展“警惕高额诱惑，远离非法集资”防范非法集资宣传活动

（县强基办　供图）

6 月 13 日，县人民法院、县人民检察院、县司法局、卡达乡司法所和派出所到卡达乡完小宣传法律法规知识（县司法局　供图）

7 月，中国农行错那县支行同县人民法院一起到多塘村调解借贷纠纷（县人民法院　供图）

8 月 13 日，县人社局、县信访局解决上访群众问题　　（县人社局　供图）

9 月 21 日，县应急管理局到肖村开展建筑施工安全检查　　（县应急管理局　供图）

10月25日，错那县居民房屋倒塌，县消防救援大队开展救援

（县消防救援大队　供图）

11月3日，县司法局党支部到曲卓木乡开展矫正、安置帮扶人员“回访教育、救助帮扶”工作

（县司法局　供图）

11 月 10 日，县人民法院到肖站开展法治宣传活动　　（县人民法院　供图）

11 月 17 日，错那县消防救援大队开展“119”消防宣传月活动　（县消防救援大队　供图）

12 月，县领导在县信访局接待室接待来访群众　　（县信访局　供图）

12 月 2 日，浪坡边境派出所到山口巡边踏查　　（县边境管理大队　供图）

进步错那

2 月 27 日，卡达乡举行内设机构和事业单位挂牌仪式（卡达乡　供图）

3 月 25 日，县工商联开展“维护民族团结　促进经济发展”主题签名活动（县工商联　供图）

5 月，贡日门巴民族乡三岔路口安装山南市错那县农村公路“路长”公示牌

（县交通运输局　供图）

2022 年，错那县勒门巴民族乡试种植莓茶

（县发改委　供图）

2022 年，县旅发局人员规范景区标识牌　　（县旅发局　供图）

2022 年，错那县新建肖小学、肖幼儿园　　（县教育局　供图）

生态错那

3 月 23 日，山南市生态环境局错那县分局更换城镇饮用水水源点标牌

（山南市生态环境局错那县分局　供图）

5 月 9 日，山南市生态环境局错那县分局开展“清捡垃圾，治理排污口‘脏乱差’现象”主题党日活动

（山南市生态环境局错那县分局　供图）

10 月 13 日，山南市生态环境局错那县分局开展第二轮中央生态环保督察转办案件复查
（山南市生态环境局错那县分局　供图）

10 月 29 日，山南市生态环境局错那县分局向群众宣传环保法律知识
（山南市生态环境局错那县分局　供图）

文化错那

1月10—21日，县中学学生代表参加山南市青少年民族团结交流代表团到安徽交流学习

（县中学　供图）

1月30日，县委、县政府到浪坡乡肖村举行“边疆人民过新年，新春祝福献给党”，喜迎春节、藏历新年“村晚”活动

（县委宣传部　供图）

3月30日，库局乡开展庆祝“3·28”西藏百万农奴解放纪念日文艺演出活动

（库局乡　供图）

4月28日，错那县第二届“魅力边陲 小康错那”朗读竞赛在县综合活动中心举行

（县委宣传部　供图）

5月4日，县中学举办全校书法大赛作品展　（县中学　供图）

5月26日，曲卓木乡举办村干部国家通用语言使用能力提升活动　（曲卓木乡　供图）

5 月 26 日，县编译局在全县范围内检查社会用字 （县编译局 供图）

6 月 14 日，错那县融媒体中心工作人员到田间地头宣传推广“珠峰云”App
（县委宣传部 供图）

7 月 1 日，错那县新时代文明实践中心联合团县委举办庆“七一”系列文体活动
（县委宣传部　供图）

7 月 23 日，错那县开展 2022 年小学语文学科教师专业能力培训　（县教育局　供图）

11 月 20 日，错那县艺术团到错那县安徽广场举行《雪山不会忘记》汇报演出
（县文化局　供图）

12 月 11 日，错那县第三届歌手大赛决赛在勒布沟举行　（县文化局　供图）

目　录

CONTENTS

特　辑

大 事 记

错那概览

中共错那县委员会

错那县人民代表大会

错那县人民政府

中国人民政治协商会议错那县委员会

纪检·监察

受援工作

人民团体

法　治

军 事

综合经济管理

农林水电

商贸·旅游

财政·税务·金融

交通·邮政·通信

城建与环保

科教文卫

社会事业

乡（镇）概况

荣　誉

附　录

索　引

10月1日，错那县举行升国旗仪式，庆祝中华人民共和国成立73周年　　　　（县委宣传部　供图）

特　辑

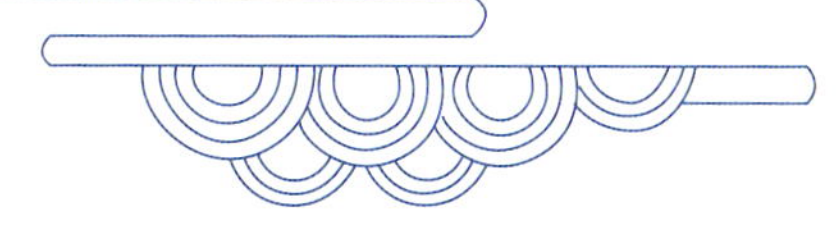

在中国共产党错那县第十届委员会第六次全体会议上的工作报告

中共错那县委书记　巴桑欧珠

（2022年11月29日）

2022年，是错那发展史上极不平凡、极不寻常、极为不易的一年。这一年，我们喜迎党的二十大，弘扬伟大建党精神，自信自强、守正创新，踔厉奋发，汇聚起迈上全面建设社会主义现代化国家新征程、向第二个百年奋斗目标进军的磅礴力量。这一年，面对突如其来的新冠疫情，我们坚决贯彻落实习近平总书记关于疫情防控工作的重要指示精神，坚决服从自治区、市疫情防控工作大局，以非常举措全面提升疫情防控工作的科学性和精准性；面对“9·26”甲类传染病疫情，我们准确研判复杂严峻形势，敢拍板、做决断、快处置，用较短时间阻断疫情传播，坚决守护人民群众生命安全和身体健康。这一年，面对前进道路上的艰难险阻，全县广大党员干部滚石上山、爬坡过坎、逆势而为、砥砺前行，作风更加务实、精神面貌焕然一新，有力推动了政治安定、社会稳定、经济发展、民族团结、边防巩固、人民安居乐业。

一年来，面对大事要事难事叠加的繁重任务，面对新情况新挑战交织的复杂局面，在习近平总书记的亲切关怀下，在自治区党委和市委的坚强领导下，在公安部和安徽省铜陵市、宣城市的无私援助下，县委常委会坚持以习近平新时代中国特色社会主义思想为指导，全面贯彻党的十九大和十九届历次全会以及中央第七次西藏工作座谈会精神，坚决贯彻落实习近平总书记关于西藏工作的重要指示精神和新时代党的治藏方略，认真贯彻落实自治区第十次党代会、市第二次党代会精神，以迎接服务、学习宣传、贯彻落实党的二十大为主线，锚定“四件大事”，聚焦“四个创建”“四个走在前列”“六个走在全区前列”目标任务，聚焦“一屏四区一基地”发展定位，坚持稳中求进工作总基调，统筹疫情防控和经济社会发展，统筹边防巩固和边境安全，积极研究新情况、主动解决新问题、不断探索新机制，主要做了以下工作。

一、深刻领悟“两个确立”的决定性意义，坚持用习近平新时代中国特色社会主义思想武装头脑、指导实践、推动工作

县委常委会坚决把捍卫“两个确立”、做到“两个维护”作为最高政治原则和根本政治规矩，不断提高政治判断力、政治领悟力、政治执行力，始终在思想上、政治上、行动上同以习近平同志为核心的党中央保持高度一致。

坚定捍卫“两个确立”，坚决做到“两个维护”。始终把“两个确立”转化为坚决做到“两个维护”的思想自觉、政治自觉、行动自觉，始终把旗帜鲜明讲政治融入各项工作中，始终把错那工作放在全国、全区、全市工作大局中思考谋划推动，县委召开十届五次全会审议通过加快推

进错那长治久安和高质量发展的实施方案，主动研究部署党的建设、经济发展、民生改善、民族团结、边境安全、疫情防控、意识形态、抵边搬迁、生态环保等工作，确保国家安全和长治久安，确保人民生活水平不断提高，确保生态环境良好，确保边防巩固和边境安全。

深入学习贯彻习近平新时代中国特色社会主义思想。弘扬理论联系实际的马克思主义学风，认真贯彻“第一议题”制度，召开县委全会、理论中心组学习会议、常委会（扩大）会议61次，及时跟进学习习近平总书记最新重要讲话和重要指示精神，深入学习宣传贯彻党的十九届六中全会精神，认真开展《习近平谈治国理政》第四卷学习研讨，跟进学习自治区党委、市委重要会议精神，确保错那整体工作始终沿着习近平总书记指引的方向前进。

以实际行动迎接服务党的二十大。坚持把迎接服务党的二十大胜利召开作为首要政治任务，突出重点领域、紧盯关键环节，切实为党的二十大胜利召开营造平稳健康的经济环境、国泰民安的社会环境、风清气正的政治环境。党的二十大召开后，县委立即召开党员干部大会、常委会（扩大）会议、理论学习中心组学习会议，举办全县党员干部专题培训班进行学习贯彻。常委班子带头学习研读，带头交流思想，带头深入联系点和分管领域开展宣讲。党的二十大代表索朗德吉带头学习宣讲，全县上下迅速掀起了学习宣传贯彻党的二十大精神的热潮。

二、坚决扛起稳定第一责任，坚决维护国家安全和社会稳定，持续巩固全国民族团结进步示范县成果

县委常委会牢固树立总体国家安全观，坚持“两个不动摇”，准确把握西藏工作的阶段性特征，增强忧患意识、强化底线思维，确保国家安全、社会稳定、人民幸福。

坚决维护社会大局稳定。紧紧围绕党的二十大维稳安保工作主线，分析研判形势、全面安排部署、压实层级责任、督促各项工作落实。常委班子带头包乡联村驻点督导检查各项重点工作。健全完善充实处置方案预案6个，开展合成演练，完善军地互补、梯次配备力量布局，不断提升处置突发事件应急能力。确保党的二十大、全国两会、冬奥会、疫情防控期间的社会安定和谐。

深化民族团结进步创建工作。持续巩固全国民族团结进步示范县创建成果，制定《关于铸牢中华民族共同体意识为主线和战略性任务　全面推进新时代错那民族工作高质量发展的实施方案》，深入实施“四大工程”“六项行动”，扎实开展民族团结进步创建“九进”活动450余场次，受教育群众1.8万人次。打造麻麻乡民族团结广场、民族团结路，制作民族团结歌曲，命名56家县级民族团结进步模范单位、教育基地，确保民族团结进步创建工作往实里走、往深里走。深化各民族交往交流交融，着力构建相互嵌入式的社区结构和社区环境，“五个认同”“三个离不开”思想更加深入人心，民族联姻家庭达到150户，各民族之间越走越近、越走越亲。

依法加强宗教事务管理。召开县委宗教工作领导小组会议、宗教界代表人士座谈会议，对提高新时代宗教工作水平作出全面部署。常态化开展“四条标准”和“三个意识”教育，广大僧尼听党话、感党恩、跟党走更加坚定自觉。投入380万余元新建寺管会干部住房、业务用房，配备消防器材和高寒防冻消防水池设施，进一步规范活动场所。圆满保障十一世班禅在错那考察学习活动。全县宗教和顺、社会和谐、民族和睦。

牢牢把握意识形态工作领导权和主动权。全面加强党对意识形态工作的领导，严格落实党委（党组）意识形态工作责任制，定期听取、研究部署意识形态工作。以喜迎党的二十大主题为主线，大力开展氛围营造、新闻宣传、文艺演出、知识竞赛等各项活动，在全市“庆七一、喜迎党的二十大”党员干部知识竞赛中，取得优异

成绩。大力弘扬社会主义核心价值观，广泛开展新时代文明实践活动，不断丰富各族群众精神文化生活。大力宣传抗疫先进事迹，凝聚起共克时艰、同心战疫的强大合力。

持续提升社会治理水平。扎实深入推进“三零”乡（镇）、村（居）创建工作，以坚持和创新发展新时代边境地区“枫桥经验”为抓手，把“枫桥经验”延伸到政策宣传、生态保护、矛盾调处、乡村振兴、维护稳定、边境建设、疫情防控等领域，形成了扁平化基层社会治理新模式、新路径。深入推进矛盾纠纷排查化解，研究制定信访工作意见，认真落实领导办案机制，接待群众来信、来访24批25人次，办结率100%。扎实推进安全生产、防灾抗灾救灾等各项工作，全县未发生较大以上安全生产事故，安全生产形势总体平稳。面对“10・25”极端暴雪天气，我们迅速采取有力措施，确保了群众生命和财产安全。

三、坚持抓牢发展第一要务，奋力实现高质量发展

县委常委会牢固树立新发展理念，坚持把加强党的领导贯穿高质量发展全过程，召开县委经济工作会议、财经委会议等对全年经济工作进行系统部署，定期听取经济运行情况，统筹做好“六稳”“六保”工作，经济基本盘总体稳定。前三季度，预计完成地区生产总值6.48亿元，同比增长2.9%，增速居全市第四；固定资产投资7.65亿元，同比增长6%，增速居全市第五；全社会消费品零售总额1.53亿元，同比增长0.3%，增速居全市第五；一般公共收入3825万元，同比增长42.56%，增速居全市第二；财政支出9.13亿元，同比增长18.7%。全年，预计完成地区生产总值9.6亿元，增速7.5%；全社会固定资产投资11.1亿元，增速22.5%；社会消费品零售总额2.3亿元，增速3.8%；一般公共收入4500万元，增速9%；农牧民可支配收入18617元，增速13.8%；财政支出11.82亿元，增速32%；城镇失业率控制在2%以内。在疫情防控的巨大压力下，主要经济指标承压回升实现正增长，极其不易，极为难得。

多点发力扩大有效投资。把稳投资作为推动项目落地、增进民生福祉的重要途径，发挥投资对增加供给、解决就业、稳增长的关键作用。注重抓谋划、抓前期、抓建设，落实领导干部“包保”重点项目制度，县本级安排前期经费500万元，实施专班推进、专人负责、跑办衔接、定期通报、集体审核项目前期手续办理机制，全面提高项目推进效率。“十四五”规划项目纳入自治区、市规划盘子项目123个，总投资84.01亿元。全年开复工项目73个，总投资19.83亿元。水利项目在全市首次实现跨省异地开标评标。疫情防控期间，通过完善施工管理，实现了重点项目不停工、不停产，闭环管理、有序施工，保证了施工进度和质量，抵边幼儿园功能提升、校园安全饮水、抵边水厂、边防公路等一批民生项目投入使用。

全力推动产业发展。全力推动产业发展提质增效，完成粮食种植面积1.72万亩，粮食总产量0.56万吨，做到了颗粒归仓，确保了粮食安全。肉、奶产量分别达到228.31吨、3063.18吨。严守耕地红线，对抵边搬迁群众1500余亩耕地进行流转，整治抛荒撂荒223.92亩。发展蜜蜂养殖、藏香猪养殖等种养殖业，引进莓茶种植，持续带动群众就业创业、增产增收。积极商洽对接太阳能、风能、水能等清洁能源开发，娘江曲流域综合水电开发工作取得实质性进展，已完成规划编制工作并提请自治区水利厅审查。实行景区免票政策，全年累计接待国内游客33957人次、实现旅游创收1425.9万元。

推动乡村振兴发展。坚决守住返贫底线，动态监测纳入“三类人员”18户58人，全县脱贫户人均纯收入达到18434.88元，增长率14.61%，超额完成市级14.3%的增长目标。全年实施乡村振兴项目21个，总投资2.7亿元，中央专项资金支出率达到100%。申报2023年乡村振兴项目35个，计

划投资4.6亿元。大力推行“树立农牧民新风貌”和农牧区人居环境整治提升五年行动，持续开展人居环境整治提升暨“五好五优”边境小康村评比活动，农牧区群众生活环境得到了进一步改善。成功创建“四好农村路”全国示范县，吉巴门巴民族乡吉巴村、贡日门巴民族乡斯木村入选第六批中国传统村落名录。

全面深化改革开放纵深推进。深入推进“放管服”改革，持续深化农村集体产权制度改革，推进农村承包土地和宅基地“三权分置”改革。深入推进“三证合一、一照一码”，实现了95%以上的个体业务即日办结。加大建设项目环评审批服务。依法依规承接下放审批权限，执行1个工作日内完成建设项目环评登记审批和豁免程序，推行环评审批“承诺制”“备案制”服务，网上备案登记项目55个，豁免环评备案项目11个，降级备案项目1个。全县新增各类市场主体224家，同比增长9.1%。

四、坚持抓好民生第一工程，不断提高各族人民生活品质

县委常委会始终坚持以人民为中心的发展思想，坚持把群众身边的小事当作县委、县政府的大事来抓，各族群众的获得感、幸福感、安全感不断增强。

着力抓好就业增收。坚持把促进群众增收、实现共同富裕作为重中之重，举办高校毕业生创业论坛、线上和线下招聘会3期，邀请用工企业127家，提供就业岗位957个，实现应届高校毕业生就业179名，就业率达98%以上。政府开发村（居）医务、消防助理、村（居）幼教等公益岗位55个，解决重点群体就业难问题。完成技能培训17期670人，新增城镇就业350人。实现农牧民转移就业6551人，创收5904万元。落实本地农牧民施工企业承建项目26个，总投资1.05亿元，带动群众增收1500万元以上。

深入推进教科文卫保事业。教育惠民更有力度，持续巩固县教育“一揽子”政策，2名学生考入其他省市西藏初中班，1名学生考入其他省市西藏高中班，小学考试成绩平均分提高15分，初升高录取率100%。落实中小学“三包”经费、营养改善经费、大学生资助资金810万元。文化惠民更加精彩，深入实施“文化润边”工程，门巴族萨玛民歌申报为国家级2023年扶持保护项目，门巴萨玛民歌、门巴拔羌姆4名非遗传承人申报成为国家级非物质文化遗产代表性传承人。健康惠民更有“医”靠，扎实推动健康错那，孕妇住院分娩率、新生小孩乙肝接种率均达100%，全县家庭医生签约服务全覆盖。错那县藏医院成功创建市“一级甲等”民族医院。错那县卫生服务中心与山南市人民医院“紧密型”医联体合作取得实质性进展。医疗保障系统向基层延伸，医保联网实现10个乡（镇）全覆盖，27个村（居）成立公共卫生委员会。大力提升社会保障能力，落实各类惠民资金1.14亿元。在党的光辉政策照耀下，错那各族群众的生活更加殷实、更加美满、更加幸福。

五、坚决守好生态第一原则，着力打造生态文明示范县

县委常委会牢固树立绿水青山就是金山银山、冰天雪地也是金山银山的理念，坚定不移走生态优先、绿色发展之路，不断筑牢祖国藏东南生态安全屏障。

坚决守住生态安全底线。坚决落实“党政同责、一岗双责”，全面落实县级河（湖）长巡河巡湖任务，严格落实最严生态保护政策，统筹推进“山水林田湖草沙冰”系统治理，开展环境质量常规性检测，地下水、地表水监测均在Ⅱ、Ⅲ类标准，大气环境质量达到一级标准。完成第二轮“三区三线”划定工作。开展造林绿化和“四旁植树”造林项目4.8万余株，推动拿日雍措国家湿地公园等一批重点区域生态保护工程。成功创建自治区级生态文明县，10个乡（镇）、27个村（居）创建成

为自治区级生态文明乡（镇）、村（居）。

扎实做好中央环保督察整改工作。中央第四生态环境保护督察组进驻期间，共向我县转办案件3件，其中2件不属实、1件部分属实，均已完成办结。同时，根据《中央生态环境保护督察反馈问题清单》举一反三、主动认领问题17项，已完成整改9项，其他问题整改工作正有序推进。

深化生态富民工程。持续推动大地增绿、群众增收，建立完善森林、草原、湿地生态效益补偿机制，提供生态岗位2909个，年人均增收3500元。加快推动“增减挂钩”复垦复绿工作，完成投资8118万元，折旧复垦增加耕地面积1331.98亩、林地面积173.79亩、草地面积1150.98亩。全县各族群众守住了绿水青山，守住了乡土与乡愁，绿水青山正源源不断为农牧民群众带来金山银山！

六、坚决扛实强边第一使命，扎实推进固边兴边富民工作

县委常委会坚持屯兵和安民并举、固边和兴边并重，全力推进守土固边富民强边行动，不断筑牢国家安全屏障第一道防线，确保边防巩固和边境安全。

加强党对边境工作的绝对领导。及时调整充实县委国家安全委员会、边防委员会，统筹边境发展和边境管控各项工作。常委班子成员带头开展“巡边守边，提升强边固防能力”等专项活动，深入边境一线调研边境管控、抵边搬迁、疫情防控、边境基层治理、党的建设等工作，了解情况、发现问题、制定对策。

持续强化边境管控防控。聚焦“巡边员+守土固边”“巡边+疫情防控”，积极落实巡边护边和疫情防控各项措施，坚持对控制薄弱地区、争议地区、人迹罕至边境地区进行踏勘，进一步掌握情况、摸清底数。优化队伍设置，充分发挥外事巡边员和联防队员作用，抵边一线群众自发组建的摩托车巡边小分队、徒步巡逻队，高举国旗齐上阵、战缺氧、斗严寒、涉险途、巡雪山，定期开展巡边活动，以实际行动谱写党的光辉照边疆、边疆人民心向党的生动篇章，成为错那268千米边境线上最亮丽的风景线。

加快推动人口抵边安居工程建设。投资1.5亿元实施浪坡乡肖康桑（扩建）、浪坡乡汤乌（三期）、卡达乡康格多3个人口抵边安居工程建设项目，建成后将有群众定居边境一线。新成立抵边搬迁行政村。加快推进抵边搬迁区域基础设施、公共服务配套等领域项目建设和产业发展，制定出台《错那县关于支持抵边产业发展优惠政策若干规定（试行）》，加大招商引资力度，民族手工业、种养殖业等招商引资项目落户肖抵边搬迁区域，建成肖区域垃圾转运站、幼儿园，推进肖小学、卫生院建设。举全县之力推动边境村居“两项改革”工作，申报边境一线村、边境村，护边员指标，申报数占全市第一。认真落实、及时兑现自治区边民补助政策，边境群众收入大幅提高，抵边一线群众可支配收入高于全县平均水平，边民腰包鼓了起来，生活富了起来，爱国守边意识更加强了起来。

研究出台《错那县深化边境党建“1+6”筑牢“固边兴边富民”红色长廊实施方案》，深化“五共五固”活动，加强军警地结对共建工作，军地双方互聘“边境指导员”“党建顾问”，建设“八一爱民学校”，开展国防教育进学校、小军迷体育课、小小石榴籽巡边、参观军史馆、军训等活动，从小培养学生拥军爱国情怀。全力以赴支持国防和军队建设，为部队提供临时用地，积极为驻训官兵解决过冬住宿问题，驻军部队支援地方开展应急救援工作，续写了新时代“军民鱼水一家亲”的深情厚谊。

七、坚持和发展全过程人民民主，加强社会主义民主政治建设

县委常委会坚定不移走中国特色社会主义政治发展道路，持之以恒把中国特色社会主义民主

政治独特优势转化为推动“四件大事”的广泛共识和一致行动。

支持人大及其常委会依法行使职权。县委高度重视人大工作，召开县委人大工作会议，出台加强和改进新时代错那人大工作的实施意见，支持和保证人大及其常委会依法行使权利、健全监督制度，实施民生实事人大代表票决制项目7个，表决通过有关决议决定1个，深化对“一府一委两院”监督，丰富人大代表联系群众的内容和形式，为推动中心工作发挥了保障促进作用，有效推进了县委各项决策部署贯彻落实。

加强和改进人民政协工作。县委高度重视政协工作，引导县政协坚持大团结、大联合两个主题，紧紧围绕县委中心工作大局深入协商、集中议政，更好发挥重要阵地、重要平台、重要渠道的作用，做到党委有声音、政协有响应，党委有部署、政协有跟进。

今年以来，政协委员积极参与服务和推动全县经济社会发展，围绕强边固边、乡村振兴等重大问题，提交提案72件。

加快法治错那建设步伐。召开县委全面依法治县委员会会议，制定平安错那建设方案、全面依法治县委员会工作规则。完成行政复议改革。深入推进“八五”普法，完善巩固法律服务体系，为27个村（居）配备“法律顾问”，开展法律援助案件12件，成立全县首家律师事务所。广大人民群众办事依法、遇事找法、解决问题用法、化解矛盾靠法的法治意识和法律维权意识不断增强。

八、严守全面从严治党政治底线，深入推进新时代党的建设新的伟大工程

县委常委会全面贯彻落实新时代党的建设总要求，坚定不移践行新时代党的组织路线，加强党的自身建设、推进自我革命，坚决同一切损害党的先进性纯洁性因素作斗争，不断夯实执政之基。

持续加强基层党组织建设。以提升组织力为重点，突出政治功能，统筹推进各领域基层党组织建设，打造基层党建示范点13个，排查整顿软弱涣散基层党组织2个。在肖抵边区域组建基层党组织7个，确保群众搬迁到哪里，党的组织就覆盖到哪里。坚持用制度管权管事管人，严格执行民主集中制，持续规范村级党组织集体决策制度，通过“三会一课”“四议两公开”等形式商讨各类事务270余次，解决群众诉求130余件。扎实推进抓党建促乡村振兴，开展村“两委”班子换届“回头看”，组织村干部学习国家通用语言文字1000余次，建强村居“两委”班子，将60名乡村振兴专干、科技专干、农业农村专员纳入驻村工作队。申报中央扶持壮大村集体经济项目8个，村集体经济得到发展壮大，到年底全县所辖村（居）将全面消除村集体经济不足5万元的现状。严把发展党员政治关、程序关、入口关，全年新发展党员64名。

持续强化干部队伍建设。坚持新时代好干部标准和民族地区干部“四个特别”要求，坚持重党性、重品行、重实绩、重基层、重公认，今年以来调整提拔晋升干部179名，其中，调整提拔19名，晋升职级101名，轮岗交流59名，树立起选人用人正确鲜明导向。扎实推进医疗教育援藏工作，协调对口支援省市、解放军988医院选派短期援藏人才18人次。举办党政“一把手”、党务工作者、乡村振兴业务提升、基层年轻干部综合能力提升等专题培训班4期，开展“机关干部大讲堂”10期，党员干部的“八项本领”“七种能力”得到培养和提升。清理规范“土政策”，切实保障干部权益，加强干部关心关爱，实施乡（镇）功能提升和集中供暖项目，持续营造环境留人氛围。

持续深化党风廉政建设。牢固树立反腐败斗争没有任何特殊性的思想，坚持无禁区、全覆盖、零容忍，巩固发展反腐败斗争压倒性态势，依纪依法查处尼玛某某严重违纪违法案。全年受理问题线索25件（含2021年遗留5件），给予党

纪处分4人，党纪政务处分1人，开除党籍2人，开除党籍、公职、移交司法机关1人，使不敢腐的震慑常在。组织召开全县年轻干部教育暨党员干部作风建设警示教育大会、观看《零容忍》专题片、集中参观“身边事教育身边人”展览、发放违纪违法忏悔录，让广大党员干部从内心深处筑牢理想信念，勇担职责使命。编制完成十届县委巡察五年工作规划，完成十届县委第一轮、第二轮巡察工作，发现并反馈问题296个，移交问题线索5件。启动县委第三轮巡察工作。

持续加强作风建设。坚持从政治上看待作风问题，始终保持作风建设永远在路上的清醒，对标对表“八个必须”“八个抓落实”“六个表率”要求，研究制定贯彻落实文件13份，细化措施56项。深入开展“作风怎么看、工作怎么干”大讨论85次，检视问题532个，制定措施240条。常委班子创新开展“六带头六提升”实践活动，大力弘扬“一线工作法”，推动落实一级带着一级干、一级做给一级看，带动全县各级党员干部转作风抓落实。制定实施《党员干部“八小时以外”活动监督管理规定（试行）》，引导全体党员干部树牢纪律规矩意识，进一步规范和约束“生活圈”“社交圈”“娱乐圈”。紧盯公款吃喝、违规收送礼品、礼金等问题，开展违反中央八项规定及其实施细则精神自查清理纠治工作，自查整改问题18条，清退资金3.58万元。加大作风不实、落实不力等问题的追责问责力度，对18家单位35名干部违反请销假制度、违反会风会纪、落实请示报告制度不到位、履行主体责任不到位等情况进行通报批评或约谈，全县党员干部作风持续向好，人民群众普遍感受到改进作风、狠抓落实工作带来的新风尚、新变化、新成效。

一年来，县委常委会班子高度重视自身建设，坚持以身作则、以上率下。带头提高政治站位，深刻领悟“两个确立”的决定性意义，坚定践行“两个维护”，做到对党绝对忠诚。带头严守政治纪律和政治规矩，对“三重一大”等涉及全局性的工作，集体讨论、研究、决定；带头维护团结，心往一处想，劲往一处使，带动“四大班子”团结、民族团结、党政军警民团结；坚持带头学习党章党规，学习习近平新时代中国特色社会主义思想、学习党的二十大精神、学习习近平总书记关于西藏工作的重要指示和新时代党的治藏方略、中央第七次西藏工作座谈会精神，坚决贯彻落实自治区党委重大决策部署、市委工作要求，不断增强把方向、谋大局、定政策、促改革的能力。带头改进作风、狠抓落实，坚持求真务实、坚决克服形式主义、官僚主义，主动到条件艰苦、环境复杂、矛盾集中的地方发现问题、解决问题；带头清正廉洁，知敬畏、存戒惧、守底线，始终做到自重自省自警；带头管党治党，全面推进从严治党，自觉接受党和人民监督。

在这特殊的年份，我们负重前行，取得的成绩来之不易。这些成绩的取得，根本在于以习近平同志为核心的党中央的坚强领导，根本在于习近平总书记党中央核心、全党核心的领航掌舵，根本在于习近平新时代中国特色社会主义思想和习近平总书记关于西藏工作重要指示及新时代党的治藏方略的科学指引，是自治区党委和市委坚强领导的结果，是全国人民特别是公安部，安徽省铜陵市、宣城市大力支持的结果，是全县党员干部和各族群众、各位委员、社会各界真抓实干、团结奋斗、鼎力支持的结果。在此，我代表县委常委会，向同志们表示衷心的感谢！

错那县人民代表大会常务委员会工作报告

——在错那县第十四届人民代表大会第四次会议上

错那县人大常委会主任　李浩路

（2023 年 3 月 1 日）

2022 年的主要工作

2022年是党和国家历史上极为重要的一年，是错那发展史上极不平凡的一年，是县十四届人大及其常委会抓基层打基础的一年。这一年，我们喜迎党的二十大，弘扬伟大建党精神，以伟大自我革命引领伟大社会革命，引领我们牢记“三个务必”，在坚定不移走中国特色社会主义政治发展道路、坚持和完善我国根本政治制度伟大进程中争取更大荣光。这一年，自治区党委、市委和县委相继召开人大工作会议，贯彻落实中央人大工作会议精神，为做好新时代错那人大工作指明了前进方向、提供了根本遵循。这一年，县委明确提出“七个走在前列”战略目标任务和“一屏四区一基地”发展定位，支持、服务于社会主义现代化新错那建设。这一年，面对突如其来的新冠疫情和甲类传染病疫情，县委统筹疫情防控和经济社会发展，全县上下齐心合力、攻坚克难，坚决守护人民群众生命安全和身体健康。一年来，县人大常委会在县委的坚强领导下，坚持以习近平新时代中国特色社会主义思想为指导，深入学习贯彻党的十九大及历次全会精神和党的二十大精神，贯彻落实习近平法治思想、习近平总书记关于坚持和完善人民代表大会制度的重要思想和中央人大工作会议精神，贯彻落实习近平总书记关于西藏工作的重要指示和新时代党的治藏方略，积极践行全过程人民民主，紧紧围绕全县中心工作大局，积极主动作为，依法履职尽责，共召开7次常委会会议、12次主任会议，听取和审议专项工作报告17个，开展监督工作6项、执法检查5次，作出决议决定1件，依法人事任免30人次，举行宪法宣誓仪式2次，圆满完成了县人代会确定的目标任务，各项工作取得了新进展新成效。

一、坚持政治引领、坚定立场，牢牢把握人大工作政治方向

县人大常委会旗帜鲜明讲政治，始终坚持党的全面领导这一最高政治原则，牢牢把握人大机关的政治属性，确保人大工作沿着正确政治方向前进。

一是着力加强党的创新理论武装。深入学习贯彻党的十九大及十九届历次全会精神和党的二十大精神，以习近平新时代中国特色社会主义思想凝心铸魂，学懂弄通做实习近平法治思想、习近平总书记关于坚持和完善人民代表大会制度的重要思想，学习贯彻落实中央、自治区党委、市委和县委人大工作会议精神，广泛开展宣传宣讲、深入人心，扎实推进改进作风狠抓落实规定篇目学习，开展党组理论学习中心组、党支部集中学习37次，组织专题学习交流6次、专题读书

班1次，推动政治理论学习学深学实，努力用党的创新理论指导人大工作。

二是坚持党对人大工作全面领导。县委高度重视人大工作，县委常委会定期听取县人大常委会党组工作汇报、研究人大工作，结合我县实际，召开了县委人大工作会议，制定印发了实施意见，对做好新时代我县人大工作明确了具体任务，为推动我县人大工作再上新台阶提供有力指导。县人大常委会党组坚决服从县委领导，严格执行请示报告制度，重要会议、重点工作、重大事项以及自治区、市人大工作组及时向县委请示报告15次。县人大常委会党组自觉服从服务于县委中心工作大局，班子成员带头履职、主动作为，按照县委的统一安排，深入基层一线开展维护稳定、疫情防控、民生改善等重点工作，及时完成县委交办的各项工作任务。

三是全面抓好党组班子队伍建设。县人大常委会党组认真履行全面从严治党主体责任，严格落实《中国共产党党组工作条例》《关于新形势下党内政治生活的若干准则》，积极推进党建、党风廉政建设、意识形态工作，全年共召开党组会议12次。专题研究人大重要工作、改进作风狠抓落实整改报告、机关党支部建设等内容，严肃认真开好民主生活会，党组班子成员积极参加支部双重组织生活，带头遵守党纪国法，坚持民主集中制原则，经常开展交心谈心，注重日常监督，进一步维护班子团结，做到心往一处想、劲往一处使。

二、坚持问题导向、强化监督，充分彰显人大工作特点优势

县人大常委会紧盯经济社会发展和重大民生问题中的短板弱项，坚持正确监督、有效监督、依法监督，在强化监督工作上更加注重针对性、有效性。

一是开展执法检查，助推基层治理效能。以集中宣传、深入乡（镇）宣讲的方式，认真组织“12·4”国家宪法日宣传活动，开展贯彻实施《中华人民共和国国旗法》《中华人民共和国国歌法》《中华人民共和国国徽法》执法检查。对相关单位（部门）关于《中华人民共和国环境保护法》《中华人民共和国国家通用语言文字法》《西藏自治区民族团结进步模范区创建条例》等法律法规的实施开展执法检查6次，有效促进了法律法规在本行政区域内得到有效贯彻、遵守和执行。作出关于开展第八个五年法治宣传教育的决议，听取审议“八五”法治宣传教育规划情况的报告，听取审议全县法院立案诉讼、全县检察院公益诉讼工作情况的报告，促进公正司法、维护公平正义。

二是强化监督，助推经济高质量发展。正确把握依法监督与有效支持的关系，密切关注宏观经济运行，听取审议错那县人民政府发展计划、预算执行和调整、财政决算等报告，有针对性提出意见建议。听取审议了2021年度本级财政执行和其他财政收支审计情况的报告、错那县人民政府关于2021年度环境状况和环境保护目标完成情况的报告，听取和审议民族团结创建、人居环境整治、乡村振兴等专项工作报告，有针对提出审议意见和建议26条，并要求相关单位上报研究落实情况、办结率达到100%。

三是严格督办，助推民生持续改善。围绕提高代表所提意见建议答复率和办结率，完善主任会议、专门委员会督办机制时限，通过深入到“重点类”督办、办理情况“督办会”、建议内容和办理情况“每季度公开”等方式，督促承办单位加强与代表互动、提升办理实效。听取审议县人民政府关于人大代表意见建议办理情况的报告，常委会定期对办理情况进行督办，对34个人大代表意见建议进行梳理，逐步规范资料、掌握办理进度。各单位、各部门及时与建议代表进行沟通，积极办理各项意见建议。全年各项意见建议答复率100%，办结率97%。

三、坚持围绕中心、服务大局，不断推动人大工作与时俱进

县人大常委会紧紧围绕全县中心工作大局，努力做到全县工作重心在哪里，人大工作就跟进到哪里，作用就发挥到哪里。

一是助力民族团结创建。县乡人大持续在人大系统深入开展铸牢中华民族共同体意识学习教育实践活动和“民族团结进步雅砻行”活动，积极行动、主动作为，不断丰富活动内涵，开展《西藏自治区民族团结进步模范区创建条例》广泛宣传和实施情况的执法检查，开展了巡回宣讲、集中测试等“七个一”活动，发放倡议书共200余份、巡回宣讲活动7场次、组织123名基层代表参加集中测试，通过活动，切实提升各级人大和广大代表思想自觉、行动自觉，增强了活动实效，进一步促进了各民族交往交流交融。

二是助力美丽乡村建设。各乡（镇）人大召开乡人代会听取乡人民政府关于人居环境整治工作情况的报告，认真落实《错那县“3355”农村人居环境综合整治工作方案》，广泛宣传《中华人民共和国环境保护法》《西藏自治区国家生态文明高地建设条例》相关内容，各级人大代表带头参与到环境整治中来，达到人畜分离、亮化绿化相关标准要求。人大代表视察中发现，卡达乡西午村、浪坡乡岗萨洞村打破传统观念，家家户户房前屋后干净整洁，室内更是干净卫生、物品摆放整齐。

四、坚持人民民主、依靠代表，始终做到人大工作深植人民

始终坚持践行发展全过程人民民主，深化民主民意表达渠道，支持保障代表依法行使职权，充分发挥代表作用，把人大工作的根深深扎在人民群众之中。

一是发挥代表主体作用。建立健全了人大代表履职平台，按照计划开展代表之家活动，设置了“三日四周八个一”、设岗定责、代表意见建议办理、代表履职风采5个专栏，进一步提高场所使用率，畅通代表与人民群众联系的重要渠道。深入开展“人大制度宣传月”活动，加大对党的二十大精神、人民代表大会制度和中央、自治区党委、市委、县委人大工作会议精神的宣传力度，进一步了解民意、凝聚民智，丰富代表活动内容，提高活动质量，有效发挥代表主体作用。今年来，共接待选民160人次，收集意见建议21条，帮助解决困难问题45件。

二是丰富代表履职方式。建立完善常委会组成人员联系代表制度，每次常委会邀请4名基层代表列席常委会会议，并与参会代表座谈，全年共邀请28名代表参加。在务求活动实效上创新代表接待日活动，深入开展设岗定责活动。县人大机关组成人员每人认领4个岗位，并按照岗位职责要求认真开展活动。主任会议成员深入各乡（镇）“代表之家”“人大代表联络站”，面对面听取群众呼声和意见建议办理情况，全年共开展5次接待活动，接待代表26人次。积极邀请代表参加代表视察、执法检查、专题调研等活动20余人次，不断调动广大代表履职尽责的积极性。

三是办好民生实事项目。在县委的领导和县政府的支持下，年初，通过“人大代表之家”、走访乡（镇）、村（社区）调研等方式深入基层一线，广泛向人大代表和乡（镇）、村（居）征求意见，报经县委同意在全县全面推开民生实事项目人大代表票决制工作。2022年共票决出民生实事项目7个，涉及资金约300万元，形成“党委领导、群众参与、代表票决、政府实施、人大监督”的工作机制，已建设完成的项目得到群众一致好评和认可，真正将民主优势、民生实事办到人民群众的心坎上，通过解决群众关心的“小事”，体现人民民主的“大事”。

五、坚持自身建设、提高本领，着力推进人大工作提质增效

常委会坚持以政治建设为统领，全面加强自身建设，不断提高履职水平，为各项工作顺利开展提供有力保障。

一是突出党建引领业务。不断加强自身建设，切实将改进作风狠抓落实活动与“走在前列谱新篇、人大奋力做贡献”大讨论大实践活动有机结合，完成学习、研讨等规定动作，逐步提高县乡人大依法履职的能力水平。抓实抓好人大办党支部党建工作，认真落实“三会一课”、组织生活会、主题党日等制度，将党建与中心工作深度融合，聚焦党建+民族团结、业务提升、代表服务，不断提升党建工作质量，党员先进性、纯洁性更加巩固。

二是完善制度运行机制。加强制度规范，根据年初安排和工作实际，建立完善党组、人大常委会、主任会议3个议事规则，按照相关规定开好各类会议，切实提高会议质量。按照年初制定的“一要点两计划”内容，规范开好每次人大常委会会议，认真筹备会议相关事宜，对听取审议的有关专项报告严格把关。各乡（镇）人大主席熟练掌握主席团14项职责内容，按要求完成年度工作任务。

三是注重规范基层基础。常委会调研过程中发现各乡（镇）存在人大工作滞后、活动开展不经常的问题，认真进行自查，查漏补缺、比学赶超，扎实有力推进存在问题的整改落实。县人大常委会主任会议成员结合疫情防控、维稳督导工作，督导各乡（镇）落实情况25次，指导乡（镇）开好代表大会和主席团会议，督促指导提档升级、提质增效具体工作，县乡“人大代表之家”完成了规范提升建设。

各位代表，一年来，常委会各项工作取得的成绩，根本在于以习近平同志为核心的党中央坚强领导，根本在于习近平新时代中国特色社会主义思想的科学指引，是在市人大及其常委会的有力指导下，是在县委的正确领导下，全体人大代表和各级人大履职尽责、扎实工作的结果，是县“一府一委两院”密切配合、大力支持的结果，是广大人民群众和社会各界充分信任、积极参与的结果。在此，我谨代表县人大常委会向大家表示衷心的感谢！

在总结成绩的同时，我们也清醒地认识到常委会的工作还有不少差距，存在一些问题和不足，主要是：一是在监督方式、跟踪问效上还有差距，针对边境建设、基层治理、乡村振兴、产业发展方面开展专题调研和询问不够；二是围绕新时代人大工作，在践行发展全过程人民民主的实际举措和创新方法不够有效；三是有些人大代表作用发挥不到位，履职热情不高，参与中心工作的频率不高，在急难险重任务面前不能主动发挥模范带头作用；四是自身建设方面距离人大“四个机关”建设的要求还存在差距。对于这些问题，我们将在今后工作中有针对性采取举措，下大力气推动解决。

2023年的主要任务

2023年是全面贯彻落实党的二十大精神开局之年，是全面建设社会主义现代化国家、全面推进中华民族伟大复兴的重要一年，站在推进中国式现代化的新征程上，我们错那也正向着全面建设社会主义现代化的目标大步迈进，人大工作肩负着神圣使命、重要职责，大有可为、大有作为。今年常委会工作总体要求是：高举中国特色社会主义伟大旗帜，坚持以习近平新时代中国特色社会主义思想为指导，深刻领会“两个确立”的决定性意义，增强“四个意识”、坚定“四个自信”、做到“两个维护”，全面贯彻党的二十大和二十届一中全会精神，深入学习贯彻习近平法治思想、习近平总书记关于坚持和完善人民代表大会制度的重要思想、关于西藏工作的重要指示和新时代党的治藏方略，深入贯彻落实中央和自治区党委、市委、县委人大工作会议精神，按照中央决策部署和自治区党委、市委、县委安排部署，坚持党的领导、人民当家作主、依法治国有机统一，聚力自治区“四个创建”“四个走在前列”、山南“六个走在全区前列”和县“七个走在前列”，站在全县中心工作大局，立足人大职能，突出错那特点，严格履行法定职责，依法做好各项工作，全面提升人大工作质量和水平，为全面建设社会主义现代化新错那提供有力法治保障。

一是坚持把党的全面领导贯彻人大始终。从百年党史中汲取智慧和力量，弘扬伟大建党精神，牢记“三个务必”，深刻领悟“两个确立”的决定性意义，增强“四个意识”、坚定“四个自信”、做到“两个维护”，不断提高政治判断力、政治领悟力、政治执行力。全面学习、全面把握、全面贯彻党的二十大精神，持之以恒深入学习贯彻习近平法治思想、习近平总书记关于坚持和完善人民代表大会制度的重要思想，深入学习贯彻中央和自治区党委、市委、县委人大工作会议精神，持续强化理论武装，不断增强制度自信。始终坚持党的全面领导这一最高政治原则，充分发挥党组把方向、管大局、保落实的领导作用，严格执行请示报告制度，自觉在县委领导下开展工作，坚决落实县委工作要求。落实全面从严治党主体责任，牢牢把握政治机关的第一属性，以党的政治建设为统领，抓好党组班子及干部队伍建设，严明政治纪律和政治规矩，始终做到同以习近平同志为核心的党中央保持高度一致。

二是坚持把提高法治意识贯彻人大始终。充分发挥人民代表大会制度在发展全过程人民民主中的重要制度载体作用，广泛宣传人民代表大会制度，不断扩大人民有序政治参与，把人民当家作主真实、生动、具体地体现在人大工作的各方面。抓好宪法法律宣传教育，精心组织“12·4”国家宪法日、“八五”普法等活动，落实好宪法宣誓制度，切实维护宪法权威。利用“人大代表之家”平台，组织代表广泛学习法律，开展法律咨询，推动各族干部群众尊法学法守法用法，不断提高运用法治思维和法治方式解决问题的能力，自觉维护祖国统一、民族团结、社会稳定。更加注重地方性法规的实施监督，加大对自治区、市出台的法规条例的宣传力度，适时开展督导检查，确保法规条例实施取得实效。

三是坚持把依法为民履职贯彻人大始终。根据县委经济工作会议的安排部署，在加强和改进监督工作上主动谋划，自觉把人大工作放到全县中心大局中去思考、去推进，聚焦县“七个走在前列”“一屏四区一基地”和“六个创建”上采取有效监督方法，加强对部门预算执行情况和重大资金投资事项的审查监督，重点对乡村振兴、产业发展，特别是底边搬迁区域产业发展、就医就业等领域以及工作推进不力的单位进行专题询问，跟踪监督审计查出问题整改情况，不断提升监督实效。坚持把群众关切作为监督的着力点，围绕群众关心的急难愁盼问题，深入基层、深入群众，真找准问题、真抓住问题、真解决问题，使监督过程真正成为维护人民利益的过程。加强人大代表履职能力建设，做好人大代表设岗定责、网格化管理工作，引导广大代表找准定位，广泛参与到乡村振兴、基层治理、社会建设工作中，切实在坚持和完善新时代边境“枫桥经验”试点工作中发挥作用。

四是坚持把夯实基层基础贯彻人大始终。持续推进《关于进一步推动“人大代表之家”规范化提升和常态化活动的实施意见》《关于在全市各级人大和代表中深入开展铸牢中华民族共同体意识学习教育实践活动的意见》的真正落实，充分在“人大代表之家”创建成功经验的基础上，继承创新、完善功能、提档升级代表履职平台，着力实现基层代表活动效果的最优化。有序推动村级“人大代表联络站”创建工作，开展好“三日四周八个一”、设岗定责等活动，确保基层人大工作规范有序、活动生动有效。规范开展好人代会、人大常委会、主席团会议，加强代表工作能力建设，进一步推动代表工作的组织方式活起来、服务保障实起来、管理监督严起来。建

立代表提出意见建议前的调研和沟通机制，规范办理资料档案，提高代表意见建议办理质量和满意度，加大重点督办力度。健全联系代表工作机制，做好常委会组成人员联系代表工作。坚持代表列席常委会会议制度和会议期间座谈会制度，深化代表对监督、决定、任免等工作的参与，做实做细代表服务工作。

五是坚持把积极担当作为贯彻人大始终。持之以恒推进作风建设，坚持以钉钉子精神改进作风狠抓落实，转变观念思路，大兴苦干实干之风，激励干部担当作为、推动工作、干事创业。按照人大“四个机关”建设要求，认真落实市委意见和县委实施意见制定的目标任务，找准切入点、着力点和创新点，采取有效措施，不断改进工作方法，加大对乡（镇）人大督促指导力度，进一步规范化落实好各项规章制度。在提升人大干部业务素质上下功夫，利用好县乡“人大代表之家”平台，定期组织各级人大干部集中学习、业务培训、专题读书班等活动，重点讲解规范召开会议、活动和撰写文字材料方面的内容，全面系统学习《中华人民共和国地方各级人民代表大会和地方各级人民政府组织法》《中华人民共和国全国人民代表大会和地方各级人民代表大会代表法》《中华人民共和国各级人民代表大会常务委员会监督法》《中华人民共和国代表大会和地方各级人民代表大会选举法》等法律法规，做到学深悟透、学以致用，不断提高综合素质和业务本领。要重视总结宣传工作，提炼县乡人大工作的典型做法，利用抖音、微信等新型媒体，加大宣传力度，展现新时代人大工作新作为。

各位代表！新时代赋予新使命，新征程呼唤新作为。让我们更加紧密地团结在以习近平同志为核心的党中央周围，在县委的坚强领导下，紧紧围绕全县发展大局，笃行不怠、真抓实干，用心用情、力求实效，为奋力开创全县人大工作新局面、全面建设社会主义现代化新错那作出新的更大贡献。

政府工作报告

——在错那县第十四届人民代表大会第四次会议上

错那县人民政府县长　鲁绪超

（2023 年 3 月 3 日）

回望 2022 年：砥砺前行，攻坚克难显担当

2022年，是党和国家历史上具有重要里程碑意义的一年，党的二十大胜利召开，以中国式现代化全面推进中华民族伟大复兴的新征程全面开启。一年来，面对严峻的疫情防控形势和繁重的稳定发展任务，在以习近平同志为核心的党中央特殊关怀下，在自治区、市党委和政府的坚强领导下，在公安部和安徽省铜陵市、宣城市的无私援助下，在县委的正确带领下，我们坚持以习近平新时代中国特色社会主义思想为指导，坚决贯彻落实“疫情要防住、经济要稳住、发展要安全”重要要求，全力以赴防疫情、稳经济、惠民生、保安全，全县经济呈现顶压前行、难中有进、全面进位态势。全年完成地区生产总值91285.8万元，同比增长2.3%，增速位居全市第二；全社会固定资产投资112567万元，同比增长23.7%，增速位居全市第四；社会消费品零售总额21073.4万元，同比下降6.1%，增速位居全市第三；农村居民人均可支配收入17849元，同比增长9.1%，增速位居全市第一；一般公共预算收入5240万元，同比增长21.5%，增速位居全市第一；一般公共预算支出135116万元，同比增长52.21%，增速位居全市第一；招商引资6792万元，同比增长17.9%，增速位居全市第四；城镇失业率控制在2%以内。主要经济指标增速全市靠前。

这一年，我们坚定不移高站位、强统揽，党的领导全面加强

坚决把捍卫“两个确立”、做到“两个维护”作为最高政治原则和根本政治规矩，坚持不懈用习近平新时代中国特色社会主义思想凝心聚魂，在思想上、政治上、行动上同以习近平同志为核心的党中央保持高度一致，坚决落实党中央、自治区党委、市委和县委的决策部署。深入开展“学习党的二十大，政府‘是什么、干什么、怎么干’学习实践活动”，全年开展各类学习20余场次。坚持党对经济社会工作的领导，主动向县委报告工作，自觉接受人大、政协和社会各界监督，推动错那经济社会高质量发展。

这一年，我们坚定不移抓项目、扩投资，发展动能更加强劲

全年实施重点项目74个，总投资27.07亿元。哈达水库、康格多抵边搬迁灌渠工程等43个项目建成投入使用，曲卓木郭麦上游、库局桑玉等11个防洪堤和贡日、曲卓木等市政道路加快建设，4条边防公路、5条农村公路和高海拔乡镇供暖工程等开工建设，城乡基础设施和公共服务能力显著改善。“十四五”规划项目纳入各级规划盘子123个，总投资84亿元，79个本级担任法人的“十四五”项目全部完成前期工作；县本级储

备“十四五”中期调整项目44个，规划投资20亿元；乡村振兴领域获批项目2亿元以上，居全市第一；边海防项目获批22个，总投资1.14亿元，居全市第一，高质量发展基础更加稳固。

这一年，我们坚定不移调结构、促转型，发展质效稳步提升

粮食产量连续11年丰产丰收，肉、奶产量分别达1643.5吨、4978.2吨。以“农户+合作社”模式流转抵边搬迁群众原有耕地1500余亩，整治抛荒撂荒223.92亩，坚决遏制耕地“非农化”、防止耕地“非粮化”“非牧化”。设立农村集体经济组织27个，成立农牧民专业合作社45家、新型家庭农场3家。总投资8118万元，新增耕地1331.98亩、林地173.79亩、草地1150.98亩。2021年高标准农田、乡村农田水渠等一批农业基础设施项目全面完工。娘江曲流域水电开发取得实质性进展。文旅产业稳步发展，产业融合持续加强，全年接待游客33957人次，实现创收1425.93万元。

这一年，我们坚定不移惠民生、增福祉，人民生活更加美好

全年实现农牧民转移就业6610人，创收5496.26万元，超额完成年度目标任务。高校毕业生就业率达98%以上。县“教育一揽子”政策深入实施，2名学生考入其他省市的西藏初中班，1名学生考入其他省市的西藏高中班，小学考试平均分较上年度提高15分。与山南市人民医院探索建立“紧密型”医联体，藏医院成功创建市“一级甲等”民族医院。门巴族萨玛民歌申报为国家级2023年扶持保护项目。成功应对“10·25”极端暴雪天气。本级投入资金1387.73万元制定配套措施化解疫情影响。全年落实各类惠民资金1.4亿元。五大保险参保率均达到99%以上。幼有所育、学有所教、劳有所得、病有所医、老有所养、住有所居、弱有所扶实现更高水平保障。

这一年，我们坚定不移严治理、重保护，生态环境明显改善

牢固树立绿水青山就是金山银山、冰天雪地也是金山银山的理念，持续打好蓝天、碧水、净土保卫战，地下水、地表水监测均在Ⅱ、Ⅲ类标准，大气环境质量达到一级标准。完成中央第四生态环境保护督察组转办案件核查办理。实施植树造林4.8万余株。提供生态岗位2909个，年人均增收3500元以上。被评为自治区级生态文明县，10个乡（镇）、27个行政村被评为自治区级文明乡村，6个村居纳入自治区级美丽宜居村庄，绿色发展底色得到进一步彰显。

这一年，我们坚定不移补短板、强弱项，乡村振兴全面推进

坚持精准帮扶和动态监测齐发力，纳入“三类人员”18户58人，发放救助资金18.25万元；脱贫户人均纯收入达到18434.88元，增长率达14.61%，超额完成市级目标任务。全年实施乡村振兴项目21个，总投资2.7亿元，2022年计划内乡村振兴项目中央衔接资金支出进度和项目建设进度位居全区第一；第二批乡村振兴领域新增项目和资金位居全市第一。被评为“四好农村路”全国示范县，吉巴乡、贡日乡斯木村入选第六批中国传统村落名录，市级农村人居环境整治考核位居高寒县第一名。创新实施乡村振兴“八大行动”，农村人居环境和基础设施条件显著改善，各族群众获得感、幸福感、安全感不断增强。

这一年，我们坚定不移守国土、建家园，强边固防持续发力

坚持屯兵和安民并举、固边和兴边并重，加快推进抵边区域基础设施建设、公共服务能力提升和产业发展，3个人口抵边安居工程基本建成。肖一带垃圾转运站、幼儿园全面完工，肖小学、供水工程、卫生院和高效温室大棚加快建设，桑垭至汤乌边防公路和亭子拉、库局确拉牧道开工建设，基础设施短板加快补齐。制定出台《错那县抵边搬迁群众自筹资金退还激励方案》，分三年让利抵边搬迁群众1900余万元。举全县之力推动强边政策改革，现有一线甲类村、边境一线村无一退出，新增边境村2个，新增护边员611人。2家民族手工艺加工企业落户抵边区域，抵边一线群众人均可支配收入高于全县平均水平。强边固防工作走在全区前列，得到区、市主要领导充分肯定。

这一年，我们坚定不移防风险、守底线，社会大局和谐稳定

坚持把维护稳定作为第一位任务，坚决维护祖国统一、坚决反对民族分裂、坚定不移开展反分裂斗争，主动防范化解各类风险挑战，依法严厉打击各类违法犯罪活动，社会治安形势持续向好。牢固树立安全发展理念，安全生产专项整治三年行动全面巩固，安全生产责任制有效落实，全年全县建筑施工、道路交通、工矿商贸等领域实现零事故、零伤亡，连续22年无森林火灾，安全生产形势总体平稳、持续向好。接待并办理群众来信来访25批、26人次，涉及金额274.6万元，办结率达100%。和谐稳定的社会环境，为错那经济社会发展提供了强有力保障。

这一年，我们坚定不移优环境、深改革，行政能力持续提升

深入推进“放管服”改革，推行环评审批“承诺制”“备案制”服务，“先照后证”改革全面落实，个体业务95%以上即日办结，新增各类市场主体237家，注册资金1.57亿元。服务窗口受理各类事项5248件，办结率达100%。“三区三线”划定工作已上报自然资源部审定。制定出台《错那县关于支持抵边产业发展优惠政策若干规定（试行）》，6个招商引资项目全部开复工，与5家企业达成投资意向协议，计划投资1.845亿元，为边境地区发展注入了新动能。

一年来，同时，我们高度重视工会、共青团、妇女儿童、工商联等方面事业发展，外事、保密、统计、社会规范用字、民族宗教事务、消防、气象、食药品监管、地方志、残疾人等各项工作都取得了新的成绩。

各位代表，事非经过不知难，成如容易却艰辛。面对抗疫和发展考题，我们不被困难所惧、不被干扰所惑、不受风雨所阻，在应对挑战中攻坚克难，在抢抓机遇中乘势而上，在改革创新中阔步前行，用“奋进之笔”书写了错那经济提速、产业提效、民生提质的亮丽答卷，用“发展之音”奏响错那幸福共享、文化共兴、和谐共生的精彩乐章。这些成就的取得，根本在于以习近平同志为核心的党中央领航掌舵和亲切关怀，得益于区市党委、政府和县委的坚强领导，得益于公安部和安徽省铜陵市、宣城市的鼎力援助，得益于县人大、政协的有效监督，这是全县各族干部群众辛勤付出、努力拼搏的成果。在此，我代表县人民政府，向全县各族干部群众，向所有关心支持错那发展的社会各界人士，表示衷心的感谢和崇高的敬意！

风雨多经志弥坚，关山初度路犹长。在肯定成绩的同时，我们应清醒认识到，当前全县经济社会发展中还存在一些不容忽视的困难和问题。主要表现为：高质量发展内生动力仍显不足，守边稳边固边形势严峻，抵边搬迁群众增收乏力，个别干部担当作为的意识和干事创业的本领仍需加强，产业发展基础亟待夯实等问题。对此，我们将坚持问题导向，拿出硬招实招，全力加以解决。

展望2023年：勠力同心，踔厉奋发谋新篇

各位代表，2023年，是贯彻落实党的二十大精神的开局之年，是实施“十四五”规划承上启下的关键一年，是我们站在新的历史起点上，带着党中央特殊关心关怀、带着公安部和援藏省市大力帮助、带着人民群众对美好生活向往、带着全县干部群众再出发的起步之年。我们要始终坚持以习近平新时代中国特色社会主义思想为指导，深入贯彻党的二十大和自治区党委十届三次全会、市委二届五次全会精神，全面落实县委十届六次全会精神，紧紧围绕自治区“四个创建”“四个走在前列”、山南市“六个走在全区前列”和错那县“一屏四区一基地”工作要求，聚焦“七个走在前列”目标任务，牢记嘱托、抢

抓机遇、凝心聚力、乘势而上，全力推动错那长治久安和高质量发展。

今年工作的预期目标是：力争地区生产总值增长8.5%左右，全社会固定资产投资增长13.5%以上，社会消费品零售总额增长10%以上，城乡居民人均可支配收入增长10%、13%以上，城镇登记失业率控制在2%以内。这些目标的设定，是审时度势，反复测算，慎重决策确定的，既充分考虑了现实基础和发展可能，又体现了追赶发展、追赶进位的要求，统筹了稳与进、供与需、量与质等方面的关系，兼顾了经济运行的系统性、协调性、逻辑性和科学性。

围绕实现上述目标，我们将重点抓好七个方面的工作。

（一）坚持补足短板和锻造长板同步发力，打造经济发展“高素质”。始终把项目建设作为推动经济增长的有力抓手，持之以恒大抓项目、抓大项目，为经济增长增添新动能。

多措并举抓实项目储备。坚持“谋早、谋深、做细、做实”，抢抓政策机遇，瞄准发展方向，锁定发展定位，找准各级政策与县情的结合点和突破点，做到大胆策划、过细规划、务实论证、精细设计。建立健全完备动态项目库，实行清单化管理调度、图谱化压茬推进、节点化督查通报机制，切实提高申报项目的数量、质量和成功率，争取G219并行线、门卓支线机场等一批好项目、大项目纳入各级“十四五”规划中期调整和扩内需项目库当中。

千方百计抓早项目前期。县本级安排前期经费500万元，建立项目前期工作联动机制，加快办理施工许可证、选址、用地、环评、林评等前期手续，争取全年新建项目达70个以上。积极跟进拉林铁路泽错支线、泽错高等级公路等重大项目前期工作，所有资金到位项目3月底前全部进入招投标程序，4月初集中举办开工仪式，以扎实的基础工作、完备的前期手续、主动的对接意识，推动项目加快落地实施。

全力以赴抓好项目建设。实施项目建设“拉练评比”机制，持续落实重点项目县级干部包保、行业部门和乡（镇）蹲点指导措施，确保旺东至无名湖、曲卓木乡尼西防洪堤等57个续建项目全面完工，开工建设汀汀拉至贡日至库局、县城二期垃圾填埋场等项目，加快实施卡达7组至康格多边防公路、抵边搬迁饮水工程等项目。

（二）坚持提质增效和增量扩面双向提升，打造产业发展“高质量”。围绕农牧产业抓规模、清洁能源产业抓突破、旅游服务产业抓品牌、民族手工业抓特色、抵边产业抓集聚，推动产业质效稳步提升。

稳步发展现代农牧业。大力发展设施农业、现代牧业，实施小型农田水利基础设施建设行动，加大良种和农业科技推广力度，升级改造乡（镇农技服务站，实施县级兽医实验室和乡（镇）暖棚圈建设。完成黄牛改良1600头，力争全年粮食总产量、肉奶产量分别达到5600吨、1600吨、4900吨。持续巩固土地抛荒撂荒整改成果，建成高标准农田7200亩，提质改造农田1000亩。

转型发展特色产业。主动适应经济发展新常态，着力在绵羊的集约化饲养、蔬菜的基地化建设、奶制品的深度加工等方面取得实质性进展，持续推动民族手工业、种养殖业转型升级，促进乡村产业向特色化、集约化、差异化发展。优化勒布沟高原有机生态茶品牌，推广莓茶种植，提升茶市场竞争力。

创新发展文旅产业。按照自治区党委把错那建设成为旅游名县的目标要求，坚持“旅游+”“+旅游”战略，创新实施旅游“五大系统”工程。建成勒布沟旅游基础设施、曲卓木沙棘林保护利用工程并对外开放，完成勒布沟国家AAAA级景区创建，高标准编制景区规划，打造以勒布沟、曲卓木为中心的绿色康养，对印自卫反击战张国华将军前线指挥部旧址为中心的红色旅游，以扎洞村、汤乌村和麻麻村为中心的田园花海，以传承爱国守边精神为中心的边境旅游“四张名片”，进一步提升吸引力、影响力和带动力。力争全年游客接待人数达到5万人次以上、创收1780万元。

提速发展商贸流通业。顺应消费升级趋势，探索网络购物、网红带货等模式，进一步稳定传统消费、提升新兴消费、挖掘潜在消费，促进线上线下消费融合发展。加快推动智慧物流、智慧交通、智慧电子商务发展，持续支持农牧民群众开网店、做微商，打造农产品网上交易平台，推进边境手工业、种养殖业等特色产品进山南、进拉萨、进内地，助力经济发展和群众增收。

突破发展新型工业。坚持水光风热互补、源网荷储一体化部署，强力跟进推动娘江曲流域水电开发、抵边区域屋顶光伏开发、曲卓木风电开发、错那镇农光互补光伏开发，争取6月底前完成娘江曲流域综合规划审查和水电开发专项规划初步成果，加快推进开发前期工作，切实让资源优势转化为经济优势。以丰富供应、规范管理、保护环境为重点，完成昂定建筑用砂卵石矿矿权设立，逐步打造以肖为中心的抵边绿色建材产业园区。

（三）坚持物质生活和精神生活共同富裕，打造人民生活“高品质”。始终把人民群众对美好生活的向往作为奋斗目标，尽心尽力解民忧、纾民困、惠民生、暖民心，让民生服务更有温度、民生福祉更具质感。

优先扶持就业创业。坚持稳岗位、拓渠道、提技能、促匹配、兜底线并举，高质量举办精品人才、网络招聘、专场招聘等多种形式的就业招聘会，持续加大组织化劳务输出力度，力争全年农牧民培训800人以上，转移就业7000人以上，实现劳务创收6000万元以上。坚持政府、市场、援藏“三向发力”，持续扩大就业容量，提升就业质量，积极引导高校毕业生向产业、企业和区外转移，确保应届毕业生就业率保持在98%以上，市场就业率保持在70%以上，区外就业率保持在10%以上。

全力推进教育事业。聚焦办好人民满意教育这一目标任务，持续抓好“教育一揽子”政策落实，加快推进学校能力提升工程，完成肖一带小学、幼儿园建设，开工建设康格多、雍布一带小学、幼儿园项目。实施薄弱学科攻坚行动，全面提升教育教学质量，巩固拓展“五个100%”成果。力争小考内地西藏班录取人数提高到5名以上，区内外重点高中录取率保持在15%以上，中考名次在全市排名提升2个名次。

持续优化卫生服务。围绕建设“区域性医院”目标，充分依托安徽援藏、988对口帮扶和市人民医院“紧密型”医联体合作等资源，争取更多的优质人才向我县倾斜，启动县人民医院二级甲等医院创建，支持薄弱学科和重点临床专科建设，助推诊疗服务水平再上新台阶。实施优质医疗资源扩容下沉工程，推进医保直接结算向村居延伸。精心组织突发传染病应急演练，切实提高应对突发公共卫生事件的处置能力。

繁荣发展文化事业。深入实施文化惠民工程，加强文化品牌建设，争取实施对印自卫反击战张国华将军前线指挥部旧址提升工程、错那县门巴文化生态保护区示范基地功能提升项目、错那县红色文化遗迹保护利用展示工程。全面启动“戏曲进乡村、文化助振兴”藏戏艺术交流，实施农耕文化和山水村文化遗产普查，提升文化市场“软实力”。

倾力保障基本民生。加强社会救助体系建设，3个幸福院建成投入使用，加快推进县特困人员集中供养服务中心提升改造。全覆盖落实残疾人“两项补贴”，扎实做好“一老一小”、特殊群体关爱工作，逐步提高失能、半失能特困人员集中供养率。五大保险参保率保持在99%以上。严格落实农民工最低工资、农民工参保制度，健全项目建设劳动监察协管联络员机制，强化农民工工资支付保障。

（四）坚持新型城镇化和乡村振兴双轮驱动，打造城乡面貌“高颜值”。突出城乡融合和产业融合、因势而造和因地制宜，推动实现城镇更靓丽、农村更富裕、群众更幸福、乡村更美丽。

聚集设施完善抓短板。坚持人居环境补短

板项目向整体基础较好的村庄倾斜，小型基础设施项目向短板最突出的区域聚焦，产业发展项目向前景最好的领域推进，升级改造香香拉至卡达、县城至浪坡等道路，统筹推进德吉村2组、3组和洞嘎村13组、15组新村建设。完成《错那县“十四五”期间乡村振兴规划》《错那县村庄规划》编制，力争完成5个美丽宜居乡村创建，促进县乡村功能互补、产业互融、发展互促。

聚焦提档升级抓品质。实施县城功能品质提升三年行动，开展街道路面“脏”、违建临建“乱”、背街小巷“差”治理活动，加大县城垃圾填埋场、排水防涝、交通路网等基础设施和临河公园、市容市貌、停车场等市政服务设施建设力度，提级扩能县城公共服务、环境卫生、市政公用、产业配套等设施，加快补齐短板弱项，增强县域综合服务和承载能力。推进“三房”和办公楼物业托管。

聚焦成果巩固抓提升。牢牢守住不发生规模性返贫底线，把防止返贫监测作为巩固脱贫攻坚成果的第一道防线，持续深化县级干部定点帮扶防返贫监测户、干部职工“一对一”帮扶脱贫户和“1+N”防返贫帮扶机制，巩固拓展“三保障”成果和饮水安全。充分发挥政府、市场和社会的作用，强化政府责任，引导市场、社会协同发力，形成防返贫的工作合力。

聚焦环境优美抓整治。加快推进乡村振兴“八大行动”落实落地，持续巩固“3355”人居环境整治成果，常态化开展评先争优活动，实施好住宅美化、道路硬化、室内靓化、村庄优化、卫生洁化、河道净化“六化”工程建设，加快推进农村旧房拆除、复垦，梯次推进生活垃圾和污水处理设施建设，打造宜居宜业和美村庄。争创“全国村庄清洁行动先进县”。

（五）坚持强边固防和兴边富民齐头并进，打造边境管控“高水平”。紧扣加快边疆发展、确保边疆巩固边境安全这条主线，持续实施强基固边、民生安边、产业兴边、团结稳边举措，奋力开创边境地区安全稳定繁荣发展新局面。

释放“边”的活力。加大抵边区域产业发展力度，深入推进兴边富民行动，肖小学、幼儿园、卫生院和水厂建成投用，完成肖、康格多高效温室大棚建设，加快肖一带抵边搬迁区域民族手工业产业园区建设，建成肖一带抵边边贸物资交流中心，不断拓宽搬迁群众增收渠道，扩大抵边地区发展空间，增强发展活力。

筑牢“固”的根基。持续吸引更多人口抵边安居，开工建设486户1825人的雍布区域、肖康桑三期人口抵边安居工程，不断推动抵边公路、通讯、电力设施向通外山口、边境一线延伸。全面落实强边政策改革，合理设置抵边区域派出所、警务室，完善边境防控体系，不断提升边境地区整体管控水平。

（六）坚持社会治理和生态保护一体推进，打造发展环境“高标准”。牢固树立和谐发展、安全发展、绿色发展理念，严守底线红线，下好先手棋，打好主动仗，确保社会长治久安。

坚守维护稳定底线。严格落实各级维稳措施，以高压态势严密防范、严厉打击各类分裂破坏和危害国家安全犯罪活动，推进扫黑除恶常态化，确保社会大局持续稳定、全面稳定、长期稳定。持续巩固“民族团结进步示范县”创建成果，强化社会和基层治理，深化民族团结进步教育，铸牢中华民族共同体意识。加强和改进人民信访工作，深化“三级信访接待日”，常态化开展县级领导集体接访活动，最大限度维护人民群众合法权益。

坚守安全生产底线。坚持人民至上、生命至上，始终保持如履薄冰的高度警觉，压实领导主抓、行业监管、部门检查、企业主体责任，强化应急处突、力量建设、监测值守。积极争取县应急指挥中心和抵边区域应急物资储备库建设。加快推进麻麻村、勒村、吉巴村、斯木村“全国综合减灾示范社区”创建。全面加强安全隐患排查治理和执法检查，深化“打非治违”行动，充分发挥6个乡（镇）应急综合救援站作用，坚决防范和遏制重特大事故发生，以安全生产工作成效服务稳经济保增长促发展大局。

坚守绿色发展底线。坚持山水林田湖草沙冰一体化保护和系统治理，常态化开展重点污染源监督性监测、饮用水水源地、大气污染和地表水环境监管，协同推进降碳、减污、扩绿，推进生态优先、节约集约、绿色低碳发展。实施雅江中下游生态保护与修复综合治理项目，新增植树造林面积5000亩以上，修复退化林1.96万亩，着力改善生态环境。坚决落实“河（湖）长”制和“林长”制，严格落实企业主体责任和政府监管责任，严守生态保护红线、环境质量底线、资源利用上限，全力建设生态文明高地。争创“国家生态文明建设示范县”和勒布沟“绿水青山就是金山银山”实践创新基地。

（七）坚持深化改革和创新发展相互促进，打造服务发展“高效率”。坚持以改革增动力、以创新添活力、以环境强引力，着力破解发展瓶颈，增强发展新动能。

狠抓重点领域改革。牢记国企姓党，加快推进“一企一策”改革，完善法人治理结构，深化国企监管，全面推行管理层任期制、契约化管理，实行全员绩效考核，落实竞聘上岗、末等调整制度，实现“员工能进能出、管理人员能上能下、收入能增能减”，以能力提升、业务破冰引领企业发展质效。全面推行“互联网+政务服务”，确保政务服务事项网上可办率达95%以上，力争全县市场主体新增240家以上。加快推进工程建设项目审批改革，力争评估评审时限缩短20%以上。

狠抓招商环境营造。强化各级招商引资优惠政策和我县关于支持抵边产业发展优惠政策若干规定的落地落实，借助公安部、援藏省市等各方力量，聚焦精准招商、智慧招商、政策招商、优势招商，拓展招商领域，谋求招商策略，创新招商方法，强化服务保障，力争6个在建项目全部建成如期投产，力促争华羊业等5个签约项目早开工、早投产，确保全年招商引资完成9000万元以上。

狠抓对口受援帮扶。坚持“输血”与“造血”相结合、对口支援与双向协作相结合，创新提升对口援藏方式，以产业援藏为载体，以项目建设为抓手，以合作交流为纽带，搭建多层次、多领域交流合作平台，稳步扩大医疗、教育组团式援藏和产业援助力度。多渠道争取计划外援藏资金，建设一批促发展、补短板、强弱项的民生项目，办成一批暖人心、顺民意、惠民生的好事实事，助推错那长治久安和高质量发展。

倾心办好民生实事。牢牢把握人民群众对美好生活的向往，把改善人民生活、增进民生福祉作为一切工作的出发点和落脚点，总投资4.25亿元，全力实施10件民生实事。投资4033万元，实施县城（错那镇周边）改造和功能提升工程。投资6325.94万元，实施觉拉、曲卓木、卡达乡集中供水工程。投资4352.71万元，实施240套乡（镇）公租房建设。投资4291.42万元，实施香香拉至卡达、县城至浪坡通乡道路改造提升。投资4002.93万元，实施曲卓木乡、觉拉乡扎洞村垃圾填埋场建设。投资830万元，实施库局乡、曲卓木乡卫生院维修改造和雍布幼儿园建设。投资860.22万元，实施吉巴村、贡日村、勒村、贤村等乡村振兴美丽宜居项目建设。投资5953.29万元，实施抵边区域乡村振兴补短板项目。投资3000万元，实施以麻麻乡、勒乡、贡日乡、吉巴乡为中心，带动曲卓木、浪坡乡、觉拉乡的旅游“五大系统”工程。投资8850.44万元，实施抵边搬迁点人饮和防洪堤工程。

各位代表，面对发展的重任，群众的期许。我们将始终坚持政治引领，把学习宣传贯彻党的二十大精神作为当前和今后一个时期首要政治任务，深刻领会“两个确立”的决定性意义，切实增强“四个意识”、坚定“四个自信”、做到“两个维护”，心系“国之大者”，胸怀“两个大局”，不断提高政治判断力、政治领悟力、政治执行力，切实用党的二十大精神武装头脑、指导实践、推动工作。我们将始终坚持担当实干，始终把抓落实作为政府工作的“生命线”，深入

推进政府系统“学习二十大，政府‘是什么、干什么、怎么干’学习实践活动”，持续开展政府系统改进作风狠抓落实活动，坚持把为民办事、为民造福作为最大政绩，真正做到民有所呼、我有所应，民有所需、我有所为。我们将始终坚持全面从严治党，强化“一岗双责”落实，严格执行中央八项规定及其实施细则精神和廉洁从政相关规定，持之以恒纠正“四风”，严控“三公”经费和一般性支出，让过“紧日子”成为常态，以清廉政风赢得广大群众的信任与支持。我们将始终坚持依法行政，坚持依法用权、秉公用权、为民用权，持续落实政府决策法律审查机制，更加主动将政府工作置于全面监督之下，提高行政效能。我们将更好统筹疫情防控和经济社会发展，认真落实新阶段疫情防控“二十条”和“新十条”措施，加大乡村医疗力量建设，切实做好充足的应急准备，最大程度保护人民群众生命安全和身体健康。

各位代表！新蓝图振奋人心，新征程催人奋进。让我们更加团结在以习近平同志为核心的党中央周围，在县委的坚强领导下，不断增强“拼”的精神、“抢”的劲头、“成”的意识、“优”的标准，以咬定青山不放松的执着、行百里者半九十的清醒，以更加饱满的工作热情、更加务实的工作举措、更加过硬的工作作风，奋力在建设现代化错那的新征程上干出新业绩、拼出新精彩、创出新辉煌。

中国人民政治协商会议错那县第三届委员会常务委员会工作报告

——在政协错那县第三届委员会第四次会议上

错那县政协党组书记、主席　次仁顿珠

（2023 年 2 月 28 日）

2022 年工作回顾

一年来，在县委的坚强领导和县人大、政府的大力支持下，县政协团结带领广大政协委员始终高举爱国主义和中国特色社会主义伟大旗帜，深入学习习近平新时代中国特色社会主义思想、习近平总书记关于加强和改进人民政协工作的重要思想、关于西藏工作的重要论述和新时代党的治藏方略，牢牢把握团结民主两大主题，坚持在服务大局中主动融入、在推动发展中积极作为、在促进和谐中发挥优势，政协工作实现新发展、取得新成效，为推动全县经济社会长治久安和高质量发展作出了积极贡献。

一、坚持党的领导，确保政协工作正确政治方向

常委会始终坚持党对政协工作的全面领导，坚持正确政治方向，以高度的政治自觉把党的领导落实到政协工作的全过程、各方面。毫不动摇坚持党的全面领导。坚持把“两个维护”作为最高政治原则和根本政治规矩，不断增强拥护核心、紧跟核心、捍卫核心的思想自觉政治自觉行动自觉，始终同以习近平同志为核心的党中央保持高度一致，坚持党的全面领导，坚定捍卫“两个确立”，坚决做到“两个维护”。坚持重大事项请示报告制度，主动向县委汇报政协工作，始终在县委的坚强领导下依法依章履职。不断加强政协党建。认真学习贯彻全区政协系统党的建设工作经验交流会暨全区政协宣传思想工作座谈会精神，狠抓各项任务落实，督促机关党支部抓好党建各项工作。严格执行党组成员联系界别委员、党员委员联系党外委员和党员委员参加双重组织生活等制度，深入开展“交朋友”活动，积极发挥政协党组织在政协工作中的领导作用。着力强化理论武装。通过召开政协党组会和中心组学习会，举办专题培训班，深化“书香政协”读书活动，积极组织政协干部和政协委员深入学习习近平新时代中国特色社会主义思想，学习习近平总书记视察西藏重要讲话重要指示精神和党的二十大精神，学习西藏自治区党委书记王君正在山南考察调研时的重要讲话精神，着力增进各界委员的思想认同、政治认同、理论认同、情感认同，巩固团结奋斗的共同思想政治基础。扎实推进改进作风、狠抓落实工作。认真学习贯彻习近平总书记关于改进作风、狠抓落实工作重要论述，贯彻落实自治区党委、市委、县委改进作风狠抓落实工作动员部署会议精神，动员政协机

关广大党员干部认真开展查作风、查责任、查漏洞、查落实，进一步弘扬优良作风、崇尚真抓实干、汇聚奋进合力，树立新时代错那政协党员干部良好形象，推动各项工作落实落地。

二、勇于担当、投身一线，助力打赢疫情防控攻坚战

常委会紧紧围绕全县中心工作，紧扣县委重大工作部署，深入调查研究，积极协商建言，提出有针对性、有价值的意见建议，有力助推了长治久安和高质量发展。围绕新冠疫情防控建言献策。围绕鼠疫应急处置献计出力。错那县“9·26”鼠疫疫情发生后，政协主要领导第一时间深入疫源点，督促指导曲卓木乡和有关部门全面开展流行病学调查、疫区处置、直接接触者医学隔离观察、爱国卫生运动和健康知识宣传教育，划定大小隔离圈和警戒圈、疫区消毒消杀、灭鼠灭蚤、疫区管控等工作，全面落实各项防控措施。政协机关干部职工积极参与鼠疫应急处置指挥部相关职能组，认真完成文字材料、会议筹备、协调联系等各项工作，为有效控制传染源、切断传播途径、防止疫情扩散发挥了政协应有的作用。围绕加强边境建设协商议政。利用深入基层调研、开展维稳督导和疫情防控督导等，通过实地察看、座谈交流、走访群众、与乡（镇）党委、政府和县直相关部门协商等方式，就抵边建设、人居环境整治、安全生产等工作提出意见建议。围绕重点工作加强民主监督。班子成员积极参与十一世班禅在错那考察学习期间的各项服务保障工作，主动投身维护社会和谐稳定、强基础惠民生、全面依法治县、民族团结进步创建、意识形态领域、河（湖）长制等各项工作。组织区市县三级政协委员参加各项民主监督活动，重点对涉及群众切身利益、社会各界关注度高的问题进行民主监督，提出意见建议，发出“政协声音”。按照区、市政协要求，组织委员围绕相关调研课题深入开展调查研究，积极上报《提升职业教育水平、培养更多技能型人才》《充分挖掘错那县古建筑历史文化价值　不断丰富旅游产业发展》等多篇调研材料。广大政协委员深入开展调查研究，积极上报《尽快维修麻麻乡政府至张国华将军桥路面、不断改善道路通行条件》《进一步规范使用地名标牌、不断提高错那知名度和美誉度》《加强县职工食堂文化建设、打造舆论宣传新阵地》等多件社情民意信息，委员提出的意见建议得到了县委政府领导的充分肯定和县直相关部门采纳办理。

三、加强思想引领，广泛凝聚共识凝心聚力

常委会坚持把加强思想政治引领、广泛凝聚共识作为履职工作的中心环节，积极做好联系、服务、教育界别委员的工作，团结引领各族群众始终做到与党中央、自治区党委、市委、县委思想上同心同德、目标上同心同向、行动上同心同行。广泛宣讲聚民心。按照县委的统一部署，政协班子成员带头深入基层开展各项重大主题宣讲活动，广泛宣传党的二十大精神和习近平总书记对西藏人民的特殊关怀和似海恩情，宣传党的百年奋斗史、西藏和平解放史、西藏地方和祖国关系史，宣传西藏和平解放70年来经济社会发生的翻天覆地变化和各族群众的幸福生活，宣传自治区党委、市委对错那工作的高度重视和殷切期望，着力把各族各界群众的智慧和力量凝聚到落实“十四五”规划、推动错那工作走在前列上来。带头创建促团结。广大委员积极践行习近平总书记关于加强和改进民族工作的重要思想，带头宣讲中央民族工作会议精神，带头铸牢中华民族共同体意识，带头参加形式多样的民族团结进步创建活动，教育引导各族群众树立正确的国家观、历史观、民族观、文化观、宗教观，增强国家意识、公民意识、法治意识，增进“五个认同”，主动为民族团结做好事、办实事，增合力、添助力，以实际行动促进各民族交往交流交

融。积极引导促和顺。坚持藏传佛教中国化方向，充分发挥宗教界委员作用，深入宣传党的宗教工作基本方针和国家治理宗教事务的法律法规，积极协助党委、政府加强寺庙管理，教育引导广大僧尼深入揭批十四世达赖集团反动本质和险恶用心，坚定坚决地与十四世达赖集团作斗争，教育引导信教群众理性对待宗教，淡化宗教消极影响，减少宗教消费，过好今生幸福生活，不断促进宗教与社会主义社会相适应。

四、注重规范提升，着力做好各项经常性工作

常委会注重规范提升政协经常性工作，努力提高履职实效，推动政协工作高质量发展。创新开展提案工作。加大提案办理督办力度，加强与“提”“办”双方沟通衔接，县政协三届二次会议立案的72件提案办理质量得到进一步提高，办复率达100%。积极争取提案办理落实资金200万元，督促实施了曲卓木乡洞嘎村饮水工程维修、麻麻乡张拉饮水工程维修、西午村农田水渠维修和新建错那镇吉松居委会青稞加工厂等4个项目，推动了民生问题解决，促进了提案办理落实。驻我县的自治区、山南市政协委员在“两会”期间积极反映错那实际困难并提出意见建议，助推解决了一批群众关注的重大项目、基础设施建设、改善民生等问题。做好文史资料工作。完成《2021年西藏政协年鉴》（错那篇）、《错那年鉴2021》（错那政协篇）编撰上报工作。广大政协委员把讲好“委员故事”“西藏故事”作为履行委员职责的重要载体，积极上报“委员故事”14篇，通过一个个“生动感人”的故事和真实鲜活的案例，打造新时代政协履职品牌，更为精准有效地服务错那长治久安和高质量发展。深化交流合作。协助山西省政协党组成员、副主席李晓波，区政协党组成员、副主席白玛旺堆，区政协副秘书长邓进，区政协教科卫体委员会副主任、享受国务院特殊津贴专家扎西加措，以及林芝市、那曲市、日喀则市政协等10余个考察团在我县调研考察，增进了同各地政协的交流合作。加强政协宣传工作。以山南政协、网信错那、错那在线等微信公众号为抓手，加大报送力度，积极宣传政协工作和广大政协委员履职成效的好经验、好做法，增强了政协工作的社会影响力。

五、突出强基固本，切实加强政协队伍自身建设

常委会狠抓委员队伍和机关干部队伍建设，努力提升“两支队伍”的履职能力和水平。狠抓教育培训。举办政协委员暨乡（镇）政协联络员履职能力培训班，邀请市政协专家作专题辅导授课，引导大家学习掌握好人民政协理论和业务知识，进一步提升了履职能力和水平。组织各乡（镇）政协联络员赴措美、琼结考察学习，学习措美、琼结两县乡（镇）政协联络办建设方面的好经验好做法，共同探讨政协工作方式方法，着力推进我县基层政协联络办建设。通过考察学习，提升委员的素养、开阔委员的视野、拓宽委员的见识。加强党风廉政建设。坚持全面从严治党，强化主体责任，突出问题导向，认真落实加强党风廉政建设的各项措施，狠抓政协机关作风建设，坚持用“身边事”教育“身边人”，教育引导干部职工知敬畏、存戒惧、守底线，持之以恒正风肃纪，着力营造风清气正的政治生态。

各位委员，一年来政协工作取得的成绩，关键在于有习近平总书记作为党中央的核心、全党的核心领航掌舵，在于有习近平新时代中国特色社会主义思想科学指引，是山南市政协精心指导和县委坚强领导的结果，是县人大、政府大力支持帮助和各级各部门、各族各界积极配合支持的结果，是广大政协委员和政协干部职工共同团结奋斗的结果。在此，我代表县政协常委会表示衷心的感谢！

在肯定成绩的同时，也要清醒地看到，我们

的工作与新时代人民政协的新使命新要求和人民群众的新期盼相比，还有一定差距。发挥委员的主体作用有待进一步强化，调研视察工作的深度广度有待进一步拓展，协商议政的质量效果有待进一步提升，乡（镇）政协联络办联络服务水平有待进一步提升，等等。这些都需要在今后工作中切实加以改进。

2023年工作安排

2023年是全面贯彻落实党的二十大精神开局之年，也是实施“十四五”规划的关键一年，做好政协工作意义重大。政协工作的总体要求是：高举中国特色社会主义伟大旗帜，坚持以习近平新时代中国特色社会主义思想为指导，深入贯彻落实党的二十大和二十届一中全会精神，贯彻落实习近平总书记关于加强和改进人民政协工作的重要思想，关于西藏工作的重要指示和新时代党的治藏方略，贯彻落实自治区党委十届三次全会、市委二届五次全会、县委十届六次全会精神，按照县委对政协工作的部署要求，锚定“四件大事”“四个确保”，聚力区“四个创建”“四个走在前列”、市“六个走在全区前列”和我县“七个走在全区前列”，认真履行全面发展协商民主的政治责任，坚持发扬民主和增进团结相互贯通、建言资政和凝聚共识双向发力，充分发挥人民政协专门协商机构作用，为全面建设社会主义现代化错那，以中国式现代化全面推进中华民族伟大复兴贡献智慧和力量。

一、深入学习贯彻党的二十大精神，坚持不懈用习近平新时代中国特色社会主义思想凝心铸魂

大兴学习之风，以学习推动委员练好内功。学习贯彻党的二十大精神是当前和今后一个时期人民政协的首要政治任务，要持续掀起学习贯彻热潮，在全面学习、全面把握、全面落实上下功夫，学深悟透党的二十大提出的新思想新论断、做出的新部署新要求，学出政治坚定、学出历史自信、学出使命担当、学出能力水平，切实把思想和行动统一到党中央决策部署上来，增强全面建设社会主义现代化国家，全面推进中华民族伟大复兴的政治责任感和历史使命感。要深刻领悟“两个确立”的决定性意义，忠诚拥护、坚定捍卫“两个确立”，不断增强“四个意识”、坚定“四个自信”、做到“两个维护”，不断提高政治判断力、政治领悟力、政治执行力，做到政治上绝对忠诚、思想上高度统一、认识上态度明确、行动上步调一致，确保党中央各项决策部署在人民政协政令畅通、执行到位、落地见效。要深入学习贯彻习近平新时代中国特色社会主义思想，深刻领会蕴含其中的世界观方法论和工作方法，做到学思用贯通、知信行统一、自觉做习近平新时代中国特色社会主义思想的坚定信仰者、忠诚实践者。要深刻认识协商民主是实践全过程人民民主的重要形式，准确把握人民政协作为协商民主的重要渠道和专门协商机构性质定位，更加自觉地坚持党的领导、统一战线、协商民主有机结合，坚定不移走中国特色社会主义政治发展道路。

二、矢志不渝全面发展协商民主，以强烈的政治担当助力全面建设社会主义现代化错那

县委十届六次全会对全面建设社会主义现代化错那作出了战略部署，要围绕县委描绘的宏伟蓝图、明确的目标任务和重大举措，聚焦我县中心工作，发挥政协优势，针对改革创新的难点，工作落实的阻点、群众关注的焦点、高质量发展的赌点，找准履职切入点和发力点，深入调研、深度协商，扎实推进协商民主的生动实践，助推县委决策部署落地见效。要围绕贯彻落实习近平生态文明思想，深入践行绿色发展理念，组织开展“深化国土绿化行动、提高植树造林成效”专

题调研，高标准高质量推进植树造林工程。要围绕搬得出、稳得住、能致富目标，组织开展“拓宽抵边搬迁群众增收渠道、坚决守护好神圣国土”专题调研，做深做细抵边搬迁后续保障服务，因地制宜发展特色产业，凝聚扎根边陲守护国土的磅礴力量。要围绕大力发展边境生态文化旅游，组织开展“充分挖掘旅游优势资源、不断提升错那知名度美誉度”专题调研，探索建立“以边境旅游为基础、以生态旅游为主导、以文化旅游为底蕴”的多元发展战略，全力打造全国知名旅游目的地。要围绕传承发展好藏医药传统技能，组织开展“传承和发展藏医药、为群众提供优质高效的健康服务”专题调研，不断提升藏医药服务能力，加强藏医药人才培养，大力发展藏医药事业，更好造福错那各族人民群众。要强化调研协商成果转化落实情况的跟踪了解，通过有效的民主监督推动协商成果落实。

三、牢牢把握团结奋斗时代要求，着力汇聚起全面建设社会主义现代化错那的强大正能量

团结就是力量，团结才能胜利，要牢牢把握团结奋斗的时代要求，自觉把凝聚共识贯穿政协工作全过程各方面，着力汇聚全面建设社会主义现代化错那的强大正能量。要从严落实好党组成员联系界别委员、党员委员联系党外委员、与委员“交朋友”等制度，进一步健全完善委员联系界别群众制度机制，加强与各族各界沟通联系，主动邀请他们参与调研视察、协商议政、民主监督等活动，鼓励和支持他们发表意见建议、表达群众心声、促进团结合作。要加强与党政部门协调衔接，紧盯乡村振兴、产业发展、项目建设、招商引资、民生改善等大事难事急事，坚持“准、深、透、实”标准，多组织实质性、有深度、可参与的协商活动，凝聚多方共识，切实提出一批实事求是、言之有理、言之有据、富有针对性和前瞻性的意见建议，为党政决策提供更多有效参考，把履职过程变成汇聚智慧力量的途径。要以乡（镇）政协联络办、“政协委员之家”为平台，积极探索打造“群众上报、乡（镇）协商、政协统筹”的“微协商”平台，重点遴选基层群众关切、社会舆论关注、群众利益关联的焦点议题，通过座谈交流、田园会话等方式开展“有事好商量”基层协商活动，做到协商于民、协商为民。要教育引导委员在同基层群众“零距离”接触、“面对面”交流的过程中，宣传党的方针政策，及时反映群众诉求，做好理顺情绪，化解矛盾的工作，将广大群众紧紧团结在党的周围，凝聚起同心共圆中国梦的强大合力。

四、坚定不移推进政协党的建设，奋力推动新时代错那政协高质量发展

做好新时代政协工作，关键在加强政协党的建设，要坚持党对政协工作的全面领导，认真贯彻落实《关于加强和改进新时代市县政协工作的意见》，把建强政协委员和政协干部队伍作为主抓手，不断增强政协工作高质量发展的动力。要认真履行管党治党政治责任，以增强政协党组织政治功能和组织功能为重点，打造具有政协特色的党建品牌，推动政协党的建设工作强起来、实起来、活起来、亮起来。要紧紧抓住制度建设这个“牛鼻子”，充分立足工作实际，进一步健全完善各项制度，加强政协工作制度化、规范化、程序化等功能建设，着力提升政协工作实效。要加强委员联络服务和履职考核，通过学习培训、外出考察和创新履职实践，切实增强委员意识，责任意识，掌握协商规则、工作技巧，练好履职基本功，做“懂政协、会协商、善议政，守纪律、讲规矩、重品行”的践行者。全体委员要在“七个走在前列”中担当作为、真抓实干、尽职尽责，在事关国家统一、民族团结、社会稳定等重大原则问题上，积极正面发声，旗帜鲜明斗争。要持续加强政协作风建设，持续深化纠治“四风”，重点纠治形式主义、官僚主义，严格

落实中央八项规定及其实施细则精神，营造政协良好政治生态。要坚持严管和厚爱相结合，注重从制度约束做起、从激励奖惩严起，大力弘扬实干精神，提高工作标杆、提升执行效力，推动形成能者上、庸者下、优者奖、劣者汰的良好用人导向，不断激励政协干部新时代新担当新作为。

各位委员，迈上新征程，当有新作为。让我们更加紧密地团结在以习近平同志为核心的党中央周围，在县委的坚强领导下，踔厉奋发、勇毅前行，奋力谱写新时代人民政协事业高质量发展的新篇章，为全面建设社会主义现代化错那作出新的更大贡献！

在中国共产党错那县第十届纪律检查委员会第三次全体会议上的工作报告

中共错那县纪律检查委员会书记、错那县监察委员会主任　张和

（2023 年 2 月 28 日）

这次全会的主要任务是：坚持以习近平新时代中国特色社会主义思想为指导，全面贯彻落实党的二十大精神和二十届中央纪委二次全会特别是习近平总书记重要讲话精神，贯彻落实自治区党委十届三次全会、自治区纪委十届三次全会、市委二届五次全会、市纪委二届三次全会和县委十届六次全会安排部署，总结2022年工作，分析我县全面从严治党、党风廉政建设和反腐败斗争形势，部署2023年工作任务。刚才，巴桑欧珠书记作了讲话，对全面学习贯彻党的二十大精神，贯彻落实习近平总书记重要讲话、王君正书记讲话和许成仓书记指示要求，以严的基调推进错那正风肃纪反腐提出了明确要求。我们要深入学习领会，坚决抓好贯彻落实。

一、2022年工作回顾

2022年，在县委和市纪委监委的坚强领导下，县纪委常委会团结带领全县各级纪检监察机关以迎接党的二十大和学习宣传贯彻党的二十大精神为主线，坚决捍卫“两个确立”，坚决做到“两个维护”，统筹疫情防控和经济社会发展，坚决扛起协助职责和监督责任，坚持严的基调不动摇，强化监督执纪问责、监督调查处置，以实际行动推进错那长治久安和高质量发展走在前列。

（一）突出党的领导、把准方向，“两个维护”持续坚定自觉

党的二十大召开后，迅速组织全体干部依托“学习强国”学习平台、微信等载体，通过领导带头学、个人自主学、集中研讨学、理论测试学等多种形式，“线上+线下”齐头并进，专题学习研讨党的二十大报告精神7次、交流发言20余人次、撰写心得体会21篇，宣讲党的二十大精神3次，坚持用党的最新理论武装头脑、指导实践、推动工作。持续巩固党史学习教育成果，采取常委会（扩大）会议、“三会一课”、集中学习会等形式深入学习领会《习近平谈治国理政》第四卷、党的十九届历次全会、十九届中央纪委全会等重大会议精神及自治区市县各级党委、纪委监委决策部署，深刻领会“两个确立”的决定性意义，始终在思想上、政治上、行动上同以习近平同志为核心的党中央保持高度一致。带头传导政治建设责任压力，执行落实“两为主一报告”，结合工作开展情况和监督检查情况，主动向市纪委监委、县委主要领导请示汇报20余次，把党的全面领导践行到纪检监察工作的方方面面，全面落实从严治党要求。

（二）突出围绕中心、服务大局，政治监督成效持续彰显

严格督促落实习近平总书记重要讲话和重要指示批示精神，把学习贯彻党的二十大精

神、党中央重大会议及自治区市县重要会议精神和决策部署纳入日常监督检查范畴，开展监督检查7次，发现并督促整改问题9个。紧盯中央环保督察组转办问题、自治区审计厅对山南市“十三五”期间政府投资项目审计发现问题、市涉粮问题第三巡察组反馈问题整改落实情况，跟进督查24次，提出追责问责建议10余条，确保整改实效。认真执行《党风廉政意见回复工作办法》，为干部提拔任用、推选先进等开具廉政意见118批次1198人次，提出暂缓意见8人次。列席指导党委（党组）民主生活会20余次，审核修改200余份对照检查材料，确保民主生活会开出高质量、开出新气象。根据《关于违反党的政治纪律行为的处分规定》文件精神开展常态化监督检查；萨噶达瓦活动期间，全县纪检监察干部深入基层一线及宗教活动场所等开展监督检查2次。

（三）突出“三不”一体、标本兼治，党内政治生态持续优化

2022年共受理问题线索26件，2021年遗留5件，共31件，立案审结4件；给予党纪处分4人，党纪政务处分1人，其中给予党内警告1人，党内严重警告1人，开除党籍2人，开除党籍公职、移送司法机关1人；收缴违纪违法资金共计1400余万元。针对监督治理漏洞建章立制，印发《关于进一步开展廉政风险点梳理排查工作的通知》，采取“废、改、立”，督促各单位对现有制度全面审查、评估和清理，动态调整权责清单900余条，排查梳理廉政风险点500余个，提高制度执行力和约束性，将“不能腐”的笼子越扎越牢。通过召开全县年轻干部教育暨党员干部作风建设警示教育大会、“身边事教育身边人”廉政警示教育大会和组织全县党员干部集中参观“身边事教育身边人”廉政警示教育展、为领导干部发放违纪违法忏悔录、组织观看《零容忍》专题片，纪委监委班子成员讲专题廉政党课，现场宣读处分，下发监察建议等一系列靶向施治的“组合拳”，让党员干部变“隔岸观火”为“身临其境”。

（四）突出抓铁有痕、踏石有印，“四风”整治力度持续加大

紧盯公款吃喝、违规收送礼品礼金等具体问题，协助县委开展违反中央八项规定及其实施细则精神清理纠治工作，自查出2类18条问题，清退资金3.58万元，督促2名县级领导对3名单位负责人进行提醒谈话，督促麻麻乡党委对7名干部职工进行批评教育。督促各乡（镇）、各单位围绕公务接待开展自查，并协助解决在自查中的相关问题。紧盯进一步改进作风狠抓落实工作，印发《关于开展进一步改进作风狠抓落实专项整治工作自查自纠的通知》，督促各级党组织及班子成员围绕“六个方面”认真开展自查自纠；开展作风建设专项监督检查，针对17名干部未履行请假报备手续擅自外出问题，督促所在乡镇党委向县委作出深刻检讨，并在全县范围内进行通报；围绕改进作风狠抓落实开展专项监督检查16次，发现并督促整改问题9个。紧盯会风会纪开展监督检查16次，针对1家单位主要负责同志违反会风会纪问题，督促分管副县长对其进行提醒谈话并在全县范围内通报。印发《关于开展“私车公养”问题专项整治“回头看”的通知》，围绕9个方面及整改情况开展监督检查4次，持续巩固“私车公养”突出问题专项治理成果。印发《错那县党员干部“八小时以外”活动监督管理规定（试行）》，全县党员干部签订承诺书1000余份，紧盯干部“社交圈、生活圈、休闲圈”，先后5次对县城茶园、娱乐场所、餐厅开展“八小时以外”活动监督检查。

（五）突出监督下沉、群众有感，社会民生福祉持续保障

围绕《王卫东同志在过渡期专项监督工作2021年第二次例会上的讲话任务分解表》，及时召开过渡期专项监督工作例会，贯彻落实自治区、市过渡期专项监督工作例会精神，针对各乡（镇）纪委专项监督工作开展情况，对做好专项监督进行安排部署。聚焦“10个盯”，结合相关职能单位自查自纠情况，持续开展过渡期内专项监督检查2次。督促涉粮单位围绕粮食安全查摆问题42个，对自查整改情况开展监督检查10余次，发现并督促整改问题2个。牵头开展“一卡通”专项治理，督促各职能单位扎实开展入户摸排工作，共查摆5类15个问题。督促县人社局、信访局排查解决全县欠薪问题，共涉及1024人2440.65万元。主动寻访协调解决党拉乡群众征地补偿款20余万元。围绕4家国有企业运行情况及“农牧民合作社、农村固定资产管理、基层减负、学生餐腐败”等重点工作开展调研，发现并反馈问题19个，提出意见建议9条，建立并完善制度2个。

（六）突出抓早抓小、防微杜渐，监督治理效能持续释放

严格督促落实各级维护稳定工作会议、文件精神要求，围绕党的二十大前后维护稳定、统筹推动经济社会发展等重点工作，对党的二十大氛围营造、值班带班、各类隐患排查等开展监督检查16次，发现并督促整改问题2个。协助县委起草《县委落实全面从严治党主体责任清单》，明确县委领导班子、班子成员及相关单位13个方面职责；协助县委对3个乡党政主要领导履行生态保护主体责任不到位问题进行约谈，督促3个乡党委对相关村党支部书记、主任进行约谈。紧盯节假日，编辑发送廉政短信16000余条，转发下发各类通报7期；其间深入各乡（镇）、村（社区）及各单位、寺管会、娱乐场所等对落实中央八项规定精神、生态环境保护、疫情防控措施、维稳纪律等情况开展监督检查，发现并督促整改问题6个。

（七）突出上下联动、横向贯通，巡察战略格局持续完善

坚持政治巡察定位，全面梳理、归纳提炼实践经验和亮点，深入分析薄弱环节，科学制定《中共错那县委巡察工作规划（2022—2026年）》，为助推十届县委巡察工作高质量发展奠定基础。把“两个维护”作为根本政治任务，紧紧围绕被巡察单位职能职责，完成十届县委第一、第二、第三轮巡察，反馈问题469个，移交问题线索5件。严格落实日常监督责任，认真审核被巡察党组织巡察整改方案及巡察整改资料，并经常性开展整改情况督导检查5次，确保问题整改“不悬空”“全见底”。截至目前，第一、第二轮巡察反馈问题完成整改，第三轮巡察反馈问题正在有序整改。

（八）突出无畏艰险、担当作为，疫情防控监督检查持续深入

8月初至9月底，全县各级纪检监察机关和广大纪检监察干部深入学习贯彻习近平总书记关于疫情防控工作系列重要指示要求，贯彻落实新冠防控方案第九版，弘扬伟大抗疫精神，闻令而动、遵令而行。围绕上级反馈10余个问题，督促县疫情防控工作领导小组及时制定整改措施，先后10次深入相关职能单位、市场经营场所开展实地督导，确保反馈问题整改到位。10月初全县逐步恢复生产生活秩序后，各级纪检监察机关和广大纪检监察干部采取“四不两直”方式，深入基层一线，认真扎实开展统筹疫情防控和维稳安保督导20余次，发现并督促整改问题3个，提出意见建议3条。

（九）突出立心铸魂、严管严治，纪检监察队伍持续建强

始终坚持把学习贯彻习近平新时代中国特色社会主义思想作为首要政治任务，召开县纪委常委会会议12次、支部学习会46次，第一时间传达学习习近平总书记最新重要讲话、重要指示批示精神及各类重大会议精神，各级党委和纪委监委决策部署。按照自治区、市纪委监委《关于深化县乡纪检监察体制改革试点工作的意见》文件精神，扎实推进县纪委监委内设机构改革和乡镇纪检监察片区协作试点工作。积极发挥“传帮带”作用，以实战训练、学习交流等方式，面对面传授工作思路、讲解业务知识，在实战中锤炼本领；积极推动干部跟班学习，9人参与区、市两级纪委监委跟班跟案，16人次参加上级业务培训，不断提升监督执纪执法能力水平。围绕纪检

干部和巡察干部严格执行落实西藏纪检监察干部规范饮酒、禁止参与赌博行为等规定，开展日常监督4次，对3名未履行请假报备手续擅自外出的纪检监察干部进行批评教育。以改进作风狠抓落实工作为契机，聚焦“四查四问”、抓好“八个落实”，班子及干部通过学习检视、自查自纠发现问题30余个，并制定整改措施，整改到位。

总的来看，当前，在县委和市纪委监委的坚强领导下，全县各级党组织坚持党的全面领导特别是党中央的集中统一领导，认真落实全面从严治党主体责任，广大党员、干部和公职人员坚定捍卫“两个确立”，坚决做到“两个维护”，全县政治生态风清气正，党风廉政建设和反腐败斗争取得压倒性胜利并全面巩固。但我们也清醒看到，党面临的“四大考验”“四种危险”在错那个别基层党组织和党员干部中仍然不同程度存在，个别党员干部作风不严不实，缺乏敬业精神，自我要求松懈，纪律意识淡漠，缺乏斗争精神和斗争本领，安于现状、得过且过、不思进取，以“混日子”“撂挑子”“绕弯子”的心态应对工作。我县纪检监察工作与市纪委监委、县委要求和干部群众期待还有差距，个别纪检监察干部学习贯彻党的创新理论不深不透，个别乡（镇）纪委“三转”不到位，政治监督常态化精准化实效性不够，“四项监督”贯通融合程度不高，一体推进“三不”系统性不强，个别纪检监察干部不敢斗争不善斗争，等等，我们要认真思考研究，在工作实践中不断改进提高。

二、坚定信念、守正创新，扎实推进新时代纪检监察工作高质量发展

2022年10月16日至22日，中国共产党第二十次全国代表大会在北京召开，习近平总书记代表十九届中央委员会所作的报告，高屋建瓴、思想深邃，博大精深、催人奋进，在回顾过去新时代十年变革的基础上规划了我国未来五年乃至更长时期的党和国家事业发展的目标任务和大政方针，为坚定不移全面从严治党、坚决打赢反腐败斗争攻坚战持久战、推动纪检监察工作高质量发展提供了行动指南。大会通过的党章修正案，对坚持和加强党的全面领导，坚持完善党的建设，推进党的自我革命提出明确要求。大会通过的中央纪律检查委员会工作报告，全面总结十九届中央纪律检查委员会的工作，阐明了深化全面从严治党、深入推进新时代党的建设新的伟大工程对全面建设社会主义现代化国家、全面推进中华民族伟大复兴的极端重要性，揭示了以党的自我革命引领社会革命的重大意义，宣示了党以永远在路上的清醒和坚定推进党风廉政建设和反腐败斗争的坚强决心。

全县纪检监察机关和广大纪检监察干部要把学习宣传贯彻党的二十大精神作为当前和今后一个时期首要政治任务，坚持不懈用习近平新时代中国特色社会主义思想武装头脑、凝心聚魂，深化运用党的自我革命历史经验，坚定不移全面从严治党，切实把党的二十大精神转化为履职尽责的实际行动，不断推进错那纪检监察工作高质量发展开创新局面，为确保党不变质、不变色、不变味提供坚强的政治保障。牢牢把握过去5年工作和新时代10年伟大变革的重大意义，坚定历史自信、增强历史自觉、把握历史主动，深刻领悟“两个确立”的决定性意义，增强“四个意识”、坚定“四个自信”、做到“两个维护”，保持永远在路上的政治定力，紧跟总书记、奋进新征程。牢牢把握新时代中国特色社会主义思想的世界观和方法论，牢记“六个坚持”，切实用党的创新理论武装头脑、指导实践、推动工作，为纵深推进全面从严治党提供科学的立场观点方法。牢牢把握以中国式现代化推进中华民族伟大复兴的历史使命任务，聚焦“四件大事”，自治区党委“四个创建”“四个走在全国前列”，市“六个走在全区前列”，县“一屏四区一基地”“七个行动”，切实担负起党章和宪法赋予的职责，发扬钉钉子精神，认真履行好监督执纪

问责和监察调查处置职责，督促各单位把党的二十大精神转化为推动长治久安和高质量发展的实际成效。牢牢把握以伟大自我革命引领伟大社会革命的重要要求，深刻认识错那正风肃纪反腐面临的严峻复杂形势和艰巨繁重任务，始终保持“赶考”的清醒与坚定，发扬彻底的自我革命精神，牢牢把握反腐败斗争“四个任重道远”，以“永远在路上”的清醒、自我革命的勇气推进全面从严治党，以过硬的作风、严明的纪律，维护好错那风清气正的政治生态。牢牢把握团结奋斗的时代要求，持续巩固党史学习教育成果，以“三个务必”为根本遵循，更加坚定自觉践行以人民为中心的发展思想，撸起袖子加油干，持续推进内设机构改革，加强纪检监察工作规范化法治化正规化建设，建成一支政治素质高、忠诚干净担当、专业化能力强、敢于善于斗争的纪检监察队伍，坚定不移走好新时代错那纪检监察系统赶考之路。

三、2023年主要工作

2023年是全面贯彻落实党的二十大精神的开局之年，是实施“十四五”规划承上启下的关键之年。做好今年纪检监察工作的总体要求是：坚持以习近平新时代中国特色社会主义思想为指导，全面贯彻落实党的二十大精神，深入贯彻落实二十届中央纪委二次全会特别是习近平总书记重要讲话精神，贯彻落实自治区党委和自治区纪委十届三次全会精神，贯彻落实市委二届五次全会和市纪委二届三次全会精神，按照县委十届六次全会的部署要求，深刻领悟“两个确立”的决定性意义，自觉增强“四个意识”、坚定“四个自信”、做到“两个维护”，发扬彻底的自我革命精神，永远吹冲锋号，坚定不移推进全面从严治党，健全完善全面从严治党体制机制，以严的基调深化党风廉政建设和反腐败斗争，深入推进新时代新征程纪检监察工作高质量发展，为全面建设社会主义现代化错那开好局起好步提供坚强纪律保障。

（一）旗帜鲜明讲政治，持续学思践悟

全面贯彻落实党的二十大精神，坚持不懈学懂弄通做实习近平新时代中国特色社会主义思想，推动党史学习教育常态化长效化，深入开展以建党精神、老西藏精神、“两路”精神为代表的中国共产党人精神谱系教育，全面准确学习运用蕴含其中的人民立场、实践观念和系统方法，深刻领悟“两个确立”的决定性意义，坚决做到“两个维护”。持续深入领会习近平总书记关于全面从严治党、西藏工作的重要论述精神和新时代党的治藏方略，全面落实中央纪委国家监委和自治区纪委监委、市纪委监委、市委和县委最新决策部署，自觉接受市纪委监委和县委领导，配合落实人大对监委的监督，持之以恒推进全面从严治党。

（二）强化政治担当，扛起政治责任

一是坚定维护党中央集中统一领导。要推动各级党组织自觉坚持党的领导，切实加强党的政治建设，督促各级党组织坚决贯彻落实党的二十大关于坚持和加强党的全面领导和党中央集中统一领导的各项部署要求，严格执行民主集中制、“三重一大”事项议事规则、重大事项请示报告等制度，确保在政治立场、政治方向、政治原则、政治道路上同以习近平同志为核心的党中央保持高度一致。严明政治纪律和政治规矩，严肃党内政治生活，坚决防范“七个有之”问题，督促推动广大党员干部把捍卫“两个确立”、做到“两个维护”落实到具体行动上。二是推动重大决策部署和工作安排落地见效。加强对党的二十大精神学习宣传贯彻和党章贯彻执行情况的监督检查，推动各级党组织和党员干部完整、准确、全面把握精神实质，督促纠正学习贯彻走形式、做样子等形式主义、官僚主义问题。聚焦落实党中央重大决策部署、习近平总书记关于西藏工作的重要指示和新时代党的治藏方略，聚焦“四件大事”，自治区党委“四个创建”“四个走在全国前列”，市“六个走在全区前列”，县“一屏四区一基地”“七个行动”，聚焦《错那

县委员会关于贯彻落实〈山南市委员会关于深入贯彻党的二十大精神，全面建设社会主义现代化新西藏的意见〉的实施意见》、全面建设社会主义现代化新错那实施方案，认真梳理监督重点，明确监督措施，督促各级各单位结合职能职责细化工作措施，明确任务分工和完成时限。三是推进政治监督具体化精准化常态化。始终心怀“国之大者”，自觉把纪检监察工作、巡察工作融入县委、县政府中心工作大局，围绕“十四五”规划实施，深入推进巩固拓展脱贫攻坚成果同乡村振兴有效衔接，深化对推进社会治理体系和治理能力现代化、统筹疫情防控常态化和经济社会发展、乡村振兴政策落实落地、重大基础民生产业项目发挥实效、改善群众生活环境、加强生态保护修复和环境综合治理、推进人口抵边安居等重点领域的政治监督。

（三）推进体制改革，健全监督体系

一是监督落实“两个责任”。督促推动各级党委（党组）贯彻落实《党委（党组）落实主体责任和“第一责任人”责任清单》，协调推进党的政治建设、思想建设、组织建设、作风建设、纪律建设和反腐败斗争，把制度贯穿其中。牢牢牵住主体责任“牛鼻子”，以党风廉政建设和反腐败工作为抓手，督促党委（党组）切实扛起主体责任、压实职能部门落实监管责任、指导纪检监察机关履行监督责任。进一步细化“一把手”和领导班子责任，形成“一把手”和领导班子廉政风险清单，推动监督内容清单化。加强对年轻干部特别是年轻领导干部的纪律教育，督促扣好廉洁从政“第一粒扣子”。二是着力凝聚监督合力。全面落实《纪检监察监督巡察监督审计监督联动协调工作办法（试行）》，以强化党内监督为主导，健全完善“四个监督”统筹衔接机制，有效整合利用人大监督、群众监督和舆论监督等各类监督资源。突出加强与职能单位的沟通衔接，立足工作实际，监督监管同向发力，形成工作合力，切实达到事半功倍的监督效果。三是深化内设机构改革。根据自治区下发内设机构改革实施意见，进一步调整完善改革方案，完成纪委监委内设机构调整设置，配齐配强人员力量，建立乡（镇）纪委协作片区工作机制，健全完善片区监督工作清单，规范乡（镇）纪检监察干部管理。持续深化“三转”，进一步整合纪检监察内部监督资源、调整优化结构设置、盘活人员力量、高效顺畅推动工作，使机构设置更加科学、职能更加优化、权责更加协同、监督更加有力、运行更加高效。督促指导乡（镇）纪委协助同级党委强化对村（居）务监督委员会工作的联系指导，进一步完善村（居）务监督委员会监督清单，适时建立联动监督工作机制，帮助村（居）务监督委员会提升履职能力。

（四）坚守政治定位，深化政治巡察

深入贯彻落实党的巡视工作方针以及党中央、自治区党委、市委关于巡察工作的新决策新部署，坚守政治巡察定位，从忠诚拥护“两个确立”，坚决做到“两个维护”的高度，把抓巡察监督作为落实全面从严治党的重要任务和具体行动，围绕“三个聚焦”监督重点，将学习贯彻党的二十大精神和自治区党委十届三次全会、市委二届五次全会和县委十届六次全会部署情况纳入十届县委第四、第五、第六轮巡察。做深做实巡察“后半篇文章”，协调县委组织部、县委巡察办组成专项督导组，进一步压紧压实党委（党组）巡察整改主体责任，强化整改监督职责，推动解决十届县委巡察新发现问题及以往巡视巡察整改不到位问题。有效开展整改评估，强化成果运用，及时向县委县政府有关职能单位通报巡察情况、集中整改结束后专题汇报，推动以巡促改、以巡促建、以巡促治。加强巡察工作信息化建设。全面有效落实巡视巡察上下联动的意见。

（五）持续正风肃纪，巩固成效成果

一是以有力监督强化正风肃纪。持续贯彻执行中央八项规定精神和自治区党委实施办法以及《中共山南市委员会贯彻落实中央八项规定精神和区党委〈实施办法〉的实施意见》，密切关注“四风”苗头性、倾向性、隐蔽性问题，常态化

开展明察暗访、交叉检查，严肃查处不正之风及其背后的腐败问题，抓住普遍发生、反复出现的问题深化整治，推进作风建设常态化长效化。以钉钉子精神纠治“四风”，对党的二十大后违规发放津补贴、违规收受礼品礼金、违规公款吃喝以及公车私用、私车公养、接受管理服务对象宴请和娱乐活动等突出问题露头就打，精准纠治通过快递送礼、收送电子红包、拆分报账、打牌赌博等“四风”隐形变异问题。二是以务实作风推动真抓实干。督促各级各单位持续深入开展“四查四问”，精准纠治贯彻党中央决策部署、区市县党委安排只表态不落实、维护群众利益不担当不作为、困扰基层的形式主义等突出问题，解决纠治空喊口号、消极应付、“一刀切”“乱加码”等问题，坚决纠治督查检查考核过多过频、文件会议明减暗不减、“指尖上的形式主义”等问题。三是以靶向监督整治不正之风。紧紧围绕群众反映强烈的问题，深入整治民生领域的“微腐败”、放纵包庇黑恶势力的“保护伞”、妨碍惠民政策落实的“绊脚石”，加强对党中央惠民利民、安民富民等各项政策落实情况的监督，聚焦教育、医疗、养老社保、边境小康村、抵边搬迁等领域影响群众生产生活的具体事、具体问题，加强惠民政策落实情况检查，精准纠治安全生产、食品药品安全等领域腐败和不正之风，严肃查处贪污侵占、吃拿卡要以及推诿扯皮、玩忽职守、不思进取等不作为问题，努力让人民群众的获得感成色更足、幸福感更可持续、安全感更有保障。四是以完善机制促进一抓到底。持续巩固关于进一步改进作风狠抓落实工作的新成效，加强对全县党员干部“八小时以外”的监督检查，助推党员干部“社交圈、生活圈、休闲圈”干净健康，进一步筑牢党员干部廉洁防线。把弘扬新风正气摆在更加突出位置，持续推进新时代廉洁文化建设，弘扬伟大建党精神、老西藏精神、“两路”精神，引导党员干部牢记“三个务必”，始终坚持以人民为中心。自觉增强“时时放心不下”的责任感，加强斗争精神和斗争本领的养成，着力增强防风险、迎挑战、抗打压能力，带头担当作为，锲而不舍履职尽责。

（六）加强纪律建设，强化纪律意识

一是强化经常性纪律教育。协调组织部、宣传部、党校等部门，将党章党规党纪教育纳入党校培训和理论中心组必学内容，使纪律教育、党性教育和廉洁文化教育贯通起来。强化正面引导和警示教育相结合，推动各级党组织书记讲廉政党课，及时召开警示教育大会，开展干部任前廉政教育，督促指导发生违纪违法案件的相关单位党委（党组）召开专题民主生活会。抓住领导干部这个“关键少数”，高度重视年轻领导干部纪律教育，督促领导干部在遵守和执行纪律上走在前、作表率。二是严格日常执纪监督。加强对党章和新形势下党内政治生活的若干准则贯彻执行情况的监督检查，着力纠正政治偏差，对违反党纪的问题发现一起查处一起。严肃党内政治生活，强化对各级党组织严格落实民主（组织）生活会、“三会一课”及执行民主集中制、重大事项请示报告等具体事项的监督检查。从严从实做好党风廉政意见回复工作，严防“带病提拔”。三是精准运用“四种形态”。坚持惩前毖后、治病救人，有效运用“四种形态”特别是第一种形态，做到抓早抓小、防微杜渐、层层设防，做实做细对党员干部的日常管理监督，把纪律和规矩挺在前面，牢固树立“全周期管理”意识，让咬耳扯袖、红脸出汗成为常态。实事求是落实“三个区分开来”，坚持严管和厚爱相结合、激励和约束并重，将容错纠错贯彻监督执纪问责，严肃查处诬告陷害行为、及时做好澄清正名工作，激励党员干部敢于担当、积极作为。

（七）保持高压态势，“三不”一体推进

一是始终保持“惩”的震慑。坚持有案必查、有腐必惩，保持惩治腐败高压态势。紧盯重大工程、重点领域、关键岗位，聚焦关键少数，以严格的执纪问责增强制度刚性，充分彰显“无禁区、全覆盖、零容忍、重遏制、强高压、长震慑”的鲜明态度和坚强决心，有效消除存量、有

力遏制增量，妥善运用“四种形态”予以处理；对仍不收敛、不收手的，坚持“零容忍”，新账老账一起算，严惩不贷。二是积极拓展“治”的效能。推进审批监管、执法司法、工程建设等重点领域的监督机制改革和制度建设，加强专项检查，切实织密织牢制度笼子，形成制度闭环；有针对性盯住乡（镇）党政正职、县直部门“一把手”这个重点群体，有针对性地加强制度建设，在请示报告制度、议事规则、主体责任和“一岗双责”落实、财务管理等方面，推动建章立制，推动形成用制度管权、管事、管人的长效机制；持续强化资金监管，加强财会人员业务培训和法律法规学习，防微杜渐。突出抓好专项资金监管，加大审计监督力度，严肃查处虚列、挤占、串项、挪用等违规违纪问题，为资金装上“安全锁”和“防盗门”；要牢固树立“政府过紧日子，群众过好日子”思想，严格“三公”经费预算编制、严格审核支付、严格清理结余资金、突出支出重点，严格控制和压减一般性支出，确保“三公”经费只减不增。三是充分发挥“教”的功效。要常态化、制度化、规范化开展廉政警示教育，突出廉政警示教育的针对性和覆盖面，大力开展“以案促改”会议，切实达到了用身边事教育身边人，实现“查处一案、警示一片”的效果，让党员干部知敬畏、存戒惧、守底线。

（八）突出严管厚爱，提高能力水平

严格执行新形势下党内政治生活若干规定精神，及时向县委和市纪委监委请示报告重大事项、重大案件和重要工作。坚持习近平新时代中国特色社会主义思想“第一议题”学习制度，定期召开常委会会议、理论中心组学习会、党支部学习会，严肃党内政治生活，加强机关党的建设和意识形态工作，带头遵循“三个务必”，不断加强纪委常委会自身建设。强化纪法训练和实践锻炼，不断加强纪检监察干部党性素能作风建设。持续加强纪检监察机关内部基础设施建设。不断健全完善内控机制，加强规范化法治化正规化建设。带头遵守党章党规党纪，强化自我监督，主动接受监督，结合全党的主题教育，开展纪检监察干部队伍教育整顿，坚决防止执纪违纪、执法违法等“灯下黑”问题，坚决做到“打铁还需自身硬”，使“打铁的人”成为“铁打的人”。

同志们，奋进新时代、建功新时代，纪检监察工作任重道远。全面从严治党永远在路上、党的自我革命永远在路上，让我们更加紧密团结在以习近平同志为核心的党中央周围，在市纪委监委和县委的坚强领导下，弘扬伟大建党精神，牢记“三个务必”，自信自强、守正创新，踔厉奋发、勇毅前行，以永远在路上的清醒和坚定履职尽责，不断取得全面从严治党、党风廉政建设和反腐败斗争新成效，为推动党的二十大精神在错那全面落实落地、全面建设社会主义现代化新错那而团结奋斗！

9月，县消防救援大队开展消杀工作　　　　（县消防救援大队　供图）

大事记

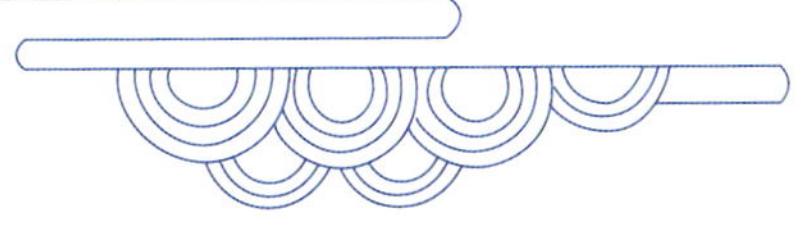

1月

2日 县委副书记、县长鲁绪超到新冠疫情防控办公室，看望慰问办公室工作人员。

6日 错那县开展车载移动实验室检测培训，副县长刘中权主持。

7日 错那县浪坡乡开展公路养护站站点建设工作，副县长土登次仁主持。

同日 错那县人民检察院与错那县公安局正式成立侦查监督与协作配合办公室，联合举行揭牌仪式。

10—21日 错那县中学学生代表参加山南市青少年民族团结交流代表团，到安徽省交流学习。

12日 错那县召开综合服务站点建设部署会议，副县长土登次仁主持。

同日 副县长刘中权验收疾控车载移动实验室。

14日 中国共产党错那县第十届委员会第五次全体会议召开。

同日 中共错那县委经济工作会议召开，县委副书记、县长鲁绪超主持。

14—15日 自治区人大常委会副主任、山南市委书记许成仓在错那县宣讲、调研。

17日 中国人民政治协商会议第三届错那县委员会第二次会议开幕。

同日 林芝市乡村振兴考察组到错那县“勒布四乡”（吉巴门巴民族乡、贡日门巴民族乡、麻麻门巴民族乡、勒门巴民族乡）开展工作。

18日 错那县第十四届人民代表大会第三次会议开幕。

20日 错那县两会（错那县第十四届人民代表大会第三次会议、中国人民政治协商会议第三届错那县委员会第二次会议）闭幕。

25日 错那县召开安委会2022年第一次安全生产全体（扩大）会议暨安全生产专项整治三年行动“巩固提升年”工作部署会议，县委常委、常务副县长巴桑次仁主持。

26日 错那县委进一步改进作风狠抓落实工作领导小组召开第一次工作推进会议。

27日 错那县2022年春季征兵工作会议召开，副县长、库局乡党委书记马建荣参加。

28日 县委常委、常务副县长巴桑次仁带队到错那县卫生健康委员会、错那县人民医院、错那县藏医医院、错那县疾病预防控制中心、错那县妇幼保健站检查常态化新冠疫情防控工作开展情况。

29日 县委书记巴桑欧珠到错那镇日当养护段三工区看望一线执勤人员和工人，开展春节、藏历新年节前慰问活动。

30日 错那县在浪坡乡肖村文化广场举行以“边疆人民过新年，新春祝福献给党”为主题的喜迎春节、藏历新年“村晚”活动。

31日 县委书记巴桑欧珠到错那县人民武装部、武警错那县中队、错那县边境管理大队、错那县消防救援大队开展春节、藏历新年期间“双拥”慰问活动。

2月

4日 错那县出现暴雪天气，伴有7级左右大风。

11日 县委书记巴桑欧珠到错那县粮油公司、错那县农业农村局、错那县应急物资储备库、错那县发展和改革委员会（粮食和物资储备局）实地查看粮油（应急物资）储备规模、库存，了解全县春耕春播准备情况、涉粮领域专项巡察整改推进情况。

18日 错那县举办2022年基层农牧民骨干宣讲员专题培训会。

20日 错那县浪坡乡肖村举办以“履行社会责任　促进民族团结”为主题的民营企业慰问边疆群众暨送文艺下乡活动。

21日 错那县生态环境保护督察整改工作调度会议召开，县委常委、常务副县长巴桑次仁主持。

22日 错那县委进一步改进作风狠抓落实工作领导小组召开第二次工作推进会议。

23日 县委副书记、县长鲁绪超到亳州市涡阳县安徽安欣牧业发展有限公司，实地考察湖羊圈养。

同日 县财政局组织举办2021年度错那县“十三五”扶贫产业项目收益资金分红仪式。

25日 错那县召开政法工作会议暨政法队伍教育整顿总结大会。

同日 错那县安全生产委员会2022年第二次全体（扩大）会议召开，县委常委、常务副县长、安全生产委员会常务副主任巴桑次仁主持。

26日 错那县开展以“建设美丽边疆、爱护幸福家园”为主题的环境卫生大整治暨新时代文明实践活动之“学雷锋精神　树时代新风”志愿服务活动。

同日 错那县举行各乡（镇）内设机构和事业单位揭牌仪式。

3月

3日 县委副书记、县长鲁绪超到错那县边境检查站、通达公司、错那县公安维稳指挥中心、错那县特困人员集中供养中心、台崩路警务站、错那县城市管理和综合执法局看望慰问一线值守人员和党员群众干部，开展藏历新年慰问活动。

7—25日 错那县公安局组织开展2022年第一季度全警实战大练兵活动。

8日 县委副书记、县长鲁绪超带领错那县人民政府办公室、错那县自然资源局等部门到曲卓木乡调研产业发展、人居环境整治等工作开展情况。

10日 山南市教育工作组在错那县各学校检查春季开学工作。

同日 错那县2022年上半年定兵会议召开，副县长张宗宝参加。

10—13日 中华人民共和国国家移民管理局（以下简称“移民管理局”）工作组在“勒布四乡”调研。

11日 错那县召开民族团结进步创建工作领导小组会议暨创建工作推进会议。

15日 错那县规划委员会2022年第一次会议召开，县委副书记、县长鲁绪超主持。

16日 县委副书记、县长鲁绪超在错那县城周边、错那镇、曲卓木乡督导检查生态环境保护工作开展情况。

18日 中国共产党错那县第十届纪律检查委员会第二次全体会议召开。

19—20日 县委副书记、县长鲁绪超到觉拉乡、卡达乡、浪坡乡、勒门巴民族乡检查新冠疫情防控工作开展情况，看望一线干部职工。

22日 错那县召开精神文明工作暨新时代文明实践业务培训会。

同日 错那县2022年重点项目推进会召开，县委副书记、县长鲁绪超主持。

23日 错那县两会建议提案交办会召开，县委常委、副县长张中鑫主持。

24日 县委副书记、县长鲁绪超调研“四好农村公路”推进情况。

25日 县工商联、中国农业银行错那县支行、县税务局、县市场监督管理局组织全县小微企业、个体工商户、专业合作社代表，开展“银税互动办实事　春风春蕾助小微”主题共建活动。

27日 错那县召开生态文明思想建设领导小组会议暨迎接中央第二轮环保督察工作动员部署会议。

28日 错那县新时代文明实践中心在安徽广场举行升国旗仪式，举办“盛世中国　幸福西藏　美丽错那喜迎党的二十大”主题革命歌曲合唱比赛，庆祝西藏百万农奴解放63周年。

同日 错那县组织各乡（镇）、村（社区）开展西藏百万农奴解放63周年庆祝活动。

29日 县委常委、常务副县长巴桑次仁到觉拉乡检查乡（镇）卫生院工作开展情况、新冠疫情防控措施落实情况、河流管理和保护工作开展情况。

同日 县委常委、副县长张中鑫到“勒布四乡”调研景区运营情况。

31日 纪念西藏民主改革63周年自治区宣讲团在错那县宣讲。

同日 错那县召开2022年第一次乡村振兴工作推进会，县委副书记、县长鲁绪超主持。

4月

1日 自治区森林防火考评组在错那县开展检查工作。

同日 错那县在安徽广场举行第31个全国税收宣传月启动仪式，县委常委、常务副县长巴桑次仁出席并致辞。

2日 错那县组织开展“党员在行动”志愿服务活动，550余名先锋志愿服务队员到社区报到，开展爱国卫生运动。

3日 县委副书记、县长鲁绪超到西午多金属矿探矿点督导检查工作。

同日 错那县邀请山南市人民医院骨科主任次仁伦珠到县人民医院开展第一例膝关节置换手术。

6—7日 错那县政协组织各乡（镇）政协联络办负责人和工作人员，到措美县、琼结县参观学习。

7日 县委书记巴桑欧珠在“勒布四乡”督导检查人居环境综合整治工作。

同日 山南市工作组在库局乡督导检查环境卫生综合整治情况。

8日 错那县政协举办2022年度政协委员暨乡（镇）政协联络员履职能力培训班。

同日 错那县开展主题为“国土绿化、建设生态文明高地”的全民义务植树活动。

11日 错那县召开十届县委第二轮巡察动员部署会。

12日 县委书记、县配合中央第二轮生态环境保护督察工作领导小组组长巴桑欧珠，在觉拉乡、卡达乡督办中央生态环保督察组转办案件整改工作落实情况。

同日 县委副书记、县长鲁绪超在错那县城和曲卓木乡督导检查人居环境整治工作开展情况。

13日 县委副书记、县长鲁绪超参加自治区“四好农村路”现场会报道。

14日 错那县召开全县党的建设（基层党组织建设）工作领导小组第一次会议。

同日 山南市人大工作组到贡日门巴民族乡、吉巴门巴民族乡开展生态环境保护日常监督检查工作。

15日 错那县委组织部、县直属机关工委组织开展2022年度第一期“机关干部大讲堂”活动。

同日 错那县举办2022年项目开复工仪式，县委常委、常务副县长巴桑次仁主持。

19日 错那县委开展“作风怎么看，工作怎么干”大讨论。

20日 安徽省九州基业股份有限公司考察团到错那县考察。

21日 错那县召开乡村振兴会议，副县长其米卓嘎安排部署乡村振兴工作。

22日 自治区党委政法委专项调查组实地督查错那县政法系统贯彻落实《中国共产党政法工作条例》等情况。

同日 错那县安委会第3次全体扩大会议暨迎接国务院安委会考核动员部署会议召开，县委副书记、县长鲁绪超主持。

23日 错那县文化活动中心联合新时代文明实践中心，举办“兴学习之风、行实干之举”读书分享暨“书香溢错那 读书润心房”世界读书日活动。

同日 县委副书记、县长鲁绪超带领错那县乡村振兴局等部门到错那镇、觉拉乡调研巩固拓展脱贫攻坚成果同乡村振兴有效衔接、农牧民合作社运行管理、春耕春播、人居环境整治等工作开展情况。

25日 县委书记巴桑欧珠督导检查国务院安委会考核巡查迎接准备工作。

同日 山南市新冠疫情防控工作组，在错那县开展新冠疫情防控督导检查工作。

25—26日 县委书记、县配合中央第二轮生态环境保护督察工作领导小组组长巴桑欧珠在贡日门巴民族乡斯木村翼龙谷景区、错那县城湿地公园，现场督导中央生态环境保护督察组转办案件核查办理工作。

27日　县委书记巴桑欧珠在错那县城督导检查人居环境整治提升工作。

28日　错那县委召开“作风怎么看、工作怎么干”第2次专题研讨会议。

同日　错那县举办以“喜迎党的二十大　永远跟党走　奋进新征程”为主题的第二届“魅力边陲　小康错那”朗读竞赛。

29日　错那县全域旅游规划预审会召开，县委常委、副县长张中鑫主持。

5月

4日　县委副书记、县长鲁绪超到库局乡督导调研新冠疫情防控、人居环境整治等工作开展情况。

5—6日　山南市人大常委会党组成员、副主任索朗多吉一行在错那县督导检查人大工作。

7日　县委副书记、县长鲁绪超主持召开错那县财政结转结余资金盘活工作动员部署会。

9日　错那县召开新冠疫情防控工作部署会议，县委副书记、县长鲁绪超主持。

10日　错那县召开全面推行林长制工作动员会暨森林督察整改推进会议，县委副书记、县长鲁绪超主持。

11日　错那县召开2022年政府系统廉政工作会议，县委副书记、县长鲁绪超主持。

11—13日　错那县对27个村（社区）“两委”班子成员进行国家通用语言测试。

12日　县委书记巴桑欧珠在巴鲁湿地公园开展督导调研。

13日　错那县召开农村人居环境整治“互观互检互评互学”活动动员部署会。

16日　中国农业银行山南市分行工作组在扎洞村开展调研工作。

17日　错那县召开2022年第二季度防返贫动态监测和帮扶工作联席会议，副县长其米卓嘎主持。

18日　错那县2022年高校毕业生就业创业领导小组会议召开，县委副书记、县长鲁绪超主持。

19日　错那县召开“四好农村路”暨道路养护专题会议，副县长土登次仁主持。

20日　县委副书记、县长鲁绪超在错那县城入口检查国土绿化工作开展情况。

22日　县乡村振兴局和县人社局联合举办错那县2022年一般劳动力民族手工艺加工（藏式毛毯）编织技能培训结业典礼。

24日　县委书记巴桑欧珠在贡嘎县森布日极高海拔生态搬迁安置点，考察学习生态搬迁、产业发展等工作。

25日　县委副书记、县长鲁绪超到吉巴门巴民族乡、库局乡调研牧道、公路建设情况。

27日　错那县“三区三线”划定工作推进会议召开，县委副书记、县长鲁绪超主持。

28日　县委书记巴桑欧珠调研边境基础设施建设、边境管控、边民生产生活等情况，参加巡边巡逻活动。

29日　副县长土登次仁到麻麻门巴民族乡参加乡（镇）综合应急管理站成立暨揭牌仪式。

30日　县强基办在错那县城举办第十一批驻村工作队培训班，参训86人。

30—31日　中国人民解放军联勤保障部队第九八八医院工作组到错那县开展帮扶工作，在勒布沟开展义诊活动。

31日　错那县举办以“连接现代生活　绽放迷人光彩”为主题的2022年“文化和自然遗产日”系列展示、“发展传统工艺助推乡村振兴”传统工艺展销活动。

6月

1日　错那县召开贯彻落实全国稳住经济大盘电视电话会议精神部署推进会暨经济运行分析会调度会，县委副书记、县长鲁绪超主持。

2日　错那县人民政府与中国农业银行山南市分行举行战

略合作协议签约仪式，县委副书记、县长鲁绪超，副县长其米卓嘎参加。

同日 错那县人民政府与中国农业银行山南分行举行战略合作签约仪式，就深化合作、实现共赢进行战略签约。

6—12日 副县长其米卓嘎对错那县第二季度农村人居环境整治情况进行综合评估。

7日 中国共产主义青年团错那县第九次代表大会召开，县委副书记、县长鲁绪超参加。

8日 “四好农村路”考核组在错那县开展考评工作。

10日 错那县举办2022年“文化和自然遗产日‘系列展示’发展传统工艺助推乡村振兴”传统工艺展销活动。

13日 县委副书记、县长鲁绪超到曲卓木乡督导检查人居环境整治工作开展情况。

14日 错那县召开中央第四生态环境保护督察组反馈意见整改工作领导小组第一次推进会议。

15日 错那县召开全县深化“五共五固”活动军（警）地合力持续加强边境一线基层党组织建设会议。

17日 县委副书记、县长鲁绪超到贡日门巴民族乡督导检查旅游富民和人居环境整治工作。

17—20日 县委宣传部、县文化局（文物局）组织艺术团到隆子县开展“喜迎二十大 文化进万家”“喜迎二十大 文化润边行”文艺交流演出活动。

20日 自治区人大常委会副主任、市委书记许成仓在错那县卡达乡、浪坡乡调研。

22日 县委副书记、县长鲁绪超参加自治区人大常委会赴错那县举办大学生就业情况专题调研座谈会。

23日 县委副书记、县长鲁绪超到错那县城周边调研绿化、人居环境整治工作。

同日 错那镇消防站举行挂牌仪式。

24日 错那县医疗保险定点医疗机构举行挂牌仪式。

25日 县委副书记、县长鲁绪超到觉拉乡、卡达乡督导调研人居环境整治、乡村振兴、群众增收、边境管控等工作开展情况。

27日 错那县基层年轻干部综合能力提升暨党员政治教育培训班在加查县委党校开班。

28日 错那县召开2022年文化文物工作会议。

29日 错那县举行2022年肖村民族手工艺（藏毯编织）技能培训班结业仪式，副县长张宗宝出席并讲话。

30日 错那县举办“喜迎党的二十大 聚力奋进新时代”庆“七一”系列文体活动。

7月

1日 错那县召开2022年平安建设（综治工作）推进会议。

同日 错那县开展2020年高标准农田建设项目市级终验工作。

4日 错那县召开迎接党的二十大工作安排部署会议，县委副书记、县长鲁绪超主持。

5日 错那县“十四五”项目调度会议召开，副县长加措主持。

6日 错那县总工会召开第七届代表大会。

同日 错那县委组织部联合错那县教育局、结对共建部队，以“五共五固”活动为契机，在错那县小学开展“少年爱国行 共建军民情”活动。

7日 县委副书记、县长鲁绪超督导调研麻麻门巴民族乡人居环境整治工作开展情况。

8日 错那县委副书记、县长鲁绪超主持召开十届县委第二次书记专题会。

11日 错那县党员干部集中参观“身边事教育身边人”廉政警示教育展。

11—17日 错那县开展“喜迎二十大 再看新变化”老干部参观考察活动。

13日 县委副书记、县长鲁绪超，副县长张宗宝在麻麻门巴民族乡督导检查人居环境整治工作开展情况。

13—15日 错那县组织开展发展对象、入党积极分子培训暨党员政治教育培训。

15日 错那县召开觉拉

村乡村振兴示范点项目协调会议，副县长其米卓嘎主持。

18日 错那县召开“国家意识、公民意识、法治意识”群众性宣传教育动员部署会。

19日 错那县召开全县万只羊核心种羊场项目论证会议，副县长加措主持。

20日 错那县召开《关于加强推动生态文明建设走在全区前列2022年工作方案》意见建议征求会议，副县长其米卓嘎主持。

21日 错那县召开欢迎安徽省援藏干部人才座谈会，县委副书记、县长鲁绪超主持。

22日 县委副书记、县长鲁绪超在错那镇督导检查人居环境整治工作开展情况。

24—26日 全国政协常委、中国佛协副会长班禅额尔德尼·确吉杰布在错那县考察学习边境建设和民族团结进步创建工作。

28日 错那县国土空间规划委员会2022年第二次会议召开，县委副书记、县长鲁绪超主持。

29日 错那县“喜迎二十大　永远跟党走　奋进新征程”第三届歌手大赛初赛活动在错那县综合文化活动中心举行。

31日 县委副书记、县长鲁绪超率队到错那县人民武装部、武警错那县中队，慰问部队官兵。

8月

1日 山南市乡村振兴局工作组在曲卓木乡、觉拉乡督导检查乡村振兴项目和农村人居环境整治工作。

同日 错那县召开大学生创业座谈会，副县长张宗宝主持。

2日 山南市旅游和发展局工作组到曲卓木乡、贡日门巴民族乡调研乡村振兴、特色旅游区域提升项目建设、翼龙谷景区开放运营情况。

同日 山南市乡村振兴局工作组在错那镇检查人居环境整治工作。

3日 错那县召开“扫黄打非”暨文化市场专题会议。

4日 错那县召开关于审议全县2022年上半年招商引资项目投资协议事宜的专题会议，县委常务副书记、常务副县长姜烨主持。

5日 错那县召开新冠疫情防控专题部署会议，副县长刘中权组织。

7日 错那县召开全县“十三五”期间完成的政府投资项目审计整改工作调度会议，县委副书记、县长鲁绪超主持。

8日 错那县高海建筑协会向县政府捐赠抗疫资金50余万元。

10—13日 县委书记巴桑欧珠，县委副书记、县长鲁绪超以“四不两直”方式，到库局乡、贡日门巴民族乡、麻麻门巴民族乡、勒门巴民族乡督导检查新冠疫情防控工作。

21日 安徽省铜陵市、宣城市支援新冠疫情防控医疗队抵达错那县。

9月

2日 错那县19个在建项目复工复产，主要包括抵边搬迁项目和民生项目。

8日 浪坡乡开展“爱心剪发、从‘头’开始”志愿服务活动。

9日 错那县错那镇新时代文明实践所组织义剪志愿服务队，为一线新冠疫情防控工作人员、社区群众义务剪发。

11日 县委副书记、县人大常委会主任李浩路在卡达乡督导检查新冠疫情防控工作。

13日 错那县应对新冠疫情工作领导小组办公室发布1号公告，有序恢复社会面生产生活秩序。

19日 错那县应对新冠疫情工作领导小组办公室发布2号公告，进一步有序恢复生产生活秩序。

19—23日 错那县总工会对错那县开展慰问活动，赠送大米、鸡蛋等生活物资。

20日 县应急管理局牵头开展加油站消防安全联合检查。

22日 错那县信访工作联席会议召开。

26日 错那县曲卓木乡塔嘎村发生鼠疫疫情，在国家工作组、自治区工作组和市工作组的指导下得到控制，未发生蔓延和扩散。

10月

1日 错那县各族干部群众举行升国旗仪式，庆祝中华人民共和国成立73周年。

3日 错那县高海建筑协会向错那县抗疫指挥部捐赠资金20万元。

4日 曲卓木乡鼠疫疫情得到遏制，疫区处置工作通过验收。

11—13日 县委副书记，县政协主席次仁顿珠道曲卓木乡、库局乡，督导检查维护稳定、新冠疫情防控、卡点执勤和人居环境整治等工作，调研乡（镇）政协联络办建设情况。

12日 错那县应对新冠疫情工作领导小组办公室发布3号公告，进一步有序恢复正常生产生活秩序。

16日 中共二十大党代表、错那县吉巴门巴民族乡党委副书记、乡长索朗德吉在北京人民大会堂参加中国共产党第二十次全国代表大会。

同日 错那县组织党员干部观看中共二十大开幕会。

17日 错那县委组织部召开学习中共二十大报告集中研讨会。

18日 县委副书记、政府党组书记、县长鲁绪超主持召开学习中共二十大报告专题研讨会。

19日 错那县召开2022年度前三季度农牧民增收工作推进会议，副县长加措主持。

22日 西藏自治区外事办边防处处长曾辉在浪坡乡调研边境山口情况。

25日 错那县出现暴雪天气，1户居民房屋倒塌，县消防救援大队开展救援工作。

28日 中共二十大代表、错那县吉巴门巴民族乡党委副书记、乡长索朗德吉向干部、群众分享参加中共二十大心得体会。

31日 错那县召开学习宣传中共二十大精神干部大会。

11月

1日 错那县应对新冠疫情工作领导小组办公室发布4号公告，进一步调整疫情防控措施，安全有序恢复正常生产生活秩序。

同日 错那县召开基层党建工作重点任务推进会议。

2—4日 错那县开展文化市场经营主体复工复产评估工作。

4日 县委书记巴桑欧珠在卡达乡、浪坡乡、吉巴门巴民族乡、贡日门巴民族乡、麻麻门巴民族乡宣传中共二十大精神。

同日 错那县召开全县第三季度巩固拓展脱贫攻坚成果同乡村振兴有效衔接工作总结暨第四季度工作安排部署会议。

7日 错那县举行“2022年119消防安全宣传月暨抵边消防宣传队活动”启动仪式。

9日 十届错那县委第三轮巡察动员部署会召开。

11日 错那县委召开财经委员会会议。

14日 错那县召开1—10月经济运行调度会议，县委副书记、县长鲁绪超主持。

14—15日 县委副书记，政协党组书记、主席次仁顿珠在勒门巴民族乡、卡达乡宣讲中共二十大精神。

16日 错那县召开县委人大工作会议。

同日 错那县召开“身边事教育身边人”廉政警示教育大会。

17日 山南市督导组检查错那县增收工作。

18日 县委书记巴桑欧珠在错那镇调研基层党组织学习宣传贯彻中共二十大精神情况，开展书记讲党课活动，向干部群众宣讲中共二十大精神。

20日 错那县艺术团在错那县安徽广场举办“雪山不会忘记你”文艺汇报演出。

21日 错那县召开传达山南市委实施乡村振兴战略领导小组会议精神及安排部署全县迎检会议，县委副书记、县长鲁绪超主持。

22日 副县长其米卓嘎在错那县乡村振兴局督促指导乡村振兴考核准备工作。

23日 县委副书记，人大常委会党组书记、主任李浩路在觉拉乡宣讲中共二十大精神。

同日 错那县2022年度巩固拓展脱贫攻坚成果同乡村振兴有效衔接迎检准备工作汇报视频会议召开。

24日 县委副书记、县长鲁绪超在曲卓木乡宣讲中共二十大精神。

同日 错那县举办今冬明春重点项目开工仪式。

25日 黑龙江龙电（错那）律师事务所举行揭牌仪式，错那县首家律师事务所正式挂牌成立。

26日 错那县举办党员干部学习贯彻中共二十大精神专题培训班。

28日 错那县召开自治区级农牧民骨干宣讲员述职考核会。

同日 县委副书记、县长鲁绪超到勒门巴民族乡督导检查重点项目建设情况。

29日 中国共产党错那县第十届委员会第六次全体会议召开。

同日 “全国人民满意公务员”称号获得者、错那县勒门巴民族乡党委副书记、乡人大主席格桑旦增在勒门巴民族乡，开展以“幸福大讲堂　共话二十大”为主题的巡边守边事迹报告会暨宣讲贯彻党的二十大精神活动。

同日 错那县召开2022年度自治区、县两级野外文物看管人员年度考核工作，县级非遗代表性传承人述职报告会议。

30日 错那县委巡察工作领导小组召开十届县委第三轮巡察工作阶段性情况汇报会。

12月

2—3日 山南市教育局党组副书记、局长白江山率工作组到错那县调研教育工作开展情况。

3—5日 错那县藏医院举办藏医药传统技术暨非物质文化遗产藏医门玛技艺传承培训班。

9—10日 错那县举办全县党政系统办公室业务能力提升培训班。

10日 错那县逐步恢复县际县内道路客运班线运营。

11日 “感恩好时代　唱响新生活”错那县第三届歌手大赛决赛在勒布沟举行，10位选手参赛。

13日 错那县举办“学习贯彻二十大　感恩奋进新征程”基层农牧民知识竞赛和农牧民国家通用语言文字演讲比赛。

15日 县委全面从严治党专题会议召开。

16日 错那县召开残疾人联合会第一次代表大会。

同日 错那县高海建筑协会向县政府捐款30万元，承担非公有制企业社会责任。

19日 勒门巴民族乡组织群众开展“学习贯彻二十大　感恩奋进新征程”主题演讲比赛活动。

23日 错那县召开2022年度党组织书记抓基层党建工作述职评议会。

29日 错那县召开2023年第一批职业技能培训项目评审会。

4月30日，第一届错那县“喜迎二十大　文化润边行”文化产业赋能乡村振兴计划暨行政村文艺演出队业务素质评比活动在麻麻门巴民族乡启动　　（县文化局　供图）

错那概览

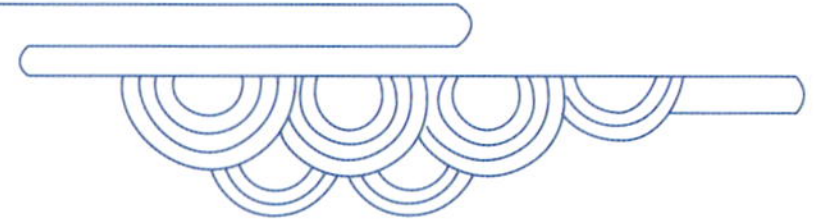

地理人文

【地理概况】 错那县位于西藏自治区东南部、山南市南部，地处北纬26°25′—28°27′、东经91°28′—94°22′。西邻不丹王国，东南与印度共和国接壤，是西藏自治区重要边境县之一。全县总面积35120平方千米，边境线长268千米，平均海拔4400米。错那县城所在地海拔4380米，距拉萨市380千米，距山南市政府驻地220千米。2022年，全县耕地面积15.5平方千米、草场面积3519.27平方千米、森林面积846.26平方千米，是半农半牧县，是自治区级文明县城、双拥模范县、全国民族团结示范县、自治区生态文明县，全区首批8个国家级重点生态功能区之一，是国家藏东南边缘森林生态试点示范县之一。

【气候】 喜马拉雅山脉横贯错那县，南部地区为亚热带山地湿润半湿润气候，中北部地区为高原性高寒气候。年日照时数2589小时，年无霜期42天，年降水量384.3毫米。年平均气温-0.6℃，极端最低气温-32.9℃，常年天气寒冷，是典型的高寒县。2022年10月出现极端暴雪天气。全县自然灾害频繁，以雪灾、洪灾、霜灾为主。2022年全县发生自然灾害2起：7月12日错那镇发生泥石流灾害、7月19日觉拉乡发生洪涝灾害，受灾群众18户57人，造成经济损失16.11万元。

【矿产资源】 错那县位于喜马拉雅山成矿带东部，错那县北部位于国家级扎西康铅锌多金属矿整装勘查区内，成矿地质条件较为优越。由于地质调查程度、矿产勘查程度比较低，错那县探明的矿产资源矿种、资源储量比较少。矿产资源以金属、非金属为主，有金属矿产9种，为金、银、铜、铅、锌、锑、锡、铷、铍；非金属矿产19种，为石榴石、红柱石、刚玉、蓝晶石、水晶、绿柱石、电气石（碧玺）、砷、磷、硼、石墨、白云母、芒硝、花岗岩、大理岩（结晶灰岩）、凝灰岩、页岩、建筑用砂、黏土。水气矿产2种，为地下热水、矿泉水。查明资源量的优势矿种主要为铅、锌、锑、金、地下热水和建筑用砂、建筑石料矿。

【历史沿革】 吐蕃地方政权时期，错那一带属约茹所辖。元朝时，属扎由瓦万户府领辖。公元1354年，帕竹地方政权在错那建宗。民国元年（1912年），西藏地方政府在山南设立基巧，辖13个宗，错那宗为其中之一。中华人民共和国成立后，在民主改革前，错那宗属洛喀（山南）基巧管辖。1952年，属中共江孜分工委。1956年8月29日，属山南基巧办事处。1959年5月5日，错那宗、德让宗两宗（县）合并设立错那县，成立错那县人民政府，县政府驻错那镇，属山南专地区。2016年2月至2022年，属地级山南市。

【行政区划】 2022年，错那县辖1个镇（错那镇），9个乡（浪坡乡、卡达乡、觉拉乡、曲卓木乡、库局乡、吉巴门巴民族乡、贡日门巴民族乡、麻麻门巴民族乡、勒门巴民族乡），29个行政村（其中社区2个），55个村民小组。错那县人民政府驻错那镇错那社区。

【人口民族】 截至2022年12月，全县总人口15961人，其中农牧业人口13395人、非农业人口2566人。全县乡村人口4655户13395人；乡村劳动力8029人，占比60%；乡村从业人员7002人。西藏自治区9个民族乡中错那县占4个（吉巴门巴民族乡、贡日门巴民族乡、麻麻门巴民族乡、勒门巴民族乡），4个民族乡2022年有283户824人，同比增长0.35%。错那县居住有藏族、汉族、门巴族、回族、珞巴族等16个民族1.5万人，民族通婚家庭127户。

【景点简介】 错那县是西藏自治区重要的边境县之一。错那在藏语里译为“湖的前面”。

勒布沟景区。勒布沟是国家AAA级旅游景区，是错那县核心景区。位于喜马拉雅山脉南麓，海拔低，适宜养生居住。勒布沟在藏语里意为“隐藏着的快乐神秘之地”，位于错那县南部，距错那县城20千米。平均海拔2800米，年降雨量900毫米。西接不丹，南接印度，是中国西南边陲的重要门户，是门巴族的居住地和发源地，是门巴族诗人仓央嘉措的故乡。勒布沟有吉巴、贡日、麻麻和勒4个门巴民族乡，是1962年中印边境自卫反击战的主战场，留存有前线指挥部。2011年，勒布沟景区被评为西藏自治区风景名胜区；2012年，勒布沟景区被评为国家AAA级旅游景区。2019年，获评“中国天然氧吧”称号。勒布沟有“人间仙境”“十里画廊”“离拉萨最近的森林氧吧”等赞誉，自然风光、民俗风情和旅游资源吸引游客旅游。是集生态、民俗、革命、人文、地理于一体的旅游风景区。

曲卓木乡沙棘林及温泉景区。曲卓木乡是错那县旅游资源相对较好的乡（镇），是拉萨—泽当—琼结—哲古—沙棘林—勒布沟旅游线路的重要节点。距国道219线有40千米，距国道560线有6千米，交通便捷。曲卓木乡沙棘林有着上千年的生长历史，被全国绿化委员会评为“中国最美沙棘”。沙棘林主要沿乡内娘姆江及其支流分布，从海拔4000米至4600米，生长2000余棵沙棘树，面积800亩。沙棘树，在错那县被称为“拉辛”，藏语为神魂树，即魂魄依附的树，沙棘树最高15米，树围最粗4.5米，被称为“原始盆景”。曲卓木乡还有山南市热源最丰富的温泉资源，出水点多，常年出水量大，景色特异。

对印自卫反击战张国华将军前线指挥部旧址。距勒布办事处所在地3千米，通过山计大桥，向北步行100余米可到达。勒布沟是1962年中印边境自卫反击战的主战场。

岗亭瀑布。距勒门巴民族乡2千米，位于麻麻门巴民族乡到勒门巴民族乡途中。相传，藏历四月十五日莲花生大师酒桶漏酒形成此瀑布。属三叠垂帘瀑布，570米落差内形成三叠瀑布，其中最小落差70米，以三叠瀑、三跌潭（泉）为特色。

森木扎（魔女谷）。距勒门巴民族乡政府驻地4千米，有野生猕猴。因莲花生大士降妖除魔而得名。有瀑布，瀑布下有洞，相传莲花生大师在此修行。

【旅游线路】 精品旅游线路。拉萨—桑耶景区—泽当（昌珠寺）—琼结（藏王墓）—哲古草原（湖）、曲卓木沙棘王林（温泉）—那日雍措—勒布沟风景名胜区。

错那县境内旅游线路。穿越喜马拉雅线（自卫反击行军线）：错那县城—波拉山口—门隅三圣湖（海螺山、百花滩）、高山垂直景观带—翼龙谷（药泉）—让荣湖—对印自卫反击战张国华将军前线指挥部旧址—麻玛新村（门巴民俗馆、野狼谷、仓央嘉措行宫）—岗亭瀑布—色木扎。红色研学线：壮阳泉（徒步行军线）—斯木古村落—对印自卫反击战张国华将军前线指挥部旧址—森木扎—克节朗河战役纪念碑。

边境最前沿—爱国情怀体验线（G695）。洛扎（拉康镇、边巴乡）—库局乡（瀑布、碉楼、地洞、大拐弯）—曲卓木沙棘林（温泉）—错那县城—勒布沟（门巴风情）—雍布（边贸）—浪坡乡（边境红旗乡）—杜鹃花海—肖村—多塘—卡达乡—康格多雪山（藏南最高峰）—西午村—扎洞村（休闲农业）—嘎布顿旦（亚洲第二大白塔）—隆子（洛巴风情、列麦精神、玉麦乡、扎日乡）—林芝。

经济建设

【经济发展】 2022年，错那县完成地区生产总值91285.8万元，同比增长2.3%。第一产业增加值3549.9万元，增长4.9%；第二产业增加值45243.5万元，增长2.5%；第三产业增加值42492.4万元，增长2%；人均地区生产总值65267元，同比增长2.33%。2022年产业结构比为

3.9∶49.6∶46.5（第一产业∶第二产业∶第三产业）。全社会固定资产投资112567万元，同比增长23.7%。社会消费品零售总额21073.4万元，同比下降6.1%。农村居民人均可支配收入17849元，同比增长9.1%。一般公共预算收入5240万元，同比增长21.5%。一般公共预算支出135116万元，同比增长52.21%。招商引资6792万元，同比增长17.9%。城镇失业率2%。

【农牧业】 2022年，错那县农业产值2421.8万元，增长5.6%；牧业产值4008.05万元，增长9%。全年农作物总播种面积23281.65亩，增长0.16%；粮食作物面积17242.5亩，增长1.98%。粮食作物中小麦种植面积1928.85亩、青稞种植面积13999.95亩、荞麦种植面积302.4亩、豌豆种植面积1011.3亩。经济作物中油菜种植面积2525.1亩、蔬菜种植面积1703.1亩、青饲料种植面积1810.95亩。全年粮食作物总产量5614.71吨，同比增长2.09%。小麦产量736.66吨、青稞产量4611.44吨、荞麦产量64.35吨、豌豆产量202.26吨。油菜籽产量400.26吨、蔬菜产量3160.59吨、青饲料产量1275.19吨。

【项目建设】 2022年，错那县实施重点项目74个，总投资27.07亿元。哈达水库、康格多抵边搬迁灌渠工程等43个项目建成投入使用，曲卓木乡郭麦村上游、库局乡桑玉村等11个防洪堤和贡日门巴民族乡、曲卓木乡等市政道路建设中，边防公路、农村公路和高海拔乡（镇）供暖工程等项目开工建设。“十四五”规划项目纳入各级规划123个，总投资84亿元，79个县本级担任法人的“十四五”项目完成前期工作；县本级储备“十四五”中期调整项目44个，规划投资20亿元；乡村振兴领域获批项目2亿元以上；边海防项目获批22个，总投资1.14亿元。

9月，县委书记巴桑欧珠（左三）在浪坡乡检查项目开复工、安全生产工作 （县委办公室 供图）

【产业发展】 2022年，错那县完成粮食种植面积1.72万亩，粮食总产量0.56万吨。肉产量1643.45吨、奶产量4965.81吨。“农户+合作社模式”流转抵边搬迁群众1500余亩耕地，整治抛荒撂荒223.92亩。设立农村集体经济组织27个，成立农牧民专业合作社45家、新型家庭农场3家。新增耕地1331.98亩、林地173.79亩、草地1150.98亩，总投资8118万元。2021年高标准农田、乡村农田水渠等农业基础设施项目完工。发展蜜蜂养殖、藏香猪养殖等种养殖业，引进莓茶种植。对接太阳能、风能、水能等清洁能源开发，娘江曲流域综合水电开发工作完成规划编制工作并提请自治区水利厅审查。实行景区免票政策，全年累计接待国内游客33957人次，实现旅游创收1425.9万元。制定《错那县关于支持抵边产业发展优惠政策若干规定（试行）》，推动边境地区发展。升级改造香香拉至卡达、县城至浪坡等道路，推进德吉村2组、3组和洞嘎村13组、15组新村建设。完成《错那县“十四五”期间乡村振兴规划》《错那县村庄规划》编制，创建美丽宜居乡村。

【招商引资】 2022年，错那县完成招商引资6792万元，同比增长17.9%。坚持“重商、护商”理念，成立招商引资工作专班，县领导组织招商2次，错那县人力资源和社会保障局、错那县农业农村局等7个部门和抵边村（社区）参与，推介错那县招商引资政策。加大招商引资力度，推进错那西午多金属矿勘探项目招商引资项目；巴鲁生态温泉酒店升级改造项目，总投资500万元，建成投入运营；错那县成兴加油站，总投资600万元，建成并完成验收，进入试营业阶段。

【集体经济】 2022年，错那县发展村集体经济，申报中央扶持壮大村集体经济项目8个，探索“党支部+合作社”村集体经济运行机制，重点培育以勒村茶叶为代表的一批集体经济产业，消除村（社区）集体经济收入不足5万元的状况。有农村集体经济组织27个、农牧民专业合作社45家、新型家庭农场3家，以养殖业、种植业、民族手工艺、特色产品等为主，其中茶叶合作社带动能力强，覆盖勒门巴民族乡56户141人。

【特色产业】 2022年，错那县转型发展特色产业。推进绵羊集约化饲养、蔬菜基地化建设、奶制品深度加工等，推动民族手工业、种养殖业转型升级，促进乡村产业向特色化、集约化、差异化发展。优化勒布沟高原有机生态茶品牌，推广莓茶种植，提升茶市场竞争力。挖掘特色产业项目可持续发展潜力，培育勒仓莲茶叶、木耳、青稞食品等品牌。

【旅游业】 2022年，错那县打造1条生态旅游环线、2条精品旅游线路。设立文化旅游综合服务中心，为乡（镇）旅游业发展提供机构编制保障。开设旅游创收增收夜校，为群众提供农家乐经营管理指导意见，助力农家乐86家开业接客，创造工作岗位200余个。全年累计接待国内游客33957人次，实现旅游收入1425.9万元。投资3000万元，实施以麻麻门巴民族乡、勒门巴民族乡、贡日门巴民族乡、吉巴门巴民族乡为中心，带动曲卓木乡、浪坡乡、觉拉乡的旅游“五大系统”（景区规划与国家A级旅游景区建设体系、全域旅游基础设施提升建设体系、全域旅游服务与导视体系、全域旅游工作体系、“旅游+”融合发展体系）工程。援藏投资4700万元的曲卓木乡村振兴和沙棘林特色旅游区域提升项目、投资1500万元的勒布沟旅游基础设施建设项目处于施工中。投资500万元（扶贫涉农整合资金）的勒布沟家庭旅馆建设项目、投资1300万元的翼龙谷景区道路项目、投资1300万元的贡日门巴民族乡旅游富民基础设施建设项目，竣工并交付使用。

社会发展

【平安错那创建】 2022年，错那县推进法治错那建设，召开全面依法治县委员会会议，制定平安错那建设方案、全面依

6月2日，错那县召开“七五”普法表彰暨“八五”普法推进会
（县司法局　供图）

法治县委员会工作规则。完成行政复议改革。调整充实县、乡、村三级平安建设领导小组，下设办公室，完善协调联动机制。推进“八五”普法，为27个村（社区）配备“法律顾问”，办理法律援助案件12件，成立全县首家律师事务所——黑龙江龙电（错那）律师事务所。

【深化改革】 2022年，错那县推进“放管服”改革，深化农村集体产权制度改革，推进农村承包土地和宅基地“三权分置”改革。推进“三证合一、一照一码”，实现95%以上的个体业务即日办结。加大建设项目环评审批力度。依法依规承接下放审批权限，执行1个工作日内完成建设项目环评登记审批和豁免程序，推行环评审批“承诺制”“备案制”服务，网上备案登记项目55个，豁免环评备案项目11个，降级备案项目1个。全县新增各类市场主体224家，同比增长9.1%。

【交通】 2022年，错那县依托乡村振兴整合资金，全年实施续建项目5个，总投资8528.52万元。推进2023年计划实施项目7个，总投资7710.05万元。错那县“十四五”规划储备项目中的农村公路建设项目48个推进中，总里程441千米，计划投资9.91亿元。推进《错那县三年公路提升改造工程计划报告》中的项目20个，计划投资1.2亿元。

【医疗卫生】 2022年，错那县提高医疗卫生水平，安排资金1987.64万元，提升医疗服务与保障能力，防控重大传染病保障基本公共卫生服务等，推进城乡医疗服务均等化。全县孕妇住院分娩率100%、新生儿乙肝接种率100%，全县家庭医生签约服务全覆盖。实施优质医疗资源扩容下沉工程，27个村居成立公共卫生委员会。错那县藏医院创建为山南市“一级甲等”民族医院。围绕建设“区域性医院”目标，依托安徽援藏、“988”对口帮扶和市人民医院“紧密型”医联体合作等资源，吸引优质人才。

【教育事业】 2022年，错那县有学校18所（不包含临时幼教点），其中，初级中学1所、乡（镇）完小5所、教学点1所、幼儿园11所。全县初中在校生364人，小学在校生762人，中小学适龄儿童入学率、巩固率100%，在园幼儿或学前班就读幼儿289人。全县教职工186人。其中，初中教职工53人，小学教职工94人，学前教职工39人。全县有残疾儿童24人。其中，随班就读18人，送教上门服务对象6人。学校每月开展送教上门活动2次，残疾儿童学籍注册6人。巩固教育“一揽子”政策，2名学生考入其他省市西藏初中班，1名学生考入其他省市西藏高中班，小学考试成绩平均分提高15分，初升高录取率100%。落实中小学“三包”经费、营养改善经费、大学生资助资金共810万元。

【文化事业】 2022年，错那县实施对印自卫反击战张国华将军前线指挥部旧址提升工程、错那县门巴文化生态保护区示范基地功能提升项目、错那县红色文化遗迹保护利用展示工程。启动“戏曲进乡村、文化助振兴”藏戏艺术交流，实施农耕文化和山水村文化遗产普查。开展文化遗产传承保护工作，实施“文化润边”工程，门巴萨玛民歌申报为国家级2023年扶持保护项目，门巴萨玛民歌、门巴拔羌姆4名非遗传承人申报为国家级非物质文化遗产代表性传承人。加大错那县综合文化活动中心、乡（镇）文化站免费开放力度，投入50万元开展乡（镇）综合文化站免费开放活动。为麻麻乡麻麻村、浪坡乡肖村各安排5万元标准建设资金，完善村级文化基础设施。投入295.04万元开展乡（镇）综合文化站维修和设施设备完善工作。错那县民俗文化陈列馆、对印自卫反击战张国华将军前线指挥部旧址陈列馆、乡（镇）综合文化站、综合文化活动中心，各馆、站、活动中心全年平均免费开放220天，2名陈列馆解说员为3600余人次解说。

【生态环境】 2022年，错那县落实“党政同责、一岗双责”，落实县级河（湖）长巡河巡湖任务，落实最严生态保护政策，推进“山水林田湖草沙冰”系统治理，开展环境质量常规性检测，地下水、地表水监测均在Ⅱ、Ⅲ类标准，大气环境质量达到一级标准。完成第二轮“三区三线”划定工作。实施造林绿化和“四旁”植树造林项目4.8万余株，推动拿日雍措国家湿地公园等一批重点区域生态保护工程。创建自治区级生态文明县，10个乡（镇）、27个村（社区）创建成为自治区级生态文明乡（镇）、村（社区）。提供生态岗位2909个，年人均增收3500元。推动“增减挂钩”复垦复绿工作，完成投资8118万元，折旧复垦增加耕地面积1331.98亩、林地面积173.79亩、草地面积1150.98亩。

【社会保障】 2022年，错那县提升社会保障能力，落实各类惠民资金1.14亿元。错那县机关事业单位养老保险参保人数1224人，参保率100%；工伤保险参保人数1257人，参保率100%；失业保险参保人数1063人，参保率100%。城乡居民养老保险参保人数10293人，参保率100%；60岁以上城乡居民养老保险养老金享受人数2285人，落实养老金59.42万元；企业养老参保人数389人。城市低保补助标准由2021年每人每月910元提高到927元，农村低保补助标准由2021年每人每年5060元提高到5160元，集中、分散特困人员补贴标准分别由2021年每人每年14196元、7590元提高到14461元、7740元。年内，城市低保无新增，清退1人；农村低保新增15户24人，清退47户140人；开展临时救助49户131人次。城市低保15户17人，落实生活补贴资金12.97万元；农村低保56户93人，落实生活补贴36.29万元；全县特困老人200人（集中供养76人、分散供养124人），落实资金269.82万元；开展临时救助62户149人次，发放救助金25.76万元［县级救助33户72人次，救助金11.26万元；乡（镇）临时救助备用金29户77人次，救助金14.5万元］，其中，新冠疫情防控期间救助50户102人，救助金16.66万元。

【乡村振兴】 2022年，错那县推动乡村振兴发展。编制《错那县“十四五”期间乡村振兴规划》。守住返贫底线，动态监测纳入“三类人员”18户58人，发放救助资金18.25万元；全县脱贫户人均纯收入18434.88元，增长率14.61%。全年实施乡村振兴项目21个，总投资2.7亿元，中央专项资金支出率100%。申报2023年乡村振兴项目35个，计划投资4.6亿元。推行“树立农牧民新风貌”和农牧区人居环境整治提升五年行动，开展人居环境整治提升暨“五好五优”边境小康村评比活动。实施乡村振兴“八大行动”，改善农村人居环境和基础设施条件。创建“四好农村路”全国示范县，吉巴门巴民族乡吉巴村、贡日门巴民族乡斯木村入选第六批中国传统村落名录。推进抓党建促乡村振兴工作，将60名乡村振兴专干、科技专干、农业农村专员纳入驻村工作队。

7月13日，退休老干部参观肖村、斯木村边境小康村示范点　（县委组织部　供图）

中共错那县委员会

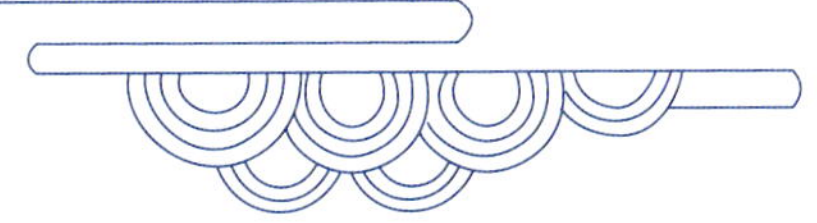

综述

【概况】 2022年，中国共产党错那县委员会（以下简称“县委”）坚持以习近平新时代中国特色社会主义思想为指导，贯彻落实中共十九大和十九届历次全会、中共二十大以及中央第七次西藏工作座谈会精神，习近平总书记关于西藏工作的重要指示精神和新时代党的治藏方略，自治区第十次党代会、市第二次党代会精神，锚定“四件大事”，聚焦“四个创建”“四个走在前列”“六个走在全区前列”目标任务，聚焦“一屏四区”发展定位，坚持稳中求进工作总基调，统筹新冠疫情防控和社会经济发展，巩固边防和边境安全，研究新情况、解决新问题、探索新机制。年内，错那县被评为自治区级生态文明县，10个乡（镇）、27个行政村被评为自治区级文明乡村，6个村（社区）被评为自治区级美丽宜居村庄。错那县被评为“四好农村路”全国示范县，吉巴门巴民族乡、贡日门巴民族乡斯木村入选第六批中国传统村落名录，市级农村人居环境整治考核位居高寒县第一名。

【重要决策】 2022年，县委聚焦自治区党委“四个创建”“四个走在全国前列”，市“六个走在全区前列”，召开十届五次全会，审议通过《中共错那县委员会关于深入学习贯彻党的十九届六中全会和自治区第十次党代会、市第二次党代会精神 加快推进错那长治久安和高质量发展的实施方案》，明确错那县“一前沿四区一基地”发展定位，贯彻落实党中央、自治区党委、市委决策部署，抓好“四件大事”，研究部署乡村振兴、基层党建、寺庙管理、边境管控、新冠疫情防控、意识形态、抵边搬迁、中央生态环境保护督察整改等工作，促进经济发展，提高人民生活水平，保护生态环境，巩固边防和边境安全。

【重要会议】 1月14日，中国共产党错那县第十届委员会第五次全体会议召开，县委书记巴桑欧珠讲话。会议学习中共十九届六中全会精神、自治区第十次党代会精神、市第二次党代会精神，审议通过《中共错那县委员会关于深入学习贯彻党的十九届六中全会和自治区第十次党代会、市第二次党代会精神 加快推进错那长治久安和高质量发展的实施方案》，巴桑欧珠就实施方案向全会作说明。

1月14日，县委召开错那县改进作风狠抓落实工作安排部署会，会议坚持以习近平新时代中国特色社会主义思想为指导，学习贯彻习近平总书记关于改进作风、狠抓落实重要论述，贯彻落实自治区党委、市委改进作风狠抓落实动员部署会议精神，动员党员干部提高政治站位，深化思想认识，县委书记巴桑欧珠主持会议并讲话。

1月26日，县委进一步改进作风狠抓落实工作领导小组召开第一次工作推进会，会议贯彻落实《中共西藏自治区委员会关于进一步改进作风狠抓落实的意见精神》，贯彻落实全区、全市改进作风狠抓落实部署会议精神，聚焦“四查四问”“八个落实”，对全县进一步改进作风狠抓落实工作进行再动员、再部署。县委书记、县委进一步改进作风狠抓落实工作领导小组组长巴桑欧珠主持会议。

2月22日，县委进一步改进作风狠抓落实工作领导小组召开第二次工作推进会，会议传达学习自治区党委、市委关于进一步改进作风狠抓落实工作通报精神，听取县委作风办、督导检查组、宣传报道组工作推进情况，安排部署下阶段工作。县委书记、县委进一步改进作风狠抓落实工作领导小组组长巴桑欧珠主持会议并讲话。

4月6日，县委召开进一步改进作风狠抓落实工作第三次工作推进会，对错那县改进作风狠抓落实前期开展工作进行小结。县委书记、县委进一步改进作风狠抓落实工作领导小组组长巴桑欧珠出席会议并讲话。

7月7日，县委召开进一步改进作风狠抓落实工作第四次工作推进会，对错那县改进作风狠抓落实上半年工作进行总结，县委副书记、县长鲁绪超主持会议并讲话。

11月11日，县委书记巴桑欧珠主持召开县委财经委员会会议，听取全县2022年1—10月经济运行情况，安排部署下一步重点工作。

11月16日，错那县召开县委人大工作会议。县委书记巴桑欧珠出席会议并讲话，县委副书记、县人大常委会主任李浩路主持会议并就《中共错那县委员会关于贯彻落实中央、自治区党委和市委人大工作会议精神　加强和改进新时代错那县人大工作的实施意见》作说明。

11月29日，中国共产党错那县第十届委员会第六次全体会议召开，县委书记巴桑欧珠讲话。会议讨论县委常委会工作报告、抓党的建设工作情况报告、改进作风狠抓落实工作情况报告，审议通过《中共错那县委员会关于以党的二十大为统领　深入贯彻自治区党委十届三次全会、市委二届五次全会精神　全面建设社会主义现代化新错那的实施方案》，巴桑欧珠就实施方案向全会作说明，安排部署学习贯彻党的二十大和自治区党委十届三次全会、市委二届五次全会精神。

【县委常委会会议】 2022年，县委共召开24次常委会会议。

1月4日，受县委书记巴桑欧珠委托，县委副书记、县长鲁绪超主持召开十届县委第十七次常委会（扩大）会议，传达学习上级有关通报精神，听取中共错那县纪律检查委员会（以下简称“县纪委”）2021年工作汇报，专题研究、安排部署全面从严治党各项重点工作。

1月9日，县委书记巴桑欧珠主持召开十届县委第十八次常委会会议，传达学习《自治区出席党的二十大代表选举工作部署电视电话会议精神》，研究《县委关于推荐提名自治区出席中共二十大代表候选人》推荐人选事宜。

1月13日，县委书记巴桑欧珠主持召开十届县委第十九次常委会（扩大）会议，研究事宜10项，听取相关事项汇报。

1月20日，县委书记巴桑欧珠主持召开十届县委第二十次常委会（扩大）会议，传达学习习近平总书记重要讲话和重要指示精神，传达学习中央、自治区、市相关会议精神和文件精神，传达学习2起通报文件精神，研究事宜7项。

1月27日，县委书记巴桑欧珠主持召开十届县委第二十一次常委会（扩大）会议，传达学习习近平总书记重要讲话和重要指示精神，有关会议精神，中央和自治区、市有关文件会议精神，研究部署错那县贯彻落实意见，听取相关工作情况汇报，安排近期重点工作。

11月16日，县委人大工作会议召开　　（县委办公室　供图）

2月22日，县委书记巴桑欧珠主持召开十届错那县委第二十二次常委会（扩大）会议，传达学习习近平总书记重要讲话和重要指示精神，相关会议和文件精神，自治区领导批示精神，研究部署错那县贯彻落实意见，研究事宜2项。

3月14日，县委书记巴桑欧珠主持召开十届县委第二十三次常委会（扩大）会议，传达学习习近平总书记重要指示和回信精神、中央和自治区有关文件会议精神，研究部署错那县贯彻落实意见，研究事宜6项。

3月18日，县委书记巴桑欧珠主持召开十届县委第二十四次常委会会议，研究事宜2项。

4月1日，县委书记巴桑欧珠主持召开十届县委第二十五次常委会（扩大）会议，集中观看生态环境保护警示教育专题片，传达学习习近平总书记重要讲话精神和全国、自治区、市相关会议精神，相关文件精神，研究错那县贯彻意见，听取基建项目包保推进工作情况汇报和全县进一步改进作风狠抓落实工作推进情况汇报，研究事宜10项。

4月25日，县委书记巴桑欧珠主持召开十届县委第二十六次常委会（扩大）会议，传达学习习近平总书记重要讲话精神和全国、自治区相关会议精神，自治区党委书记王君正相关讲话和批示精神，研究错那县贯彻意见，听取《迎接国务院安委会2021年度省级政府安全生产和消防工作考核巡查准备工作情况汇报》，部署迎接国务院安全生产委员会考核巡查工作，研究事宜9项。

5月9日，县委书记巴桑欧珠主持召开十届县委第二十七次常委会（扩大）会议，传达学习习近平总书记关于安全生产工作的重要论述，自治区领导重要指示、批示和讲话精神，中国共产党西藏自治区纪律检查委员会相关通报，市领导讲话精神，研究错那县贯彻意见，研究事宜5项。

5月20日，县委书记巴桑欧珠主持召开十届县委第二十八次常委会（扩大）会议，传达学习中央相关会议精神，习近平总书记重要讲话、重要指示和重要贺信精神，自治区、市有关文件精神，研究错那县贯彻意见，听取全县第一季度经济运行情况汇报，研究事宜3项。

6月8日，县委书记巴桑欧珠主持召开十届县委第二十九次常委会（扩大）会议，传达学习中央相关会议、文件精神，习近平总书记重要讲话以及重要回信、贺信精神，自治区相关会议、文件精神，自治区党委书记王君正重要讲话、批示精神，中央巡视组有关会议、文件精神，研究错那县贯彻意见，研究事宜8项。

7月6日，受县委书记巴桑欧珠委托，县委副书记、县长鲁绪超主持召开十届县委第三十次常委会（扩大）会议，传达学习习近平总书记重要讲话精神，学习《总体国家安全观学习纲要》部分内容，学习自治区、市委相关文件精神，听取县委作风办上半年工作开展情况汇报，研究事宜2项。

9月21日，县委书记巴桑欧珠主持召开十届县委第31次常委会（扩大）会议，传达学习习近平总书记重要讲话精神，习近平总书记关于生态文明建设的重要论述，自治区党委、市委重要会议、文件精神，《习近平谈治国理政》第四卷部分内容，安排部署重点工作，研究相关事宜11项。

10月6日，县委书记巴桑欧珠主持召开十届县委第三十二次常委会会议，研究有关事项，安排部署相关工作。

10月8日，县委书记巴桑欧珠主持召开十届县委第三十三次常委会（扩大）会议，传达学习习近平总书记在中共中央政治局会议、中央全面深化改革委员会第二十七次会议上的讲话精神和重要回信、批示精神，习近平总书记关于民族工作的重要讲话精神和重要论述、在中央民族工作会议上的讲话精神、在全国宗教工作会议上的讲话精神。

10月17日，县委书记巴桑欧珠主持召开十届县委第三十四次常委会（扩大）会议，传达学习十九届七中全会精神、习近平总书记在中国共产党第二十次全国代表大会上的报告，安排部署相关工作。

10月20日，县委书记巴桑欧珠主持召开十届县委第三十五次常委会会议，研究事宜3项。

10月24日，县委书记巴桑欧珠主持召开十届县委第三十六次常委会会议，安排部署重点工作。

10月31日，县委书记巴桑欧珠主持召开十届县委第三十七次常委会会议，研究事宜2项。

11月11日，县委书记巴桑欧珠主持召开十届县委第三十八次常委会（扩大）会议，传达学习习近平总书记重要讲话精神和相关文件精神，研究错那县贯彻落实意见；围绕中共二十大精神，结合工作实际，交流研讨如何贯彻落实中共二十大精神；听取全县2022年前三季度经济运行情况，安排部署全县经济工作；研究事宜3项。

11月28日，县委书记巴桑欧珠主持召开十届县委第三十九次常委会（扩大）会议，传达学习习近平总书记重要讲话、指示精神，中共二十大报告（第一部分、第二部分、第三部分）内容和《习近平谈治国理政》第四卷部分内容，自治区党委书记王君正讲话精神，研究错那县贯彻落实意见，研究事宜13项。

12月15日，县委书记巴桑欧珠主持召开十届县委第四十次常委会（扩大）会议，传达学习习近平总书记重要讲话精神，中共中央关于《中国共产党章程（修正案）》的说明、关于《中国共产党机构编制工作条例》的通知，中央、自治区、市网信会议精神，自治区通报。听取意识形态、安全生产、生态文明、食品安全、政法综治等相关工作情况汇报，研究事宜6项。

【意识形态工作】 2022年，县委加强党对意识形态工作的领导，落实党委（党组）意识形态工作责任制，县委常委会会议定期听取、研究部署意识形态工作。围绕举旗帜、聚民心、育新人、兴文化、展形象的使命任务，以迎接中共二十大为主线，开展氛围营造、新闻宣传、文艺演出、知识竞赛等各项活动，成立91支新时代文明实践志愿服务队伍，开展志愿服务活动和宣讲1251场次（11.43万人次）。加强网络综合治理体系建设，处理网络舆情。

【反分裂斗争】 2022年，县委围绕中共二十大维稳安保工作主线，分析研判形势、安排部署工作、压实层级责任、督促工作落实。完善处置预案8个，做好准备，开展合成演练，完善军地互补、梯次配备力量布局，提升处置突发事件应急能力。推进“三零”乡（镇）、村（社区）创建工作，坚持和创新发展新时代边境地区“枫桥经验”，加大矛盾纠纷排查化解力度，落实安全生产、防灾抗灾救灾等工作，提升社会治理能力和水平。

【维护稳定】 2022年，县委常委班子带头包乡联村驻点督导检查各项重点工作。健全处置方案、预案6个，提升处置突发事件应急能力。

【宗教工作】 2022年，县委抓住爱国进步主线，落实“五个有利于”要求，引导藏传佛教与社会主义社会相适应。召开县委宗教工作领导小组会议、宗教界代表人士座谈会议，提高新时代宗教工作水平。开展“四条标准”、“三个意识”（国家意识、公民意识、法治意识）教育。落实“三个不增加”要求，规范宗教团体、个人网络活动和行为。投入380万余元新建寺管会干部住房、业务用房，配备消防器材和高寒防冻消防水池设施，规范活动场所。全县宗教和顺、社会和谐、民族和睦。

【民族团结】 2022年，县委巩固全国民族团结进步示范县创建成果，制定《关于铸牢中华民族共同体意识为主线和战略

性任务　全面推进新时代错那民族工作高质量发展的实施方案》，实施“四大工程”“六项行动”，开展民族团结进步创建“九进”活动450余场次，受教育群众1.8万人次。建设麻麻门巴民族乡民族团结广场、民族团结路，创作民族团结歌曲，命名县级民族团结进步模范单位、教育基地56家，落实民族团结进步创建工作。深化民族交流，深化“五个认同”“三个离不开”思想。

【依法治县】 2022年，县委全面依法治县办公室提请召开全面依法治县委员会第二次全体会议，研究审议《中共错那县委全面依法治县委员会工作规则》，调整委员会及协调小组人员。制定出台《法治错那建设规划（2020—2025年）》《错那县法治社会建设实施方案（2021—2025年）》《错那县法治政府建设实施方案（2021—2025年）》；印发《错那县全面依法治县2022年工作要点》及主要工作任务分工方案，落实法治建设领导责任制；出台《错那县党政主要负责人履行推进法治建设第一责任人职责实施办法》。落实法治督察制度，完成行政执法“三项制度”（行政执法公示制度、执法全过程记录制度、重大执法决定法制审核制度），保证行政执法合法、公开、有效。健全完善法治政府建设指标体系，2022年对全县45家单位进行法治建设考核。落实“谁执法谁普法”责任制，协调全县各普法责任单位开展习近平法治思想、“三个意识”、宪法、民法典、行政复议法、反有组织法等普法活动43场次。

【项目建设】 2022年，错那县实施重点项目74个，总投资27.07亿元。哈达水库等43个项目建成投入使用，曲卓木乡郭麦村上游、库局乡桑玉村等11个防洪堤和贡日门巴民族乡、曲卓木乡等市政道路建设中，5条农村公路和高海拔乡（镇）供暖工程等项目开工建设，提升城乡基础设施和公共服务能力。“十四五”规划项目纳入各级规划123个，总投资84亿元，79个县本级担任法人的“十四五”项目全部完成前期工作；县本级储备“十四五”中期调整项目44个，规划投资20亿元；乡村振兴领域获批项目2亿元以上，居山南市第一位，夯实发展基础。

【产业发展】 2022年，错那县肉产量1643.45吨，奶产量4965.81吨。整治抛荒撂荒土地223.92亩，遏制耕地“非农化”，防止耕地“非粮化”“非牧化”。设立农村集体经济组织27个，成立农牧民专业合作社45家、新型家庭农场3家。新增耕地1331.98亩、林地173.79亩、草地1150.98亩，总投资8118万元。2021年高标准农田、乡村农田水渠等农业基础设施项目完工。娘江曲流域水电开发取得进展。发展文旅产业，加强产业融合，全年接待游客3.4万人次，创收1425.93万元。

9月，县委书记巴桑欧珠（中）到浪坡乡检查安居工程项目建设情况
（县委办公室　供图）

【重点领域改革】 2022年，错那县推进“放管服”改革，深化农村集体产权制度改革，推进农村承包土地和宅基地“三权分置”改革。推进“三证合一、一照一码”工作，实现95%的个体业务即日办结。加大建设项目环评审批服务力度，依法依规承接下放审批权限，执行1个工作日内完成建设项目环评登记审批和豁免程序，推行环评审批“承诺制”“备案制”服务，网上备案登记项目55个，豁免环评备案项目11个，降级备案项目1个。全县新增各类市场主体224家，同比增长9.1%。

【乡村振兴】 2022年，错那县坚持精准帮扶、动态监测，纳入“三类人员”（脱贫不稳定户、边缘易致贫户、突发严重困难户）18户58人，发放救助资金18.25万元；脱贫户人均纯收入18434.88元，增长率14.61%，超额完成市级目标任务。全年实施乡村振兴项目21个，总投资2.7亿元，2022年第一批乡村振兴项目中央衔接资金支出进度和项目建设进度位居自治区第一位，第二批乡村振兴领域新增项目位居山南市第一位。实施乡村振兴“八大行动”，改善农村人居环境和基础设施条件，增强群众获得感、幸福感、安全感。

【民生改善】 2022年，错那县实现农牧民转移就业6610人，创收5496.26万元，超额完成年度目标任务。高校毕业生就业率98%。实施“教育一揽子”政策，2名学生考入其他省市西藏初中班，1名学生考入其他省市西藏高中班，小学考试平均分提高15分。与山南市人民医院建立“紧密型”医联体，藏医院创建为山南市“一级甲等”民族医院。门巴族萨玛民歌申报为国家级2023年扶持保护项目。应对“10·25”极端暴雪天气。本级投入资金1387.73万元制定配套措施。全年落实各类惠民资金1.4亿元。五大保险参保率99%。

【生态文明建设】 2022年，县委常委会树立“绿水青山就是金山银山、冰天雪地也是金山银山”的理念，坚持生态优先、绿色发展，筑牢生态安全屏障。

守住生态安全底线，落实“党政同责、一岗双责”，落实县级河湖长巡河巡湖任务，落实生态保护政策，推进“山水林田湖草沙冰”系统治理，开展环境质量常规性检测工作，地下水、地表水监测在Ⅱ、Ⅲ类标准，大气环境质量达到一级标准。完成第二轮“三区三线”划定工作。实施造林绿化和“四旁”植树造林项目4.8万余株，推进拿日雍措国家湿地公园等重点区域生态保护工程。错那县创建为自治区级生态文明县，10个乡（镇）27个村（社区）创建为自治区级生态文明乡（镇）、村（社区）。

做好中央生态环境保护督察整改工作，中央第四生态环境保护督察组进驻期间，向错

4月，县委书记巴桑欧珠（右一）到错那县城调研环保督察事宜 （县委办公室 供图）

那县转办案件3件，其中，2件不属实、1件部分属实，全部完成办结。根据《中央生态环境保护督察反馈问题清单》，认领问题17项，完成整改9项。

建设生态富民工程，建立完善森林、草原、湿地生态效益补偿机制，提供生态岗位2909个，年人均增收3500元。推动“增减挂钩”复垦复绿工作，完成投资8118万元，折旧复垦增加耕地面积1331.98亩、林地面积173.79亩、草地面积1150.98亩。

【民主政治建设】 2022年，县委常委会支持人民代表大会及其常委会依法行使职权，召开县委人大工作会议，出台加强和改进新时代错那县人民代表大会工作的实施意见，支持人民代表大会及其常委会依法行使权力、健全监督制度，实施民生实事人大代表票决制项目7个，表决通过有关决议决定1个，深化对“一府一委两院”监督，丰富人大代表联系群众的内容和形式。

加强和改进人民政协工作，引导县政协坚持“大团结、大联合”2个主题，围绕县委中心工作大局深入协商、集中议政，发挥重要阵地、重要平台、重要渠道的作用，做到党委有声音、政协有响应，党委有部署、政协有跟进。

建设法治错那，召开县委全面依法治县委员会会议，制订平安错那建设方案、全面依法治县委员会工作规则。完成行政复议改革。推进“八五”普法，巩固法律服务体系，为27个村（社区）配备“法律顾问”，办理法律援助案件12件，成立错那县首家律师事务所。

【文化事业】 2022年，错那县开展文化遗产传承保护工作，门巴族萨玛民歌申报为国家级2023年扶持保护项目，门巴萨玛民歌、门巴拔羌姆非遗项目4名自治区级传承人申报为国家级非物质文化遗产代表性传承人。加大错那县综合文化活动中心、乡（镇）文化站免费开放力度。

【基层党组织建设】 2022年，错那县以提升组织力为重点，突出政治功能，推进各领域基层党组织建设，打造基层党建示范点13个，排查整顿软弱涣散基层党组织2个，在肖抵边区域组建基层党组织7个。用制度管权、管事、管人，执行民主集中制，规范村级党组织集体决策制度，通过“三会一课”“四议两公开”等形式商讨各类事务270余次，解决群众诉求130余件。推进抓党建促乡村振兴，开展村“两委”班子换届“回头看”工作，组织村干部学习国家通用语言文字1000余次，建强村（社区）“两委”班子，将60名乡村振兴专干、科技专干、农业农村专员纳入驻村工作队。发展壮大村集体经济，申报中央扶持壮大村集体经济项目8个。严把发展党员政治关、程序关、入口关，全年新发展党员64名。

【党风廉政建设】 2022年，错那县树立反腐败斗争没有任何特殊性的思想，坚持无禁区、全覆盖、零容忍，巩固发展反腐败斗争压倒性态势，依纪依法查处严重违纪违法案1件。全年受理问题线索25件（含2021年遗留5件），给予党纪处分4人，党纪政务处分1人，开除党籍2人，开除党籍、公职、移交司法机关1人。组织召开全县年轻干部教育暨党员干部作风建设警示教育大会，观看《零容忍》专题片，集中参观“身边事教育身边人”展览，发放违纪违法忏悔录，促使党员干部筑牢理想信念。编制完成十届县委巡察五年工作规划，完成十届县委第一轮、第二轮巡察工作，发现并反馈问题296个，移交问题线索5件。启动县委第三轮巡察工作。

【作风建设】 2022年，错那县推进作风建设，对标对表“八个必须”“八个抓落实”“六个表率”要求，制定贯彻落实文件13份，细化措施56项。开展“作风怎么看、工作怎么干”大讨论85次，检视问题532个，制定措施240条。县委常委班子开展“六带头六提升”实践活动，弘扬“一线工作法”，落实一级带着一级干、一级做给一级看，带动全县各级党员干部转作风抓落实。制订实施《党员干部“八小时以外”活动监督管理规定（试行）》，引导党员干部树牢纪律规矩意识，规范和约束“生活圈”“社交圈”“娱乐圈”。紧盯公款吃喝、违规收送礼品礼金等问题，开展违反中央八项规定及其实施细则精神自查清理纠治工作，自查整改问题18条，清退资金3.58万元。加大作风不实、落实不力等问题的追责问责力度，对18家单位35名干部违反请销假制度、违反会风会纪、落实请示报告制度不到位、履行主体责任不到位等情况进行通报批评或约谈，改善党员干部作风。

（贡　成　撰）

县委办公室工作

【概况】 2022年，中共错那县委员会办公室（以下简称“县委办公室”）学习中共二十大、二十届一中全会和中央第七次西藏工作座谈会精神，围绕全县工作大局，增强“四个意识”、坚定“四个自信”、做到“两个维护”，在县委的领导下，发挥综合协调和参谋助手职能作用，完善服务理念，提升服务水平，促进县委及全县工作的高效运转。年内，起草各类公文100余篇，保障会议80余次，收发办理文件2000余份。

【文书办理】 2022年，县委办公室抓住“三关”（起草关、审核关、收放关），确保文稿质量。县委办公室起草文件，拟稿精益求精；审核部门代拟文件，保证准确到位。所有文件必须经工作人员统稿、修改后，再逐级经领导签发，最后再次校对，保证格式、内容、标点准确无误。全年撰写领导讲话、各类文件、上报材料200余篇，其中起草各类公文140篇，领导满意率95%，文字差错率0.01%，政策把握率100%，确保县委及时、准确安排部署各项工作。县委办公室专人负责上级文件的传阅，及时登记传阅，保存文件，整理存档。全年传阅上级文件285份，回收285份。

【服务协调】 2022年，县委办公室坚持原则性与灵活性相结合，向领导汇报情况，听取指示，统筹安排领导活动，使领导间工作联结成有机整体。加强与县人大常委会办公室、县政府办公室、县政协办公室之间的协调，主动加强联系，及时就县级各大班子的重大决策部署和需要协调的问题进行沟通，取得理解与支持。协调部门之间关系，以化解矛盾、加强协作、凝聚人心、聚合力量为目的，与各部门交流情况，协调处理好部门之间的关系，推动全县形成“团结一致求发展、齐心协力抓落实”的氛围。协调上下级联系，利用发文、电话、会议等形式，把县委各个阶段的重大决策和重要部署传达到基层，把基层的工作情况、意见建议反映给县委，有关事项根据领导意见给予答复。

【机要保密】 2022年，县委办公室机要密码干部弘扬“24字机要精神”（对党忠诚、立场坚定、严守机密、遵守纪律、精研业务、无私奉献），落实密码强国建设，全年24小时值班，保障会议87次，联调180余次，收发办理文件2000余份，零差错、零延误、零错情，确保县委与各级部门信息上传下达的安全畅通。各乡（镇）、县直各单位从维护国家安全和利益的高度出发，增强“四个意识”、坚定“四个自信”、做到“两个维护”，增强保密意识，加强对本单位、本部门的保密工作重视，落实保密工作各项要求。错那县国家保密局到乡（镇）、部分单位，开展保密检查，通报约谈存在问题的单位，责令限期整改。为全县重大活动、重要会议及各类考试提供技术服务保障，对各乡（镇）、县直各单位送销的涉密载体统一交由山南市委保密局集中销毁。

【理论学习】 2022年，县委办公室强化理论学习，个人自学和集体学习相结合，把整改落实作为增强“四个意识”、坚定“四个自信”、做到“两个维护”的现实检验，把习近平新时代中国特色社会主义思想、习近平总书记重要指示批示、中央第七次西藏工作座谈会精神以及自治区党委和市委、县委的重要会议、重要文件作为必学内容，全年学习38次。

【党建工作】 2022年，县委办公室推进支部标准化建设。结合“八星党支部”创建工作，对照活动创建要求，细化工作任务、建立工作台账，加大标准化“八星党支部”创建工作的目标任务、方法步骤的宣传力度。落实“三会一课”制度，推动组织生活会标准化、正常化。组织召开支部党员大会8次、支委会15次、党小组会30余次、县级领导以及支部书记讲党课3次。推进机关党建和业务工作融合发展。统筹综合协调、参谋助手、督促检查、服务保障等工作，推进工作流程化、标准化、规范化、日常化，为县委决策部署和重点任务落实提供保障。开展主题党日活动。把“党员活动日”与支部共建、结对帮扶等工作结合，丰富活动内容和载体。

【自身建设】 2022年，县委办公室重视和抓住自身建设，打造政治强、业务精、作风硬、纪律严，让县委和群众满意的队伍。县委办公室工作人员，在任何时候、情况都把讲政治放在第一位，在思想、政治、行动上同县委保持一致，维护县委的权威，带头贯彻执行县委决策部署，服从县委领导的指挥，忠于职守，尽职尽责。端正对待群众的感情和态度，以构建“服务型机关”为切入点，以转变作风为着力点，解决对待来机关办事人员或上访群众“冷、横、硬”“门难进、脸难看、话难听、事难办”等问题，端正对待群众的态度，增进对待群众的感情，记住“时时有人观察、事事有人比较”，提高开展群众工作的能力和水平。

（贡　成　撰）

4月，县委办党支部开展“整治人居环境　助力乡村振兴”主题党日活动
（县委办公室　供图）

组织工作

【概况】 中国共产党错那县委员会组织部（以下简称“县委组织部”）以习近平新时代中国特色社会主义思想为指导，贯彻落实中共二十大以及中央第七次西藏工作座谈会精神，习近平总书记关于西藏工作的重要指示精神和新时代党的治藏方略，自治区第十次党代会、市第二次党代会精神，突出政治功能，以提升组织力为重点，以党支部标准化建设为抓手，提高基层党建工作质量。2022年，县委组织部和县委机构编制委员会办公室合署办公。

【干部选任】 2022年，县委组织部贯彻落实习近平总书记关于选人用人的重要论述和关于西藏工作的重要指示精神，把政治标准贯穿干部选拔任用全过程，执行《党政领导干部选拔任用工作条例》，选拔政治过硬、对党忠诚、业务精通、本领高强、敢于担当、勇于负责、敢于斗争、善于斗争的干部，落实“二十字”（信念坚定、为民服务、勤政务实、敢于担当、清正廉洁）好干部标准，树立选人用人正确导向，把握当前和长远的关系，坚持育用并重，优化科级班子结构，增强整体功能和活力。全年提拔调整科级干部366名，其中，提拔92名、进一步使用11名、晋升职级152名、轮岗交流56名、免职33名、乡（镇）事业机构改革任职15名、法检两院司法辅助人员套转7名。

【公务员管理】 2022年，县委组织部按照事前严防、事中严管、事后严查的要求，加强对干部全方位管理和经常性监督，增强管理监督实效，做到“真管真严、敢管敢严、长管长严”。强化干部日常监督管理，利用干部培训、专题座谈、干部考核、任前谈话等机会了解干部，运用提醒、函询、诫勉等组织手段管理干部。规范“12380”举报受理工作，发挥群众监督作用，完善多做“提领扯袖”工作。全年对6名党员干部进行提醒谈话，全县通报4人，把苗头性、倾向性问题解决在萌芽状态。加强干部正向激励，完善落实关心关爱干部机制，帮助干部卸下包袱，激励干部担当作为。加大容错纠错力度，健全正向激励机制，为能干事、想干事、干成事的干部撑腰鼓劲。通过组织约谈、集体座谈、个别访谈等形式开展谈心谈话，倾听干部诉求，加强对受处分干部关心关爱和跟踪回访，做好负面情绪疏导，在严惩严治的同时，释放治病救人的效果。全年提拔调整、晋升职级9名影响期已过表现优秀的干部。强化教育培训工作，把干部教育培训工作摆在突出位置，坚持政治教育“第一课”原则，树立“抓培训就是抓发展、缺什么就补什么”的培训理念，举办“年轻干部综合素质提升暨政治教育培训班”“党员干部学习贯彻党的二十大精神专题培训班”“入党积极分子暨发展对象培训班”等，提升干部专业素养，全年受众400余人次。

【干部队伍建设】 2022年，县委组织部强化综合分析研判，开展适岗分析，提升班子科学配备水平。选配领导班子，既看个体素质与岗位匹配度、年龄和民族结构搭配、岗位经历和性格特点互补，又考虑干部的成长锻炼需求，把素质优良、政绩突出、群众公认的干部放在重要岗位锻炼成长，全年新提拔48名干部进入乡镇和县直机关领导班子，优化干部队伍结构，提升班子的领导力、凝聚力、战斗力。培养选拔优秀年轻干部，以选准用好干部为根本，改进培养选拔方式，健全日常发现、跟踪培养、适时使用、从严管理等工作机制，对优秀年轻干部进行综合分析研判，全年提拔使用优秀年轻干部63名，其中正科7名（1990年后出生），充实干部队伍力量，促进干部队伍发展。加大交流力度，坚持干部的专业特长、工作经历、兴趣爱好与任职岗位需求相匹配，健全完善干部交流轮岗机制，提高人岗相适程度和专业匹配度，通过多岗位历练，激发潜力、拓宽视野、丰富经历、提升素质，全年在乡（镇）、县直机关和寺管会之间提拔交流干部93名。

【人才工作】 2022年，县委组织部贯彻落实中央、自治区党委和市委关于人才工作的方针政策和决策部署，把人才工作摆在重要位置，实施人才强县战略。增强党管人才意识，履行“管宏观、管政策、管协调、管服务”职责，召开专题会议，统筹人才工作，分析人才发展形势，研究解决具体问题，增强各乡（镇）、部门抓人才工作的积极性和主动性。健全人才机制，破除束缚人才

发展的思想观念和体制机制障碍，在人才引进、流动、服务等方面提供支持，调整充实县委人才工作领导小组，落实人才中长期发展规划，拓展人才工作“五大工程”，完善人才管理、人才激励、人才服务等机制。壮大人才队伍，各乡（镇）、部门探索人才引育管用，通过“招才引智”、专项招录等方式，依托安徽援藏省市优势资源，柔性引进各领域专家人才350余人，专项招录急需紧缺人才53人，调入第六批长期援藏专家1名（正高级职称）。截至2021年底，全县人才总量1711人，比2016年增加866人。提升人才素质，利用安徽援藏省市优势资源，加强与援藏省市的交流，选派优秀年轻干部到对口支援省市挂职锻炼学习，提高干部工作能力和水平，截至2021年底，全县选派280名优秀年轻干部和村级组织力量到援藏省市进行挂职锻炼和培训学习。完善人才信息库，设立人才资源开发专项资金，落实人才相关待遇。优化人才环境，实施人才关爱行动，召开援藏专业技术人才座谈会、走访慰问人才。举办短期援藏干部专业技术人才座谈会，挖掘、宣传各类人才在创业创新、行业带动等方面的优秀事迹，引导社会尊重人才。

【基层党建重要会议】 4月14日，召开全县党的建设（基层组织建设）工作领导小组会议和全县2022年度基层党建工作安排部署会，坚持以习近平新时代中国特色社会主义思想为指导，贯彻落实全国、全区、全市组织部长会议精神和全区基层党建工作重点任务推进会精神，总结全县2021年基层党建工作开展情况，安排部署2022年基层党建工作，为推动“十四五”期间全县实现高质量发展提供保障。会议学习自治区党委和市委有关文件精神，结合错那县实际，广泛征求意见和建议，制订《错那县2022年基层党建工作重点任务清单》《错那县深化边境党建“1+6”筑牢“固边兴边富民”红色长廊实施方案》，对全县边境基层党建的总体要求、工作目标、具体措施等做出明确安排。

6月15日，召开全县深化“五共五固”（共学党的理论，固信仰信念；共建基层组织，固一线堡垒；共促民生改善，固脱贫成果；共树文明新风，固民族团结；共守神圣国土，固边境安宁）活动军（警）地活动推进会，研究审议深化“五共五固”活动实施方案、任务清单、结对共建制度和沟通交流机制，指出亟待解决的问题，为加强边境一线基层党组织建设明确思路，制订措施，推动“五共五固”活动开展。

11月1日，组织召开基层党建工作重点任务推进会议，学习贯彻习近平总书记关于基层党建、西藏工作的重要论述、重要指示和新时代党的治藏方略，贯彻落实中共二十大精神，聚焦2022年初工作安排，总结2022年全县基层党建工作，安排部署下一阶段全县基层党建工作。

12月23日，召开党组织书记抓基层党建工作述职评议会，会议听取各乡（镇）党委书记、各行业系统党工委书记、县委老干部局局长、民族宗教领域党组书记抓基层党建述职汇报，市委组织部人员对错那县2022年度党组织书记抓基层党建工作进行点评。

【党建庆祝活动】 6月29日，错那县集中举办“喜迎二十大 永远跟党走 奋进新征程”暨庆祝建党101周年系列活动，全体党员干部重温入党誓词，举办合唱比赛和文艺演出，向7名老党员集中颁发“光荣在党50年”纪念章，发放2694份党员生日卡，走访慰问困难党员、“三老”人员、“老骨干”党员，落实慰问帮扶资金28.24万元，送去党的关怀和温暖。

【基层党组织建设】 2022年，县委组织部贯彻落实习近平总书记关于民族地区基层党组织建设的“五项要求”，以抵边安居工程为抓手，扩大边境党

11月1日，全县基层党建工作重点任务推进会召开

（县委组织部 供图）

组织覆盖面，在肖抵边区域组建基层党组织7个，建立行政村2个，组织1300余人次下沉17个放牧点临时党组织，开展巡逻、新冠疫情防控、服务等活动2000余次，落实边民补助政策，增强边境一线群众爱国守边意识。通过换届“回头看”工作，结合软弱涣散村党组织摸排工作和县委班子成员“六带头六提升”（带头强化理论武装，提升科学决策能力；带头开展走村入户，提升调查研究能力；带头靠前履职尽责，提升担当干事能力；带头解决群众难题，提升群众工作能力；带头开展巡边守边，提升强边固防能力；带头梳理廉政风险，提升拒腐防变能力）活动，对所有村（社区）回访调研1次，整顿软弱涣散基层党组织2个。以打造服务型、模范型党组织为目标，利用“党群活动日”“集中办公日”等载体，商讨村（社区）各类事务270余次，解决群众诉求130余件，提高村干部在群众中的公信力。开展模范机关创建，为加强各单位各部门业务交流，提升党员干部的综合能力素质，研究制订《争创一流组织 勇当模范先锋活动方案》，举办“机关干部大讲堂”活动10期，学习交流600余人次，编印《党建工作月动态》4期。

【基层党建示范点创建】 2022年，县委组织部扣住“四件大事”，围绕“四个创建”，召开专题部署会，印发《错那县关于开展市级基层党建示范点创建工作的实施方案》，确定“领导干部带头抓、明确目标精准抓、严格标准考评抓”的措施，推动边境党建红色长廊建设和市级基层党建示范点创建工作，打造基层党建工作示范点13个。在乡村振兴上发挥党建引领作用，培养党员致富带头人57名，开展群众实用技能培训17期。探索“党支部+合作社”村集体经济运行机制，申报村集体经济项目4个，重点培育以勒村茶叶为代表的一批集体经济产业，消除村（社区）集体经济收入不足5万元的状况，27个村创建为自治区级生态文明村，2个门巴民族村入选第六批中国传统村落名录，以党建引领助推产业、文化、生态振兴。

【“五共五固”】 2022年，县委组织部研究出台《错那县军（警）地联席会议制度》《错那县军（警）地结对共建制度》，深化以“五共五固”为主要内容的军警地基层党组织结对共建，开展“党建示范点创建”“党群活动日”“集中办公日”等工作。联合打造“对印自卫反击战张国华将军前线指挥部旧址”红色教育基地，开设军地“共学课堂”“边境讲习所”“军地爱民诊所”，互聘42名“边境指导员”“党建顾问”，建设“八一爱民学校”，开展小军迷体育课、小小石榴籽巡边、重走巡边守边路、戍边卫士纪念等活动。落实党中央、自治区党委支持边境建设的各项特殊优惠政策，整合力量，推进经济社会和边防建设，打造1条生态旅游环线、2条精品旅游线

2月9日，错那县召开"五共五固"现场观摩筹备工作调度会议

（县委组织部　供图）

路，开发勒布茶叶、苦荞等特色旅游产品，边民群众经营农家乐、民宿和茶馆等。

【党员干部管理】 2022年，县委组织部围绕马克思主义"五观、两论"（马克思主义国家观、民族观、历史观、文化观、宗教观，唯物论、无神论），习近平总书记在西藏考察时的重要讲话精神、习近平总书记关于民族团结的重要论述，弘扬中国共产党建党精神、加强和规范党内政治生活、全面推进乡村振兴和加强边境地区建设等，6月27日，组织60余名全县年轻干部到山南市加查县委党校参加基层年轻干部综合能力提升暨党员政治教育培训班。实施基层干部主题培训行动，聚焦乡村振兴、基层治理，举办错那县第十一批驻村工作队培训班、错那县2022年度国家通用语言文字培训班、错那县党员干部学习贯彻党的二十大精神专题培训班等9期（758人），制定《错那县村"两委"班子成员国家通用语言集中测试方案》，围绕"听、说、读、写"4个方面，对151名"两委"班子成员进行集中测试，提升乡（镇）机关干部、第一书记、大学生村官、乡村振兴专干、村（社区）"两委"班子成员、村（社区）务监督委员会委员等人员综合能力。优化党员队伍，注重在反分裂斗争和维护稳定一线发展党员，在高知识群体、先进模范人物和"两新"组织中发展党员，全年新发展党员64名，吸收入党积极分子130名，举办发展对象和入党积极分子培训班。培养、储备后备干部203人。

【机构编制工作】 2022年，中国共产党错那县委员会机构编制委员会（以下简称"县委编委"）结合全县实际，抓住关键环节，在推进乡村振兴工作上发挥机构编制部门职能作用，助力乡村振兴战略落实。根据市《关于为各县（区）核增事业编制的通知》《关于为基层核增编制的通知》精神，推动脱贫攻坚与乡村振兴对接，推进产业、人才、文化、组织等领域振兴，结合工作需求，设立错那县乡村振兴信息中心，为错那县乡村振兴局下属公益一类副科级事业单位，核定事业编制5名，科级领导职数1个。设立错那县国库集中支付中心，为错那县财政局下属公益一类副科级事业单位，核定事业编制4名，科级领导职数1个。设立错那县供销合作社，为错那县商务局下属股级公益一类事业单位，核定事业编制3名。设立错那县就业服务中心，为错那县人力资源和社会保障局下属副科级事业单位，核定事业编制3名，科级领导职数1个。

【乡（镇）机构改革工作】 2022年，根据自治区党委办公厅、自治区政府办公厅印发的《关于推进基层整合审批服务执法力量的实施方案》、山南市《关于推进基层整合审批服务执法力量的实施方案》要求，中国共产党错那县委员会机构编制委员会办公室（以下简称"县委编办"）对标改革方案，梳理全县乡（镇）机构职能、人员编制、领导职数等基本情况，设立5个行政内设机构，分别为党政综合办公室、经济发展办公室、平安建设办公室、社会事务办公室（综合行政执法办公室）、财政资产管理所，部分边境乡（镇）设置边境事务协调办公室。设立4家事业单位，分别为卫生院（优生优育服务站）、农牧综合服务中心、文化旅游综合服务中心、便民服务中心（综治中心、退役军人服务站），为乡（镇）发展提供机构编制保障。全县10个乡（镇）分别举行内设机构和事业单位揭牌仪式。征求各相关部门意见和建议，起草“三定”规定下发至各乡（镇），乡（镇）结合实际完善“三定”规定，上报至县委编办审核，形成终稿。

【老干部工作】 2022年，错那县退休干部124人，其中，女34人，男90人；藏族104名，汉族12名，门巴族8名；中国共产党党员99名；副地级1人，县级干部14人，科级及以下干部109人。

结合老干部居住地、身体状况，通过集中学习与自学、上门服务与线上学习，上党课、集中研讨、撰写心得体会等方式，学习宣传中共二十大精神。线上利用“离退休老干部工作”“山南老干部”微信公众号平台，帮助离退休党员干部开展学习教育，组织离退休干部线上收听收看中共二十大、自治区第十次党代会等。完善离退休干部学习、活动制度，每月至少组织1次集中学习，统一思想，提高认识。全年集中学习8次，参加170余人，集中交流2次。

发挥基层党组织战斗堡垒和党员先锋模范作用。配合县委、县政府利用支部微信平台等教育引导群众、身边亲人不信谣、不传谣。组织开展离退休干部参加“建言二十大”“我看中国特色社会主义新时代”专题调研座谈会。邀请错那县人力资源和社会保障局、错那县医疗保障局对老干部工资福利、防范养老诈骗和离退休干部医疗保障等作宣讲，为离退休干部答疑解惑，增强老干部安全防范和维权意识。

以凝聚人心为重点，树立“老干部工作无小事”思想，落实老干部政治、生活待遇，慰问2名生病就医干部；兑现老干部住院护工费12.3万元，党支部班子成员补助8500元，退休干部体检费16.61万元，拉萨市、泽当镇退休干部职工代管费3.54万元。与党员干部开展谈心交心活动，了解思想、掌握实际情况，对2名因病困难的老干部解决1000元特困帮扶资金，通过上门或者在办公室对20余名不会使用智能手机、有困难的老干部在老来网上进行养老资格认证。组织“喜迎党的二十大　再看新变化”老干部参观考察活动，7月组织12名居住在自治区内的退休老干部开展返乡考察活动，激发老干部们为错那县发展建言献策。开展慰问活动，在“三大节日”期间县四套班子主要领导分别到拉萨市、泽当镇、错那县城、各乡（镇），向老干部通报错那县2022年经济社会发展情况，听取老干部对错那县工作意见、建议，慰问退休老干部122人，发放慰问金12.2万元。

【党校工作】 错那县委党校2016年5月正式成立，在2021年5月正式成立错那县行政学校，在错那县委党校加挂牌子，主要承担全县农牧民党员教育培训，全县基层党员干部党性教育培训，会同有关部门制定各类骨干培训计划等工作。

错那县委党校坚持服务县委、县政府的中心工作的原则，学习贯彻治国必治边，治边先稳藏的重要指示精神，贯彻落实新时代党的治藏方略，锚定“四件大事”，推进“四个创建”，为做到“四个走在前列”重大战略贡献力量。

全年举办各类培训班9期，县一级培训班6期，自治区、市委组织部及党校举办3期。培训主要涉及提升农牧

7月14日，退休老干部参观勒门巴民族乡茶叶合作社

（县委组织部　供图）

民党员素质，全县村（社区）“两委”班子国家通用语言文字学习培训、全县驻村（社区）干部业务培训、党员政治教育培训、一把手能力素质提升培训、发展对象及入党积极分子培训、党务工作者培训等。开展驻村干部能力提升培训（轮岗培训）1期（86人）、2022年党员政治教育培训1期（60人）、2022年发展对象及入党积极分子培训班1期（90人）、2022年村“两委”干部国家通用语言文字使用培训班1期（64人），山南市加查县委党校举办年轻干部综合能力提升暨党员政治教育培训班1期（60人），协助举办西藏领导干部碳达峰碳中和暨创建国家生态文明高地专题研讨班分会场培训1期（30余人），协助市委组织部举办市管干部网上学习浦东干部学院网络课程1期（51人），协助市委组织部举办脱贫攻坚同乡村振兴有效衔接培训班1期（5人）。

（施奇成　撰）

宣传工作

【概况】 2022年，错那县宣传思想文化工作在县委、县政府的领导下，以习近平新时代中国特色社会主义思想为指导，贯彻落实中共十九大、十九届历次全会精神和中央第七次西藏工作座谈会精神，学习宣传中共二十大精神，落实中央、自治区、市委宣传部长会议、网信主任会议、广电工作会议，县委十届五次、六次全会和县委经济工作会议精神，服务“四件大事”，聚焦全县“一前沿四区一基地”发展定位，承担举旗帜、聚民心、育新人、兴文化、展形象的使命任务。年内，开展乡村振兴、产业发展、项目建设、文明创建、民生工程、新冠疫情防控等宣传工作，制作各类宣传标语410余条。

【重要会议】 2022年，错那县召开一系列宣传工作会议：意识形态暨宣传思想文化工作会议，错那县网信办会议，错那县文明委工作会议，错那县新时代文明实践中心建设推进会，错那县“扫黄打非”工作会议，错那县中共二十大精神宣讲培训会，错那县农牧民基层宣讲员培训会。

【文化活动】 1月30日，县委、县政府在浪坡乡肖村举行以“边疆人民过新年，新春祝福献给党”为主题，喜迎春节、藏历新年的“村晚”活动。2月25日，错那县举办喜迎二十大、欢度藏历新年“村晚”暨“五下乡”启动仪式。3月28日，错那县新时代文明实践中心举办庆祝“3·28”西藏百万农奴解放纪念日“盛世中国　幸福西藏　美丽错那　喜迎党的二十大”主题红歌合唱比赛。12月13日，错那县举办“学习贯彻二十大　感恩奋进新征程”基层农牧民知识竞赛。12月13日，错那县举办“学习贯彻二十大　感恩奋进新征程”农牧民国家通用语言文字演讲比赛。

11月28日，错那县举办"学习贯彻二十大　感恩奋进新征程"基层农牧民知识竞赛（县委宣传部　供图）

【舆论宣传】 2022年，中国共产党错那县委员会宣传部（以下简称"县委宣传部"）以讲好"错那故事"为出发点，围绕县委、县政府中心工作和重大活动，按照"跟进快、贴得紧、落得实"的要求，开展宣传报道工作。围绕"四件大事"，聚焦全县"一前沿四区一基地"发展定位，策划主题宣传，开展乡村振兴、产业发展、项目建设、文明创建、民生工程、新冠疫情防控等宣传工作。开展喜迎中共二十大、学习中共十九届七中全会精神、学习宣传贯彻中共二十大精神等重大主题宣传活动，营造社会氛围。按区域划分全县公路主干线、广场、围墙，制作各类宣传标语410余条，布置宣传墙面30余处，架设铁艺广告立柱3处。在国道公路旁安装大型户外广告18面，更换内容54次。制作中共二十大宣传海报3560张，宣传栏63个，高炮广告5个，悬挂横幅56条。在网信错那、错那融媒开设"错那这十年""二十大时光""学习宣传贯彻党的二十大精神""践行党的二十大精神""卓玛带你学""学悟二十大·体会大家谈""铸牢中华民族共同体意识　同心共筑中国梦""幸福大讲堂　共话二十大""甜茶馆里话党恩""红色文艺轻骑兵""我来讲述党的二十大精神""讲文明树新风　移风易俗从我做起"等专栏，宣传报道错那县十年变化、中共二十大精神等内容。利用基层服务群众微信群，推送"中共二十大精神宣传教育产品"1300余条，播放中共二十大精神各类音视频11条2350小时，发布《学悟二十大·体会大家谈》《党的光辉照边疆　踔厉奋发新征程》《卓玛带你学》等专题信息31期76条。

【理论学习中心组工作】 2022年，县委宣传部围绕"四件大事"，制定《中共错那县委理论学习中心组2022年重点理论学习内容暨安排计划》《全县各级党委（党组）理论学习中心组2022年专题学习重点内容安排》《关于认真组织学习〈习近平谈治国理政〉第四卷的通知》《错那县学习宣传党的二十大精神总体工作方案》《错那县各级党委（党组）理论学习中心组深入学习党的二十大精神工作方案》，把学习贯彻习近平新时代中国特色社会主义思想引向深入，以习近平总书记系列重要讲话、重要思想、重要指示精神、重要论述以及中共二十大精神作为主线，把党中央重大决策部署、《习近平谈治国理政》第一卷、第二卷、第三卷、第四卷和自治区、市党代会精神作为各级党委（党组）理论学习中心组必学内容。通过领导带头、集中研讨、宣讲辅导、交流讨论、深入基层、结合实际等方法学习，深化各级理论学习中心组成员对党的创新理论的认识。全年县委理论学习中心组集体学习19次，开展专题研讨6次，交流发言60余人次。6月29日，在山南市"庆七一·喜迎党的二十大"党员干部理论知识竞赛中，错那县机关企事业单位干部代表获得全市第一名；在山南市村“两委”班子理论知识竞赛中，错那县村“两委”班子成员代表获得全市第二名。发放《总体国家安全观学习纲要》《〈习近平谈治国理政〉第四卷》《习近平总书记关于“三农”工作重要论述》《让群众过上好日子——习近平正定足迹》《闽山闽水物华新——习近平福建足迹》《干在实处勇立潮头——习近平浙江足迹》《当好改革开放的排头兵——习近平上海足迹》等学习资料960册。提升“学习强国”学习平台推广使用水平，推广农牧民党员注册激活“学习强国”学习平台，向“学习强国”学习平台供稿137篇（条），“学习强国”学习平台采用66篇（条）。

【新闻宣传】 2022年，县委宣传部开展新闻宣传工作，“网信错那”微信公众号发稿1700余条；“网信错那”视频号发稿134条；“错那融媒”抖音号围绕时事新闻、民生热点、政策解读，发布作品941条，其中藏语视频作品193条，总点击量4317.7万次，粉丝7万人，其中《西藏自治区农牧民享受财政补助优惠政策解读（藏语、汉语版）》点击量375.8万次，《环卫工人的一天》点击量14万次，小品《搬迁户的早晨》点击量25万次；在“珠峰云”App平台内，“错那融媒”视听频道和“网信错那”新闻频道共发布稿件374条，发稿数量、质量居全区前列。市级媒体采用错那县信息69条，《西藏日报》、西藏新闻联播、中国西藏新闻网、人民网、《西藏商报》等自治区及以上媒体采用错那县信息79篇（条）。在人民网、《西藏日报》、中国西藏新闻网等推出《我要对得起胸前这枚党徽》《19岁残疾人志愿者益西旦增你很棒》《田间地头忙宣讲》等新闻稿件。新冠疫情防控期间，围绕一线医护人员、公安干警、新冠疫情防控工作者、志愿者的工作、服务和感动瞬间，创作文字信息作品50条、短视频159条，其中，《监控下的一幕让人心疼》《错那县觉拉乡：防疫生产两不误 志愿服务助秋收》《66岁老党员不忘初心 化身最美逆行者》《曲卓木乡党员干部齐心协力，将一名临产妇及时送到县人民医院》《麻麻乡党员志愿者次仁央宗：“我要对得起胸前这枚党徽”》《西藏错那：开展防疫知识培训 提升志愿服务能力》《19岁残疾人志愿者益西旦增你很棒》《复工复产进行时，错那县按下“启动键”》等21篇原创作品被中央、自治区、市主要媒体点赞和转发，入选自治区、市主要媒体每日好报道。《我要对得起胸前这枚党徽》《19岁残疾人志愿者益西旦增你很棒》《田间地头忙宣讲》等稿件刊登在《西藏日报》头版。

【媒体融合发展】 2022年，县委宣传部推进媒体融合发展，初步建成集电视、微信、抖音、视听号、微博等多个传播平台于一体的融媒传播矩阵。明确职责分工，实现人员、机构、技术、平台的融合，整合采、编、制录、播、发等流程，记者采访的新闻素材，通过极速融通上传至数据库，供给各端口选择使用，制作成新闻、专题、简讯、短视频等。在电视、广播、户外LED屏等传统媒体播出的同时，通过“网信错那”微信公众平台、“错那融媒”抖音平台、“珠峰云”App（“错那融媒”视听频道、“网信错那”新闻频道）、微博等新媒体传播，实现“一次采集、多种生成、多元传播、迅速扩散”，提高受众覆盖面和阅读量。错那融媒体粉丝从2021年底的1.94万人，增加到2022年底的7万人，净增加粉丝人数5万余人，增强融媒体在新时代宣传的传播力、影响力。

【文化软实力提升】 2022年，县委宣传部提升文化软实力建设，开展“全民阅读 书香错那”“兴学习之风 行实干之举”读书分享会、“魅力边陲 小康错那”朗读竞赛等系列阅读活动，各村文明实践志愿服务队充分利用农家书屋

6月14日，错那县融媒体中心工作人员到田间地头宣传推广“珠峰云”App （县委宣传部 供图）

持续开展“书屋书香、阅读悦享”“书香溢错那 读书润心房”农家书屋文明实践阅读活动。规范建设农家书屋，为聚塘村、多塘村、汤乌村、肖村4个抵边搬迁村配备农家书屋书柜，价值4万余元，购买配送出版物7类506册（每册4本），价值27万元。

【广播电视事业】 2022年，县委宣传部狠抓广播电视事业建设，提高公共服务能力。对接上级业务部门争取广播电视户户通设备800套，更新抵边搬迁群众设备。使用中央补助地方县级融媒体中心项目建设资金70万余元，升级广播电视制播高清化能力，全县广播电视制播从标清升级到高清，做到与上级部门同步兼容。开展“广电先锋”志愿服务活动，开展下基层服务活动30余次，服务群众4000余人次，免费发放卫星直播设备310余套。做好中共二十大、重要会议、重要节日和重大节庆期间的广播电视安全播出保障工作，全年安全播出零事故。

【互联网信息管理】 2022年，县委宣传部学习贯彻习近平总书记关于网络强国的重要思想，落实网络意识形态责任制，提升网络综合治理能力，提高全县网络安全应对处置能力。调整县委网络安全和信息化委员会领导机构，提升网络综合治理体系建设能力，落实网络安全保障工作平安建设工作，建立健全网络安全应急方案预案。落实领导带班和舆情监测人员24小时值班制度，督促协调有关部门处理，提高用网、管网、治网水平。制定《错那县网络舆情处置应急预案》，制定春节、藏历新年、“3·28”西藏百万农奴解放纪念日、新冠疫情防控、鼠疫防控等时期的网络安全和舆论引导工作方案、宣传引导方案、应急预案等，应对和处置各类风险。

（丁洪飞 撰）

统一战线工作

【概况】 中国共产党错那县委员会统一战线工作部（以下简称“县委统战部”）是县委主管统一战线工作的职能部门，为正科级，列县委工作机关序列，领导民族宗教工作，领导错那县民族宗教事务局（以下简称“县民宗局”），合署办公。主要职责是负责党外干部、党外代表人士、非公有制经济代表人士和社会新阶层代表人士的教育培养、选拔推荐与政治安排工作；调查研究党外知识分子情况，非公有制经济发展情况；贯彻落实党的民族宗教政策，管理好民族和宗教事务；管理侨务工作，开展境外统一战线工作，负责全县境外藏胞工作；领导错那县工商业联合会（以下简称“县工商联”）班子，指导工商联工作；管理全县统一战线有关单位和团体的工作。县委统战部、县民宗局人员编制10名，部门领导职数4个。

【重要会议】 6月8日下午，错

那县召开宗教界深入开展“国家意识、公民意识、法治意识”教育动员部署会，县委书记巴桑欧珠出席会议并讲话，县委常务副书记曹文磊主持会议，县委副书记次仁顿珠说明全县宗教界深入开展“三个意识”教育实施方案，县级领导出席会议。

召开县委民族工作会议暨2022年全县民族团结进步表彰大会，县委书记巴桑欧珠出席会议并讲话，县委副书记、县政协党组书记、主席次仁顿珠主持会议并宣读错那县第三批民族团结进步模范单位命名决定，县委常委、统战部部长、民宗局局长索朗巴珠宣读表彰决定。县委常委、宣传部部长洛琼，县委常委、政法委书记吴达胜，县委常委、纪委监委书记张和等县级领导出席会议。会议表彰模范集体15个、模范个人30名、优秀工作者5名，命名模范单位37个。

【非公有制经济领域工作】 2022年，县工商联开展民营企业服务工作，召开民营企业座谈会，了解民营企业家思想状况，解决民营企业问题。开展民营企业服务工作，形成调研报告3份，开展谈心谈话11次。围绕民营企业权益保护、法律风险防范、劳动争议预防等内容，开展政策法规宣传教育活动，邀请错那县司法局、错那县人力资源和社会保障局等人员，开展民营经济人士法治宣传教育活动，宣讲15场次，受众130人次。完成县工商联换届工作，按照“政治素质高、履职能力强、热爱工商联事业的民营经济人士进工商联新一届领导班子”的工作要求，在县工商联二届会议40名代表中选举产生执行委员会委员25名、常委9名，副主席4名、主席1名；商会副会长4名、会长1名。

【归国藏胞工作】 2022年，县委统战部坚持“爱国一家、爱国不分先后”的工作方针，加强服务归国藏胞工作，对2名归国藏胞开展慰问活动，宣传党的方针政策、利民惠民政策以及西藏的发展变化。

【党外人士工作】 2022年，县委统战部贯彻落实党中央、自治区委、市委、县委关于加强党外人士队伍建设、社会主义协商民主建设的工作要求，建设党外代表人士队伍。加大党外人士培养力度，选派3名党外人士到西藏社会主义学院培训，提高其参政议政、建言献策的能力。走访慰问全县12名党外代表人士、政协委员、已故爱国人士家属及子女，送去党和政府的关怀。落实党外人士生活待遇，落实党外人士生活补助资金51名48.22万元。增进与党外人士之间的感情联络，召开党外人士迎新春茶话会。

【民族团结进步创建】 2022年，县委统战部巩固全国民族团结进步示范县创建成果，结合错那县实际，制定下发《关于以铸牢中华民族共同体意识为主线和战略性任务　全面推进新时代错那民族工作高质量发展走在前列实施方案》等5项

6月20日，县委统战部开展民族团结创建“进寺庙”专题辅导
（县委统战部　供图）

文件，实施“四大工程”“六项行动”，做到民族团结进步创建工作有规可循。落实《错那县关于加强民族团结　铸牢中华民族共同体意识，全力推进边境疫情防控工作的实施方案》，发挥民族团结进步在新冠疫情防控中凝聚力量、鼓舞人心的作用。推进民族地区经济发展，争取兴边富民项目4项，投资3714.17万元，用于民生和基础设施建设，改善群众聚居区生产生活条件，加快发展速度，增加群众收入。开展民族团结进步创建“九进”活动，命名第二批、第三批县级民族团结进步模范单位93家，抵边村全部创建为县级民族团结进步模范单位；2家单位被命名为国家级民族团结进步模范单位；4家单位被命名为自治区级民族团结进步模范单位；5家单位被命名为市级民族团结进步模范单位，2022年错那县被命名为自治区级、市级民族团结进步模范单位，错那县民族工作走在全区前列。

（拉巴旦增　撰）

机关党建

【概况】 2022年，中共错那县直属机关工作委员会（以下简称“县直属机关工委”）下设49个机关党组织。领导机构设书记1名、副书记1名、委员4名。书记主持县委直属机关工委全面工作，副书记协助书记分管日常工作，其他委员协助书记开展各项工作。全年召开县直属机关工委委员会议6次，开展“机关干部大讲堂”活动11期，指导机关党组织开展各类主题党日活动500余次。

【党建工作】 2022年，县直属机关工委在县委、县政府和上级组织部门的领导下，以习近平新时代中国特色社会主义思想为指导，捍卫“两个确立”，增强“四个意识”、坚定“四个自信”、做到“两个维护”，聚焦新时代党的建设总要求和党的组织路线，贯彻执行《中国共产党支部工作条例（试行）》，以全县2022年基层党建工作任务清单为重点，创建基层党建示范点，推进机关支部基层党建工作开展。全年召开县直属机关工委委员会议6次，开展党建专题调研1次，组织集中督导2次，县直属机关工委委员列席指导机关党组织开展党内政治生活180余次，规范机关党组织，严肃党内政治生活。

【思想政治建设】 2022年，县直属机关工委巩固提升党史学习教育成果。把学习贯彻习近平新时代中国特色社会主义思想、中共十九大和十九届历次全会精神、中共二十大精神作为首要政治任务，学习贯彻自治区、市、县三级党委进一步改进作风狠抓落实部署会议精神，根据县委作风办《关于开展领导干部“六带头六提升”活动的通知》，开展“机关干部大讲堂”系列活动，搭建机关党员干部交流学习平台，加强党员干部教育管理，提升机关党建整体水平。全年开展“机关干部大讲堂”活动11期，受教育干部群众700人次；举办1期入党积极分子暨发展对象培训班，参训人数27名；为机关党员干部征订、发放各类学习资料200余册，提升机关党员政治素养和理论水平。

【精神文明建设】 2022年，县直属机关工委狠抓制度落实，加强党员队伍建设。结合党组织标准化建设、“八星党支部”创建工作、市级党建示范点创建工作任务，应对2022年初个别单位人事调整，集中开展机关党组织班子成员补选工作，全年49个机关党组织完成班子成员选配，为机关党建组织设置提供人力保障。贯彻落实党内政治生活制度，将“三会一课”、主题党日等组织生活与党史学习教育、观摩学习等结合起来，与微信公众号、微党课等线上学习手段结合起来，与党支部业务工作结合起来，增强组织生活的吸引力、感召力和影响力。县直（中）直机关党组织有党员603名，全

7月28日，直属机关工委举办错那县第八期"机关干部大讲堂"活动 （直属机关工委 供图）

年吸收19名团员成为入党积极分子，审议接收新发展党员14名，审议预备党员按期转正24名，为党的组织工作提供人力资源保障。年内落实党员关怀激励制度，利用重大节日、纪念日慰问困难党员及一线党员22名，慰问金额2.2万元。

发挥党员先锋模范作用，对标自治区党委践行"六个表率"工作要求，引导党员干部领悟"两个确立"的决定性意义，增强"四个意识"、坚定"四个自信"、做到"两个维护"。开展在职党员到社区、村（社区）报到服务活动，全年组织49个机关党组织600余名党员到基层一线开展环境卫生大整治活动40余次、党员先锋志愿服务活动20次。号召机关党员参与新冠疫情防控工作，发挥"特别能吃苦、特别能战斗、特别能忍耐、特别能团结、特别能奉献"的老西藏精神。全年指导机关党组织开展各类主题党日活动500余次，提升机关党员党性修养和思想觉悟，推动党员自觉履行党员义务。机关党员每月向党组织上交党费，全年收取党费33.76万元。

（施奇成 撰）

档案工作

【概况】 2016年10月13日，经错那县机构编制委员会研究决定，将错那县档案馆更名为错那县档案局，实行"一个机构，两块牌子"管理机制，错那县档案局（馆）［以下简称"县档案局（馆）"］为县委办公室所属副科级全额拨款事业单位。核定事业编制3名，核定领导职数2名（事业副科级）。将县档案局（馆）行政职能划入县委办公室，县委办公室副主任兼县档案局局长，2019年4月配备县档案局局长、县档案馆馆长，2022年底配备县档案馆副馆长，截至2022年底县档案局（馆）有在编工作人员7人。2022年，县档案局（馆）在县委、县政府的领导下，以习近平新时代中国特色社会主义思想为指导，贯彻中共二十大精神和习近平总书记对档案工作的重要指示精神，贯彻落实全国档案工作会议精神，依法治档管档。通过以干代训方式，向全县各单位档案工作人员普及档案业务知识、档案管理方法。国家级档案工作服务农村基层社会治理试点通过验收。

【档案馆建设情况】 2007年，县档案局（馆）各类档案初步实现分库管理。在自治区档案局、山南市档案局各级领导重视下，2015年底新馆建设项目立项。2015年9月26日开工，档案局总投资336万元，新馆建筑面积1202.4平方米，2016年12月全部完成。2017年6月新馆配备档案密集架等相关设备，正式投入使用。

【档案业务指导】 2022年，县档案局（馆）增强各单位档案专兼职人员的档案意识，提高业务素质，采取以干代训方式让各单位档案工作人员到错那县档案馆学习、交流档案业务知识及档案管理方法。

5月，县档案局（馆）以干代训整理归档各单位档案

［县档案局（馆） 供图］

【档案法治宣传】 2022年，县档案局（馆）在“6·9”国际档案日开展以“喜迎二十大、档案颂辉煌”为主题的宣传活动，悬挂横幅、发放资料、讲解档案法律法规等，引导干部群众关注档案工作，增强档案意识。发放宣传资料200余册，普及档案知识，提高干部群众对档案工作的认知度，扩大档案工作的社会影响。

【档案资源利用】 2022年，县档案局（馆）接待查档60人次，提供利用文书档案3卷、1074件；其他资料接待查档5人次，3卷、50件。婚姻档办公室接待查档32人次、32件，工人档案查档接待4人次、17件。

【档案工作服务】 2020年5月，县档案局（馆）被确定为国家级档案工作服务农村基层社会治理试点，贯彻落实《国家档案局办公室关于组织开展档案工作服务农村基层社会治理试点工作的通知》，完善基层档案管理制度、强化档案服务功能，推进试点各项目标任务，协助试点单位归档和整理文书档案146盒1689件、照片档案4盒、实物档案20件，推进档案服务农村基层社会治理和乡村振兴工作，2022年底试点工作通过档案局的验收。

（索朗旦增 撰）

强基惠民

【概况】 2022年，错那县创先争优强基础惠民生活动领导小组办公室（以下简称“县强基办”）有工作人员4名，主任、副主任各1名，工作人员2名，全县有27个驻村工作队，全年选派126名驻村干部，其中，中共西藏自治区委员会统一战线工作部选派1人，中国人寿保险公司西藏自治区分公司选派5人，中国电信集团公司山南市分公司选派1人，中国农业银行山南市分行选派2人，县直单位选派17人，乡（镇）选派40人，专干60人（乡村振兴专干24人、科技专干28人、农业农村工作专员8人）。

【驻村工作】 2022年，县强基办把“我为群众办实事”实践活动作为驻村工作的重要内容，联合各村（社区）新时代文明实践站志愿服务队，解决群众困难。错那县委副书记、驻村工作总领队徐超争取项目，沟通协调相关企业，争取到一批爱心企业捐赠太阳能路灯，解决部分村（社区）没有路灯或路灯损坏的问题。驻洞嘎村工作队沟通村帮扶部队，协调资金10万元，维修、拓宽洞嘎村13组接壤曲库公路路口至村委会道路；与错那县林业和草原局沟通，申请解决洞嘎村13组耕地280亩、草地1050亩、林地230亩保护所需围栏网4600米及相关设施问题。以“提升村干部文化素养，建强村级党支部”为目标，提高村（社区）“两委”班子整体文化素质，各驻村工作队利用村（社区）党组织第一书记、大学生村官、乡村振兴专干等人员优势，通过“集中办公日”、农村夜校、“三会一课”、党群活动日等载体，集中学习国家通用语言，提升村“两委”班子的工作能力。为检验理论学习成果，各驻村工作队通过限时闭卷的形式，组织各村（社区）“两委”班子和基层群众开展集中学习310场，党员群众参与1800余人次；进行理论知识摸底测试65场次，党员群众参与300人次，合格240人次，测试合格率80%。利用各个节点，组织村级文艺队开展文艺演出活动，满足群众文化需求。

5月30日至6月1日，县强基办在错那县城举办第十一批驻村工作队培训班（县强基办　供图）

【维护稳定】 2022年，各驻村工作队把维护稳定作为首要任务，落实驻村工作干部请销假制度，协助做好重要时段的维稳及新冠疫情防控工作，确保重要时段驻村人员在岗在位。完善应急预案，在重要节点和时段，开展巡逻工作，构建村民联防、群防群治的工作机制，稳定社会秩序。开展常态化新冠疫情防控工作，定期、不定期向农牧民群众宣传新冠疫情防控知识，增强群众健康和防控意识，形成联防联控、群防群治的体系。协助村（社区）“两委”制定维稳方案和应急预案59个，组建护村队、护路队、护校队等44个，发挥协调联动机制作用，在重要时段和节点巡逻2000余次。

【基层党建】 2022年，县强基办联合县委组织部，定期开展对各村（社区）党建督导指导工作，发放2022年错那县基层党建督导检查反馈单，层层压实责任、督导落实未完成责任，要求从严从实、按时按期、保质保量完成反馈问题。开展党旗在边境一线高高飘扬、我为群众办实事、党群活动日、田野上的中秋等主题党日活动，丰富基层党建。为提升驻村干部业务能力，5月30日至6月1日县强基办在错那县城举办第十一批驻村工作培训班，为期3天，培训人员86名，以2022年新选派的驻村队长、专干为主，培训内容涉及基层党建、维护社会稳定、民族团结进步创建、“八五”普法、党风廉政教育、道路交通安全等。各驻村工作队协助村（社区）党组织召开党员大会151场次、党支部委员会257场次、党小组会179场次、讲党课202场次。

【强边固防】 2022年，各驻村工作队配合做好军地基层党组织“五共五固”结对共建，推动部队官兵兼任村党组织党建指导员、村党组织书记兼任连队党支部边境工作顾问工作开展。以中国共产党成立101周年为契机，开展“齐唱国歌、同升国旗、共守边疆”等活动。驻错那社区工作队依托甲玛嘎姆帐篷党支部开展巡边固边活动，宣传卓嘎、央宗姐妹守土固边先进事迹，引导党员和群众增强国家意识、国防意识、国土意识。

【政策宣讲】 2022年，各驻村工作队组织村“两委”班子开展学习宣传中共二十大精神工作60次、专题研讨32场次，690人参加学习。通过广播、微信群等载体，在群众中宣讲145场次，受教育群众1.39万人次。

（赵松浩　撰）

1月18日，错那县第十四届人民代表大会第三次会议第一次全体会议召开

（县人大常委会办公室　供图）

错那县人民代表大会

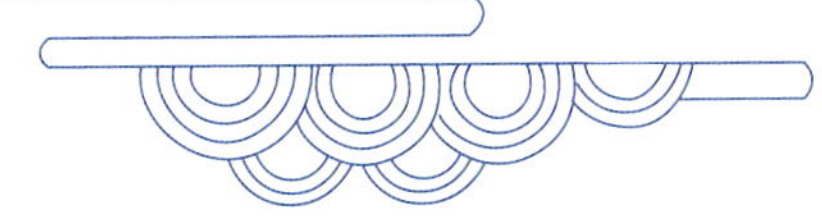

综　述

【概况】 2022年，错那县人民代表大会（以下简称“县人民代表大会”）和错那县人民代表大会常务委员会（以下简称“县人大常委会”）全年召开常委会会议7次、主任会议12次，听取和审议专项工作报告17个，开展监督工作6项、执法检查5次，作出决议决定1件，依法人事任免30人次，举行宪法宣誓仪式2次，各项工作取得进展。

【人民代表大会】 1月18—20日，错那县第十四届人民代表大会第三次会议召开，学习自治区十一届人大五次会议、市二届人大二次会议精神；听取审议《错那县人民政府工作报告》，审查《错那县2021年国民经济和社会发展计划执行情况与2022年国民经济和社会发展计划的报告（草案）》，审查《错那县2021年财政预算执行情况与2022年财政预算的报告（草案）》，听取审议《错那县人大常委会工作报告》，听取审议《错那县人民法院工作报告》，听取审议《错那县人民检察院工作报告》。

【常委会会议】 2022年，错那县第十四届人民代表大会常务委员会召开常委会会议7次。

1月16日，错那县第十四届人民代表大会常务委员会第三次会议召开，审议错那县人大常委会主任会议关于提请审议《错那县人民代表大会常务委员会关于召开错那县第十四届人民代表大会第三次会议的决定（草案）》的议案，审议《错那县人民政府关于错那县十四届人大一次会议代表意见建议办理情况的报告》，并进行工作评议，审议《错那县第十四届人民代表大会常务委员会关于接受何杰辞去错那县第十四届人民代表大会常务委员会委员职务的请求的决定（草案）》。

3月25日，错那县第十四届人民代表大会常务委员会第四次会议召开，听取《错那县人民代表大会“三个专委会”2021年工作开展情况和2022年工作计划》，审议《错那县发展和改革委员会关于错那县“十四五”规划编制和执行情况的报告》，审议《错那县文化局（文物局）关于〈山南市红色文化资源保护利用条例〉实施情况的报告》，听取《错那县乡村振兴局2021年工作开展情况和2022年工作计划》，审议《错那县人民政府关于错那县2022年财政预算（草案）的报告》，批准《错那县2022年财政预算》，票决《错那县2022年民生实事人大代表票决制项目》。

5月24日，错那县第十四届人民代表大会常务委员会第五次会议召开，听取《错那县人民政府关于错那县农村人居环境巩固提升管理办法（试行）情况报告》，审议《错那县人民政府关于错那县抵边搬迁建设情况的报告》《错那县人民政府关于城乡居民基本医疗保险政策贯彻落实情况的报告》《错那县人民政府关于在全县开展全民法治宣传教育的第八个五年规划（2021—2025）情况报告》，听取审议《错那县人民政府关于2021年度法治政府建设情况的报告》，审议《关于巴桑次仁辞去代表职务的报告》，审议《县人大常委会执法检查组关于检查〈西藏自治区民族团结进步模范区创建条例〉实施情况的报告》《县人大常委会执法检查组关于检查〈中华人民共和国乡村振兴促进法〉实施情况和乡村振兴工作开展情况的报告》。

8月5日，错那县第十四届人民代表大会常务委员会第六次会议召开，审议《错那县人民政府关于2021年度环境质量状况和环境保护目标完成情况的报告》《错那县人民政府关于错那县民族团结进步模范区创建工作开展情况的报告》，审议《错那县人大常委会执法检查组关于检查〈山南市红色文化资源保护利用条例〉实施情况的报告》《错那县人大常委会执法检查组关于检查〈山南市文明行为促进条例〉

实施情况的报告》，审议《错那县人民代表大会常务委员会议事规则（草案）》；审议《错那县第十四届人民代表大会常务委员会关于接受曹文磊辞去错那县第十四届人民代表大会常务委员会委员职务的请求的决定（草案）》《错那县第十四届人民代表大会常务委员会关于接受张盛杰辞去错那县监察委员会主任职务的请求的决定（草案）》《错那县第十四届人民代表大会常务委员会关于接受尼玛坚才辞去错那县人大教育科学文化卫生委员会主任委员职务的请求的决定（草案）》《错那县第十四届人民代表大会常务委员会关于接受何杰辞去错那县第十四届人民代表大会代表职务的请求的决定（草案）》《错那县第十四届人民代表大会常务委员会代表资格审查委员会关于个别代表的代表资格的报告和公告（稿）》，审议人事任免事项，举行宪法宣誓仪式。

10月28日，错那县第十四届人民代表大会常务委员会第七次会议召开，审议《错那县人民政府关于今年以来国民经济和社会发展计划执行情况的报告》《错那县人民政府关于今年以来财政预算执行情况的报告》《错那县人民政府关于错那县2022年本级财政预算调整方案的报告（草案）》《错那县人民政府关于2021年度财政决算（草案）的报告》，审查和批准《错那县人民政府2021年本级财政决算》，审议《错那县人民政府关于2021年度本级财政预算执行和其他财政收支审计工作报告》《错那县人民政府关于政府规范性文件备案审查工作情况的报告》，审议《错那县人大常委会执法检查组关于检查〈中华人民共和国国家通用语言文字法〉实施情况的报告》。

11月17日，错那县第十四届人民代表大会常务委员会第八次会议召开，审议《错那县人民政府关于2021年度法治政府建设情况的报告》《错那县人民政府关于第二轮中央生态环境保护第四督查组反馈问题整改情况的报告》《错那县人民法院关于开展立案诉讼案件工作情况的报告》《错那县人民检察院关于开展公益诉讼工作情况的报告》，审议人事任免事项，举行宪法宣誓仪式。

12月25日，错那县第十四届人民代表大会常务委员会第九次会议召开，审议《错那县人民政府关于县十四届人大三次会议代表建议办理情况的报告》《错那县司法局关于开展第八个五年法治宣传教育规划工作情况的报告》《错那县人大法制司法民族宗教委员会关于规范性文件备案审查工作情况的报告》，审议《错那县第十四届人民代表大会常务委员会关于接受次仁顿珠辞去错那县第十四届人民代表大会常务委员会委员职务的请求的决定（草案）》《错那县第十四届人民代表大会常务委员会关于接受达瓦多吉辞去错那县第十四届人民代表大会代表职务的请求的决定（草案）》《错那县第十四届人民代表大会常务委员会关于接受朱家星辞去错那县第十四届人民代表大会代表职务的请求的决定（草

3月25日，错那县第十四届人民代表大会常务委员会第四次会议召开　　（县人大常委会办公室　供图）

案）》，补选错那县出席山南市第二届人民代表大会代表。

【人大代表视察】 12月8—10日，县委副书记、县人大常委会主任李浩路，县人大常委会副主任王利民带队，到卡达乡、浪坡乡、“勒布四乡”（吉巴门巴民族乡、贡日门巴民族乡、麻麻门巴民族乡、勒门巴民族乡）、错那县人民法院、错那县司法局、错那县乡村振兴局、错那县农业农村局、山南市生态环境局错那县分局，聚焦“四件大事”，对抵边安居工程建设、人居环境整治、旅游发展、边境产业、基层治理、司法行政等方面进行视察，针对视察中发现的困难和问题，各乡（镇）、部门，协调上级部门和相关企业，开展相关工作。

【人大代表意见建议办理】 2022年，县人大常委会督促承办单位加强与人大代表互动，提升办理实效，听取审议县政府《关于人大代表意见建议办理情况的报告》，主任会议成员定期对办理情况进行督办和调度，梳理34个人大代表意见建议，规范资料，掌握办理实际情况、答复办理情况，各单位、部门推进落实工作，帮助群众化解难题，建议办理率完成率97%，采取电话答复、深入基层的形式答复人大代表。

【人大代表履职】 2022年，县人大常委会建立完善常委会组成人员联系人大代表制度，每次常委会邀请4名基层人大代表列席常委会会议，并与参会人大代表座谈，全年邀请20名人大代表参加。创新开展人大代表接待日活动，开展设岗定责活动，县人大常委会机关组成人员每人认领4个岗位，按照岗位职责要求开展活动，主任会议成员到“人大代表之家”“联络站”，听取群众意见建议，全年开展5次接待活动，接待人大代表26人次。邀请人大代表参加人大代表视察、执法检查、专题调研等活动20余人次，调动人大代表履行职责。

推进民生实事项目人大代表票决制工作，通过“人大代表之家”、走访乡（镇）、村（社区）调研等方式，到基层向人大代表、人民群众征求意见，报经县委同意在全县推开民生实事项目人大代表票决制工作，票决出民生实事项目7个，涉及资金300万元，形成“党委领导、群众参与、代表票决、政府实施、人大监督”工作机制，发挥民主优势，办民生实事。

【依法监督】 2022年，县人大常委会履行法定职责，围绕县委、县政府的决策部署，服务全县工作，以集中宣传、到乡（镇）宣讲的方式，组织“12·4”国家宪法日宣传活动，开展执法检查6次，促进法律法规的遵守和执行。把握依法监督与有效支持的关系，关注宏观经济运行，听取审议错那县人民政府计划、预算执行和调整、财政决算等报告，提出意见建议。听取审议《2021年度本级财政执行和其他财政收支审计情况的报告》《错那县人民政府关于2021年度环境

12月13日，县人大法制委到觉拉乡罗堆村执法检查民族团结进步模范区创建工作开展情况　　（县人大常委会办公室　供图）

状况和环境保护目标完成情况的报告》。

【审议“一府两院”】 2022年，错那县第十四届人民代表大会常务委员会听取和审议“一府两院”17个专项工作报告。

1月16日，错那县十四届人大常委会第三次会议听取和审议县政府《关于错那县十四届人大一次会议代表意见建议办理情况的报告》，开展工作评议。

3月25日，错那县十四届人大常委会第四次会议听取和审议县政府《关于错那县2021年财政预算（草案）的报告》，批准错那县2022年财政预算。

5月24日，错那县十四届人大常委会第五次会议听取和审议县政府《关于错那县抵边搬迁建设情况的报告》《关于在全县开展全民法治宣传教育的第八个五年规划（2021—2025）情况报告》《关于2021年度法治政府建设情况的报告》。

8月5日，错那县十四届人大常委会第六次会议听取和审议县政府《关于2021年度环境质量状况和环境保护目标完成情况的报告》《关于错那县民族团结进步模范区创建工作开展情况的报告》。

10月28日，错那县十四届人大常委会第七次会议听取和审议县政府《关于2022年以来国民经济和社会发展计划执行情况的报告》《关于2022年以来财政预算执行情况的报告》《关于错那县2022年本级财政预算调整方案的报告（草案）》《关于2021年度财政决算（草案）的报告》，审查和批准县政府《2021年本级财政决算》，听取和审议县政府《关于2021年度本级财政预算执行和其他财政收支审计工作报告》《关于政府规范性文件备案审查工作情况的报告》。

11月17日，错那县十四届人大常委会第八次会议听取和审议县政府《关于第二轮中央生态环境保护第四督查组反馈问题整改情况的报告》，听取和审议错那县人民法院《关于开展立案诉讼案件工作情况的报告》，听取和审议错那县人民检察院《关于开展公益诉讼工作情况的报告》。

12月25日，错那县十四届人大常委会第九次会议听取和审议县政府《关于县十四届人大三次会议代表意见建议办理情况的报告》。

【重大事项决定】 5月24日，错那县第十四届人民代表大会常务委员会第五次会议召开，作出关于开展第八个五年法治宣传教育的决定。

【依法任免干部】 2022年，县人民代表大会党组、县人大常委会坚持党管干部原则和依法行使人事任免权的统一，完善主任会议、常委会会议议程，落实任前法律考试、介绍人选情况、拟任职表态发言、表决、颁发任命书、宪法宣誓等工作程序。全年召开2次常委会会议，任免干部30名，举行宪法宣誓仪式2次。

【自身建设】 2022年，县人民代表大会、县人大常委会将加

4月8日，县人大党支部组织开展“共植民族团结之树，共叙民族团结之情”主题党日活动　　（县人大常委会办公室　供图）

强自身建设作为重要工作来抓，将改进作风狠抓落实活动与“走在前列谱新篇、人大奋力做贡献”讨论实践活动结合，抓住错那县人民代表大会常务委员会办公室（以下简称“县人大办”）党支部党建工作，落实“三会一课”、组织生活会、主题党日等制度，融合党建与中心工作，聚焦“党建+民族团结、业务提升、代表服务”，提升党建工作质量。县人大常委会主任会议成员结合新冠疫情防控、维稳督导工作，督导各乡（镇）落实情况25次，指导乡（镇）召开人民代表大会和主席团会议，督促指导提档升级、提质增效具体工作，县、乡“人大代表之家”完成规范提升建设。

（蒙福庆　撰）

4月21日，县人大财经委主任委员和法制委主任委员到麻麻门巴民族乡指导检查乡（镇）人大工作

（县人大常委会办公室　供图）

人大常委会办公室工作

【概况】 2022年，错那县人民代表大会常务委员会办公室（以下简称“县人大常委会办公室”）实有2人，其中办公室主任1人、副主任1人。年内，开展各类会议的组织、协调、保障工作21次，确保会议召开。

【党建工作】 2022年，县人大常委会办公室开展党史学习教育，落实“三会一课”、组织生活会、主题党日等制度，融合党建与中心工作，聚焦党建+民族团结、业务提升、代表服务，提升党建工作质量，巩固党员先进性、纯洁性，为推动全县人大工作提供组织保障。全年进行党组理论学习中心组、党支部集中学习、相关专题学习37次，组织中共二十大、改进作风等方面专题交流研讨6次，举办专题读书班1期，把学习成效转化为实际行动。

【会务工作】 2022年，县人大常委会办公室开展各类会议的组织、协调、保障工作，确保会议召开。全年参与1次市人民代表大会、1次县人民代表大会、7次常委会会议、12次主任会议的组织、服务工作。完成山南市人民代表大会错那县代表团的服务任务。落实错那县十四届人大三次会议的前期筹备和服务保障工作，确保大会召开。

【代表联络】 2022年，县人民代表大会加强县人大常委会组成人员与人大代表的联系，落实县人大常委会组成人员直接联系人大代表的服务保障工作，拓展人大代表参与县人大常委会工作，邀请人大代表列席县人大常委会及各专门委员会的会议，组织人大代表参加人大代表视察、人大代表培训、专题调研和执法检查等活动，提高人大代表履职能力水平。

【作风建设】 2022年，县人大常委会办公室将改进作风狠抓落实活动与大讨论大实践活动结合，完成学习、研讨。对照“四查四问”，检视问题，坚持问题导向，针对山南市人民代表大会常务委员会督导组反馈问题4个，制定整改措施15条，列举问题清单，整改落实存在问题。

（蒙福庆　撰）

10月18日，县委副书记、县长鲁绪超（右二）到勒门巴民族乡开展施工项目安全检查工作

（县应急管理局　供图）

错那县人民政府

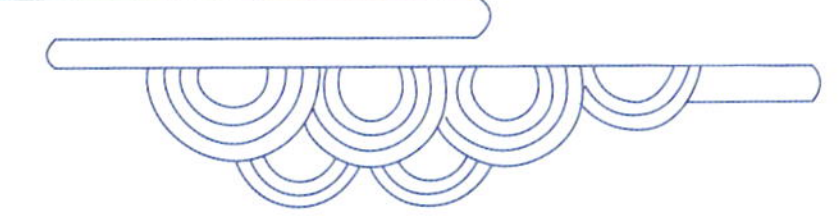

综　述

【概况】 2022年，错那县人民政府（以下简称“县政府”）把捍卫“两个确立”、做到“两个维护”作为政治原则和政治规矩，坚持习近平新时代中国特色社会主义思想，落实党中央、自治区党委、市委和县委的决策部署。开展“学习党的二十大，政府‘是什么、干什么、怎么干’学习实践活动”，全年开展各类学习20余场次。实施重点项目74个，总投资27.07亿元。粮食产量连续第11年丰产丰收。强边固防工作走在全区前列，得到自治区、市主要领导肯定。

【经济指标】 2022年，错那县完成地区生产总值91285.8万元，同比增长2.3%，增速位居全市第二；全社会固定资产投资112567万元，同比增长23.7%，增速位居全市第四；社会消费品零售总额21073.4万元，同比下降6.1%，增速位居全市第三；农村居民人均可支配收入17849元，同比增长9.1%，增速位居全市第一；一般公共预算收入5240万元，同比增长21.5%，增速位居全市第一；一般公共预算支出135116万元，同比增长52.21%，增速位居全市第一；招商引资6792万元，同比增长17.9%，增速位居全市第四；城镇失业率2%。主要经济指标增速全市靠前。

【项目建设】 2022年，错那县实施重点项目74个，总投资27.07亿元。曲卓木乡郭麦村上游、库局乡桑玉村等11个防洪堤和贡日门巴民族乡、曲卓木乡市政道路建设中，5条农村公路和高海拔乡（镇）供暖工程等项目开工建设，改善城乡基础设施和公共服务能力。“十四五”规划项目纳入各级规划盘子123个，总投资84亿元，79个本级担任法人的“十四五”项目完成前期工作；县本级储备“十四五”中期调整项目44个，规划投资20亿元；乡村振兴领域获批项目2亿元以上，居全市第一，稳固发展基础。

【供给侧结构性改革】 2022年，县政府推进“放管服”改革，推行环评审批“承诺制”“备案制”服务，落实“先照后证”改革，95%的个体业务即日办结，新增各类市场主体237家，注册资金1.57亿元。服务窗口受理各类事项5248件，办结率100%。“三区三线”划定工作上报中华人民共和国自然资源部审定。制订出台《错那县关于支持抵边产业发展优惠政策若干规定（试行）》，开工复工招商引资项目6个，与5家企业达成投资意向协议，计划投资1.85亿元，推动边境地区发展。

【产业转型升级】 2022年，错那县粮食产量连续第11年丰产丰收，肉产量1643.5吨，奶产量4978.2吨。以“农户+合作社模式”流转抵边搬迁群众耕地1500余亩，整治抛荒

4月3日，县委副书记、县长鲁绪超（左一）到西午多金属矿探矿点开展督导检查工作　（县政府办公室　供图）

撂荒土地223.92亩，遏制耕地“非农化”，防止耕地“非粮化”“非牧化”。设立农村集体经济组织27个，成立农牧民专业合作社45家、新型家庭农场3家。新增耕地1331.98亩、林地173.79亩、草地1150.98亩，总投资8118万元。2021年高标准农田、乡村农田水渠等农业基础设施项目完工。娘江曲流域水电开发取得实质性进展。发展文旅产业，加强产业融合，全年接待游客3.4万人次，实现创收1425.93万元。

【民生改善】 2022年，错那县实现农牧民转移就业6610人，创收5496.26万元，超额完成年度目标任务。高校毕业生就业率98%，小学考试平均分较2021年提高15分。与山南市人民医院探索建立“紧密型”医联体，藏医院创建为市“一级甲等”民族医院。门巴族萨玛民歌申报为国家级2023年扶持保护项目。应对“10·25”极端暴雪天气。本级投入资金1387.73万元，制定配套措施进行新冠疫情防控。落实各类惠民资金1.4亿元。五大保险参保率99%。保障幼有所育、学有所教、劳有所得、病有所医、老有所养、住有所居、弱有所扶。

【乡村振兴】 2022年，错那县坚持精准帮扶和动态监测，纳入“三类人员”18户58人，发放救助资金18.25万元；脱贫户人均纯收入18434.88元，增长率14.61%，超额完成市级目标任务。全年实施乡村振兴项目21个，总投资2.7亿元，2022年计划内乡村振兴项目中央衔接资金支出进度和项目建设进度位居全区第一；第二批乡村振兴领域新增项目和资金位居全市第一。错那县被评为“四好农村路”全国示范县；吉巴门巴民族乡，贡日门巴民族乡斯木村入选第六批中国传统村落名录；市级农村人居环境整治考核位居高寒县第一名。实施乡村振兴“八大行动”，改善农村人居环境和基础设施条件，增强群众获得感、幸福感、安全感。

【生态文明建设】 2022年，错那县树立“绿水青山就是金山银山、冰天雪地也是金山银山”的理念，打好蓝天、碧水、净土保卫战，地下水、地表水监测在Ⅱ、Ⅲ类标准，大气环境质量达到一级标准。完成中央第四生态环境保护督察组转办案件核查办理。实施植树造林4.8万余株。提供生态岗位2909个，年人均增收3500元以上。错那县被评为自治区级生态文明县，10个乡（镇）、27个行政村被评为自治区级文明乡村，6个村（社区）被评为自治区级美丽宜居村庄。

【强边固防】 2022年，错那县加快推进抵边区域基础设施建设、公共服务能力提升和产业发展。肖一带垃圾转运站、幼儿园完工，肖小学、供水工程、卫生院和高效温室大棚建设中，库局确拉牧道开工建设，补齐基础设施短板。推动强边政策改革，新增边境村、护边员。2家民族手工艺加工企业落户抵边区域，抵边一线群众人均可支配收入高于全县平均水平。强边固防工作走在全区前列，得到自治区、市主要领导肯定。

【维护稳定】 2022年，错那县把维护稳定作为第一位任务，维护祖国统一、反对民族分裂、开展反分裂斗争，防范化解各类风险挑战，依法打击各类违法犯罪活动。树立安全发展理念，巩固安全生产专项整治三年行动，落实安全生产责任制，全县建筑施工、道路交通、工矿商贸等领域零事故、零伤亡，截至2022年，连续22年无森林火灾，安全生产形势平稳向好。维护社会环境和谐稳定，保障错那县经济社会发展。

【重要会议】 1月20日，县委副书记、县长鲁绪超主持召开2022年错那县政府第一次全体会议。县委常委、常务副县长巴桑次仁，副县长土登次仁、刘中权、张宗宝、马建荣出席会议。会议就县委经济工作会议和政府工作报告任务分解情况作说明，巴桑次仁代表县政府分别与错那县发展和改革委员会、错那县交通运输局、觉拉乡、曲卓木乡签订县委经济工作会议和2022年《政府工作报告》重点任务分工责任目标书。错那县发展和改革委员会通报全县2022年拟建、计划开工建设项目前期工作推进情况；山南市生态环境局错那县分局通报中央和自治区环保督察组反馈问题整改情况“回头看”工作开展情况。

1月25日，受县委副书记、县长鲁绪超委托，县委常委、常务副县长巴桑次仁主持召开错那县2022年粮食安全和“菜篮子”工程工作部署会议。副县长刘中权、马建荣出席会议。会议传达学习习近平总书记关于粮食安全的重要指示、批示，《中央农村工作会议精神（摘选）》《许成仓书记批示和全市粮食安全和“菜篮子”工作会议精神（摘选）》，通报2021年粮食安全和“菜篮子”工程工作情况，巴桑次仁代表县政府与各乡（镇）签订《目标责任书》。会议要求各级各部门要做好粮食安全和“菜篮子”工程规划，制订方案，加快基础设施建设步伐，明确粮蔬种植面积、良种推广区域面积和产量，确保完成种植任务。要鼓励引导群众采取积造农家肥、增施有机肥、深翻整地等用地养地结合的措施，加强可持续发展建设。要拓宽思路，创新办法，调动农民的种粮积极性，鼓励推进土地流转，保证耕地保有量。要加大监测力度，掌握蔬菜、肉类供求和价格浮动情况，抓住春节、藏历新年期间粮食充足供应，保障粮食市场平稳运行和价格基本稳定。

1月25日，受县委副书记、县长鲁绪超委托，县委常委、常务副县长巴桑次仁主持召开错那县安委会2022年第一次安全生产全体（扩大）会议暨安全生产专项整治三年行动“巩固提升年”工作部署会议。会议通报全县2021年安全生产情况进行，安排部署2022年安全生产工作和迎接国务院考核准备工作，巴桑次仁代表县政府分别与错那镇、卡达乡、错那县公安局、错那县住房和城乡建设局、错那县应急管理局签订《错那县安全生产工作目标责任书》。

1月29日，县委常委、常务副县长巴桑次仁主持召开政府系统改进作风狠抓落实工作安排部署会议，政府副县长加措出席会议，会议指出自治区党委和市委、市政府、县委相继召开改进作风狠抓落实工作动员部署会议，明确具体工作要求，为错那县政府系统党员干部改进作风、狠抓落实，指明方向、提供遵循。

2月25日，受县委、县政府主要领导委托，县委常委、政府常务副县长、安委会常务副主任巴桑次仁主持召开错那县安委会2022年第二次全体（扩大）会议。会议传达市安委会2022年第三次安全生产全体（扩大）会议精神，通报市安委办2021年安全生产和消防工作督导考核反馈意见。

3月17日下午，县委副书

2月25日，错那县召开安委会2022年第二次全体(扩大)会议
（县政府办公室　供图）

记、县长鲁绪超主持召开错那县十四届人民政府第12次常务会议，研究《关于成立昂定、岗萨洞村民委员和调整肖村民委员会的请示》《关于研究〈错那县2022年度财政预算（草案）〉的请示》事宜。

3月23日，错那县召开2022年招商引资工作第一次推进会，安排部署全县招商引资工作。县委常委、政府副县长张中鑫主持会议并讲话。会上，错那县商务局通报2021年全县招商引资工作情况，分析错那县招商引资工作面临的困难和问题，提出下一步工作计划和目标。各相关部门结合实际从行业角度提出建设性的意见建议。

3月23日，县委常委、副县长张中鑫主持召开错那县2022年两会提案建议交办会议，会上，将错那县十四届人民代表大会第三次会议期间人大代表提出的意见建议34件和政协第三届错那县委员会第二次会议期间政协委员提出的提案72件，共106件提案建议向各相关单位交办认领。

3月27日，错那县召开生态文明思想建设领导小组会议暨迎接中央第二轮环保督察工作动员部署会议。县委书记巴桑欧珠主持会议并讲话，县级领导、各乡（镇）、县直各单位主要负责人员参加会议。会议传达学习《中央生态环境保护督察参阅资料》《中华人民共和国大气污染防治法》《中共中央　国务院关于深入打好污染防治攻坚战的意见》《中共中央　国务院关于新时代推进西部大开发形势新格局的指导意见》《国务院关于加快建立健全绿色低碳循环发展经济体系的指导意见》。政府副县长其米卓嘎通报全县环保督察整改工作相关情况，县委副书记、县长鲁绪超对全县配合做好中央第二轮环保督察工作进行安排部署。

3月31日，县委副书记、县长鲁绪超主持召开错那县2022年第一次乡村振兴工作推进会，传达学习全国巩固拓展脱贫攻坚成果同乡村振兴有效衔接暨重点帮扶县工作推进会等有关会议和文件精神，通报错那县第一季度乡村振兴工作开展情况，听取部分乡（镇）工作汇报，研究相关事宜。

4月1日，县委常委、副县长张中鑫主持召开错那县司法行政工作会议。会议传达学习《习近平总书记对政法工作的重要指示》《王君正对全区政法工作的批示》，以及全国、自治区、市司法行政工作会议精神，通报错那县司法行政工作。

4月29日，县委副书记、政府党组书记、县长鲁绪超主持召开中共错那县十四届人民政府党组第十七次会议暨2022年第8次理论学习和政府系统“作风怎么看、工作怎么干”研讨会。会议传达学习《习近平法治思想概论》部分内容和习近平总书记在海南考察时的重要讲话精神、习近平总书记在中央全面深化改革委员会第二十五次会议上的重要讲话精神、信访工作条例》、安全生产十五条硬措施，以及市委副书记、市长次仁平措提出的考核巡查重点内容，5名干部结合各自领域情况，围绕“作风怎么看、工作怎么干”开展研讨。

5月7日，县委副书记、政府党组书记、县长鲁绪超主持召开中共错那县十四届人民政府党组第十八次会议暨2022年第九次理论学习和政府系统“作风怎么看、工作怎么干”研讨会。会议传达学习《习近平法治思想概论》部分内容和习近平总书记给中国航天科技集团空间站建造青年团队的重要回信精神、习近平总书记在中央政治局常委会上的重要讲话精神、关于推进以县城为重要载体的城镇化建设的意见》。

5月11日，错那县召开2022年政府系统廉政工作会议，总结2021年政府系统廉政建设工作，分析党风廉政建设工作面临的形势问题，安排部署2022年党风廉政建设工作任务。县委副书记、县长鲁绪超主持会议并讲话。会上传达学习国务院总理李克强在国务院第五次廉政工作会议上的讲话精神和山南市廉政工作会议精神。

5月11日，为提升勒布沟旅游品质，为游客提供舒适、干净、卫生的旅游环境，推进勒布沟国家AAAA级景区创建。根据县委、县政府要求，县委副书记次仁顿珠主持召开错那县勒布沟旅游景区牲畜处置清理工作推进会，重点对勒布沟麻麻门巴民族乡旅游景区牲畜处置清理工作进行专题安排部署。

5月18日，政府副县长加措主持召开错那县扶贫产业项目清产核资领导小组会议，总结清产核资以来开展的工作，研究分析清产核资存在主要困难和问题，安排部署下一步重点工作，摸清扶贫产业项目资产底数，强化扶贫产业项目资产管理，明晰产权关系，防止国有资产流失，推动扶贫产业项目与乡村振兴有效衔接。听取第三方扶贫产业项目清产核资报告，与会人员提出意见建议。

5月18日，错那县召开高校毕业生就业创业工作领导小组会议，县委副书记、县长鲁绪超主持会议并讲话，县委常务副书记曹文磊，政府副县长其米卓嘎出席会议。会议传达学习胡春华副总理在就业形势座谈会上的重要讲话精神、《自治区高校毕业生就业创业工作领导小组会议暨全区2022届普通高校毕业生就业创业工作会议专题提纲》、自治区党委书记王君正对全区高校毕业生就业创业工作的批示精神、全市高校毕业生就业创业工作领导小组会议精神，征求关于《高校毕业生就业创业结对帮扶方案》《错那县高校毕业生就业创业工作方案》的意见建议，对做好2022年高校毕业生就业创业工作提出明确要求。

5月18日，县政府副县长加措主持召开全县第一季度农牧民增收工作推进会议。传达《山南市2022年农牧民增收工作方案》《山南市农牧民劳动力组织化转移就业工作机制（试行）》《关于印发山南市贯彻落实〈保障农民工工资支付条例〉实施意见的通知》，通报错那县2022年第一季度农牧民增收工作情况，听取错那县人力资源和社会保障局、错那县统计局和各乡（镇）第一季度农牧民增收工作开展情况汇报，总结第一季度工作，分析形势，安排部署工作。

5月27日，县委副书记、政府党组书记、县长鲁绪超主持召开中共错那县十四届人民政府党组第十九次会议暨2022年第十次理论学习会议。传达学习《习近平法治思想概论》部分内容和《正确认识和把握我国发展重大理论和实践问题》、《李克强总理关于一季度经济形势和做好下一步经济工作的讲话》、《中共中央　国务院关于加强和改进新形势下民族工作的意见（摘篇）》。

5月31日，错那县召开农村人居环境提升工作推进会暨“互观互检互评互学”活动交流会，贯彻市农村人居环境整治现场推进会精神，总结分析全县农村人居环境整治工作中存在的问题，压实责任、落实措施，推动农村人居环境整治工作开展。县委书记巴桑欧珠出席会议并讲话，县委副书记、县长鲁绪超主持会议。县委副书记次仁顿珠通报第一季度全县人居环境检查评比情况，10个乡（镇）汇报“互观互检互评互学”活动交叉检查情况。

6月1日，县委副书记、县长鲁绪超主持召开贯彻落实全国稳住经济大盘电视电话会议精神部署推进会暨2022年1—5月份经济运行分析调度会议。通报全县1—5月经济运行情况，分析经济形势和存在问题，安排部署经济工作。

6月14日，县委书记、县生态环境保护督察整改领导小组组长巴桑欧珠主持召开中央生态环境保护督察反馈意见整改工作领导小组第一次推进会，传达学习中央第四生态环境保护督察组督察西藏自治区反馈会、山南市委书记许成仓在市委生态文明建设领导小组会议和中央第四生态环境保护督察组反馈意见整改工作领导小组办公室第一次会议的讲话精神，听取相关单位整改工作汇

7月18日，错那县召开2022年乡村振兴业务培训交流会

（县政府办公室　供图）

报，安排部署整改工作。

7月18日，政府副县长其米卓嘎主持召开2022年乡村振兴业务培训交流会。错那县乡村振兴局、错那县民政局、错那县医疗保障局、错那县人力资源和社会保障局4家单位围绕“三类人员”及脱贫户政策、医疗报销政策、就业创业政策、临时救助政策等进行讲解，与参训人员现场互动交流，答疑解惑。

8月7日，县委副书记、县长鲁绪超主持召开错那县“十三五”期间完成的政府投资项目审计整改工作调度会，会议传达学习市“十三五”期间完成的政府投资项目审计整改工作会议精神，安排部署审计整改工作。

10月12日，县委副书记、政府党组书记、县长鲁绪超主持召开中共错那县十四届人民政府党组第二十三次会议暨2022年第十四次理论学习会议，会议传达学习习近平总书记重要讲话精神、习近平总书记关于民族工作系列讲话精神，自治区、山南市重要会议和文件精神。

10月18日，县委副书记、政府党组书记、县长鲁绪超主持召开中共错那县十四届人民政府党组第二十四次会议暨2022年第十五次理论学习会议及学习中共二十大报告专题研讨会。

10月19日，政府副县长加措主持召开错那县2022年度前三季度农牧民增收工作推进会，总结第一季度到第三季度农牧民增收工作情况，分析农牧民增收工作面临的形势和挑战，安排部署第四季度农牧民增收工作。

11月3日，县委副书记、政府党组书记、县长鲁绪超主持召开中共错那县十四届人民政府党组第二十五次会议暨2022年第十六次理论学习会议。会议传达学习习近平总书记在中国共产党第二十次全国代表大会闭幕会上的重要讲话精神，中共中央政治局会议精神，自治区党委书记王君正在西藏代表团讨论中共二十大报告的讲话精神，自治区政府主席严金海在讨论中共二十大报告时的讲话精神以及《关于贯彻国家乡村振兴局〈应对新冠肺炎疫情影响持续巩固拓展脱贫攻坚成果的若干措施〉实施细则》《促进个体工商户发展条例》等。

11月14日，县委副书记、县长鲁绪超主持召开错那县1—10月经济运行调度会议，会议传达学习自治区党委书记王君正在自治区党委常委会（扩大）会议研究前三季度全区经济运行情况时的讲话精神、自治区政府主席严金海在10月28日主席碰头会上讲话精神、山南市委书记许成仓在市委常委会（扩大）会议研究全市前三季度经济运行情况时的讲话精神以及山南市市长次仁平措在山南市前三季度经济运行分析调度会议上的讲话精神。通报1—10月全县财政收支、转移就业和高校毕业生就业、经济运行和农牧民增收工作情况。总结全县第一季度到第三季度经济工作，分析经济形势，安排部署第四季度经济工作。

（刘　强　撰）

政府办公室工作

【概况】2022年，错那县人民政府办公室（以下简称“县政府办公室”）在县委、县政府的领导下，以习近平新时代中国特色社会主义思想为指导，贯彻落实习近平总书记关于治边稳藏重要战略部署，学习中央第七次西藏工作座谈会精神和习近平总书记在西藏考察调研的讲话精神，发挥参谋助手、组织推动、督促检查、综合协调、服务领导、服务基层、服务群众等办公室桥梁和中枢作用，上报《督查专报》60余期，传达各类文件100余份，组织筹备各类会议126次，完成县政府交办的任务。

【督查工作】2022年，县政府办公室围绕市委、市政府，县委、县政府的重点工作，以服务领导决策为宗旨，以推动各项工作落实为目标，转变工作作风，推进责任落实，推动上级党委、政府和县委、县政府重要决策和重点工作落实，促进全县经济和各项事业发展。全年登记呈送领导阅办文件800余份，上报《督查专报》60余期，督查工作办结率100%。

【理论学习】2022年，县政府办公室以习近平新时代中国特色社会主义思想为指导，学习习近平总书记在西藏考察的重要讲话精神，中共二十大精神、中共十九大精神和十九届历次全会精神及中央第七次西藏工作座谈会精神，增强“四个意识”、坚定“四个自信”、做到“两个维护”。全年参加政府党组理论学习16次，组织支部集中理论学习50次。

2月25日，错那县人民政府召开2022年第4次理论学习会议

（县政府办公室　供图）

【信息专报】2022年，县政府办公室坚持及时、准确、全面的原则，以提升错那县经济社会发展工作为主线，围绕经济建设、生态保护、固边富民等方面的特色亮点、成绩，进行总结上报。全年上报各类政务信息300期。

【文会办理】2022年，县政府办公室落实上级决策部署，贯彻执行“文山会海”整治工作，控制召开会议、下发文件数量。全年发出函2份、复函1份、请示16份、批复34份、通知及其他54份，共107份，组织筹备政府常务会议18次、政府党组会议25次、政府办公会议14次、政府专题会议69次，完成协调处理文书、档案管理、文件批转、会议安排等工作。

（刘　强　撰）

外事办公室工作

【概况】错那县外事办公室（边界事务协调办公室）是2019年机构改革后新成立单位，2019年4月独立办公，单位核定总编制5个，实有干部职工4人（正科1人、副科2人、科员1人）。

【队伍建设】2022年，错那县外事办公室落实全面从严治党和党风廉政建设主体责任，深化思想认识，持续改进作风，开展各项工作。全年开展党组

10月22日，西藏自治区外事办工作组到错那边境一线调研，图为研究人员合影　　（错那县外事办公室　供图）

学习31次，其中召开党风廉政学习以及专题教育14次、法律法规学习及案例警示7次、“三重一大”和节前廉政提醒7次，落实民生资金394.35万元。把全面从严治党主体责任落实到具体行动上、具体工作中，把党的路线方针政策落实到推动事业发展、服务人民群众的实践中，抓住主体责任，推进各项工作。

【巡边工作】 2022年，错那县外事办公室把维护稳定作为第一位工作，谋划边境管控、反分裂斗争、意识形态领域等各方面工作。按照“军卡点、警控线、民管片”由点到面的管理机制，边境一线驻地部队每日巡逻边境，边境一线卡点实行24小时值班制度。以“五共五固”活动为契机，发挥巡边员巡边治边功能。协调军警各方组织开展对未界定区域巡逻活动21次，总行程300千米。通过“三包五带五促”活动，加强军警民联防联控机制，形成“横向到边、纵向到底、以点串线、以线促面、点面线互通”的防控格局，突出发挥巡边员的岗哨作用、管理作用、教育作用。边境巡逻150余次，总行程1500千米，保通边境巡逻道路100余次。利用农家书屋、新时代文明实践站、边境放牧屋等平台，宣传政策法规，教育引导巡边员树立总体国家安全观。开展矛盾纠纷排查30余次、集中宣讲学习20余次。

（罗珍白玛　撰）

信访工作

【概况】 2022年，错那县信访局（以下简称“县信访局”）执行《信访工作条例》，落实“属地责任”和谁主管、谁负责的责任机制，贯彻落实上级指示精神，围绕“减存量，控增量”的工作目标，做好来访登记、录入、转办、交办、督办工作。健全完善相关工作机制，发挥信访联席会议作用，组织开展形势分析、调查研究、研判重大问题和隐患排查、化解等工作，注重源头治理，打造“依法信访、阳光信访”，做到让群众最多来访一次，确保信访事项事结案了。全县信访工作实现“三无”目标任务，维护群众合法权益，收到群众赠予锦旗5面。

【矛盾隐患排查】 2022年，为做好信访矛盾纠纷隐患排查化解工作，确保全县社会和谐稳定。县信访局组织各乡（镇）、各单位信访工作专干，每月定期对全县建筑领域、运输领域和在建、续建项目进行隐患排查，全年开展信访矛盾纠纷隐患排查12次，排查隐患54条，全部化解到位。按照信访“五个一”（一个问题、一名领导、一套班子、一个方案、一抓到底）内容，明确包案领导和责任单位、责任人，下发督办通知，要求按照督办内容限期化解。在全县范围内开展《信访工作条例》等相关法律法规政策宣讲工作，发放《信访工作条例》宣传手册1000余本。

2022年6月，县信访局工作人员到错那镇二组了解情况

（县信访局　供图）

【三级接访工作】 2022年，为完善信访工作和做好中共二十大召开前后信访安保工作，县信访局落实“三级接访”工作，从源头上排查化解信访矛盾纠纷，发挥各级联调、联防、联控作用。完善《错那县领导干部接待群众来访工作实施方案》，制定错那县中共二十大召开期间县级领导接访情况安排表，落实领导干部信访工作包村包案责任。全年有11名县级领导参与接待来访群众。按照信访联席会议成员单位参与接访计划，安排39家单位110余人在信访接待室坐班接访。

【值守工作】 2022年，县信访局按照市委、市政府的统一安排部署和县委、县政府做好“两节”（元旦、春节）期间信访工作的相关要求，在山南市信访局的领导和带队下于1月8—18日在拉萨市开展值守工作，采取在西藏自治区信访局周边值守和在联合接访中心接待来访群众的方式，做好政策法规宣传、教育引导信访人按照程序逐级走访表达诉求等相关工作，值守期间接待错那县群众来访4批7人次，全部当场化解到位。

【根治欠薪工作】 2022年，县信访局开展领导接访、集体接访工作，按照“三级接访日”活动的工作要求，分析活动开展过程中存在的问题，加强跟踪督查，定期与不定期开展集体接访活动，解决信访问题。1月8—18日，县信访局、错那县人力资源和社会保障局组成专班，在拉萨市办事处对排查出的拖欠事项进行集中化解，解决8件信访案件。

【来访接待工作】 2022年，错那县接待群众来信、来访41批49人次，涉及人数149人，涉及金额563万余元。其中，系统内接待群众来信来访案件22件，系统外19件。分别为国家信访转交办件14件、市信访转交办件3件、本级登记件24件。全部完成办结，案件及时受理率和及时办结率90%，群众满意率97.6%。全年系统内信访案件按照性质分析，农民工工资类10件，机械租赁及运输费、材料款类8件，其他类4件。系统外信访案件按照性质分析，错那县边境小康村建设领导小组办公室7件，错那县交通运输局2件，机关后勤服务中心1件，错那县教育局（体育局）1件，错那县思源扶贫投资有限公司1件，中国农业银行错那县支行1件。

（边巴次仁　撰）

乡村振兴

【概况】 错那县乡村振兴局成立于2021年5月，2022年有局长1名，副局长2名，办公室工作人员8名（含“三支一扶”人员2名）。

【扶贫资金投入与使用】 2022年，错那县在建脱贫县财政涉农统筹整合资金项目12个，总投资2.14亿元，其中，续建项目1个，总投资2134.36万元；新建项目11个，总投资1.93亿元。

调度整体项目，推进新建11个项目建设进度，沟通衔接错那县农业农村局、错那县交通运输局、错那县水利局等部门，督促加快项目进度，保障项目质量，截至2022年底，完工6个项目，剩余5个项目工程进度80%。

调度资金支出，统筹协调各部门，按照程序加快资金支出进度，完成所有项目资金支出1.46亿元，总体支出进度76.04%，其中中央资金支出1.27亿元，支出进度100%。

调度部门项目，2022年财政涉农统筹整合资金项目中由错那县乡村振兴局担任业主项目6个，总投资12759.77万元（含续建项目），其中，续建项目1个，觉拉村乡村振兴示范引领村建设项目，完成总工程量85%，完成投资1876.7万元，整体资金支出进度87.8%；新建项目5个，完成投资8159.41万元，总体支出进度64.98%。中央资金支出8104.33万元，支出进度96.36%。

调度新增项目，根据自治区、山南市关于2022年新增项目申报相关部署要求，经部门联动、逐级请示，申报2022年新增项目9个，争取资金7843.07万元，其中，完成所有前期手续并进场项目6个，招标挂网阶段项目3个。

【扶贫宣传】 2022年，全县乡村振兴系统举办基层行等惠民政策宣传活动70余场，惠及村民1000余户，发放乡村振兴宣传单500余份。县、乡乡村振兴部门组织75场宣讲活动，组织中心组学习82次，500余人次参与。

【扶贫工作培训】 2022年，错那县乡村振兴局办公室组织乡（镇）、村（社区）乡村振兴专干开展专题培训3次，讲解脱贫户政策享受、人均纯收入增收统计及防止返贫监测动态管理等内容，培训345人次。为强化基层数据统计精准度，提升脱贫户收入分析研判能力提供保障。

【产业扶贫】 2022年，错那县乡村振兴局办公室实施产业项目2个。浪波乡产业发展一体化建设项目完成投资30%，停工；公安部警务保障局于7月19日召开错那县温室蔬菜大棚暖建项目专家论证会，对此项目提出意见建议，修改完毕，进入招投标阶段。“十四五”边境农牧业产业规划内项目——错那县乡村蜜蜂养殖示范项目，完成浪坡乡汤乌村、肖村，库局乡雍布等边境一线5个点的试点选址工作，5个点上各放10箱蜜蜂。

【对口帮扶】 2022年，错那县加大结对帮扶力度，开展“十联百包千帮”活动，实行每月“一走访、一宣传、一教育、一掌握、一帮扶”，实现干部职工结对帮扶全覆盖。全年摸底调研10次，服务联系、教育思想、宣传政策1万余人次，解决就业78人，助学就医108人，协调落实惠民政策512项，慰问298万余元，入户帮扶率100%。

加大企业帮扶力度。开展“百企帮百村”活动，全县26家企业结对29个贫困村（社区），培养技术人员500名，提供就业岗位300个，解决村（社

5月18日，县乡村振兴部门指导开展脱贫户收入测算工作
（县乡村振兴局　供图）

区）实际困难34个，投入帮扶资金8万元，助力脱贫攻坚。

加大社会帮扶力度。加强民族团结，树立中华民族共同体意识。召开动员会议，说明脱贫攻坚意义，阐明党政军警、企业、群众等社会各界的脱贫攻坚义务责任，动员干部职工、企业、个体工商户、僧尼及群众参与。10月17日，国家扶贫日捐款捐物折合30万余元。新冠疫情防控期间捐款捐物折合171万元，形成“一方有难、八方来援”的局面。

【项目资金管理】 2022年，错那县加强脱贫攻坚统筹整合资金管理，提高脱贫攻坚资金使用效益，巩固全县脱贫成果，根据《西藏自治区关于加强财政衔接推进乡村振兴补助资金使用管理的实施意见》等文件精神，按照相关程序要求，结合各部门意见，2022年在建脱贫县财政涉农统筹整合资金项目12个，总投资21418.53万元。2022年新增涉农整合资金项目9个，投资资金7843.07万元。加强扶贫资金的使用效率，监管扶贫资金使用，按照《“三重一大”扶贫资金使用管理细则》，规范扶贫资金使用。

【教育扶贫】 2022年，错那县按照落实15年免费教育全覆盖要求，全县中小学入学巩固率100%。为残疾儿童送教上门，摸底送教上门对象，实行“一对一、多对一”帮扶，送教上门服务对象3人、每月至少送教上门2次。提标“三包”营养改善经费，学前和义务教育阶段“三包”标准，全年落实“三包”及营养改善经费367.05万元，保障学生基本生活。在全市范围内率先出台计划外大学生资助政策，落实“三免一补”，做到错那籍大学生全覆盖享受资助政策，全年资助大学生380人，资助资金300.31万元，其中2021—2022年错那县资助脱贫户大学生125名（补差63名），落实金额14.89万元。全县无因学致贫返贫家庭，无学生因贫辍学、失学。

【兜底保障】 2022年，错那县落实各类惠民资金521.76万元，其中城市低保15户17人，落实生活补贴资金12.97万元；农村低保56户93人，落实生活补贴36.29万元；特困供养人员202人（集中供养77人，分散供养125人），落实资金269.81万元；享受残疾人“两项补贴”780人，落实生活补贴174.47万元（重度残疾人生活补贴34.24万元，困难残疾人生活补贴94.06万元，市十大民心工程补贴46.17万元）；有事实无抚养儿童3人，落实生活补助资金2.44万元；开展临时救助62户149人次，发放救助金25.76万元（县级救助33户72人次，救助金11.26万元；乡（镇）临时救助备用金29户77人次，救助金14.5万元），其中新冠疫情防控期间救助50户102人，发放救助金16.66万元。

【援藏扶贫】 2022年，错那县援藏工作队为全国各地加深错那县农牧民特色产品了解，提高错那县创业热情，结合错那实际，制定活动方案，整合资源，组织相关合作社，投入50万元在北京举办藏茶进京推介活动。错那县第七批援藏工作队投入51万元，建设曲卓木乡2个村（社区）村民文化广场；投入425万元，改造建设错那镇、卡达乡、贡日门巴民族乡3个乡（镇）政府大院及卫生院；投入17万元，为卡达乡、浪坡乡购买村级活动设备；投入10万元，扶持贡日门巴民族乡养麦合作社；投入5万元，修缮麻麻门巴民族乡小学电子屏。第八批援藏工作队投入200万元资助错那县公租房建设项目，投入3.71万元作为麻麻门巴民族乡卫生院设施运行费用，投入8万元作为为觉拉乡垃圾回收超市运行费用。

【消费扶贫】 2022年，为加深贫困村群众对电子商务知识的了解，提高创业热情，错那县制定培训规划、方案，整合培训资源，组织电商扶贫人才培训，提升从业人员业务水平，实现电商扶贫管理人员和从业人员培训全覆盖。完成电商培训635人次，其中脱贫人口培训

124人次。打开线上线下销售渠道，采取教育培训、资源投入、市场对接、政策支持、提供服务等多种方式，帮助4家合作社销售农产品，从24款特色农产品中选出8款产品进行包装设计，完成8款产品包装设计与生产（每款1000个），提升品牌知名度和产品档次。运用淘宝店、拼多多、微店等模式销售农特产品，线下线上总交易额12.6万元、网上交易额2.5万元。通过“一对一”模式带动贫困户2人开办网店，帮助贫困户提高网店运营效益。对暂不具备开办网店的贫困村，鼓励乡（镇）干部、大学生村官、未就业大学生等群体开办网店，代销农副产品。扩大电商经营群体，建立农产品检测站1个，制定农产品质量标准，加强管理，规范经营。协助企业申请食品经营许可证，2022年新开个人淘宝店4家、企业店铺1家，贫困户开店6家，开设拼多多店1家、微店3家。

【科技扶贫】 2022年，错那县围绕农牧业产业发展、乡村振兴、科技成果转化、培育农牧业新型经济主体等需求，选派“三区”科技人才8人到基层一线服务100天以上，受益群众1000余人次。开展科技服务活动，组织新时代科技科普志愿服务队到各乡（镇）、抵边搬迁点等地开展科技科普宣传活动，发放宣传资料1500份，悬挂横幅3条。结合中共二十大精神宣讲活动，宣传农村集体产权制度改革、蔬菜大棚种植、新冠疫情防控等法律法规和知识。拓展资源，提升技能水平，采取“请进来、走出去”的工作方式，围绕全县农业产业发展情况，邀请其他省市专家团到错那县实地开展良种改良、人工授精、饲养管理等技术培训，组织各类技术培训4次，受训100余人次。

【生态补偿岗位脱贫】 2022年，错那县把保护生态环境作为红线，构建国家生态安全屏障，把脱贫攻坚与生态环境保护相结合，按照“一人一岗、不漏一户，不漏一人，应纳尽纳”原则，制订出台《错那县生态补偿岗位人员管理办法（暂行）》《错那县生态岗位考核办法（暂行）》，落实持证上岗、定岗定责、动态调整要求，争取安排生态岗位2909人，落实资金1018.15万元，人均年增收3500元。落实生态岗位履职考勤制度，确保发挥作用，做到履职尽责到位、资金兑现到位、动态调整到位。

【农村人居环境整治】 2022年，错那县落实自治区、市关于人居环境整治工作要求，改善各乡（镇）、村（社区）人居环境，增强群众讲文明、讲卫生意识，错那县被评为“四好农村路”全国示范县、国家民族团结示范县、自治区级生态文明示范县，10个乡（镇）、25个行政村被评为自治区级文明乡村，2个村（社区）被评为自治区级美丽宜居村庄，库局乡、吉巴门巴民族乡分别被评为全市第一季度、第二季度农村人居环境整治“十佳乡镇”。全县召开县委农村工作会议、乡村振兴工作推进会、专题部署会13次，细化全县

4月9日，县乡村振兴局组织脱贫户进行中式烹调师技能培训
（县乡村振兴局　供图）

2022年农村人居环境整治成效评价表，县本级安排40万元用于表彰奖励先进乡（镇）和村集体，落实人居环境整治奖励资金27.5万元，颁发优秀乡（镇）、村（社区）流动红旗。

（格桑次卓　撰）

行政审批和便民服务

【概况】 2022年，错那县行政审批和便民服务局（以下简称“县行政审批和便民服务局”）设行政编制3名，事业编制6名，其中局长1名，副局长2名，事业副科级1名。办公场所位于西藏山南市错那县夏日路，总面积243平方米。

【行政许可事项审批】 2022年，县行政审批和便民服务局对照划转的行政许可事项清单，编制办事指南手册，明确审批要件、审批流程、审批时限以及监督途径，向社会公开，提高办事效率，增强审批透明度。全年发放政务服务宣传手册1万余册，其中，办事指南手册7000余册、“互联网+政务服务”宣传手册2000余册、“一网通办”宣传单1000余张。梳理涉及行政许可事项清单涉及28家单位的241个事项。

【信息化建设】 2022年，县行政审批和便民服务局开展“互联网+监管”数据录入工作。每周召集涉及部门，登录“互联网+监管”系统，开展数据录入工作。全年27家单位录入监管数据8227项，在全市排名第六；录入监管行为8005项，在全市排名第二。

【标准化建设】 县行政审批和便民服务局按照“一网一门一次”要求开展工作。2022年常驻单位有错那县公安局、错那县民政局、错那县税务局、错那县市场监督管理局、错那县医疗保障局等，设有10个服务窗口，可受理户籍业务、婚姻登记、税收业务、市监业务、医保业务等行政服务事项。为企业、群众提供“无差别受理、同标准办理”的“一窗受理”服务模式。全年政务服务实体大厅接待办事群众8200余人次，办理事项6082件，办结率100%，同比增加1252件，增长25.96%。

【招投标、采购监督管理】 2022年，县行政审批和便民服务局根据《政府采购代理机构管理暂行办法》《西藏自治区政府采购代理机构管理暂行办法》等相关法律法规，修订完善《错那县政府采购管理办法（试行）》，加大建设工程招投标市场监管力度。全年完成审批政府采购97项，涉及资金4865.61万元，同比减少1421.75万元，减少29.2%。发挥资金使用效益，维护国家和社会公共利益，保护政府采购当事人合法利益，构建公开、公平、公正、和谐的政府采购环境。

【党建工作】 2022年，县行政审批和便民服务局落实“三会一课”制度，以党史学习教育为契机，贯彻落实习近平总书记关于西藏工作的重要指示、批示精神和党中央关于西藏工作的重大决策部署，每次

7月28日，县行政审批和便民服务局党支部召开理论学习会议

（县行政审批和便民服务局　供图）

集中学习至少安排1名领导领学，跟进学习《中国共产党简史》《中国共产党章程》《习近平法治思想概论》《论中国共产党历史》《习近平新时代中国特色社会主义思想学习问答》，以及习近平总书记系列讲话精神，全年开展党支部集中学习37次，其中中共二十大精神学习4次，开展专题研讨3次，提高理论知识水平，用新思想武装头脑、指导实践、推动工作。

（格尼旦巴　撰）

应急管理

【概况】 2004年，错那县安全生产委员会、安全生产监督管理局成立，负责安全生产的综合监督管理工作。根据机构改革要求于2019年3月22日将机构正式改革为错那县应急管理局（以下简称“县应急管理局”），新增抗震救灾、抗洪抢险、地震救灾、灾害救助等职能。2022年县应急管理局坚持以习近平新时代中国特色社会主义思想为指导，学习贯彻习近平总书记关于安全生产和防灾减灾救灾系列指示、批示精神，在县委、县政府领导和上级部门指导下，履行应急管理主体责任和安全生产综合协调职责，推进安全生产、防灾减灾救灾等工作，防范化解重大安全风险。有干部7名，其中，行政编制6名，公益性岗位1名。

【突发事件应急救援】 2022年，错那县未发生应急突发事件。面对突如其来的新冠疫情，县应急管理局为保障一线人员身体健康和生命安全，调拨市级代储应急物资，其中军用帐篷25顶、藏毛毯3个、汽轮发电机4个。调拨县级应急物资，其中折叠床129张、棉大衣57件、棉褥71床、羊毛被93床。

【灾害防治救治】 2022年，县应急管理局按照“三定”方案，指导协调森林和草原火灾、地震和地质灾害防治工作，组织协调灾害救治工作，组织指导开展灾情核实、损失评估、灾情上报和救灾款物分配工作。全年发生自然灾害2起，即7月12日错那镇泥石流灾害、7月19日觉拉乡洪涝灾害，受灾群众18户57人，造成经济损失16.11万元。针对汛期受灾频发的特点，给相关乡（镇）发放铅丝笼30卷，拨付防汛应急资金10万元。

【矿山安全监察】 2022年，错那县有1家探矿企业，由于企业探矿证过期，根据相关部门规定要求，全年未开展任何探矿相关作业，一直处于关停状态。

【重点领域专项整治】 在中共二十大召开期间（10月16—21日），县委、县政府主要领导及各包保县级领导抓住重点节点、关键阶段，到危化品、道路交通、建筑施工等各重点行业领域开展“平安护航二十大”安全生产专项整治行动。2022年作为安全生产专项整治三年行动工作的收官之年，县应急管理局排查整治重大风险和问题隐患，推进收尾工作，总结安全生产专项整治三年行动工作，全县安全生产事故起数和死亡人数连续实现下降。

【应急救援体系建设】 2022年，根据自治区党委、市委、县委的应急救援体系建设要求，维护社会稳定，保障群众生命财产安全，县应急管理局申报错那县应急指挥基地和应急救援装备储备基地建设项目，新建应急指挥基地874.46平方米、仓库211.2平方米及值班室、硬化等附属设施。项目总投资（国家投资）500万元，建设工期12个月，完成办理项目前期手续。

【安全生产行政许可】 根据工作职责权限规定，县应急管理局只有烟花爆竹零售许可权限，2022年底办理烟花爆竹零售经营许可证。

【安全事故及责任查处】 2022年，错那县未发生道路交通、

9月20日，县应急管理局牵头开展加油站消防安全联合检查

（县应急管理局　供图）

建筑施工、危险化学品、工矿商贸等领域安全生产事故，全县安全生产工作形势良好。

【安全生产检查】 2022年，县应急管理局按照年度安全监管执法计划，针对非煤矿山、危险化学品、自然灾害、烟花爆竹、道路交通、教育、旅游、建筑施工、消防安全、工矿商贸等重点行业领域开展安全生产执法检查工作，开展各类安全执法检查143次，检查单位319家，发现隐患862处，为一般隐患，全部完成整改。

（西　洛　撰）

消防救援

【概况】 错那县消防救援大队（以下简称“县消防救援大队”）成立于2005年5月，2020年1月4日正式挂牌成立。县消防救援大队级别为大队级正职，内部设1支专职消防队。有执勤车辆3辆、行政车3辆，负责全县34979平方千米、9个乡、1个镇、29个行政村和重点单位38家（其中寺庙9座、易燃易爆场所3家）的维稳处突、防火监督、灭火救援和抢险救援任务。全年接处警34起，出动车辆51辆次，出动警力209人次，其中灭火救援1起、公务执勤14起、社会救助32起。

【消防安全工作】 2022年，错那县各部门、乡（镇）重视消防安全工作，按照2022年初签订的《消防工作目标责任书》要求，定期组织召开消防工作会议，分析消防安全形势，层层签订消防工作责任状，强化责任目标落实。县政府召开专题会议部署推进消防安全大检查、冬春火灾防控、燃气领域消防安全检查等工作。副县长土登次仁召开联席会议督促各部门、各乡（镇）解决消防工作重大问题，带队开展消防安全联合检查4次。

【演练工作】 2022年，县消防救援大队围绕“最大限度地减少火灾隐患和火灾危害”的总体目标，提高“四个能

5月21日，县消防救援大队组织重点单位开展消防业务培训

（县消防救援大队　供图）

力”“两个水平”建设。聚焦主要灾害事故类型和火灾多发区域场所，结合“六熟悉”工作，开展实战化演练，检验消火栓、天然水源等水源的熟悉和维护工作。开展人员密集场所、易燃易爆、“三合一”场所、餐饮、歌舞娱乐场所熟悉、演练工作93次，制订完善灭火预案30份，建立消防水源档案，结合新冠疫情防控开展洗消演练2次。

【火灾隐患排查整治】 2022年，县消防救援大队利用挂牌、约谈、公示、曝光等方式，营造隐患整改“政府重视、部门履责、媒体关注、群众参与”的氛围。联合各派出所、警务站开展“九小”场所联合检查十余次；组织派出所、便民警务站民警开展消防监督业务培训，排除火灾隐患。召开约谈会3次，约谈12人；检查社会单位1562家次，发现火灾隐患3623处，督促整改火灾隐患或消防违法行为3612处，下发《责令改正通知书》820余份，下发行政处罚决定书3份，查封单位2家，责令“三停”2家，罚款3万元，县政府挂牌督办重大火灾隐患单位2家。

【基层消防安全治理】 2022年，山南市制定《关于加强和改进新时代基层消防安全治理工作实施方案》，县委、县政府领导高度重视，印发县级落实方案，召开会议推进全县基层消防安全治理工作。全县9个乡、1个镇全部挂牌成立消防所，县委组织部发文配备乡（镇）消防专干，明确1名在编人员从事消防工作；全县4个寺管会全部成立寺庙消防安全委员会并实体化运行，错那县文化局（文物局）解决资金120万余元，用于寺庙消防安全“七项”新措施推广应用，县委统战部解决10万余元为各寺庙配备移动式防火池。为加强多种形式消防力量建设，县消防大队依托通达公司公路养护队成立巡边消防队6支，协调县政府解决经费60万余元为全县24个村（社区）的微型消防站和消防所配备相关器材装备；协调错那县住房和城乡建设局于2023年在错那县城内修建消防水鹤3个；协调县各职能部门推进重点领域消防安全治理机制建设和隐患治理等工作，推动派出所履行“三级消防”安全责任制，推进全县基层消防安全治理工作开展。

【消防监督管理】 2022年，县消防救援大队联合住建、卫健、教育、民政、商务、市监、公安、应急等行业部门开展易燃易爆场所、医疗机构、学校、养老院、娱乐场所、“九小”场所、寺庙文物保护单位、施工场地等场所消防安全专项检查20余次，建立各类场所隐患清单，明确整改措施和期限，提升社会面火灾防控水平。错那县消防安全委员会定期召开联席会议，通过研判火灾形势，研究制定针对性防控措施，下发督办通知8份。为将消防安全管理延伸至基层，解决乡（镇）消防安全管理的难点，向消防安全管理“最后一公里”迈进，错那县挂牌成立10个乡（镇）消防工作所。

【专项行动】 2022年，县消防救援大队开展“今冬明春火灾防控专项行动”、“除患保平安，喜迎二十大”攻坚行动、“消防安全专项整治三年行动”，开展易燃易爆场所、居民自建房、涉疫场所、寺庙文物古建筑等专项整治活动，将检查情况函告相关行业部门，抓好行业部门主体责任落实。

【执勤战备工作】 2022年，根据县政府及维稳指挥部安排，县消防救援大队担负春节、藏历新年、县两会、雅砻物交会、“十一”国庆节等期间的执勤安保、武装巡逻任务，完成维稳处突任务。结合总队、支队安排的任务要求，针对重点单位，每周开展重点单位“六熟悉”演练，通过熟悉重点部位、特定灾情设定，开展实战演练，提高灭火救援实战能力。

【消防宣传工作】 2022年，县消防救援大队按照消防宣传“六进”活动要求，抓住消防

12月1日，错那县抵边消防宣传队到贡日门巴民族乡开展“119”宣传活动（县消防救援大队 供图）

工作重点环节，开展“四个能力”建设授课，以灭火器使用、油盆火扑救、煤气罐火灾扑救、疏散演练等现场教学方式，提升群众消防安全意识。开展消防宣传“六进”活动20余次，发放消防安全知识手册和宣传品等5000余份，悬挂横幅80余条，户外LED显示屏滚动播放消防宣传提示语50余条。对学校师生、社会单位开展“走进消防站”活动5次，开展社会化消防安全培训60余次，发放消防安全提示短信10万余条，营造“人人防火、家家防范、共保安全”的氛围。

投入经费11.71万元购置“移动式消防文化主题乐园”和消防宣传用品，成立抵边消防宣传队，结合新冠疫情防控形势、火灾特点和消防安全薄弱环节，策划组织宣传活动。借助安全生产月、“119”消防宣传月和重大节假日消防安保等契机，以消防安全宣传“六进”为抓手，举办“119”消防安全宣传月启动仪式，开展抵边宣传，提升全县人民群众消防安全意识。全年开展消防宣传80余次、灭火逃生演练50余次，发放消防宣传品5000余份，3000余人接受消防常识教育。

（多吉罗布 撰）

机关后勤服务

【概况】 错那县机关后勤服务中心（以下简称“县机关后勤服务中心”）成立于2010年10月，为县政府所属的正科级事业单位。主要承担党政机关有关公务接待、车辆管理、会议场所维护和管理、县级干部住宿房维修维护、党政办公楼保卫保洁、维修维护及职工食堂等工作。2022年，机构改革后单位核定编制17名，核定领导职数3个。全年接待各级工作组98个873人次，安全派出车辆1235次。在新冠疫情防控期间，累计配送盒饭2万份。

【理论学习】 2022年，县机关后勤服务中心以习近平新时代中国特色社会主义思想为指导，贯彻落实中共十九大、十九届历次全会和中共二十大以及中央第七次西藏工作座谈会精神，学习习近平总书记重要讲话精神、习近平总书记视察西藏重要讲话和重要指示精神。把“两个维护”作为政治原则，结合改进作风抓落实工作，在党员中开展党性、党风学习和交流，集中观看中共二十大开幕会，组织学习中共二十大精神，召开专题研讨3次，增强党员干部的政治、大局、核心和看齐意识，铸牢干部职工忠诚、信赖、维护核心的政治自觉。

【维护稳定】 2022年，县机关后勤服务中心树立稳定压倒一切的思想，贯彻落实自治区党委、市委、县委关于稳定的指示精神，把维护稳定工作纳入党组工作议事日程，定期研究、安排和部署相关工作。在重要节日、重要时期落实维稳制度，强化工作措施，实现“三不出”（大事不出、中事不出、小事不出）目标。加强群防群治队伍建设，调整充实护院队人员，参加民兵队伍训练和巡逻，壮大群防群治力量。在职工食堂及公车使用安全领域，开展安全生产排查整治工作，排除煤气、电力、车辆以及食品安全等方面存在的安全隐患，确保干部职工的生命财产安全。

9月10日，县政府机关食堂为新冠疫情防控一线工作人员准备饭菜（县机关后勤服务中心 供图）

【食堂运营】 2022年，县机关后勤服务中心以“营养搭配、物美价廉、服务职工”为原则，为干部职工提供优质、卫生、便捷的就餐服务，增加厨师力量，争取资金添置设备，推出蛋糕、面包、火锅等新品种，提高干部职工满意率。为干部职工办理（补办）饭卡844张，全年伙食补贴入账354.1万元，采购各类蔬菜、肉类、百货等330.78万元。全年接待各级工作组98个873人次，收缴伙食费2.4万元，完成上级交办的接待任务。

【车辆管理】 2022年，县机关后勤服务中心把“守住安全底线”作为公车管理重点工作，为增强驾驶员预防事故的安全意识，召开公车驾驶员年度工作会议，回顾总结全年公车运行、维护和保障情况，签订《道路交通安全责任书》，表彰一批爱岗敬业、技术精湛的驾驶员，培养驾驶员爱车守纪、服务热情、安全行车、节能降耗的工作作风。全年安全派出车辆1235次，保障各部门的公务出行。

【公务接待】 2022年，县机关后勤服务中心执行《西藏自治区本级国内公务接待经费管理办法》，落实工作餐审批制度，按照“六字方针”（从简、从细、从严），克服人手少、事务多、任务重的困难，围绕县委、县政府的中心工作，履行岗位职责，树立窗口形象。对公务接待工作提出的新要求，以“热情、周到、规范、高效、安全、廉洁”为准则，工作人员发扬“不怕苦、不怕累、不怕脏”的精神，完成重要公务接待任务，市、县两级党委、政府给予肯定。全年安排工作餐41次，公务接待支出5.32万元，公务接待满意率达95%。加强对公务接待经费的管理和监督，杜绝接待经费多支、乱支、滥支现象，确保接待规格不超标、经费不超支。

【应急保障】 2022年，县机关后勤服务中心提高应急保障能力。在新冠疫情防控期间，职工食堂落实县委、县政府决策部署，以“安全、营养、可口”为方针，在采购配送和加工环节实行闭环管理，进行合理消杀。在食材严重紧缺的情况下，累计配送盒饭2万份。

【办公楼服务】 2022年，县机关后勤服务中心加强对工作人员的管理，明确1名副主任专门管理党政办公楼保洁、保安工作。在日常会议服务的基础上，加强公共区域的卫生管理、会场布置、开水供应等工作，完成各类会务的后勤保障工作。在新冠疫情防控期间，开展卫生整治工作，每日落实消杀、消毒工作，确保党政办公楼卫生干净整洁。

（索朗顿珠 撰）

4月11日，县政协组织政协委员到乃东区泽当街道参观学习　　　　（县政协办公室/供图）

中国人民政治协商会议错那县委员会

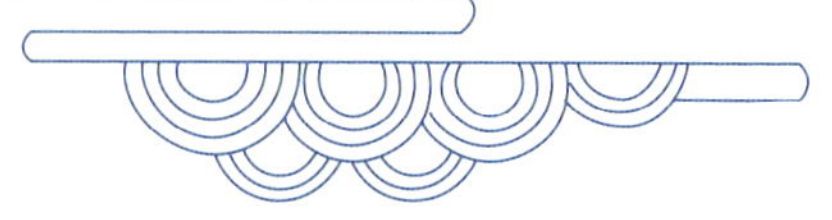

综　述

【概况】 2022年，中国人民政治协商会议错那县委员会（以下简称“县政协”）团结引领县政协各参加单位、政协委员，学习贯彻习近平新时代中国特色社会主义思想、习近平总书记关于加强和改进人民政协工作的重要思想，贯彻落实县委决策部署，围绕全县中心工作，建言资政，履职尽责，推进政协工作。提交提案159件，经审查立案157件。举办政协委员暨乡（镇）政协联络员履职能力培训班，提升履职能力水平。

【理论学习】 2022年，县政协召开政协党组会、中心组学习会，举办专题培训班，开展“书香政协”读书活动，组织政协干部、委员学习习近平新时代中国特色社会主义思想、习近平总书记视察西藏重要讲话和重要指示精神、中共二十大精神、自治区党委书记王君正在山南市考察调研时的重要讲话精神，增进各界委员的思想认同、政治认同、理论认同、情感认同，巩固团结奋斗的思想政治基础。

【改进作风】 2022年，县政协学习贯彻习近平总书记关于改进作风、狠抓落实重要论述，贯彻落实自治区党委、市委、县委改进作风狠抓落实工作动员部署会议精神，动员政协机关党员干部查作风、查责任、查漏洞、查落实，弘扬优良作风、崇尚真抓实干、汇聚奋进合力，树立新时代错那政协党员干部良好形象，推动落实各项工作。

【鼠疫应急处置】 2022年，错那县“9·26”鼠疫疫情发生后，县政协主要领导到曲卓木乡塔嘎村鼠疫点一线，督促指导曲卓木乡和有关部门开展流行病学调查、疫区处置、直接接触者医学隔离观察、爱国卫生运动和健康知识宣传教育，划定大小隔离圈和警戒圈，开展疫区消毒消杀、灭鼠灭蚤、疫区管控等工作，落实各项综合性防控措施。政协机关干部职工参与鼠疫应急处置指挥部相关职能组，完成文字材料、会议筹备、协调联系等工作，为控制传染源、切断传播途径、防止鼠疫扩散发挥作用。

【协商议政】 2022年，县政协到基层调研，开展维稳督导和疫情防控督导等，通过实地察看，座谈交流，走访群众，与乡（镇）党委、政府和县直相关部门协商等方式，就抵边建设、人居环境整治、安全生产等工作提出意见建议，推动有关问题解决。

【民主监督】 2022年，县政协组织自治区、市、县三级政协委员参加民主监督活动，重点对涉及群众切身利益、社会各界关注度高的问题进行民主监督，提出意见建议。按照自治区、市政协要求，组织政协委员围绕相关调研课题开展调查研究，上报《提升职业教育水平、培养更多技能型人才》《充分挖掘错那县古建筑历史文化价值　不断丰富旅游产业

4月1—2日，山南市政协党组成员、副主席吾金（前排右二）率调研组到错那县调研　（县政协办公室　供图）

发展》等调研材料。

【宣讲活动】 2022年，按照县委的统一部署，政协班子成员带头到基层开展重大主题宣讲活动，宣传中共二十大精神和习近平总书记对西藏人民的关心关怀，宣传党的百年奋斗史、西藏和平解放史、西藏和祖国关系史，宣传西藏和平解放71年来经济社会发生的变化和群众的幸福生活，宣传自治区党委、市委对错那县工作的高度重视，把群众的智慧力量凝聚到落实“十四五”规划、推动错那工作走在前列上来。

【民族团结进步创建】 2022年，错那县政协委员践行习近平总书记关于加强和改进民族工作的重要思想，宣讲中央民族工作会议精神，铸牢中华民族共同体意识，参加民族团结进步创建活动，教育引导群众树立正确的国家观、历史观、民族观、文化观、宗教观，增强国家意识、公民意识、法治意识，增进“五个认同”，为民族团结做好事、办实事，促进各民族交流交融。

【文史资料工作】 2022年，县政协完成《2021年西藏政协年鉴》（错那篇）、《错那年鉴（2021）》（错那政协篇）编撰上报工作。政协委员把讲好“委员故事”“西藏故事”作为履行职责的重要方式，上报“委员故事”14篇，通过真实故事和鲜活案例，反映新时代政协履职，服务错那县长治久安和发展。

【交流合作】 2022年，县政协协助山西省政协党组成员、副主席李晓波，自治区政协党组成员、副主席白玛旺堆，自治区政协副秘书长邓进，自治区政协教科卫体委员会副主任、享受国务院政府特殊津贴专家扎西加措，以及林芝市、那曲市、日喀则市政协等10余个考察团在错那县调研考察，增进同各地政协间的交流合作。

【宣传工作】 2022年，县政协以山南政协、网信错那、错那在线等微信公众号为载体，加大报送力度，宣传政协工作和政协委员履职成效的经验做法，增强政协工作的社会影响力。在完成自身工作的同时，参与全面依法治县、民族团结进步创建、意识形态领域、河（湖）长制落实等工作。

【教育培训】 2022年，县政协举办政协委员暨乡（镇）政协联络员履职能力培训班，邀请市政协专家为政协委员和乡（镇）政协联络员作专题辅导，引导参训人员学习掌握人民政协理论和业务知识，提升履职能力水平。组织各乡（镇）政协联络员到措美县、琼结县考察学习，学习措美县、琼结县乡（镇）政协联络办建设方面的经验做法，探讨政协工作方式方法，推进错那县基层政协联络办建设。

【重要会议】 1月17—18日，中国人民政治协商会议第三届错那县委员会第二次全体会议在错那县举行，会议应到委员62人，实到52人。会议听取《政协第三届错那县委员会常务委员会工作报告》《政协第三届

4月8日，错那县举行2022年度政协委员暨乡（镇）政协联络员履职能力培训开班式
（县政协办公室　供图）

错那县委员会常务委员会提案工作情况报告》《政府工作报告》及其他报告；列席错那县人大十四届三次会议；审议通过《政协第三届错那县委员会第二次会议关于常务委员会工作报告的决议》《政协第三届错那县委员会第二次会议关于提案工作情况报告的决议》《政协第三届错那县委员会第二次会议关于提案审查情况的报告》《政协第三届错那县委员会第二次会议政治决议》以及其他事项。

10月10日，中国人民政治协商会议第三届错那县委员会第三次全体会议在错那县举行，会议应到委员69人，实到49人。会议审议通过《政协第三届错那县委员会第三次会议议程（草案）》，对接受巴桑旺堆辞去县政协主席职务进行确认，对接受白玛次仁辞去县政协副主席职务进行确认，审议通过大会《选举办法（草案）》，审议通过总监票人、监票人名单（草案），宣布计票人名单，选举政协第三届错那县委员会主席。

【常务委员会议】 1月16日，政协第三届错那县委员会常务委员会第三次会议在错那县召开，会议应到11人，实到9人。会议审议通过《政协第三届错那县委员会常务委员会第三次会议议程（草案）》《关于召开政协第三届错那县委员会第二次会议的决定（草案）》《政协第三届错那县委员会第二次会议议程、日程（草案）》《政协第三届错那县委员会常务委员会工作报告（草案）及报告人》《政协第三届错那县委员会常务委员会提案工作情况报告（草案）及报告人》《政协第三届错那县委员会第二次会议执行主席和各次会议主持人（草案）》。

1月18日，政协第三届错那县委员会常务委员会第四次会议在错那县召开，会议应到11人，实到9人。会议审议通过《政协第三届错那县委员会常务委员会第四次会议议程（草案）》《政协第三届错那县委员会第二次会议关于常务委员会工作报告决议（草案）》《政协第三届错那县委员会第二次会议关于提案工作情况报告的决议（草案）》《政协第三届错那县委员会第二次会议提案审查情况报告（草案）》《政协第三届错那县委员会第二次会议政治决议（草案）》，听取各小组讨论情况。

10月9日，政协第三届错那县委员会常务委员会第五次会议在错那县召开，会议应到11人，实到7人。会议审议通过《政协第三届错那县委员会常务委员会第五次会议议程（草案）》《关于召开政协第三届错那县委员会第三次会议的决定（草案）》《政协第三届错那县委员会第三次会议议程、日程（草案）》，听取县委组织部负责人员作人事事项说明，免去巴桑旺堆县政协委员、主席职务，免去白玛次仁县政协委员、副主席职务，增补1名县政协委员，审议通过《县政协主席建议人选名单（草案）》。

10月10日，政协第三届错那县委员会常务委员会第六次会议在错那县召开，会议应到11人，实到7人。会议审议通过《县政协三届六次常委会议程（草案）》，听取各小组讨论情况汇报，审议通过《县政协主席候选人名单（草案）》《选举办法（草案）》《总监票人和监票人名单（草案）》。

【提案工作】 2022年，县政协提交提案159件，经审查立案157件。加大提案办理督办力度，县政协三届二次会议立案的72件提案办理质量得到提高，办复率100%。争取提案办理落实资金200万元，督促实施曲卓木乡洞嘎村饮水维修、麻麻门巴民族乡张拉饮水维修，西午村水渠维修和错那镇吉松社区青稞加工4个项目，解决民生问题，促进提案办理落实。驻错那县的自治区、山南市政协委员在两会期间反映错那实际困难并提出意见建议，助推解决重大项目落实、基础设施建设、民生改善等问题。

【重要活动】 1月25日，县政协召开党史学习教育专题民主生活会。会议传达学习中共中央政治局民主生活会精神，习近平总书记在党史学习教育总结大会上的讲话精神，自治区党史学习教育总结大会精神，自治区党委、市委党史学习教育专题民主生活会精神。县政协副主席白玛次仁通报民主生活会征求意见情况；县政协主席巴桑旺堆代表政协党组班子作对照检查发言；政协党组班子成员进行对照检查发言；到会指导人员进行点评；巴桑旺堆总结会议情况，提出整改意见；开展政协党组班子和班子成员民主生活会满意度测评。

2月18日，县政协主席巴桑旺堆、副主席普巴带领机关干部到各自联系的乡（镇），走访慰问16户帮扶户，送去慰问金1800元和大米、面粉、油等慰问品。

3月18日，县政协主席巴桑旺堆到各乡（镇），对基层政协工作开展情况和三届二次委员提案建议进行实地调研。

3月29日，县政协副主席普巴到勒门巴民族乡调研巡河工作。

4月6—7日，为促进全县各乡（镇）政协联络办工作制度化、规范化和程序化建设，县政协组织各乡（镇）政协联络办负责人和工作人员到措美县、琼结县参观学习，县政协主席巴桑旺堆带队。

4月8日，为提升政协履职能力和水平，发挥政协委员主体作用和乡（镇）政协联络办桥梁纽带作用，县政协举办2022年度政协委员暨乡（镇）政协联络员履职能力培训班。

5月13日，县政协副主席白玛次仁到卡达乡调研督导三届二次会议重点提案——关于帮助解决农田水渠资金。

5月14日，县政协副主席白玛次仁到卡达乡扎曲河和拉昂河调研巡河工作。

5月15日，县政协副主席白玛次仁到觉拉乡年扎村、扎洞村调研巡林工作。

5月26日，县政协副主席白玛次仁到曲卓木乡，调研督导三届二次会议重点提案办理情况。

6月14日，为巩固拓展脱贫攻坚成果同乡村振兴有效衔接，开展“我为群众办实事”实践活动，中国人民政治协商会议错那县委员会办公室党支部（以下简称“县政协办公室党支部”）慰问卡达乡西午村贫困户，送去2头牦牛，价值8000元。

7月15日，县政协机关组织干部职工到曲卓木乡塔嘎村、曲卓木村，浪坡乡肖村开展结对帮扶工作，为帮扶户送去慰问金和大米、清油等生活用品。

10月11—13日，县委副书记，县政协主席次仁顿珠道曲卓木乡、库局乡，督导检查维护稳定、新冠疫情防控、卡点执勤和人居环境整治等工作，察看乡（镇）政协联络办建设情况。

11月14—15日，县委副书记，县政协主席次仁顿珠，到勒门巴民族乡、卡达乡宣讲中共二十大精神，调研乡（镇）政协联络办建设和政协委员履职情况。

【党建工作】 2022年，县政协学习贯彻全区政协系统党的建设工作经验交流会暨全区政协宣传思想工作座谈会精神，落实各项任务，督促机关党支部抓好党建各项工作。执行党组成员联系界别委员、党员委员联系党外委员和党员委员参加双重组织生活等制度，开展“交朋友”活动，发挥政协党组织在政协工作中的领导作用。坚持重大事项请示报告制度，向县委汇报政协重要工作，在县委的领导下依法履职。

1月7日，县政协党组召开2022年第一次会议，传达学习中央有关会议和习近平总书记重要讲话精神，自治区党委和市委有关会议精神，安排部署县政协三届二次会议筹备工作。

1月13日，县政协党组召开2022年第二次会议，传达学习中央有关文件，自治区党委和市委有关会议精神，听取政

4月11—12日，错那县政协组织各乡（镇）政协联络办负责人和工作人员到措美县、琼结县参观学习　（县政协办公室　供图）

协机关2021年财政预算支出情况汇报，研究县政协三届二次会议和县政协党组民主生活会事宜。

2月25日，县政协党组召开组2022年第三次会议，传达学习习近平总书记重要讲话精神和自治区、山南市有关会议精神，审议通过错那县乡（镇）政协联络办建设情况通报。

3月31日，县政协党组召开2022年第四次会议，传达学习习近平总书记重要讲话精神，重要会议精神，审议通过《错那县乡（镇）政协联络办建设要点》《错那县乡（镇）政协联络办考核办法（试行）》《政协错那县委员会委员履职工作规则》《政协错那县委员会委员年度考核办法（试行）》，研究2022年度政协委员培训事宜。

4月25日，县政协党组召开2022年第五次会议，传达学习习近平总书记重要讲话精神，党内政策法规和相关文件精神。

5月30日，县政协党组召开2022年第六次会议，传达学习习近平总书记重要讲话和自治区党委、市委、县委相关文件精神，审议《政协第三届错那县委员会2022年协商计划》，研究县政协三届二次会议重点提案办理落实工作。

6月8日，县政协党组召开2022年第七次会议，传达学习习近平总书记重要讲话和相关条例精神，传达学习《政协山南市委员会印发〈关于深入开展“交朋友”活动的实施方案〉的通知》精神，研究县政协《关于开展“交朋友”活动实施方案》。

8月5日，县政协党组召开2022年第八次会议，传达学习习近平总书记重要讲话和自治区、市有关文件精神，研究县政协三届三次会议召开事宜。

10月9日，县政协党组召开2022年第九次会议，传达学习习近平总书记重要讲话、重要论述精神，传达学习有关通报精神，听取党组成员工作汇报，安排部署工作。

10月20日，县政协党组召开2022年第十次会议，传达学习习近平总书记重要讲话、重要论述精神，开展交流研讨。

11月16日，错那县政协党组召开2022年第11次会议，传达学习中共二十大精神和《推进领导干部能上能下规定》精神，审议《政协第三届错那县委员会关于调整主席、副主席工作分工的请示》，开展交流研讨，安排部署中共二十大精神学习宣传和贯彻落实工作。

12月29日，县政协党组召开2022年第12次会议，传达学习《中国共产党章程（修正案）的说明》《中共中央关于认真学习宣传贯彻党的二十大精神的决定》精神，学习习近平总书记在瞻仰延安革命纪念地和考察陕西延安、河南安阳时的重要讲话精神，学习自治区党委十届三次全会、市委二届五次全会、县委十届六次全会精神，学习《错那县关于着力推动铸牢政治忠诚走在前列工作实施方案》、《习近平谈治国理政》第四卷内容，研究县政协三届四次会议和人事事宜。

【党风廉政建设】 2022年，县政协坚持全面从严治党，强化主体责任，突出问题导向，加强党风廉政建设，抓好政协机关作风建设，用“身边事”教育“身边人”，教育引导干部职工知敬畏、存戒惧、守底线。

2月25日，县政协党组书记、主席巴桑旺堆主持召开县政协党组2022年第三次会议，传达学习习近平总书记重要讲话精神和自治区、山南市有关会议精神，传达学习关于不作为慢作为和不正确履职典型案例的通报、关于3起违反中央八项规定精神典型案例的通报，开展节前廉政教育，审议通过错那县乡（镇）政协联络办建设情况通报。

5月30日，县政协党组召开2022年第六次会议，传达学习《关于三起违反中央八项规定精神典型案例的通报》《关于违反会风会纪的通报》和关于印发《错那县党员干部“八小时以外”活动监督管理规定（试行）》的通知文件精神，安排部署政协党组全面从严治党工作。

8月5日，县政协党组召开2022年第八次会议，传达学习中共十九大以来山南市、县两级纪委监委查处严重违纪违法党员干部忏悔录选编，开展廉政教育。

（央金措姆　撰）

政协办公室工作

【概况】 2022年，中国人民政治协商会议错那县委员会办公室（以下简称“县政协办公室”）在县政协党组的领导下，在综合委员会的支持配合下，围绕县委和县政协中心工作，按照“强化服务意识、倡导奉献精神、力求务实高效、确保规范有序”的要求，抓好作风建设，增强服务意识，提高办事效率和工作质量，发挥办公室在“承上启下、参谋助手、服务保障、沟通协调”等方面的作用，为县政协履行职能发挥服务保障作用。

【理论学习】 2022年，县政协办公室开展改进作风狠抓落实教育活动，加强理论武装，建设思想政治，坚持把学习贯彻习近平新时代中国特色社会主义思想，中共十九大、十九届历次全会、中共二十大、二十届一中全会、中央第七次西藏工作座谈会、自治区第十次党代会、市第二次党代会和中央、自治区党委、市委政协工作会议等重要会议精神作为首要政治任务，作为政协工作的总纲、武装头脑的灵魂、履职尽责的指南，增强“四个意识”、坚定“四个自信”、做到“两个维护”，用中央精神和自治区党委、市委、县委部署要求统一思想行动，提升机关干部职工理论素养和实践水平。

【服务工作】 2022年，县政协办公室以服务县政协履职成效体现为重点，团结带领办公室干部职工，为县政协召开会议、组织活动、领导事务、综合委员会和政协委员履职做好服务。

【维护稳定】 2022年，县政协办公室落实自治区、市、县维稳决策部署，干部职工承担错那县维稳指挥部安排的带班值班、安保巡逻等维稳任务，为全县长期稳定贡献力量。贯彻落实县委、县政府安全生产有关会议、文件精神，落实机关安全责任制，做好节假日维稳带班值班工作，严格值班纪律，做好值班记录。

【团结合作】 2022年，县政协办公室结合工作实际，围绕把党的主张转化为政治协商、民主监督、参政议政的共识，转化为政协委员的共同意志，坚持团结联合，团结政协各参加单位、政协委员和各族各界人士，增强“四个自信”，巩固扩大全县爱国统一战线，打牢团结奋斗的思想政治基础，为错那县稳定、发展汇集智慧力量。

【自身建设】 2022年，县政协

办公室执行中央八项规定及其实施细则和自治区、市、县相关文件要求，修改完善上下班、财务管理和请销假等规章制度。推进“八五”普法和依法治县工作，将普法、依法治县工作列入重要议事日程，与政协业务工作同部署、考核，层层签订目标责任书。落实第一责任人，主要领导履行“四个亲自”“五个同”“三个推动”法治建设职责。开展法律进机关活动，组织实施法治宣传教育和依法治县工作，保障县政协开展民主监督。

2月16日，县政协办公室开展主题党日活动

（县政协办公室　供图）

【党建工作】 2022年，县政协办公室党支部在县政协党组和县直属机关工作委员会的领导下，团结带领党员干部，以习近平新时代中国特色社会主义思想为指导，围绕县委提出的奋斗目标和县政协中心工作，贯彻执行党的路线、方针、政策，加强党的组织、作风、制度建设，以党的建设工作为龙头，开展工作，完成各项工作任务。

【党风廉政建设】 2022年，县政协办公室坚持“一岗双责”，将落实党风廉政建设和反腐败工作与业务工作同部署、同落实。定期召开会议研究制定党风廉政建设和反腐败工作意见，以纠“四风”转作风活动为主线，加强干部职工廉政教育学习，增强干部职工党纪意识，开展廉政谈话，做到警钟长鸣。

（央金措姆　撰）

11月16日，错那县召开“身边事教育身边人”廉政警示教育大会　　（县纪律检查委员会　供图）

纪检·监察

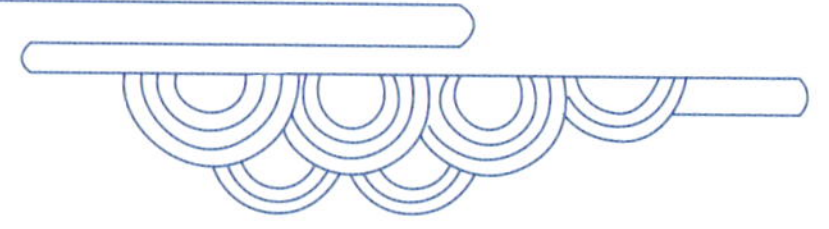

综 述

【概况】 2022年，中共错那县纪律检查委员会、错那县监察委员会（以下简称“县纪委监委”）有5个内设科室，分别为综合室、党风政风监督室、信访室、监督检查室、审查调查室。1个内设机构，纪检监察信息中心。核定编制19个（行政编制16个、事业编制3个），领导班子职数5个（书记1个、副书记2个、常委2个）。实有人数18人（行政编制13人、事业编制5人），全部为中共党员，其中领导班子配备5人（书记1人、副书记2人、常委2人）。所有干部中男性13人，女性5人；藏族10人，汉族7人，毛南族1人；30岁及以下5人，31—35岁9人，36—40岁4人；纪检监察工作年限1—3年5人，3年以上13人，领导班子3人连续从事纪检监察工作3年以上；学历高中及以下1人，大专6人，本科11人。

【乡（镇）纪检干部】 错那县有9个乡、1个镇，各乡（镇）纪委、派出监察室按照“1+2”的职数进行配备，应有人数30人（纪委书记10名、纪检专干20名），实有人数27人，其中，纪委书记10人、纪检专干17人；行政编制13人，事业编制14人；中共党员23人，群众4人；男性14人，女性13人；汉族9人，藏族17人，门巴族1人；30岁及以下11人，31—35岁13人，36—40岁1人，40岁以上1人；学历高中及以下1人，大专4人，本科22人。全县纪检监察机关落实“三转”要求，乡（镇）纪检监察干部无兼职情况。

【理论学习】 2022年，中共二十大召开后，县纪委监委依托“学习强国”学习平台、微信等载体，通过领导带头学、个人自主学、集中研讨学、理论测试学等形式，线上线下相结合，学习贯彻落实中共二十大精神。跟进学习贯彻习近平新时代中国特色社会主义思想，习近平总书记关于全面从严治党、西藏工作系列重要论述和重要指示精神，新时代党的治藏方略，提高政治判断力、政治领悟力、政治执行力，履行职责使命。巩固党史学习教育成果，采取常委会（扩大）会议、党支部“三会一课”、干部集中学习会、主题党日等形式学习领会《习近平谈治国理政》第四卷，中共十九届历次全会、十九届中央纪委全会等重大会议精神，自治区、市、县各级党代会精神以及自治区纪委监委、市纪委监委和县委决策部署，把“两个确立”转化为做到“两个维护”的政治、思想和行动自觉，增强做到“两个维护”的政治定力和能力。

【政治建设】 2022年，县纪委监委传导政治建设责任压力，落实“两为主一报告”，结合工作开展和监督检查情况，向市纪委监委、县委主要领导请示汇报20余次。执行《西藏自治区纪委监委党风廉政意见回复工作办法》，为干部提拔任用、推选先进等开具廉政意见120余批次（1000余人次），对3人提出暂缓意见。列席指导党委（党组）民主生活会20余次，审核修改200余份对照检查材料，确保民主生活会开展良好。对照《中共西藏自治区委员会办公厅关于违反党的政治纪律行为的处分规定》，围绕办公场所是否存在含有宗教意义的标识物品等10项内容开展常态化监督检查。萨噶达瓦节活动期间，全县纪检监察机关到乡（镇）、村（社区）及宗教活动场所等开展监督检查2次，联合县委组织部对66名外来人员逐一对照身份进行排查。

【监督责任落实】 2022年，县纪委监委推动落实主体责任，协助县委起草《县委落实全面从严治党主体责任清单》，明确县委领导班子、班子成员及相关单位职责13个方面；协助县委对3个乡党政主要领导履行生态保护主体责任不到位问题进行约谈，督促3个乡党委对涉及相关问题的村党支部书记、主任进行约谈。运用检举平台，全年收到信访举报问题线索11件，其中，上级交办6件、网络举报1件、本级接收4件，通过分析得出，反映村（社区）党组织或班子成员的相关问题较多，反映国家公职人员的相关问题相对较少；反映村务未公示公开、优亲厚友等方面较多，职务违法、职务犯罪方面较少；匿名反映较多，实名反映较少。

【队伍建设】 2022年，县纪委监委坚持严管严治，加强队伍建设。坚持集体学习制度，把学习贯彻习近平新时代中国特色社会主义思想作为首要政治任务，召开县纪委常委会会议11次、支部学习会41次，传达学习习近平总书记重要讲话、重要指示批示精神，十九届中央纪委六次全会等重大会议精神以及自治区纪委监委、市纪委监委和县委决策部署。组织干部集中观看中共二十大开幕会、闭幕式，专题学习研讨中共二十大报告精神7次，交流发言20余人次，撰写心得体会21篇，宣讲中共二十大精神3次，用党的最新理论武装头脑、指导实践、推动工作。发挥“传帮带”作用，以实战训练、学习交流等方式，从分析研判问题线索、填写谈话和调证通知书、调取证据、笔录制作、谈话技巧等方面，传授工作思路、讲解业务知识，提升纪检监察干部在参与案件查办过程中的能力。按照《错那县深化纪委监委内设机构改革工作实施方案》，推进内设机构改革工作，建立乡（镇）纪委协作片区工作机制。推动干部跟班学习，选派9名干部参与自治区、市两级纪委监委跟班跟案，选派2名干部参加上级业务培训，提升监督执纪执法能力水平。贯彻落实《关于加强新时代纪检监察干部监督工作意见》，围绕纪检干部和巡察干部，执行落实西藏纪检监察干部规范饮酒、禁止参与赌博等行为规定，开展日常监督4次，对3名未履行请假报备手续擅自外出的纪检监察干部进行批评教育。以改进作风狠抓落实工作为契机，聚焦“四查四问”，抓住“八个落实”，通过学习检视、自查自纠发现问题30余个，制定整改措施，落实整改工作。

（旦增次旦　撰）

主要工作

【重要会议】 3月18日，中国共产党错那县第十届纪律检查委员会第二次全体会议在错那县举行，出席会议有县纪委委员10人，列席137人。县委书记巴桑欧珠出席全会并作讲话，鲁绪超、李浩路、巴桑次仁、次仁顿珠、索朗巴珠、李广进等县级领导出席会议。会议由错那县纪律检查委员会常务委员会主持。

会议总结2021年纪检监察工作，部署2022年任务，审议通过县纪委书记、县监察委员会主任张盛杰代表县纪委常委会所作的《牢记初心使命　忠诚履职尽责　以高质量发展新成效迎接党的二十大胜利召开》工作报告。

会议学习贯彻十九届中央

3月18日，中国共产党错那县第十届纪律检查委员会第二次全体会议召开

（县纪律检查委员会　供图）

纪委六次全会精神，学习贯彻习近平总书记重要讲话精神，学习贯彻自治区党委书记王君正在自治区纪委十届二次全会上的讲话精神和自治区纪委书记、自治区监察委员会主任王卫东所作的工作报告，学习贯彻市委书记许成仓在市纪委二届二次全会上的讲话精神和市纪委书记、市监察委员会主任李亚祥所作的工作报告，学习贯彻县委书记巴桑欧珠的讲话精神。

12月15日，县委全面从严治党工作专题会召开

（县纪律检查委员会　供图）

【反腐倡廉】 2022年，县纪委监委保持反腐高压态势，坚持无禁区、全覆盖、零容忍，坚持重遏制、强高压、长震慑，强化不敢、知止氛围，巩固发展反腐败斗争压倒性态势。全年受理问题线索27件（含2021年遗留5件），办理中7件，予以了结1件，初核了结10件，移送上级纪检监察机关2件，移交相关部门2件，立案审查调查1件，立案审结4件；给予党纪处分4人，党纪政务处分1人，其中，给予党内警告1人，党内严重警告1人，开除党籍2人，开除党籍和公职1人；收缴违纪违法所得1400万余元。完善制度制约，筛查监督治理漏洞，防范廉政风险，印发《关于进一步开展廉政风险点梳理排查工作的通知》，采取“废、改、立”的方式，审查、评估和清理制度，动态调整权力清单、责任清单900余条，制定个人廉政风险点500余个，提高制度执行力和约束力。

召开全县年轻干部教育暨党员干部作风建设警示教育大会、“身边事教育身边人”廉政警示教育大会，组织全县党员干部集中参观“身边事教育身边人”廉政警示教育展，为领导干部发放违纪违法忏悔录、组织观看《零容忍》专题片，县纪委监委班子成员讲专题廉政党课，现场宣读处分，下发监察建议。

落实中央八项规定，抓住公款吃喝、违规收送礼品礼金等具体问题，协助县委开展违反中央八项规定及其实施细则精神自查清理纠治工作，自查出2类18个问题，涉及资金3.58万元，合理合规清退资金3.58万元，督促2名县级领导对1名乡（镇）长、2名县直单位负责人员进行提醒谈话，督促麻麻门巴民族乡党委对7名干部职工进行批评教育。督促全县10个乡（镇）党委、48家县直单位党组织围绕公务接待中是否提供酒水问题进行排查，协助相关单位解决在排查中遇到的问题，未发现在公务接待中存在提供酒水问题。

【巡察督查】 2022年，县纪委监委制定巡察规划，对照《市委巡察工作五年规划（2022—2026年）》，坚持政治巡察定位和“发现问题、形成震慑、推动改革、促进发展”的巡视工作方针，梳理九届县委巡察工作实践经验和亮点，分析工作中的薄弱环节，制定《中共错那县委巡察工作规划（2022—2026年）》，为县委巡察工作发展奠定基础。开展政治监督，把握政治巡察内涵，以“发现问题、形成震慑”为主要任务，把“两个维护”作为根本政治任务，围绕单位职能职责和“三定”规定，抓住“三个聚焦”查找政治偏差、纠正政治偏向。十届县委第一轮巡察向8个村（社区）党组织反馈问题177个，移交问题线索2件；十届县委第二轮巡察向错那县农业农村局、错那县商务局、错那县自然资源局、错那县林业和草原局4家县级单位党组反馈问题119个，重点问题线索3件。加大巡察整改落实力度，落实日常监督责任，审核被巡察党组织巡察整改方案及巡察整改资料，联合县委组织部、县委巡察办开展整改情况督导检查5次，落实整改责任，督促整改问题，检查整改情况，十届县委第一轮巡察反馈问题整改率100%，十届县委第二轮巡察反馈问题整改中。

【监督检查】 2022年，县纪委监委具体化、常态化开展政治监督，督促落实学习习近平总书记重要讲话和重要指示、批示精神，把学习贯彻中共二十大精神、党中央重大会议及自治区、市、县重要会议精神和决策部署等纳入日常监督检查范围，开展监督检查7次，下发反馈单5份，督促整改问题9个。抓住西藏自治区审计厅对山南市“十三五”期间政府投资项目审计发现问题整改落实情况，对整改进度跟进督查3次，提出追责问责意见建议10余条。成立配合中央生态环境保护督察追责问责工作专班，围绕中央生态环境保护督察组转办的3个问题，强化监督执纪问责，对问题整改情况进行跟踪监督，确保整改实效。督促落实各级维护稳定工作会议、文件精神及巩固社会面清零成果要求，围绕中共二十大前后维护稳定、推动经济社会发展等重点工作，对中共二十大氛围营造、值班值守、隐患排查、复工复产等开展监督检查16次，发现问题2个。

推进作风建设，开展改进作风狠抓落实工作，下发《关于开展进一步改进作风狠抓落实专项整治工作自查自纠的通知》，督促各级党组织及班子成员围绕“六个方面”开展自查自纠。联合县委组织部开展作风建设监督检查，针对17名干部未履行请假报备手续擅自外出问题，督促乡（镇）党委向县委作出检讨，在全县范围内进行通报。联合县委作风办围绕改进作风狠抓落实开展专项监督检查16次，发现并督促整改问题9个。

纠治“四风”，查处苗头性、倾向性问题，抓住会风会纪开展监督检查16次，查处迟到早退、无故缺席、长时间浏览手机、睡觉等违反会风会纪问题，针对1家单位主要负责人会上长时间打瞌睡问题，督促分管副县长对其进行提醒谈话并在全县范围内通报。为巩固“私车公养”等突出问题专项治理工作成果，制发《关于开展“私车公养”问题专项整治“回头看”的通知》，围绕9个方面及整改情况开展监督检查4次，未发现“私车公养”新问题。

完善制度监督，印发《错那县党员干部“八小时以外”活动监督管理规定（试行）》，督促党员干部签订“八小时以外”行为规范承诺书1000余份，联合县委作风办和错那县公安局检察干部“社交圈、生活圈、休闲圈”，对3家茶园、7家娱乐场所、10余家

12月16日，县委常委、纪委书记、监委主任张和（正面右）到错那镇调研全面从严治党工作　　（县纪律检查委员会　供图）

餐厅开展“八小时以外”活动监督检查5次，强化干部作风问题监督检查。

开展过渡期专项监督检查，召开工作例会，贯彻落实自治区、市过渡期专项监督工作例会精神，了解各乡（镇）纪委专项监督工作开展情况，安排部署专项监督。围绕《王卫东同志在过渡期专项监督工作2021年第二次例会上的讲话任务分解表》，聚焦“10个盯”，做好过渡期内专项监督检查，督促相关职能单位开展自查自纠，结合上报的自查情况，到各乡（镇）、相关单位、村（社区）开展监督检查2次。

开展突出问题专项整治，督促涉粮单位围绕粮食安全等方面查摆问题42个，聚焦粮食业务主管监管单位落实责任、市涉粮问题第三巡察组反馈问题整改情况等开展监督检查18次，下发问题反馈单2份，督促整改问题2个。牵头开展“一卡通”专项治理，督促各职能单位履行监督责任，开展摸排工作，入户完成率100%，查摆5类15个问题。督促错那县人力资源和社会保障局、县信访局排查解决全县欠薪问题，涉及1024人2440.65万元。寻访协调解决觉拉乡群众征地补偿款20万余元。

坚持问题导向，开展基层调研，围绕“关于农牧民合作社问题、农村固定资产管理中存在的问题、关于基层减负问题、关于学生餐腐败问题”4项问题进行摸底调研，发现反馈问题17个，提出意见建议9条。对全县4家国有企业运行情况开展摸底调研，发现“企业发展后劲不足、内控机制不完善”两个方面的问题，针对问题督促错那县国有资产监督管理委员会牵头制订《错那县政源、思源两家投资公司重组整合方案》《错那县县属国有企业监督管理办法（暂行）》。

7月11日，县委副书记、县长鲁绪超（右五）带领县级领导、县直各单位干部职工集中参观错那县“身边事教育身边人”廉政警示教育展 （县纪律检查委员会 供图）

【宣传教育】 2022年，县纪委监委以第八个党风廉政宣传教育月为契机，开展用“身边事教育身边人”警示教育活动，让党员干部筑牢理想信念，担当职责使命。组织全县党员干部集中参观“身边事教育身边人”展览4场次，受教育500余人次。为领导干部发放自治区、市编制的违纪违法忏悔录150余本，通过反面典型教育引导党员干部自觉对照，筑牢思想防线。在新任干部集体谈话、家庭助廉座谈会、入党积极分子业务、全县党员干部学习贯彻中共二十大精神专题培训班、驻村干部培训及党建业务培训中，为参与人员开设“崇廉尚洁必修课”。

【党风廉政建设】 2022年，县纪委监委结合全县实际，对党风廉政建设进行分析研判，明确工作方向和重难点问题，协助县委加强对党风廉政建设工作的安排部署，压实“一岗双责”，推动党风廉政建设与业务工作同研究、同安排、同检查、同落实。全面从严治党，监督压实责任。强化监督检查，推动工作落实。加大执纪力度，严肃追责问责。

（旦增次旦　撰）

2022年，勒门巴民族乡试种植莓茶　　（县发改委　供图）

受援工作

综述

【概况】 “十四五”以来，安徽省援藏工作队错那工作组坚持以习近平新时代中国特色社会主义思想为指导，坚持“因地制宜、惠及长远、突出民生、凝聚人心”的对口支援原则，立足新发展阶段，完整、准确、全面贯彻新发展理念，主动服务和融入新发展格局，围绕促进错那县经济社会发展，以改善民生为出发点和落脚点，以人才、智力、项目、资金等援助为切入点，以基础设施、教育科技、公共服务、特色产业、旅游发展、人才培养等重点领域为突破口，推动援藏工作。

【援藏资金】 2022年，安徽省援藏工作队错那工作组对接安徽省援藏资金，推行扁平化、闭环式、全流程管理机制，确保《安徽省“十四五”对口支援西藏山南市经济发展规划》每年1.42亿元计划内项目如期完成。突出民生导向，落实计划外资金1.2亿元，解决基层群众急难愁盼的民生问题，重点实施边境小康村建设、人居环境整治、县域功能提升等项目。

采集的新鲜茶叶　　（县发改委　供图）

援藏工作

【产业援藏】 2022年，安徽省援藏工作队错那工作组把带动农民就业增收作为乡村产业发展的基本导向，发展莓茶种植产业项目。勒布沟莓茶为葡萄科、蛇葡萄属的显齿蛇葡萄，是一种特有的葡萄科类茶植物，莓茶适应能力强，产量是勒布沟绿茶的5倍以上，可实现当年种植当年采摘，采摘时间达3—4个月。据检测，莓茶总黄酮是以二氢杨梅素为主体的总黄酮，含量39%，具有抗氧化、止咳消炎、保肝护肝、

2022年，安徽省第八批援藏工作队错那工作组成员在西藏勒布沟麻麻乡莓茶种植试验示范基地合影　　（县发改委　供图）

解酒醒酒、清除人体内毒副作用等功效。莓茶还富含天冬氨酸、谷氨酸等17种人体所需的氨基酸，以及钙、铁等14种微量元素。安徽省援藏工作队错那工作组、西藏恒古拉农业科技有限公司共同组织，在勒门巴民族乡种植莓茶30亩，适时采摘、试加工，经现场制茶和品尝分析，产品基本达到莓茶相关要求，实现西藏“雪域莓茶”从无到有的突破。并在麻麻门巴民族乡等4个民族乡试验种植。

【物资援藏】 2022年，安徽省援藏工作队错那工作组与县委、县政府沟通，向宣城市、铜陵市发出物资支援请求，2个市克服物流停滞、长途运输等困难，调配8批次，价值133万余元的新冠疫情防控物资到错那县，其中第一批物资于8月10日夜晚到达错那县，迅速投入使用，缓解防疫物资不足的压力；同时联系协调安徽在藏老乡捐赠医用口罩2万只。

（张文灿　撰）

6月12日，县总工会在县电信局门口开展宣传活动　（县总工会　供图）

人民团体

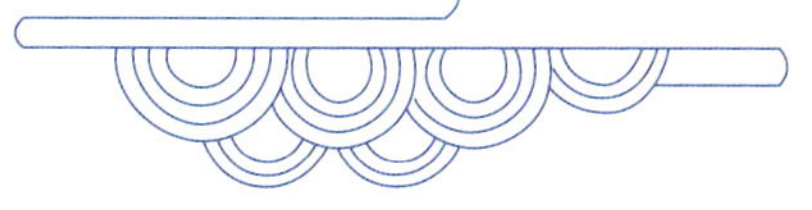

总工会

【概况】 2022年，错那县总工会（以下简称“县总工会”）有5名干部职工，其中，2名正式干部职工、3名社会化工会工作者。全县有70个工会委员会（小组），会员总人数1349人，女会员职工650人，工会专职人数5人。全年抓住“六有”工会规范化建设，完成2个乡（镇）基层组织建设“八有”目标，工会委员会配备专、兼职工会主席。与2家企业签订工资协商合同，以法律手段维护职工权益。

【党建工作】 2022年，县总工会健全组织领导，强化责任落实，召开党风建设工作会议2次，会议内容以“党风廉政建设永远在路上，解决违反党的政治纪律和政治规矩，工作落实不力、敷衍塞责、不敢担当，群众观念淡薄，缺乏进取精神和责任意识等问题是党长期的任务”为中心，把群众团体组织作为党联系人民群众的桥梁纽带，将党风廉政建设工作落实在实际工作中。

【慰问活动】 2022年，县总工会开展送温暖活动（包括“一线职工、在档困难职工、农民工、劳模，驻村工作队、寺管会、便民警务站，结婚生子、生病住院、会员去世、直系亲属去世”慰问），开展送医送药活动1次，使用金额1万元；走访慰问在档困难职工1人、省级以上劳动模范和先进工作者7人，每人发放慰问金1000元，共计8000元；慰问工会会员生病住院、结婚生子4.61万元，慰问因公伤残人员1名，发放慰问金1000元；慰问因重病长期不在岗3人，每人发放慰问金800元，共计2400元；慰问错那县特困人员集中供养服务中心，发放菜籽油625升。

【普法宣传】 2022年，县总工会围绕中心、服务大局，保护职工合法权益，以贯彻落实中共二十大精神和习近平新时代中国特色社会主义思想为核心，参与“开展扫黑除恶斗争 净化社会治安综合治理”活动和综治宣传活动，宣传《中华人民共和国工会法》《中国工会章程》《中华人民共和国妇女权益保障法》《中华人民共和国劳动合同法》《中华人民共和国民法典》等法律法规，发放《做雪域高原文明职工》倡议书等资料，引导群众职工学法、懂法、用法，参与工会组织建设活动，发放宣传资料1000余份。

【“两新”组织工会建设】 2022年，县总工会沟通各乡（镇）、供电公司，掌握“两新”组织基本情况，将“两新”组织工会组建和职工入会的任务进行分解、部署，建立进度跟踪、挂钩联系、定期通报等制度，推进“两新”组织工会建设。将“两新”组织工会建设列入各乡（镇）年度考核范畴，作为工会经费划拨、支持及工会组织建设的重要依

6月24日，县委组织部部长吴建国（中）带队开展送温暖、办实事、促和谐慰问活动（县总工会 供图）

据。推荐“两新”组织人员参加“西藏工匠”表彰候选。开展“双爱双评”、和谐企业创建等活动，宣传建设工会的意义。通过“三大节日送温暖”“五送”等宣传活动，宣传劳动模范、一线职工和基层工会组织的先进事迹，营造最美“高原劳动者”氛围。印制《工会常用法律法规政策选编》《中华人民共和国工会法》《中华人民共和国劳动法》《中华人民共和国安全生产法》等法律法规800份，分发给基层工会和职工。按照“扩大覆盖面，增强凝聚力”“组织起来，切实维权”的要求，推进“两新”组织工会组建工作。探索和采用灵活多样、简便易行的组建方式和程序，适应不同层次“两新”组织发展的要求。对上规模、员工人数稳定在25人以上或有工会会员10人以上的“两新”组织，单独组建工会；在“两新”组织比较集中的村（社区），以区域为单位组建工会，规模较小的“两新”组织建立工会分会或工会小组，直接挂靠在村（社区）基层工会。出台工会会员会籍流动管理制度，坚持工会会员会籍管理按照工会会员组织关系随劳动（工作）关系变动的原则，开展职工入会和会员关系的接转及会籍管理工作。

【职工权益维护】 2022年，县总工会指导企业工会开展区域性、行业性工资集体协商，按照完善工资集体协商有关规定程序、签订工资集体协商合同，做好会议记录，与2家企业签订工资协商合同，以法律手段维护职工权益。

【职工互助保障】 2022年，县总工会慰问劳动模范7人，发放慰问金1.4万元。实施贫困妇女“两癌”（乳腺癌、宫颈癌）救助，慰问劳模先进工作者7人，每人发放1000元。慰问在档困难职工2人，每人发放1000元。

（德吉卓嘎　撰）

共青团

【概况】 2022年，中国共产主义青年团错那县委员会（以下简称“团县委”）以习近平新时代中国特色社会主义思想为指导，学习中共十九大精神、十九届历次全会精神，习近平总书记在中国共产主义青年团建团100周年大会上的讲话精神，习近平总书记关于青年工作的重要讲话精神。全县有团委9个，教育团工委1个，团总支3个，团支部37个，团员758人。开展“六一”慰问、“冬季送温暖”慰问活动2次，帮扶救助困难团员7人、慰问留守儿童12人，发放慰问金和生活用品共9500元，组织青年志愿者开展10余次志愿服务活动，参与200余人次。

【干部队伍和基层团组织建设】 2022年，经中国共产主义青年团山南市委员会、县委同意，召开第九次团代会，选举产生101名代表，新一届委员32名，调整委员会结构，加强各级团组织建设，配齐专、兼职团干队伍，规范团组织建设，按照“覆盖有效、服务有力、管理有序、协调各方”的目标，以党带团，党团联动，带动团建工作。扩大团建覆盖面，加强非公有制经济组织和新社会组织团建工作，新建晋源商混站等非公有企业青年工作委员会6个、仓赛有限公司团支部1个，提高团组织在“两新”组织中的影响力。

【预防青少年犯罪和维权工作】 2022年，团县委履行预防青少年违法犯罪领导小组组长单位职责，加大预防青少年违法犯罪机制建设力度。邀请山南市人民检察院尼玛次仁为错那县中学学生开展“青春与法同行”青少年法治宣讲活动，全年开展法治宣传活动2场次，向各乡（镇）发放水杯、围裙、公文包等宣传品价值3.2万元。开展“两法”（《中华人民共和国未成年人保护法》《中华人民共和国预防未成年人犯罪法》）宣传活动16场次，覆盖面86%。

6月9日，中国共产主义青年团错那县第九次代表大会全体代表合影　（团县委　供图）

【关爱农牧民子女工作】 2022年，团县委整合社会资源，开展关爱农牧民子女服务活动，为教育引导青少年、儿童成为"立志向、有梦想、爱学习、爱劳动、爱祖国"的人，团县委到错那镇小学、曲卓木乡小学开展"六一"国际儿童节慰问活动，慰问贫困家庭学生，发放慰问品价值1.4万元。为提升全县困境青少年学习生活环境质量，申请安徽省第七批援藏资金10万元，在抵边搬迁点建设"希望小屋"10个，提升学生学习主动性，营造学习氛围。

【公益助学活动】 2022年，团县委筹措资金，探索建立低收入农户青少年关爱行动机制。全县大学生助学金审核通过5名学生，其中，"芙蓉学子"2名、"国酒茅台"3名，每人发放助学金5000元，共2.5万元。巩固拓展脱贫攻坚成果同乡村振兴有效衔接，落实"希望工程1+1——幻方助学计划"项目，资助全县一年级到四年级女生76名，每人资助助学金1000元，共7.6万元。

【少先队工作】 2022年，团县委调整各级少先队组织机构，全县有少先队员716名，少先大队10个，少先中队26个，建队率100%；聘请校外辅导员26名，配备率100%。为引导少先队员学习党史知识，树立正确的人生理想，组织全县少先队员6名参加市级暑期研学活动；发挥榜样示范引领作用，加强荣誉激励建设，提升少先队员和少先队辅导员的光荣感，1名少先队辅导员被评为市级优秀少先队辅导员；召开2022年全县少先队工作会议，开展少先队活动，增强少先队工作的先进性，开展"学雷锋树新风""世界读书日""庆祝六一儿童节""红领巾心向党"等主题活动28场次。

【青年志愿服务活动】 2022年，错那县青年志愿者、西部计划志愿者、返乡大学生志愿者等志愿服务队伍，秉承"互助、友爱、奉献、进步"的志愿者精神，开展志愿服务活动。开展"保护母亲河——高原绿色希望工程"行动2次，参与志愿者85人，传递和践行绿色环保理念。在新冠疫情防控期间，招募76名青年志愿者参与防控工作。开展返乡大学生志愿者活动2次，参与大学生70余人次，为返乡大学生提供学习、实践、交流平台。开展“‘12355’中考解压”活动，到错那县中学为106名中学毕业生购买蛋糕、零食等慰问品价值5000元，依托“12355”青少年服务台，通过“线上+线下”的形式，保护青少年健康成长。

（次央拉姆　撰）

妇女联合会

【概况】2022年，错那县妇女联合会（以下简称“县妇联”）在山南市妇女联合会（以下简称“市妇联”）的指导下，在县委、县政府的领导和支持下，贯彻落实中共二十大精神、习近平总书记“七一”重要讲话和视察西藏重要讲话精神，贯彻落实自治区党委书记王君正在西藏自治区妇女联合会（以下简称“自治区妇联”）调研时的讲话精神，围绕中心、服务大局，引领服务、联系职责，发挥妇联组织的桥梁纽带作用，联系、服务、引领妇女开展各项工作。全县有妇女7178人，未成年人（0—18岁）1563人。

【重要活动】2022年，县妇联以“巾帼心向党　建功新时代”、“阿佳讲堂”、全民国家安全教育日、“6·5”世界环境日、综治宣传活动等为载体，以妇联干部、妇联执委、巾帼志愿者等为力量，以“五下乡”、走村入户、线上线下等方式开展加强铸牢中华民族共同体意识、家庭行为规范、妇女“四自”（自尊、自信、自立、自强）教育、党的方针政策等宣传教育活动20余场次，发放宣传资料、宣传品3000余份。5月13日，举办“贡献巾帼力量　喜迎党的二十大胜利召开”妇女座谈会，150余名女性参加座谈会，县委副书记次仁顿珠出席座谈会并作重要讲话，错那县人民法院副院长达瓦卓玛从妇女维权方面以及错那县卫生健康委员会副主任格桑卓玛从女性医务人员在新冠疫情防控中贡献巾帼力量方面作交流发言。各级妇联立足职责，围绕“四件大事”，开展“巾帼服务”活动，年内全县各级妇联组织妇女和巾帼志愿者开展植树增绿活动，200余名妇女参加活动；组织开展环境卫生整治活动20余次，活动参与妇女800余人次；组织开展服务困难群众、孤寡老人活动10余次。7月8日，组织妇女召开以“传承优良家风　建设廉洁家庭”为主题的家庭助廉座谈会，党政一把手配偶、女性党政一把手、女性党员代表参加会议。

【妇女之家建设】2022年，为落实习近平总书记“有国才有家，没有国境的安宁，就没有万家安宁”的重要指示，开展妇女之家提质扩容工作，建设边境村妇女群众活动阵地，团结引领妇女扎根边陲，根据聚汤村没有妇女群众活动阵地的情况，县妇联与自治区、市妇联沟通衔接，为聚汤村申请妇女之家提质扩容经费10万元，落实“强边固边巾帼行动”服务工作。

【慰问活动】2022年，县妇联把“三八”国际妇女节作为引领、服务、联系、凝聚妇女群众的契机，开展以“民族团结一家亲，巾帼关爱暖人心”为主题的活动，到村（社区）走访慰问“两癌”患者13人、困难女性15人，发放慰问金1.4万元。开展困难妇女儿童帮扶工作，与上级妇联沟通衔接，为全县抵边搬迁困难妇女发放母亲邮包26个，为2名“两癌”妇女患者发放救助金1万元（每人5000元）。开展以“少年儿童心向党　喜迎党的二十大”为主题的关爱、关注女孩活动，为即将参加小考的58名女学生发放慰问金1.74万元（每人300元）。6月10日，开展“民族团结一家亲　同心抗疫共渡难”慰问活动，为错那县人民医院

44名女性医护人员发放慰问品（高压锅），价值5500元。

【妇女儿童维权】 2022年，县妇联立足工作实际，联合错那县司法局开展以“把爱带回家——送法到家 让孩子健康成长”为主题的寒假儿童关爱服务活动，曲卓木乡郭麦村46名学生参加活动。5月11日，为强化全县女性干部职工依法维权的意识，联合错那县司法局举办妇女权益保障法律知识讲座，县委常务副书记曹文磊主持，错那县法律援助中心律师王梦菊授课，县直机关、错那镇机关50余名女干部职工参加讲座。4月27日，举办“家庭教育促进法”普法课堂，联合错那县司法局在错那县中学组织八年级学生参加活动，山南市谦卓律师事务所律师倪立峰授课，以《中华人民共和国未成年人保护法》《中华人民共和国家庭教育促进法》为主要内容，运用典型案例以案说法，讲述未成年人犯罪案例，提升学生法律意识和维权意识。

【组织培训】 2022年，为贯彻落实县委书记巴桑欧珠在中共错那县委党的建设（基层组织建设）关注领导小组会议上的讲话精神，县妇联举办乡（镇）、村（社区）妇联主席和副主席培训会，乡（镇）、村（社区）妇联主席和副主席41人参加培训，县有关单位负责人授课。错那县委党校、错那县人民法院、错那县乡村振兴局等部门主要领导，结合实际对基层妇联组织建设、《中华人民共和国民法典》（婚姻家庭编）、《中华人民共和国家庭教育促进法》、乡村振兴与妇女工作等方面作详细解读。错那县民政局、错那县教育局（体育局）、错那县人力资源和社会保障局等部门结合自身业务工作，针对基层妇女群众关心关注的政策进行解读。县妇联主席次珍对基层妇联组织、妇联干部，从怎么开展新时代妇联工作，新时代妇联组织怎样围绕中心、服务大局、发挥作用等方面，安排部署妇联工作。

4月15日，县妇联举办乡（镇）、村（社区）妇联主席和副主席培训会

（县妇联 供图）

【结对帮扶】 2022年，县妇联按照“四不摘”要求，开展结对帮扶工作，走访慰问结对帮扶户5次，发放大米、油和罐头等生活用品价值4000元。

（益西曲珍 撰）

工商业联合会

【概况】 2022年，错那县工商业联合会（以下简称“县工商联”）是中国共产党领导下的人民团体和商会组织，是党和政府联系非公有经济人士的桥梁和纽带，是政府管理非公有经济的助手。服务对象为非公有制会员企业。有领导职数2个，实有2人。

【重要会议】 2022年4月21—22日召开错那县工商联（商会）第二次换届工作会议。此届代表40名，执委委员25名中有常务委员9名，其中，专职主席（会长）1名，专职副主席（副会长）1名，企业副主席3名、

4月22日，错那县工商业联合会（商会）第二次代表大会第一次全体会议全体代表合照

（县工商联　供图）

企业副会长3名、县委统战部副部长1名。

【非公有制经济发展】 2022年，错那县制定出台鼓励扶持非公有制经济发展的政策措施，提升非公有制经济的规模领域、质量效益，成为全县经济重要增长点。截至2022年4月，全县有非公有制经济市场主体1687户（包括民营企业、个体工商户、合作社）。县工商联从私营企业、招商引资企业中发展会员企业11家，个人会员24人，扩大会员队伍规模，推动经济增长、科技创新，扩大就业，加大政策扶持力度，繁荣城乡市场、改善人民生活、促进社会和谐。在商事制度改革、放宽市场准入、小微企业税收优惠、减少行政审批事项等方面，出台一系列扶持非公有制经济、中小微企业发展的政策措施，推动全县非公有制经济发展，出现仓赛建筑有限责任公司、拿日雍措扶贫开发有限公司、昆普岗建筑有限责任公司等企业。

【合作交流】 2022年，县工商联与援藏安徽省工商联签订对口支援合作协议。共同建立“四大平台”，即招商信息互通平台、企业培训交流平台、大学生就业平台、公益项目帮扶平台，指导和帮扶县工商联、企业、大学生就业等。

【帮扶援助】 2022年，通过安徽省铜陵市工商联组织，安徽省铜陵市光彩事业促进会为错那县捐款24万元，作为帮扶援助资金，用实际行动诠释“皖藏一家亲”，推动错那县发展。

【学习教育】 3月25日，在县工商联、中国农业银行错那县支行、错那县税务局、错那县市场监督管理局的牵头下，组织全县小微企业、个体工商户、专业合作社代表开展“银税互动办实事　春风春蕾助小微”主题共建活动。中国农业银行错那县支行业务骨干介绍讲解小微企业和个体工商户减费政策、电信网络诈骗和“纳税e贷”“商户e贷”“抵押e贷”等金融产品；错那县税务局业务骨干讲解纳税政策；民营企业代表发言，对银、税工作提出意见建议，相关职能部门负责人现场答复。县工商联组织

7月8日，县工商联到全县各企业开展中共十九届六中全会和自治区第十次党代会、自治区工商联（总商会）六届五次常委会会议主要精神专题宣讲活动 （县工商联 供图）

民营企业代表、个体工商户、专业合作社代表开展“维护民族团结 促进经济发展”主题签名活动，发放民族团结宣传资料和宣传品90册（份），参与30余人。营造“民族团结一家亲”氛围，推动民族团结进步创建进企业。

年内，县工商联组织民营企业开展“理想信念教育”教育活动，引导民营企业诚信经营、合法经营。贯彻习近平总书记系列讲话精神，组织会员企业收听收看中共二十大闭幕会、新一届中共中央政治局常委同中外记者见面会，学习宣传中共二十大精神、中共十九届六中全会和自治区第十次党代会、自治区工商联（总工会）六届五次常委会会议主要精神专题宣讲。加强党对民营经济的政治引领，学习贯彻党的相关会议精神，立足本职岗位，助推错那县民营经济高质量发展。

【社会责任】 2022年2月20日，错那县15家民营企业走访慰问浪坡乡肖村、汤乌村、聚塘村，卡达乡多塘村4个搬迁新村595户群众及村民委员会、驻村工作队，发放慰问品，价值74.5万元，展现全县民营企业社会担当，让抵边搬迁群众体会到党和政府的关怀、温暖。8月，错那县高海建筑协会负责人边巴多吉组织协会会员向县政府捐赠新冠疫情防控资金51.89元；捐出1.05万元给藏医院7名学生志愿者，用于日常开支。10月3日，错那县高海建筑协会向错那县抗疫指挥部捐赠资金20万元。12月16日，错那县高海建筑协会向县政府捐款30万元，承担非公有制企业社会责任，累计向县政府捐款捐物100万余元，为新冠疫情防控贡献企业力量。

（扎西央宗 撰）

12月2日，卡达派出所在山口巡逻执勤　　（县边境管理大队　供图）

法　治

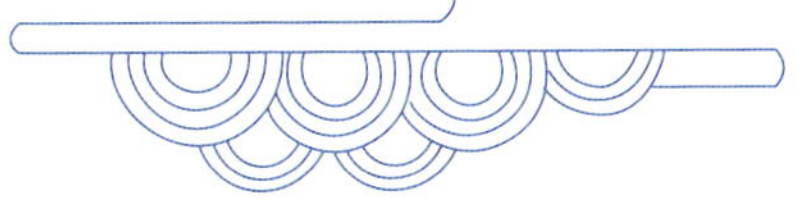

政法委与综治

【概况】 2022年，中共错那县委员会政法委员会（以下简称“县委政法委”）贯彻落实自治区党委、自治区政府，市委、市政府和市委政法委关于政法工作、平安创建和“双联户”服务管理工作的指示精神。在县委的领导下，在市委政法委的指导下，在全县各乡（镇）、各部门的支持配合下，按照中央、自治区、市、县政法工作会议要求，以推进“平安错那”建设为主题，以加强和创新社会治安综合治理为载体，以提高执法能力为核心，以加强基层基础工作为重点，坚持“以人为本”的原则，加强队伍建设，完成各项工作，维护全县的政治安定和社会稳定，促进全县经济发展。

2022年，错那县政法系统包括错那县人民法院、错那县人民检察院、错那县公安局、错那县国家安全局、错那县司法局，10个乡（镇）分别配有政法委员。县委政法委与中共错那县委员会平安办公室、防范和处理邪教问题、错那县法学会合署办公，设有政法委书记1名、常务副书记1名、政法委副书记2名，共有编制4人，实有6人。

7月1日，错那县召开2022年平安建设（综治工作）推进会议

（县委政法委　供图）

【平安错那建设】 2022年，为建设更高水平的平安错那，推进全县长治久安和高质量发展，各级各部门坚持依法治理、系统治理、综合治理，推进社会治安打防控、突出治安问题整治、矛盾纠纷化解等各项工作，推动社会治理体系和治理能力现代化水平建设。县委、县政府领导高度重视平安建设工作，调整充实县、乡、村三级平安建设领导小组，下设办公室，完善协调联动机制。召开会议专题会议5次，听取扫黑除恶斗争、“先进双联户”创建和市域社会治理工作汇报，研究解决困难问题。落实平安建设第一责任人制度，对边境一线、抵边村居建设和易地搬迁工作进行检查指导，确保平安建设层层有人抓、事事有落实。

【法治错那建设】 2022年，县委政法委推进“八五”普法工作，采取举办法治讲座、以案释法、旁听庭审等形式增强效果。开展集中宣传43场次，发放各类法治宣传资料1.16万余份，解答群众法律咨询30人次。邀请律师举办机关干部法治讲座2场次，到乡（镇）、村（社区）开展集中法治宣讲活动。贯彻落实关于司法体制改革要求，完善执法司法权运行机制和管理监督体系，针对问题集中的执法司法环节和重点案件，开展执法司法案件“回头看”活动，登记录入2017年以来执法司法案件1025件，对行政、刑事、公益诉讼、非诉保全4类11件案件进行交叉评查，整治存在的突出问题。

【反分裂斗争】 2022年，县委政法委按照市委、市政府相关部署，强化党政军警民联勤联动，开展“固边富民”行动，调动群众参与维稳固边工作的积极性、主动性，发挥群众“五员”作用，巩固“村村是堡垒、户户是哨所、人人是哨兵、生产是执勤、放牧是巡逻”工作格局，确保边境的平安、和谐、稳定。

【“先进双联户”创建】 2022年，县委政法委落实“先进双联户”创建活动“四个一”工作法，落实联户长绩效管理办法，采取自下而上的方式，层层推荐、层层评选表彰，完成县、乡、村三级“先进双联户”创建活动评选表彰工作，评选出村（社区）级“先进双联户”144个联户单位1248户，乡（镇）级“先进双联户”29个联户单位265户，县级“先进双联户”9个联户单位；乡（镇）级先进村（社区）10个、县级先进乡（镇）3个、县级先进村（社区）3个。将联户长补助落实作为推动“先进双联户”创建活动的基础性工作来抓，选派干部到各乡（镇）、村（社区）委会对补助发放过程进行监督，确保补贴发放到联户长手中，实现“一户不漏”工作目标，兑现发放全县720名联户长通信费、交通费、杂费144万元（每人2000元）。

【维护稳定】 2022年，全县各级各部门抓住“维护国家政治安全稳定”工作主线，把反分裂斗争和维护稳定工作作为首要政治任务，推进重大涉稳风险防范化解，推进“7+1”维稳模式，打赢“两节”、两会、萨噶达瓦活动、中共二十大维稳安保攻坚战，以人民安全为宗旨、政治安全为根本、防患未然为原则，紧盯关键节点、关键环节、关键领域、关键要素，抓住影响国家政治安全的风险隐患，坚持底线思维、增强忧患意识、提高防控能力，确保全县社会局势稳定。

10月31日，县平安建设领导小组办公室督导检查各乡（镇）“先进双联户”创建评选工作开展情况 （县委政法委 供图）

【案件办理】 2022年，县委政法委推进信息化、网格化和“三防”（人防、物防、技防）有机融合的管理措施，构建全社会共同参与的社会治安体系。错那县公安局全年受理刑事案件17起，立案14起，移交3起，破获1起，挽回群众损失270万余元，取保候审2人，移送审查起诉1起。错那县人民法院受理行政案件19起，处罚资金7.3万余元；受理刑事案件3件，审结3件；受理民事案件51件，审结40件，案件结案标的额410万元；受理执行案件36件，执结19件，执结到位标的额1020万余元。错那县人民检察院受理移送审查起诉案件8件9人，受理民事审判案件20件；受理执行监督案件10件；公益诉讼案件1件。

【政法信息化建设】 2022年，县委政法委推进信息化和“三防”有机融合的管理措施，构建全社会共同参与的社会治安体系。

【政法队伍教育整顿】 2022年，县委政法委常态化开展政法队伍教育整顿，加强政法队伍建设，把政法队伍教育整顿作为“一把手工程”来抓，打起主体责任，压实政法各部门的直接责任、相关部门的协同责任，形成条块协同、运转高效、落实有力的工作格局。围绕全面从严管党治警，打造政法铁军，巩固提升教育整顿成果。

【党风廉政建设】 2022年，县委政法委抓牢党风廉政建设。政法系统各部门按照中央、自治区、市、县关于党风廉政建设的部署和要求，落实党委主体责任和领导干部“一岗双责”责任制，开展警示教育和岗位廉政教育。与各政法部门和全体政法干警签订党风廉政建设责任书，设置党风廉政建设宣传栏，营造党风廉政建设氛围。

（曹喜贵　撰）

公　安

【概况】 2022年，错那县公安局（以下简称“县公安局”）在县委、县政府的领导下，在山南市公安局（以下简称“市公安局”）的指导下，学习贯彻习近平新时代中国特色社会主义思想，领会新时代党的治藏方略和习近平法治思想，贯彻中共二十大精神，贯彻党中央“疫情要防住、经济要稳住、发展要安全”的要求，推进国家政治安全、社会和谐稳定、边境长治久安等工作。县公安局实有编制42名，实有警力136人（民警94人、辅警39人、协警2人、工人1人）。内设副科级机构10个，副科级便民警务站4个，驻寺警务室1个。年内有5人调至县公安局。年内，受理刑事案件23起，受理道路交通事故118起，调处化解矛盾纠纷57起。

【执法主体能力建设】 2022年，县公安局按照各级公安机关关于“进一步推进严格规范公正文明执法、深化执法规范化建设”的要求，推进严格、规范、公正、文明执法，推进执法规范化建设工作。县公安局坚持“干什么、练什么、缺什么、补什么”的原则，开展执法主体能力建设工作。依托党建工作，组织开展领导干部学法用法、法治理念教育培训工作，提高民警的执法理念和法律素养。组织开展以执法实践中较常用的法律和系统为内容的知识学习培训，涉及“公安机关刑事、行政案件程序规定，执法细则、网上办案、业务系统应用、治安案件办理自由裁量权应用、公安机关现场执法指引”等，提高民警的执法业务能力。推进以审判为中心的刑事诉讼制度，县公安局与错那县人民法院协调沟通，组织民警旁听县公安局侦办案件，增强民警的程序意识、证据意识。

【案件制度改革】 2022年，县公安局推进受案、立案制度改革，通过培训、考核提升队伍的专业水平，监督管理各办案警种部门受案、立案情况，发现、预警和纠正受案、立案环节中“有案不受、受而不立、该立不立、立而不查”等问题。落实刑事案件“两统一”工作机制，与检察、法院机关沟通，成立挂牌侦查监督与协作配合办公室，实现刑事案件全部由法治部门审核，通过2022年公安厅新推广的警务综合管理系统中政法协同模块，实现提捕、移送审查起诉由法治部门统一网上对接检察院，落实“两统一”工作。

【执法办案中心建设】 2022年，县公安局推进案管中心建设，设立案管中心，相关工作根据上级部门要求探索运行中。推进涉案财物管理中心建设，将具备防盗、防火功能的储存库整理后用于涉案财物保管，根据管办分离的原则，指定县公安局警务保障室为涉案财物管理部门并设专人管理；按照《公安机关涉案财物管理若干规定》，结合新警务综合管理系统涉案财物管理模块，“线上+线下”同步登记涉案财物的保管、领取、销毁等工作。推进办案场所建设，前期向西藏自治区公安厅申请建设4个办案场所，分别为县公安局办案场所、错那镇派出所办案场所、觉拉乡派出所办案场所、库局乡派出所办案场所。因实际工作需要和“一乡两所”职能冲突原因，2018年将错那镇派出所和县公安局资金整合，在县公安局改造办案中心1个；2020年将觉拉乡派出所和库局乡派出所资金整合，在错那县交警大队、错那县治安大队办公场所改造办案中心1个，2021年投入使用，2个场所改造投入资金120万余元。

【执法制度建设】 截至2022年，县公安局立足法律法规、结合实际工作，制定《错那县公安局重大、疑难、复杂案件集体讨论制度》《错那县公安局刑事案件联席制度》《群众上门报案“三个当场”制度》《错那县公安局案件审核制度》《错那县公安局内部执法监督工作规定》等20余项执法制度，供执法民警学习，规范民警执法行为，强化履职能力。

【社会治安治理】 2022年，县公安局坚持严打整治和管控工作，通过“百日整治”、打击“黄、赌、毒”、打击破坏“三电”、管控肇事肇祸精神障碍患者、整治校园及周边治安环境、整治治安乱点及娱乐场所等专项整治行动，查处治安案件。查处行政案件9起，查处违法嫌疑人12人，收缴销毁赌博麻将机1台。集中整治重点区域，解决治安突发问题，减少社会隐患。

推进守望乡村工程和平安错那建设。完善幼儿园、学校、金融机构、商业场所、医院等重点场所安全防范机制，强化重点场所及周边治安综合治理。

【流动人口管理】 2022年，县公安局按照国务院颁布的《居住证暂行条例》文件精神，实行制度化、规范化、法治化管理，结合实际，推进流动人口管理、服务工作。全年办理居住证219张、居住卡681张。

【重大案件侦破】 2022年，县公安局受理刑事案件23起，立案16起，不予立案3起，移交4起，破案3起，分别为某寺被盗案、索朗某被电信诈骗案、杨某被强奸案。

【交通安全管理】 2022年，县公安局以维护道路交通秩序、预防道路交通事故为主线，以加大违法行为整治力度、隐患排查、安全宣传为抓手，完成中共二十大期间道路交通安全管理工作、新冠疫情防控期间物资保障工作、各类重要活动期间道路交通安全隐患排查工作。办理道路交通刑事案件9起、一般行政案件42起、简易程序295起。受理道路交通事故118起，其中，死亡事故1起、一般事故3起、简易事故114起。办理驾驶证业务125起、车辆业务37起。排查上报道路交通安全隐患53处。

【专项整治活动】 2022年，县公安局开展“大走访、大调研、大化解”“一标三实”“双包警务”等专项工作，通过走村入户、逐户调研的方式，建档立卡，了解群众诉求，排查化解矛盾纠纷，宣传防诈骗知识，为群众排忧解难。建立“一户一档”4371户，走访群众2.26万人次，收集群众诉求40条、意见建议8条、劳资纠纷21条，调处化解矛盾纠纷57起，协调帮助群众解决资金100万余元。贯彻市公安局工作部署，推进“一标三实”基础信息采集工作，采集“一标三实”标准地信息4638条、实有房屋4206条、实有单位647条、实有人口15283条，信息采集完成率100%，工作成绩获得市公安局认可。

【理论学习】 2022年，错那县公安局党委组织各支部制订学习计划，组织党员民（辅）警学习习近平新时代中国特色社会主义思想、党规党章、警纪警规等，学习贯彻中共十九届六中全会精神、习近平总书记关于新时代西藏工作重要论述、习近平总书记关于公安工作的重要指示批示精神和训词精神，各支部集中学习48次、党支部书记“讲党课”4次，举办专题研讨会2次，撰写心得体会200余份。将党史学习教育与政法队伍教育整顿相结合，采取集中学习、主题党日、专题研讨等形式，开展中华民族共同体意识教育、反分裂斗争教育、英模教育、警示教育，举办研讨会、培训会5场次，集中学习50场次，组织召开警示教育大会2次，观看警示教育片13次。

【队伍建设】 2022年，县公安局召开理论学习中心组学习会6次，组织各党委委员以习近平新时代中国特色社会主义思想、党规党章、警纪警规、《中国共产党政法工作条例》等内容为学习主线，学习贯彻中共十九届六中全会精神，习近平总书记关于新时代西藏工作重要论述，习近平总书记关于政法、公安工作的重要指示批示精神和训词精神，西藏自治区第十次党代会，山南市第二次党代会精神。依托政法队伍教育整顿活动、改进作风狠抓落实活动，将党史学习教育与政法队伍教育整顿相结合，采取集中学习、主题党日、专题研讨等形式，学习习近平法治思想、《关于新形势下党内政治生活的若干准则》、中央八项规定及实施细则精神、党纪国法，通报各类违法违纪典型案例，以案明纪、以案释法，组织参观爱国主义教育基地、廉政教育基地1次，观看爱国电影2次，落实全面从严治党主体责任。召开错那县公安局党委会议5次，研究"三重一大"事项8项，涉及党委成立、人事调整、编制增加、人员推荐等重点事项。县公安局主要领导到基层督导调研基层治安防控体系建设和政法队伍建设工作，撰写调研报告2份，推进错那县基层治安防控体系建设和政法队伍建设工作。

常态化对作风建设进行督导检查，抓住上下班、请销假、值班备勤、会议纪律、内务管理和民（辅）警"八小时外"管理监督，梳理排查"车、酒、毒、赌、网、密"等问题，对苗头性、倾向性问题的民（辅）警，做到早发现、早提醒，把不稳定因素消除在萌芽状态，年内开展作风问题督导检查22次，发现问题25条，完成整改25条。完善《错那县公安局党委党建工作问责暂行办法》《错那县公安局党员教育培训制度》《错那县公安局警示教育制度》《错那县公安局谈心谈话制度实施细则（试行）》等机制，增强民（辅）警的制度意识，养成按制度办事的习惯。

【干部培训】 2022年，县公安局结合中华人民共和国公安部定点帮扶工作，跟公安部人事训练局沟通汇报，确定每年派出30名民警，分3批到其他省市公安机关开展为期45天的跟班学习和培训4名警务实战专职教官、培养6名警务实战兼职教官的培训计划。结合《2022年山南市公安机关实战化训练工作方案》，对接各地市公安机关，选派实战教官、业务骨干5人到各地市跟班学习。全年派出业务骨干12人到市公安局、南京森林警察学院参加培训，派出业务骨干1人到公安部国家反诈中心跟班学习。

【干部慰问】 2022年，县公安局按照《关于对公安部定点帮扶地区公安机关基层民警进行慰问的通知》要求，1月30日至2月1日，县公安局党委慰问因公牺牲、负伤和生活特困的民（辅）警，发放哈达与慰问金。根据《警医协作工作措施》，协调错那县医疗保障局发放民警体检费用（每人1800元），进行健康状况评估，录入民警健康档案。落实民（辅）警带薪休假制度，对因工作需要未能安排休假的，适时进行调休，无法进行调休的民（辅）警依法依规发放加班费。开展退休老干部服务管理工作，县公安局党委书记、局长吴达胜带队看望慰问退休干部，听取老干部对公安工作的意见建议。

（陈建华　撰）

边境管理

【概况】 2022年，错那县边境管理大队（以下简称"县边境管理大队"）贯彻落实中共十九届六中、七中全会以及中共二十大精神，以中央政法工作会议、全国公安工作会议和“三级”移民管理工作会议精神为指导，把握稳中求进工作总基调，坚持政治统领、党建引领，以中共二十大安保维稳工作为主线，推动错那强边固防模范县建设和沿边党建示范带创建“边疆党建红色长廊”工作，落实边境管控中心工作，提升队伍综合能力素质。

【党建工作】 2022年，县边境管理大队坚持政治建警，强化基层组织领导能力。县边境管理大队党委发挥基层工作领航作用，坚持党建引领边境管理事业发展，围绕边境维稳、新冠疫情防控、定点帮扶和中共二十大安保等重点任务，研究工作，到基层督导调研，解决痛点难点问题，稳步推进各项工作。全年召开党委会14次，研究议题127项，召开党委理论学习中心组学习会10次，学习文件90份，党委成员到基层蹲点调研22次，督导检查40余次，提出基层工作建议22条，整改问题31个。加强民主集中制建设，结合“民主集中制提质增效年”活动，把加强和规范党内政治生活、深化党组织自身建设作为重要政治任务，坚持“三跟三督”和一体化推进，落实“四学四悟”，将“六查六纠”与日常工作结合，提升基层党组织议事决策能力。全年召开工作推进会8次、经验交流会10次，组织民警填写问题自查报告表、承诺书135份。开展基层党支部帮扶工作，针对部分基层支部工作虚化、淡化、弱化、边缘化等问题，为加强基层党支部战斗力，在建好县边境管理大队基层党组织的基础上，以吉布、勒边境派出所为结对帮扶党支部，定期指导帮扶2个党支部开展“三会一课”、发展党员和组织生活制度等活动，派员列席“三会一课”8次，专项检查党建工作4次，帮助整改不规范、不合理问题22个。

探索党建品牌。在建设县边境管理大队基层党组织的基础上，结合各方工作、资源，打造浪坡乡派出所“维权反蚕红色桥头堡”、勒布派出所“民族团结进步示范教育基地”、错那县检查站“党建+便民服务”、勒门巴民族乡派出所“五共五固强边固防”4个特色党建品牌，提升党建引领边境管控工作的政治组织效能。举办党建工作推进会6次，在移民管理局网页刊发党建新闻1篇、总站公众号和视频号刊发新闻20余篇、山南市公安局边境管理支队刊发党建新闻80余篇，出版《错那之窗》党建宣传图册3期。

【党风廉政建设】 2022年，县边境管理大队加强思想政治教育，用党的科学理论建警育人，从思想、政治上建设和管理队伍，强化政治意识教育，落实党委理论学习中心组（扩大）会议学习、党课学习制度，开展“第一议题”制度，组织民警学习中共二十大精神，用党的创新理论武装头脑，推进民警的核心意识、大局意识。学习“第一议题”110次、讲话60余份，学习上级文件110次、40余份，开展政治学习90余次，组织谈心谈话300余次，全部民警参与教育。落实“转作风”专题教育，按照“转作风、正警风、强基础、抓落实”专项活动要求，对照活动方案内容条款，分析存在的问题短板，落实动员学习、调研总结、查摆剖析、整改建制等工作，教育引导民警弘扬“严、新、细、实”优良作风，确保民警转作风、正警风。开展专题学习42次，组织教育授课24课时，组织讨论活动53场次，开展专项调研2次，领导问查162人次，征集群众意见13条，填写专项活动查摆表162份，个人对照整改问题49项。落实专项清查活动，开展突出问题专项整治和禁赌严酒专项活动，采取谈心谈话、查看消费状况、抽查“八小时以外”活动情况和警示教育等方式，排查民（辅）警职工是否存在违规饮酒、参与赌博、非法利益输送等问题，提醒、整改排查出的问题，确保队伍高度统一和安全稳定。开展谈心谈话200余次、专项检查12次，签订责任书166份，排查、整改问题14个。

【队伍规范建设】 2022年，县边境管理大队落实正规化建设，提升队伍制度化水平。提升组织力，推动基层党组织建设进步，按照“四有”“六上墙”标准，规范设置各基层党支部会议室、党员活动室，调整各单位支部班子、党小组成员配备。结合“学习宣传月”活动，开展对照检查和实地调研活动，各党支部按照《党支部工作细则》对照整改，规范党支部设置和运行，提高基层党的建设水平。开展基层调研2次，撰写理论研讨文章13篇，对照整改支部问题86个，调整党支部委员5名。提升队伍素质能力，推动全警大练兵工作，抓住全警实战大练兵收官验收年目标，建立“周训练、月测评、季度考核”练兵制度，划分县边境管理大队部错那所检查站，勒布沟，浪坡乡、卡达乡、觉拉乡派出所，库局乡洞嘎村派出所4个训练片区，分别指定1名党委委员负责训练工作，营造“比学赶帮超”氛围。抽选3名实战教员组成送教队伍，到各基层单位指导训练工作，针对警务培训偏弱的单位进行帮扶送教，定点、定向指导训练工作，推进各单位练兵工作。加强各单位规范化建设，按照队伍正规化建设要求，召开专题部署会研究山南市公安局边境管理支队发放的《队伍正规化建设示范操作图册》，细化标牌、标识、库室等8项内容，提出工作建议，指定工作责任人，按照图册内容进行规范，确保队伍正规化发展。规范标牌22个，规范派出所标识22处，规范各类库室46间，规范勤务着装、装备携带34次。

【维护稳定】 2022年，县边境管理大队建设边境管控体系，维护边境安全稳定。成立边境管控领导小组，细化工作措施，明确任务分工，确保全国两会、中共二十大等重要时间全县的安全稳定。深化社会面管控，以“三大活动”“四大活动”“百日行动”等专项活动为抓手，推进“一标三实”信息采集工作，按照“一个不漏、一刻不误、一查到底、一改到底”工作标准，集中梳理、整治安全问题，排查常住人口、重点场所、特种行业。强化边境通外山口管理，围绕“一山口一对策”“一山口一力量”“一山口一保障”工作措施，开展山口调研工作9次，重新采集山口基础信息。浪坡乡、卡达乡、库局乡、勒门巴民族乡4个派出所进行山口巡逻15次。

【执法规范化建设】 2022年，县边境管理大队推广勒布派出所“全国公安机关执法示范单位”创建经验，针对基层民警法制业务水平普遍偏弱的情况，邀请总站法制处陶小会、王禹为县边境管理大队民警开展专题法治授课3次，检查各单位执法卷宗，辅导、测试未通过公安机关人民警察基本级执法资格考试的民警，提升民警综合执法水平。制定“基层案件卷宗，月梳理、季调阅”制

10月9日，浪坡边境派出所日常巡逻山口

（县边境管理大队 供图）

度，检查基层卷宗17份，查找各单位执法短板和问题11个，提出整改意见9条。组织专题辅导14次、执法资格模拟考试7次。开展“法润雪域边关”普法宣传工作，利用巡逻排查时机，向群众宣传《中华人民共和国陆地国界法》《中华人民共和国治安管理处罚法》，悬挂“喜迎二十大、忠诚保平安”宣传标语，提升群众法治意识，激发群众参与安保维稳工作的热情。开展普法宣传24次，张贴宣传海报400余张，发放宣传手册1200余份，悬挂宣传横幅30余条。

【联合机制】 2022年，县边境管理大队建立联合机制，与县委、县政府等单位沟通协调，牵头签订《错那边境管理大队与驻地党政军警民联席协议书》，建立层级联络、工作例会、信息互通等8项强边固防机制。与执法调查八队签订联勤联动合作协议，建立联合巡逻、会面交流、情报互通、办案互帮、联合应急5项工作制度。各派出所与乡政府、卫生院、解放军连队、村“两委”、党员群众等建立联合巡逻、联合整治、联合打击机制，每月至少1次制度化联合巡逻，常态化联合管控重点场所、路段等，精准化联合打击重大事件、突发事件，形成多方管控、合力控边的工作模式。召开联席会议40余次，开展联合实地检查40余次，联合巡逻120余次，排查重点场所380余次，化解矛盾纠纷25起。

【定点帮扶工作】 2022年，县边境管理大队服务群众增收。开展兴边富民工作，为群众修缮老旧破损羊圈、晾衣房，在道路两侧安装安全护栏，修缮蓄水池，解决群众用水困难问题。协调各单位为勒门巴民族乡泡脚粉厂提供烘干设备、食品级304不锈钢粉碎机和排风换气、防尘设备，提升泡脚粉生产数量和质量，帮助群众提高经济收入。截至2022年，共投入资金40万元。结合定点帮扶工作解决错那籍大学生就业问题，与错那县人力资源和社会保障局沟通，宣传总站招录职位信息，鼓励未就业大学生报名，错那县44名高校毕业生报名参与。开设旅游创收增收夜校，为群众提供农家乐经营管理指导意见，助力农家乐86家开业，创造工作岗位200余个，实现每户群众每年增收3万余元。推动项目建设，结合定点帮扶工作要求，协同实地调研全县10个乡（镇）、27个边境行政村，专题调研3个拟新建派出所和3个警务室选址、面积、建筑效果和人员编制，向县委、县政府提交调研意见2份，为项目建设提供参考依据。与错那县发展和改革委员会等部门沟通协调，完成2个新建派出所和3个新建警务室10项前置手续办理工作。结合中华人民共和国解放军在边境前沿的布防情况和边境管控实际，联合错那县公安局、错那县外事办公室、设计公司，立足后置布防、应急策应及边境人事物管控要求，实地踏查抵边村、警务室、执勤点、山口通道等，收集选定建设点位、地理坐标

6月1日，勒布边境派出所与驻地学校组织开展活动

（县边境管理大队 供图）

等基础数据10份，为项目建设提供基础。

【警务后勤保障】 2022年，县边境管理大队规范后勤制度建设，严肃单位主官和报账员队伍纪律，组织开展报账员培训工作2次，落实报销制度，建立完善账目管理、项目报建审批、经费报销、开支计划、资产管理等规章制度，梳理历史遗留问题，制定整改措施，推动后勤建设。落实暖心惠警举措，县边境管理大队党委定期了解民警基本诉求、困难，解决民警反映强烈的需求和困难，中秋节、“十一”国庆节慰问表现较好、工作认真负责的民警，上报13名民警到各地休养，营造良好氛围，激发警营活力。提高经费执行率，按照后勤报账规定报账，与后勤财务科沟通，强化报账能力，2022年预算执行经费653.7万元，预计执行经费555万元，经费执行率85%。

【国有资产清查】 2022年，县边境管理大队完成国有资产清查工作，规范国有资产科学配置、有效使用和规范处置，摸清县边境管理大队资产总量、结构、分布和使用状况，完善国有资产数据库。按照山南市公安局边境管理支队通知要求，成立以副大队长为组长的资产清查专班，全面清查资产，解决账外资产、盘亏盘盈、账物不清等问题，做到核算规范、账物相符、账实相符、账账相符，清查资产3278件，价值3644万元。

（高　星　撰）

检　察

【概况】 2022年，错那县人民检察院（以下简称“县人民检察院”）编制12个，实有10人，其中，女干警5人，男干警5人；员额检察官4人，检察官助理3人，书记员3人，均为本科及以上学历。聘用制书记员4人，均为错那县户籍大学生。有内设机构2个部门，即检察业务部、检察综合部。领导职数3个，即一正两副检察长；部门领导职数2个，即检察业务部主任、检察综合部主任。年内，受理监察机关移送审查起诉案件1件，受理公安机关移送审查起诉案件12件，办理刑事申诉审查案件1件，提前介入案件4件、国家司法救助案件1件。

【党建工作】 2022年，县人民检察院党组召开党组理论学习会12次，召开支部理论学习会37次、支部“三会一课”29次，撰写学习心得体会28篇。专题研究、专项安排党风廉政建设和自身反腐败工作。结合实际，党组书记与其他干警签订《党风廉政建设责任书》，量化、细化责任，落实到部门、干警。

【党风廉政建设】 2022年，县人民检察院落实党风廉政建设主体责任，健全“一把手负总责、分管领导各负其责、班子成员齐抓共管、纪委协调监督”工作机制，推进党风廉政建设和反腐败工作，完成各项任务。明确职责，履行“第一责任人”责任，抓住关键环节，助推党风廉政建设。

【检察工作】 2022年，县人民检察院统筹安全与发展，延伸检察职能，拓宽工作覆盖面，按照各级党委和上级检察院关于维护稳定的工作部署，以检察工作高质量发展和增强服务效果为核心，坚持“严打”方针不动摇，落实“少捕慎诉慎押”刑事司法政策，释放司法善意，依法履行批准逮捕和提起公诉等检察职能，把关审查批捕、审查起诉，与县公安局、县人民法院等部门配合，维护社会稳定。全年受理监察机关移送审查起诉案件1件1人，比2021年上升100%；公安机关提请逮捕案件2件2人，比2021年下降60%；不批准逮捕2件2人，比2021年上升100%；受理公安机关移送审查起诉案件12件14人，比2021年上升33.3%，其中，盗窃案4件5人、危险驾驶案6件6人、

11月6日，中共错那县人民检察院党支部召开第26次理论学习会议（县人民检察院 供图）

交通肇事案1件1人、串通投标案1件2人。经审查，依法提起公诉10件11人，比2021年上升25%；不起诉2件2人（召开公开听证会），比2021年上升50%；审查中1件2人（串通投标案）；办理刑事申诉审查案件1件5人，同比上升80%；提前介入案件4件4人，同比上升30%；国家司法救助案件1件1人，同比持平。

全年案发率较高的案件类型为危险驾驶类和盗窃类案件，县人民检察院为打击犯罪，确保全县社会稳定。坚持突出重点，打击危害社会治安的刑事犯罪，结合实际，将打击危险驾驶和盗窃案件作为打击重点，达到犯罪事实清楚，依法快速审查，配合县人民法院快速审理，增强群众安全感，节约司法资源。发挥与公安机关“侦查监督与协作配合办公室”作用，提前介入疑难刑事案件，协助、引导侦查机关收集和固定证据，增强打击合力。召开检察公开听证会，接受社会监督、深化司法公开、促进司法公正。坚持“打防结合，预防为主”的方针，落实检察环节的社会治安综合治理措施，维护社会治安稳定，常态化开展扫黑除恶斗争，依法打击涉黑涉恶犯罪，发挥检察职能，推进四大行业领域整治工作。全年开展扫黑除恶斗争线索排查活动14次，结合《中华人民共和国反有组织犯罪法》开展宣传活动14次。坚持和发展新时代“枫桥经验”，促进涉检信访问题就地解决，提升群众满意率。提高检察建议质量，强化跟踪问效，助推县域社会治理现代化和法治政府建设。履行检察职能，打击整治养老诈骗，通过微信公众号发布“错那县人民检察院打击整治养老诈骗线索举报公告”，向社会收集线索，履行检察职能。

【未成年人检察工作】 2022年，县人民检察院为贯彻落实中华人民共和国最高人民检察院（以下简称“最高检”）“一号检察建议”精神，推进未成年人检察工作，宣传未成年人保护法、预防未成年人犯罪法、家庭教育促进法等法律，通过法律进乡村、进社区、进校园等方式，组织干警开展法治宣传活动9次，发放宣传资料600余份，受教育300余人。联合县纪委监委、错那县教育局（体育局）、县公安局、错那县司法局、错那县民政局、错那县卫生健康委员会等机关单位联合下发《侵害未成年人案件强制报告制度实施办法（试行）》，建立《强制报告联席会议制度》，签订《强制报告责任书》，细化分工、明确义务、压实责任，推进全县未成年人保护社会治理体系现代化建设。开展“未成年人犯罪记录封存专项监督检查活动”1次，监督3件3人未成年人犯罪案件归档和封存情况，防止未成年人因轻微犯罪前科而脱离社会，保障未成年人回归正常生活。贯彻落实未成年人特殊优先全面综合保护原则，联合错那县教育局（体育局）对全县11所幼儿园、5所小学、1所中学的288名教职员工开展“违法犯罪记录查询专项活动”，预防利用职业便利对未成年人实施违法犯罪，排除潜在危险。落实“检爱同行、共护未来”未成年人保护法律监督专项活动，县人民检察院检察长担任错那县中学法治副校长、法治辅导员，举办校园法治宣传讲座6场次。以“喜迎二十大、同心护未来”为主题，在错那县城内对社区、医院、酒店、网吧等场所开展“涉未成年人专项检查活动”，净化未成年人成长环境，预防在服务场所内发生侵害未成年人合法权益案件，教育引导从业人员增强法律意识、责任意识，承担保护未成年人的行业责任，筑牢未成年人健康成长的安全防线。发挥检察职能，与行业部门配合，优化工作方式，依法履职，以实际行动联合家庭、学校、社会保护未成年人成长。

【监督工作】 2022年，县人民检察院保持反腐败高压态势，在批捕、公诉环节依法严惩危害经济发展、侵害民生民利的职务犯罪。加强对立案、侦查、审判、执行等刑事诉讼活动的全过程监督。

【强基惠民】 2022年，县人民检察院依法维护市场经济秩序，以“最严谨的标准、最严格的监管、最严厉的处罚、最严肃的问责”保障食品安全，在春节、藏历新年和学校开学季等时期，重点检查超市、菜店和批发部等经营场所食品安全，督促行政机关查处假冒伪劣食品。防范化解安全风险，保障群众安全，开展窨井盖安全隐患检察专项监督活动，发现线索2条，解决问题2件。巩固拓展脱贫攻坚成果同乡村振兴有效衔接，对因案返贫、致贫群众开展司法救助，发放救助金4.8万元。

加强群众来信、来访接待工作，发挥“12309”检察服务中心的作用，2022年扩充2个抵边村“12309”检察服务中心，分别为勒门巴民族乡勒村、麻麻门巴民族乡麻麻村。对同级人民法院监督民事审判程序中违法行为的案件19件，监督民事执行活动的案件11件，制发检察建议2份，比2021年上升100%，监督民事行政案件等审判活动，保护各方诉讼参与人合法权益，履行对民事行政案件审判的监督职责。依法惩治各类严重刑事犯罪，提升群众获得感、幸福感、安全感。对行政执法活动审查监督1件，制发检察建议1份，与2021年持平，解决“四大检察”（刑事、民事、行政和公益诉讼检察）不均衡问题。

【公益诉讼】 2022年，县人民检察院以司法办案为中心，践行宪法赋予的法律监督职责，履行公益保护职能，守护公共利益。落实“河湖长+检察长”机制，围绕水资源保护、河（湖）水域岸线管理保护、水污染防治、水环境治理开展巡河检查。结合案前监督和案后惩处，保护生态资源。

发挥检察监督职能，保护绿水青山，以检察公益诉讼为保障，守护精神家园。围绕最高检、西藏自治区人民检察院关于加强环境资源和民生保护等工作部署，依法推进公益诉讼工作。全年在食品、环境保护等领域立案3件，比2021年下降25%；“等外”领域立案1件，比2021年上升100%，对相关单位发出检察建议1份，督促相关单位组织人员进行整改，涉及单位通过书面向县人民检察院反馈整改情况，4件案件全部结案，实现案结事了，保障全县食品安全，保护全县自然资源环境、野外文物。

【维护稳定】 2022年，县人民检察院把维护稳定作为首要政治任务，构建平安错那、法治错那，落实两级国安指挥部的各项重要部署。在重要时期制定“1+2”值班模式，安排干警24小时轮流值班。县人民检察院检察长、副检察长在错那县国安指挥部值班24天，其余干警在县人民检察院值班室轮流值班带班80人次。在错那县城“第一片区域”开展治安巡

5月26日，县人民检察院开展法治进校园活动

（县人民检察院　供图）

逻65人次，出动警车40余次。6月5日、10日、12日参与世界环境宣传日活动，开展“法律八进”之边境一线行、“检察产品送边境行”等活动，通过集中宣传、入户宣传、走访式宣传等方式，对全县农牧民群众、工地工人和干部宣传公益诉讼、网络安全、法律常识，发放宣传材料、宣传品685份；根据上级检察院部署，6月9—12日开展“‘民有所呼、我有所应——群众信访件件有回复’检察长接待日”活动，群众咨询各类法律问题50余个，咨询30人次。

【法治宣传】 2022年，县人民检察院依法惩治影响人民群众获得幸福感、安全感的犯罪，保障人民群众合法权益和生命财产安全。把普法工作融入检察办案全过程，增强人民群众对法治的认同感，全年开展专题普法宣传6场次，发放宣传材料800余份，受教育120人次，提升群众对检察工作的知晓度和支持度。

【业务培训】 2022年，县人民检察院为提高干警业务水平，响应上级检察院号召，安排干警参加培训。全年派出6名干警参加最高检、西藏自治区人民检察院、西藏自治区山南市人民检察院（以下简称“市人民检察院”）组织的各类业务技能培训9次；通过线上培训方式组织10名干警参与业务讲堂20余次。

【鼠疫防治】 2022年，县人民检察院应对“9·26”甲类传染病疫情，按照县委要求，派出3名干警到一线开展相关工作12天，完成部署任务。

（米玛罗布　撰）

法院

【概况】 2022年，错那县人民法院（以下简称“县人民法院”）在编人员17人（调出1人、调入1人），法官8人，法官助理5人，法警2人，司法行政2人，聘用制书记员8人。全年受理各类案件168件，其中刑事11件，占6.55%；民事102件，占60.71%；行政案件1件，占0.6%；执行案件54件，占32.14%；审执结162件，综合结案率96.43%，法定审限内结案率99.38%。案件结收比108%。

【审判执行】 2022年，县人民法院依法惩处刑事犯罪，严格执行量刑规范化标准，确保案件定性准确，量刑适当。全年受理刑事案件11件，审结10件，依法审结故意盗窃案件5件7人，交通肇事案件1件1人，危险驾驶案件4件4人。判处有期徒刑1件2人，拘役1件1人，判处缓刑7件7人。加强民事审判工作，发挥民事审判职能作用，全年受理民事案件102件，审结98件，案件标的额1208.75万元。审结婚姻、家庭纠纷11件，法定继承纠纷5件，财产损害等物权纠纷3件。审结租赁、买卖合同类纠纷52件，承揽、运输、劳务合同纠纷23件，建设工程合同3

11月10日，县人民法院在肖站调解案件（县人民法院　供图）

件，民间借贷等纠纷案件5件。促成对立双方和解纠纷，调解、撤诉79件，调撤率77.4%。受理行政诉讼案件1件，撤诉1件，结案率100%。兑现胜诉权益，全年受理执行案件54件，执结53件，执结率98.15%，执结到位标的额263.63万元。发布失信名单6例，限制乘飞机、高消费、出境9人。

【队伍建设】 2022年，县人民法院发挥党建引领作用，树立“抓党建带队建促审判”工作思路，坚持党建工作与审判执行工作融合推进，制定党建工作计划，坚持党建工作与业务工作同谋划、同部署、同推进、同考核，落实责任，召开党建工作专题会议4次，党组书记听取党建工作汇报2次。

执行民主集中制，执行党章关于党内政治生活的各项规定，坚持民主集中制，落实党组书记末位表态，按照《中共错那县人民法院党组议事规则》，坚持党建工作和业务工作同安排、同部署、同落实、同监督，落实“三重一大”制度，召开党组会议14次，统领、督导各项工作的开展。

建设司法能力，坚持需求导向，突出实战实用实效，县人民法院干警参加各类培训33次，提高法律适用、群众工作、信息化应用等能力。

建设司法作风，开展“改进作风，狠抓落实”活动，聚焦“四查四问”“八个落实”查纠整改，强化党性党风党纪教育和警示教育，执行中央八项规定及其实施细则精神，防止干预司法“三个规定”“十个严禁”“十个一律”，整改司法巡查审务督察反馈问题，开展政法干警参与赌博等问题专项整治活动。

【诉讼服务】 2022年，县人民法院落实便民立案举措，畅通诉讼服务渠道，“有案必立、有诉必理”，杜绝年底不立案、拖延立案，登记立案141件。其中，当场立案129件，网上立案9件，跨域立案3件，一次性告知136件。

推进“一站式”工作，完善“一站式”多元解纷和诉讼服务工作制度，在诉讼服务中心开展调解、速裁、快审“一站式”解纷工作，通过窗口和“12368”诉讼服务热线等方式，提供法律咨询服务260人次，化解纠纷12件。

实践电子送达，经当事人同意，利用微信或者电子送达平台，成功电子送达案件148件。

加强诉源治理，坚持和发展新时代“枫桥经验”，贯彻落实《中共中央、国务院关于实施乡村振兴战略的意见》部署要求，以“基层法院为面、流动法庭为线、派出法庭为点”的工作格局，落实多元化纠纷解决机制，通过人民法院“调解平台”调解案件5件，加强和规范诉调对接、非诉讼调解协议司法确认等工作，加大诉前调解、立案调解力度，通过诉前调解办结案件24件。

深化“分调裁审”工作，实行案件繁简分流、轻重分离、快慢分道，适用简易、速裁程序和独任审判审结案件46件。

【信访工作】 2022年，县人民法院落实信访工作，宣传《信访工作条例》，教育引导当事人依法理性反映诉求、维护权益，坚持首办责任制和零报告制度，开展矛盾纠纷隐患排查8次。

（扎西罗布　撰）

司法行政

【概况】 错那县司法局（以下简称“县司法局”）核定政法专项编制12个，其中，县司法局核定编制5个，乡（镇）司法所核定编制7个。2022年，县司法局实有干警和职工17人，其中，局长1人，副局长3人，一级主任科员1人，四级主任科员2人，公益性岗位1人，“三支一扶”2人，乡（镇）司法所实有干警7人（均为司法所长）。

【依法治县】 2022年，县司法局根据自治区、市法治建设要求，制定印发《错那县法治建设任务实施方案》，督促各相关部门根据职责承担、完成相关任务。规范行政执法程序，落实规范行政执法公示、行政执法全过程记录、重大执法决定法制审核等规定，保证行政执法合法、公开、有效。实行行政执法人员持证上岗和资格管理制度，开展行政执法人员清理和摸排工作，禁止执法辅助人员、聘用人员等无执法资格人员单独执法，对全县需要办理执法证工作人员进行登记造册，协调上级司法行政机关开展行政执法培训和办理行政执法证。推进“放管服”改革，配合县行政审批和便民服务局开展“减证便民”工作。协调联系法律顾问珠峰律师事务所，帮助县政府各部门修改法律文书，实地指导纠纷调处，举办法治专题讲座，解答各部门涉及法律问题的疑问。实施“法律明白人”培养工程，将全县各乡（镇）、村（社区）“法律明白人”纳入培养计划，开展教育培养工作。

【法治宣传】 2022年，县司法局推动领导干部职工学法用法，落实“谁执法谁普法”责任制，牵头组织县普法成员单位开展“法律进机关”“法律进寺庙”“法律进农村”“法律进学校”“法律进军营”“法律进工地”等法治宣传教育活动，采取法治讲座、以案释法、旁听庭审等形式，落实普法责任制。2022年开展集中宣传43场次，发放各类法治宣传资料1.16万余份，为群众解答法律咨询30人次。邀请律师为机关干部举办法治讲座2场次，组织“三官一律”（警官、检察官、法官，律师）到卡达乡完全小学开展“三官一律普法律　法治护航助成长”活动，组织20余名干部职工开展以“以案释法面对面　旁听庭审零距离”为主题的旁听案件庭审活动。

【安置帮教和社区矫正】 2022年，县司法局加强对社区矫正人员和安置帮教人员的管理、帮扶和教育工作，坚持“教育、感化、挽救”方针，探索新时期社区矫正人员与刑释解教人员管理教育机制。组建社

6月13日，县人民法院、县人民检察院、县司法局、乡司法所和派出所工作人员到卡达乡完小宣传法律法规知识　（县司法局　供图）

区矫正对象“5+1”管理教育小组、安置帮教人员“6+1”帮扶教育小组，落实责任、人员到位。结合社区矫正对象、安置帮教人员的犯罪事实、家庭情况、收入来源、心理特征、文化程度等，制定管理和帮教方案，一人一册、一人一档。落实管理、帮扶、教育协调机制和工作机制。组织召开联席会议，协调解决社区矫正对象和安置帮教人员的就业安置、生活保障、风险防控等方面问题。在日常管理中，落实社区矫正对象审前调查评估、矫正宣告、集中学习、公益劳动、考核奖惩等工作机制，核查在监“三无”“三假”服刑人员，开展刑满释放人员“必接必送”和安置帮教人员帮扶教育工作，教育引导其认知错误、积极改造、回归社会。

【党建工作】 2022年，县司法局落实党建责任制，推动全面从严治党。履行党建“第一责任人”职责。树立“党建是第一职责、不抓党建是渎职、抓不好党建是失职”的工作理念，把党建工作与中心工作同部署、同落实、同检查、同考核，组织召开支部党建领导小组会议2次，研究分析党建工作中存在的问题，落实党建任务。落实班子成员“一岗双责”，把党建工作履职情况纳入年度考核、述职述廉和民主生活会内容。加强思想政治学习，加强基层组织建设，在县直属机关工委和党建联系人的指导下，完成县司法局党支部换届选举工作；根据县委要求，成立县司法局党组。开展“八星”党支部创建活动，进行自评和查漏补缺，巩固“八星”党支部创建工作成果。开展“三包五带五促”活动，党员干部联系社区矫正人员和安置帮教人员，定期开展走访慰问活动，开展集中学习教育和公益劳动等，教育引导社区矫正人员和安置帮教人员增强法治意识和公民道德意识，确保不发生重新犯罪和影响社会稳定的事件。

抓党建促业务，服务社会。开展干部下访，结合脱贫攻坚工作，定期开展机关党员定期到社区报到，帮助联系群众解决实际困难，促进党员干部作风转变，全年集中走访8场次，发放慰问和帮扶资金2.5万元。推进司法行政工作，推进依法行政，开展行政执法主体清查和规范性文件清理，落实行政执法“三项制度”，健全完善政府法律顾问机制，为法治政府建设提供保障。推进普法工作，以宪法、民法典等为主要内容，开展法治宣传活动，提高干部群众尊法学法用法守法意识。加强重点人员管理和帮扶教育，落实管理机制。加强矛盾纠纷排查调处，落实新时代“枫桥经验”，发挥人民调解组织作用，化解矛盾纠纷。坚持应援尽援的原则，严格标准和程序，加大法律援助力度。

【党风廉政建设】 2022年，县司法局加强党风廉政建设，筑牢政治防线。加强学习教育活动，组织学习关于推进全面从严治党的各项要求，落实党风廉政工作纪律要求。推进廉政建设工作，组织开展党风廉政建设“五个一”活动，推进机关党风廉政建设活动。以自治区开展的中央八项规定自查和清理活动、自治区党委第五巡视组巡视错那反馈意见整改活动和单位内部财务清查和纠正活动等为契机，查摆和整治内部问题，清退违规发放的水电费补助，规范财务账单。营造廉政文化氛围，设置廉政文化宣传栏、廉政文化宣传标语、廉政文化墙等，提醒干部职工自警、自省、自励。

【政治思想教育】 2022年，县司法局加强思想政治建设，强化政治引领。以“不忘初心、牢记使命”主题教育常态化活动、政法队伍教育整顿、党史学习教育为契机，落实支部学习制度、个人自学制度，学习贯彻习近平新时代中国特色社会主义思想和中共二十大精神、习近平在西藏考察时的讲话精神、《习近平谈治国理政》第三卷、自治区第十次党代会精神、山南市第二次党代

12月2—5日，县司法局在抵边村开展“学习宣传贯彻中共二十大精神，推动全面贯彻实施宪法”宣传活动　　（县司法局　供图）

会会议精神及《中国共产党章程》、党内规章制度等方面重点内容，制定学习方案，配发学习资料，落实学习考勤，干部带头、以上率下，定期组织党员学习，提升学习效果。严肃党内政治生活，净化政治生态，落实请示报告制度，根据党内政治和组织纪律要求，向上级组织报告突发性、重大问题，执行干部外出请示和报批报备制度，严肃党的政治纪律和政治规矩。规范党组织生活，落实“三会一课”、公开承诺践诺、谈心谈话、固定党日等组织生活制度，开展支部书记讲党课活动。结合司法业务实际，每月组织党员和相关人员开展主题党日活动，开展集中学习、公益劳动、法治宣传、走访慰问贫困户等方面活动，树立党员干部良好形象，增强党员干部的党性意识。执行民主集中制，按照集体领导、民主集中、个别酝酿、会议决定的原则，集体讨论决定“三重一大”问题。

【专题调研】 2022年，为掌握基层司法所2021年工作开展情况，县司法局主要领导带队到乡（镇）司法所调研司法行政工作，调研各司法所2021年贯彻落实各级政法工作会议精神情况、开展政法队伍教育整顿活动情况、基层司法行政工作开展情况，通过听取汇报、看档案、查资料、与司法工作人员座谈交流的方式，了解各司法所开展司法行政工作情况。

【人民调解】 2022年，县司法局按照上级要求，整合人力物资，建设基层调解体系，规范管理人民调解委员会，推进调解组织全覆盖。全县建立县、乡调解中心11个；建立调解组织38个，其中，乡（镇）调解组织10个，村（社区）调解组织25个，专业性行业性调解组织3个；有人民调解员266人，其中，乡（镇）调解员65人，村（社区）调解175人，专业性行业性27人。

建设人民调解工作机制，按照“五有四落实”（有标识牌、有相对固定工作场所、有印章、有调解回访记录、有统计台账，组织落实、制度落实、工作落实、报酬落实）要求，健全完善各级调解指导中心、调解组织工作机制。落实“以案代补”机制，调动人民调解员工作积极性，提高人民调解工作质量和规范化水平。落实新时代“枫桥经验”，发挥各级人民调解指导中心、调解组织第一道防线作用，开展人民内部矛盾纠纷排查调处和化解工作。全年各级人民调解组织开展矛盾纠纷排查工作970余场次，排查化解各类纠纷13起，涉及金额11.86万元，主要为劳动争议纠纷、婚姻家庭纠纷、损害赔偿纠纷。

【法律援助】 2022年，县司法局加强法律援助和服务工作，秉承“应援尽援”的原则，扩大法律援助覆盖面，加强刑事案件认罪认罚从宽试点工作和律师辩护全覆盖。开辟法律援助绿色通道，对农民工劳动报酬、工伤赔偿、人身损害等申

请法律援助，优先受理、优先办理，即办即受理，当天申请，当天受理，当天指派，方便群众申请法律援助，提高法律援助工作效率。全年指派法律援助案件12件，代写法律文书55份，受理法律咨询等法律服务190人次。

【行政复议】 2022年，县司法局落实国务院、自治区和山南市行政复议一个“窗口”对外的改革要求，推进行政复议改革工作，结合实际制定《错那县行政复议体制改革实施方案》，成立错那县行政复议咨询委员会，设立行政复议窗口，有案必受、有错必纠，安排2名公职律师负责行政复议案件咨询和受理工作，畅通行政复议渠道，全年无行政复议案件。

【行政执法监督】 2022年，县司法局推行行政执法“三项制度”，邀请援藏律师组织全县行政执法单位20余名行政执法人员开展“三项制度”培训，提升行政执法单位和个人执法工作水平。落实行政执法人员持证上岗和资格管理制度，加强行政执法人员资格管理，规范行政执法人员培训学习，与自治区同步启动网络培训教育学习和考核。全年受理新申请执法证68人。

接受人大、政协监督，办理建议提案，办复率100%，满意率99%。2022年，办理办结、答复人大代表意见建议34件，政协委员提案91件。接受司法监督，支持人民法院依法受理和审理行政案件，依法履行出庭应诉职责。加强社会监督，执行政府信息公开条例，推进政务公开，公开各类政府信息，接受公众监督，全年公开信息50余条，处理答复群众来电30余次。

（顿珠朗杰　撰）

2月20日，武警错那县中队开展巡逻活动　　（武警错那县中队　供图）

军　事

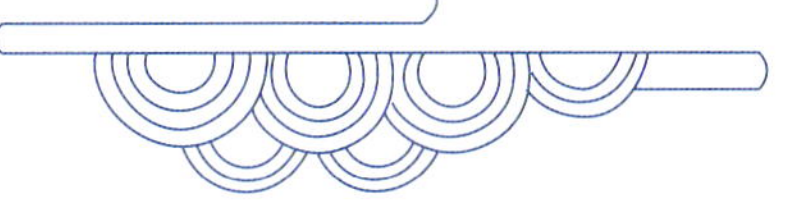

人民武装

【概况】 2022年，错那县人民武装部（以下简称“县人武部”）在山南军分区党委和县委、县政府的领导下，贯彻落实中共二十大精神，落实习近平总书记重要讲话精神，围绕党在新形势下的强军目标，坚持“铸魂固根本、战备强能力、改革谋发展、创新求突破”的原则，加强思想政治建设，推进民兵调整改革，加强民兵正规化建设，提升官兵思想素质，规范管理制度。

【党建工作】 2022年，县人武部开展民兵政治教育，在错那县人民武装部党委（以下简称“县人武部党委”）的领导下，坚持以中共二十大精神为统领，学习军委国防动员年度工作会议精神，通过分层宣讲、专题培训等形式，落实党委中心组和党员干部政治教育。年内开展宣讲活动4次、集中培训3次；以年度主题教育为载体，县人武部党委组织民兵开展“党员先锋岗”创建活动，把主题教育和形势任务相结合，调动党员工作积极性。夯实党的基层组织建设，健全基层组织机构，结合民兵整组工作，完善基层民兵党组织建立工作，建立健全各乡（镇）基层党支部，配备专武干部党支部书记及基层党务干部，实现基层党组织对国防动员工作的全覆盖。

【党风廉政建设】 2022年，县人武部加大落实力度，推动各级党组织和党员领导干部带头，层层传导压力，开展“两个责任”专选监督检查，确保责任落实。以军委党的建设会议为抓手，将党风廉政教育作为党风建设和反腐败工作的重点，抓住日常工作，坚持教育为先，预防为主，加大党风廉政宣传教育工作力度。贯彻执行军队改革中“四个坚决不允许”要求，营造廉政氛围，让纪律成为官兵的行动指南，立起“改革期间纪律规矩严于平时、违规违纪惩处重于平时”的标尺，保持正风肃纪的高压态势。

【军事训练】 2022年，为提高人武部干部和专武干部的业务素质，推进县人武部信息化和乡（镇）人武部正规化建设，县人武部结合工作现状，组织专武干部轮训，学习《民兵工作条例》《民兵战备工作规定》《民兵参战支前工作规定》《关于加强新形势下边海防和重点地区民兵情报信息工作的意见》等军事理论。按照2022年度民兵军事训练安排，全年分批次组织错那县民兵、应急民兵开展轮训，民兵军事训练任务完成率95%，完成训练任务。

【民兵整组】 2022年，县人武部贯彻习近平总书记国防和军队建设指示精神，围绕强军目标，以新形势下军事战略方针为统揽，围绕“听党指挥、能打胜仗、作风优良”的强军目标，坚持“平时服务、急时应急、战时应战”的标准，组织开展民兵整组工作。各乡（镇）人武部主要领导到村组进行调整工作，了解民兵组织建设情况。通过军地双方努力，选定拉得出、用得上、条件良好的公民，建档立卡，完成民兵整组工作。

【征兵工作】 2022年，错那县开展一年两次征兵工作，在山南市人民政府征兵办公室和县委、县政府的领导下，在各乡（镇）人武部的配合下，按照山南军分区《关于认真做好2022年一年两征工作的通知》要求，做好前期工作，健全征兵工作领导机构，抓好宣传工作，开展网上兵役登记和应征报名工作，把握体检关、政审关，以提高兵源质量为核心，落实工作任务。开展网上兵役登记，号召适龄青年应征报名，筛选符合条件的青年应征入伍，完成2022年征兵工作。

（崔晓云　撰）

武警部队

【概况】 中国人民武装警察部队西藏总队山南市支队错那县中队（以下简称“武警错那县中队”）隶属于武警西藏总队山南支队，主要担负错那县看守所外围武装警戒任务（未上勤）。

7月1日，武警错那县中队开展党政军警民联合主题党日活动
（武警错那县中队　供图）

【政治教育】 2022年，武警错那县中队开展思想政治教育，以迎接中共二十大召开、学习宣传贯彻中共二十大精神为主线，以深化主题教育为统领，抓住基础教育、经常性思想教育，开展党史学习教育，推进思想政治建设，打牢官兵思想政治根基。1—6月，重点学习贯彻中共十九届六中全会精神、2022年全国两会精神、军委扩大会议精神、武警部队党委扩大会议精神等；7月至中共二十大召开，学习习近平总书记重要讲话精神。用习近平新时代中国特色社会主义思想、习近平强军思想武装官兵头脑，根据武警错那县中队《2022年思想政治教育实施方案》，开展政治教育工作。购置《党的二十大报告辅导读本》《党的二十大报告学习辅导百问》《二十大党章修正案学习问答》等30余套；全体官兵通过班级理论骨干宣讲、干部领学、个人自学等方式，学习中共二十大报告；利用政治教育，武警错那县中队指导员对中共二十大报告的主题、脉络、新表述新概括新论断进行小课串讲，中队长梳理、讲解学习宣传贯彻中共二十大精神提纲；课后，以个人自学的方式领会中共二十大精神，撰写个人学习体会，利用党团活动时间讨论、交流学习心得。新《中国共产党章程》公布后，组织全体党员学习，下发《中国共产党章程》，利用党团活动时间对党员进行理论测试。利用专题板报、宣传展板等载体，制作中共二十大精神内容摘要橱窗、专题板报，营造学习氛围。

【军事训练】 2022年，武警错那县中队贯彻战斗力标准要求，立足实战，抓住训练，完成使命任务。

树立实战意识。落实军事训练实战化要求，按照“军事训练四落实”要求，完善登记统计资料，规范训练秩序；建强教练员队伍，在课目开始前教练员统一示范规范动作，重难点课目坚持干部任教，统一教学思路方法，编写教学设计、训练教案、教学笔记，提升军事训练标准。针对官兵身体状况，对训练课目、内容进行分阶段训练，提升训练实效性。

按纲施训。落实兵力、内容、时间、质量要求，抓好人员到课率，全员参训、干部跟班跟训，确保训练安全；学习新版《军事训练与考核大纲》，组织训练时间870小时，平均参训率75%，2022年军事训练成绩达到良好水平。组织学习大纲、学习教材、学习指导法，提升教练员军事理论素养；每月举行军事体育竞赛，营造官兵军事体育训练比学赶帮超氛围，优秀率较2021年提高6%。在日常训练中，转化集训成果，发挥教练员作用，在组教施教过程中边学习、边研究、边训练，克服不懂装懂、模棱两可凭感觉组织训练的问题。

确保训练安全。落实训练“安全回头看”工作，加强安全防护教育，树立安全意识；开展训练安全检查，确保训练设施安全、牢固，防护器材完好、有效；在组织训练过程中，干部全程跟训，对危险性高的科目亲自组训，确保训练不出问题。

【执勤工作】 2022年，武警错那县中队把执勤工作作为重点，抓好哨位、哨兵，提高经常性执勤能力，提高核心战力；抓好支部管勤，强化中心居中意识；以实战为导向，加强对勤务的组织管控，开展执勤工作。

落实战备制度。提高战备能力水平，常训常备。围绕新兵补入、重要节日、重要时期，分析执勤战备形势，更新各类方案、预案；采取不定时拉动的方式，拉动应急班、应急小组30余次，检验应急力量出动水平，提升应急出动能力。

落实制度，确保勤务正规有序。落实执勤八项制度，抓住“四哨”正规、“三班”组勤、“两小时”监控，制定层层追责和倒查机制，做到每个哨位有人管、每个环节有人抓、每个时段有人盯。担负春节、全国两会、中共二十大召开等重要时期错那县联勤武装巡逻勤务，确保固定和专项勤务安全托底。每月组织规范化执勤评定自评，迎接规范化执勤评定考核，总评成绩良好，排查整改执勤隐患20项；每月与目标单位开展执勤研究，治理隐患，逐类逐项挂号销账，确保执勤目标安全。

3月1日，武警错那县中队与县公安局联勤巡逻

（武警错那县中队　供图）

抓住岗位练兵，提高执勤能力。组织官兵学习新时代执勤安保集训精神，确保官兵对新执勤规定等法规文件学懂弄通；抓住两个阶段入伍新兵执勤能力提升，开展专勤专训，采取强弱搭配、新老互补的形式，提高新兵整体能力素质。定期组织执勤安全监控员、执勤哨兵、押解人员执勤能力考核，强化各岗位人员执勤业务素质。

【日常管理】 2022年，武警错那县中队重视安全工作，把“别人的教训”当作“自己的教材”，吸取安全事故教训，检查反思、对照查找存在的“死角”，以“安全不是保出来的，是建出来的”为原则，强化抓安建安的主观能动性，把安全建设摆在“不是中心的中心位置”，把安全稳定作为各项工作的最低标准、最高要求。学习贯彻《中国人民解放军安全工作条例》，增强官兵安全意识，提升人人自我保护、处处自我救助、时时自我避险意识，落实每天换牌制度，做到“我的安全我负责、他人安全我有责、单位安全我尽责”。提升部队正规秩序，从基本养成入手，落实一日生活制度、军容风纪检查、查铺查哨等制度，强化官兵作风养成、正规部队“五个秩序”。防范隐患，借助酒驾醉驾专项整治，集中开展纠治倾向性问题、严防案件等活动，开展拉网式大排查，突出手机、人员、治酒、车辆、保密、网贷7个重点，每月进行一次检查，把安全检查落实到人；排查多起安全隐患，涉及执勤、训练、用电、饮食、营房等方面。抓住关键，加强“四会”安全员队伍建设，每月开展安全员培训，抓早抓小、防小变大，开展保密整治工作，组织观看防间保密警示教育；开展涉网涉密排查整治活动，纠治陋习，提升干部、骨干带兵能力，营造“官兵友爱”氛围，开展新兵“第二适应期”思想工作，训练间隙、文体活动时间随机开展谈心工作；开展重要时期、重点人员的安全预防工作，构建和谐队伍内部关系，开展政治考核，确保部队安全稳定。

【后勤保障】 2022年，武警错那县中队以全面建设现代化后勤为主线，勤俭节约、建管并举，落实后勤服务保障工作。落实资产管理制度，开展军队存量资产打码贴签工作，中队长督导，对资产贴码标识，规范资产使用、存放和管理，落实登记统计。建设后勤队伍，建好、用好、管好后勤队伍，通过岗位锻炼、送学培训、以老带新等方式，实现梯次培养、持证上岗。年内推荐培训卫生员、网络维护员、军械员兼文书后勤岗位人才3人，加大对后勤队伍指导力度，落实专业训练。开展“厉行节约、反对浪费”活动，发扬艰苦奋斗的优良传统，武警错那县中队“四小工”，利用休息时间，维修整改营产营具、安全隐患，将多处营产营具变旧为新，实现“小修不花钱、大修少花钱”目标。通过管控，增加效益，以“军队存量资产打码贴签工作”为契机，在营产营具的管理上，计价挂账，落实责任具体到人，定期维护保养，保证性能状态良好。对无法使用需要报废的资产，按规定报废处理。每周召开经济民主会，通畅官兵民主渠道，听取不同层级、地域、民族的意见建议，调整餐食口味。鼓励炊事员学习制作蛋糕甜品，提升炊事人员专业素质。严把食品采购、制作和储存关，落实餐厨具消毒、食物留验制度，从源头保障食品安全。

（陈柄衡　撰）

4月28日，县自然资源局联合县应急管理局到勒门巴民族乡勒村排查地质灾害易发区

（县自然资源局　供图）

综合经济管理

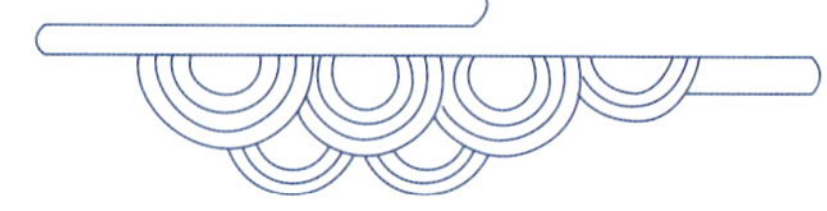

发展与改革

【概况】 2022年，错那县发展和改革委员会（以下简称“县发改委”）作为宏观调控部门，承担着发展和改革、经济和信息化、粮食和物资储备、受援工作、物价调控5个单位职能。

【主要经济指标】 2022年，错那县完成地区生产总值91285.8万元，同比增长2.3%；完成固定资产投资112567万元，同比增长23.7%，完成2022年初目标101%；一般公共预算收入5240万元，同比增长21.5%；完成社会消费品零售总额21073.4万元，同比下降6.1%；完成农村居民人均可支配收入17849元，同比增长9.1%；招商引资6792万元，同比增长17.9%，主要经济指标稳中有进，增速全市靠前。

【项目管理】 2022年，错那县开复工项目74个（其中续建项目22个），总投资27.07亿元，其中，续建项目总投资11.82亿元，新建项目总投资15.25亿元，开复工率100%。

全县“十四五”纳入自治区、市规划盘子项目123个，规划总投资84亿元，其中本级行业部门项目79个，总投资24.13亿元，全部开展前期工作。梳理储备“十四五”中期调整项目44个，总投资20亿元。政府储备债券项目26个，总投资7.8亿元；获自治区批复11个，总投资9700万元，全部开工建设。

抵边搬迁安置点主体建设完工，完成钥匙交付。浪坡乡养堆村小学，康格多抵边搬迁灌区，错那县城吉松社区1期、2期、3期防洪避险工程等项目建成并投入使用；娘曲江流域水电开发取得实质性进展。

【产业发展】 2022年，错那县保障粮食领域安全、产业链供应链稳定。全年完成粮食播种面积1.72万亩，农作物播种面积2.33万亩，粮食总产量5600吨，实现连续11年丰产丰收。新生仔畜成活率96%，牲畜存栏71132头（只、匹），出栏22154头（只、匹）。肉产量1643.5吨，奶产量4978.2吨。整治抛荒撂荒223.92亩，完成勒布沟翼龙谷景区道路建设，曲卓木旅游示范村基础设施建设、勒布沟景区标准化建设接近尾声，全年接待游客33957人次，实现旅游创收1425.93万元。

【受援工作】 安徽省“十四五”期间援藏规划项目14个，2022年计划实施安徽省对口援藏项目9个，总投资3860万元。翼龙谷景区道路建设、幼儿园功能提升、校园安全饮水及县、乡、村医疗信息化建设等项目竣工并投入使用；拿日雍措景观平台、错那县景区标准化建设、乡（镇）卫生院能力提升建设项目及勒布茶产业整体提升等项目接近尾声。援藏资金、项目向农牧区、民生领域倾斜，提升群众满意度。

【推动高质量发展】 2022年，县发改委贯彻新发展理念，贯彻落实“三个赋予一个有利于”要求，按照谋划一批、

7月22日，县发改委组织召开欢迎安徽省第八批援藏干部会议
（县发改委　供图）

储备一批、建设一批的发展思路，推动错那县实现高质量发展。发展特色养殖业，发展以牦牛、高寒绵羊、藏鸡为主的现代畜牧业，在曲卓木乡、库局乡、错那镇等乡（镇）重点发展牦牛和高寒绵羊试点，探索“放牧+补饲”的标准化养殖模式。发展建筑建材业，探索生态环境友好型采矿业和建材业发展模式，培育新的经济增长点，探索开发卡达西午铅锌金属矿、肖村昂定建筑砂卵石矿，提高发展能力。在保护生态环境的前提下，发展建筑、建材产业。

【粮食和物资储备】 2022年，县发改委完成市级动态应急储备粮和县级动态应急储备粮储备和轮换要求；保障“三包”口粮和社会粮油供应稳定，新冠疫情防控期间全县保供“米、面、油”保障服务工作和市、县应急救灾物资帐篷、棉被等调运1000余件。

【储备物资管理】 2022年，县发改委坚持“宁可备而不用、不可用时无备”，排查、统计全县物资储备情况，联系供应商，采购物资。针对物资急缺、需求量大等问题，借助公安部、援藏地市等力量，筹措物资。建立物资采购、发放审批流程，优化审批程序，健全物资采购、储备、保管、发放工作规程和台账，每日汇总物资供应、储备和计划采购、运输等情况，建立乡（镇）、商店超市需求供给群2个，乡（镇）配送点7个，依规、高效保障各类物资到位，做到数据清晰、发放有序。

（张文灿　撰）

市场监管

【概况】 2022年，错那县市场监督管理局（以下简称“县市场监管局”）以习近平新时代中国特色社会主义思想为指导，学习贯彻习近平总书记在西藏考察时的重要指示精神，落实自治区党委，市委、市政府和县委、县政府的决策部署，在山南市市场监督管理局（以下简称“市市场监管局”）指导下，坚持稳中求进工作基调，立足新发展阶段，贯彻新发展理念，构建新发展格局，统筹“大市场、大质量、大监管”，守住市场安全底线，激发市场主体活力，推进市场秩序治理，提升市场监管效能，促进全县经济社会发展。

【市场综合监管】 2022年，县市场监管局围绕价格收费问题，引导督促超市、餐饮单位规范自身经营行为，做到明码标价，做好节假日等重点时节消费商品及旅游市场的价格监管。新冠疫情防控期间，加大对米、面、油等生活物资和防疫物资的价格监管力度，查处哄抬物价、价格欺诈等违法行为，净化价格市场环境。加强“双随机、一公开”监管，抽查食品领域企业，通过不定向方式抽查市场主体6户，将相关检查情况录入“双随机”系统对外公示，发挥信用监管工作成效。

【市场主体登记注册】 2022年，县市场监管局贯彻市场主体登记管理条例及实施细则，推行经营范围规范化登记，企业开办实现“一网通办、一窗通办、全程网办”，全县注册登记市场主体1838家，注册资金13.76亿元；新增市场主体242家，新增注册资金1.58亿元；新增从业人员716人；新受理食品经营许可证115家、“三小一摊”63家；全年办理从业人员健康证534人。

【特种设备安全监管】 2022年，县市场监管局组织学习习近平总书记关于安全生产、事故教训的重要讲话和指示精神，将特种设备安全纳入全县安全生产格局，履行特种设备安全监察工作职责，专项检查加气站等特种设备使用单位，督促特种设备使用单位健全落实安全生产主体责任，推进隐患排查治理工作，筑牢安全底线。全年出动特种设备安全监察人员18人次，检查使用单位12家，抽查特种设备28台，排查隐患3起。

【食品安全监管】 2022年，县市场监管局开展食品安全监督管理工作，围绕县委、县政府和市市场监管局食品安全监管工作的总体要求和目标考核任务，推进工作。规范食品经营许可管理，办理食品经营许可证115家、小餐饮证32家、小食杂证28家、小作坊证3家。加强食品安全监管，开展专项整治，贯彻“守底线、查隐患、保安全”工作要求，到各乡（镇）、各村（社区）开展农牧区假冒伪劣食品专项整治行动，排查学校周边食品安全隐患，加大学校食堂食品安全监管力度；强化旅游市场食品安全监管力度，按照养老院食堂标准化要求，规范加工场所和从业人员食品操作流程，出动执法人员452人次、执法车辆58辆次，检查食品经营单位1224家次。加大进口环节冷链食品监管力度，坚持严禁进购、销售进口冷链食品的要求，排查冷链食品经营单位289家次、水果经营单位167家次，完成场所环境和冷链食品、进口水果等产品的核酸检测2182份，其中，产品1202份、环境980份，核酸检测结果阴性。向冷链食品经营户发放错那县冷链食品搬运人员登记表、冷链食品统计表7份，为全县19名冷链食品从业人员建立个人档案，每周五组织冷链食品从业人员开展核酸检测工作。以抽促管，开展食品安全抽检工作。

【药品、医疗器械和化妆品安全监管】 2022年，县市场监管局统筹常态化新冠疫情防控和药品安全监管工作，以“全覆盖+飞行检查”“双随机、一公开”等监管模式，排查药品质量安全，查处药品违法行为，出动执法人员21人次，检查乡（镇）卫生院21家次。组织举办“两品一械”（药品、化妆品、医疗器械）安全知识培训会，全县各医疗机构及部分药品、化妆品经营单位相关负责人20余人参加培训。以“消费者权益保护日”为契机，组织开展药品安全宣传咨询活动、安全用药月宣传活动，引导药品企业强化自律意识，树立“重质量、守诚信”理念，发放宣传资料500余份，开展街头宣讲2场次，接受消费者咨询11人次。

【知识产权工作】 2022年，县市场监管局坚持高质量发展，引导企业强化知识产权创造和保护工作，年内申报勒布茶叶作为错那县地理标志保护产品，争取西藏自治区市场监督管理局经费16万元。

【消费者维权工作】 2022年，县市场监管局将维护消费者合法权益工作融入日常监管中，加大违法惩治力度，教育引导市场主体合法经营，提升消费者维护合法权益的意识和能力，开展消费维权知识宣传8次，悬挂宣传横幅4条，发放宣传资料1230余份。开展国际消费者权益日活动，集中销毁查处、没收假冒伪劣商品、过期食品40种，价值2.36万元。消费者投诉渠道“12315”专线保持畅通，受理消费者投诉举报14起，按时办结率100%。

【党建工作】 2022年，县市场监管局加强干部职工理论武装，组织支部党员学习习近平新时代中国特色社会主义思想，学习中共十九大、十九届历次全会和中共二十大精神，学习习近平总书记在西藏考察时的重要指示精神及民族工作会议、新冠疫情防控系列会议精神。开展理论学习56次，开展主题党日活动12次。参与县直属机关工委组织的知识竞赛活动，参加机关干部大讲堂8次。参加市场监管系统业务知识培训5人次。

【党风廉政建设】 2022年，县市场监管局以习近平新时代中国特色社会主义思想为指导，将党风廉政建设与县市场监管局中心工作一同谋划、落实，加强作风建设，开展改进作风狠抓落实工作，配合纪检监察部门工作，坚持严字当头、权责统一，加大执纪问责力度，

纠正管党治党“失之于宽、失之于松、失之于软”的问题。结合党史学习教育定期开展学习研讨，推进全面从严治党，推动反腐败斗争压倒性态势向压倒性胜利转化。

（白玛曲珍　撰）

自然资源

【概况】 2022年，错那县自然资源局（以下简称“县自然资源局”）行政核定编制5个，核定领导职数4个，不动产登记中心事业核定编制3个。实际在岗11人，其中，公务员5人，事业工作人员3人（不动产登记中心），工人2人，“三支一扶”1人。2020年10月成立错那县自然资源局党组，2022年有党员10名。

【用地保障服务】 2022年，县自然资源局围绕全县重点项目，加大土地报批征收和供应力度，为全县经济发展提供用地保障。组织项目报建，组织上报项目11个，涉及总面积163.76亩，其中，村镇第一批次建设项目7个，申请用地总面积121.47亩，新增建设用地121.47亩；村镇第二批次建设项目4个，申请用地总面积42.29亩，新增建设用地42.29亩。单选项目1个（山南市旺东至无名湖新建工程建设项目），申请用地总面积382.91亩，新增建设用地382.91亩。出具项目用地预审（选址意见书）92本，印发建设项目工程许可证10本，印发建设项目用地许可证10本，印发乡村规划许可证5本，保障全县项目实施。

【耕地资源保护】 2022年，为保证全县耕地和基本农田数量不减少、质量不下降，县自然资源局实现全县74.92万亩耕地（实控区2.82万亩）和63.28万亩基本农田（实控区2.14万亩）持续保持的目标，落实耕地保护目标责任制。贯彻执行耕地保护“八不准”“六个严禁”，开展治理农村乱占耕地建房问题工作。落实各乡（镇）耕地保护责任，开展耕地“非农化”“非粮化”排查。加大耕地保护检查力度，联合各乡（镇）组织开展耕地保护动态巡查5次，督促落实耕地保护责任。

【地质灾害隐患排查】 2022年汛期来临前，县自然资源局联合四川省华地建设工程有限责任公司，开展各乡（镇）汛前地质灾害隐患排查工作，监测地质灾害普适性监测设备，排查隐患点156处。与各乡（镇）形成合力，利用地质灾害群测群防员定期、不定期巡查地质灾害隐患点，实行地质灾害上报机制，有事报事，无事报平安。

【执法管理】 2022年，县自然资源局结合土地、矿产卫片执法和日常执法工作，查处违法用地，违法采矿、乱采乱挖等违法行为。实现土地卫片发现违法占用耕地和新增违法占用耕地“双清零”，遏制耕地“非农化”，管控耕地“非粮化”。联合相关部门到临时取料点、砂石厂及作业金属矿山，开展安全隐患排查6次，督导检查安全生产及生态恢复工作。

【地质矿产勘查开发】 2022年，中国地质调查局成都地质调查中心依托中央财政出资的地质调查项目，在错那县与隆子县交界地带发现锡、钨、铍及萤石等找矿线索。进行稀疏地表工程和深部钻探验证。2021—2022年，中国地质调查局成都地质调查中心与西藏自治区地质矿产勘查开发局第二地质大队，依托西藏地勘基金“西藏自治区错那县祥林矿区铍锡矿普查项目”，在祥林铍锡多金属矿区施工钻孔9个，完成钻探进尺2400米。

【矿产资源】 2022年，西藏顺喜矿业有限公司持有“西藏山南错那县西午乡多金属矿勘探”探矿权，矿区位于错那县卡达乡西午村。通过勘探工作，探获大型富铅锌矿床，品位高、资源储量规模大，综合经济利用价值高。主要矿产为铅锌矿，共生矿产为银矿。西

6月25日，县自然资源局围绕“节约集约用地　严守耕地红线”宣传主题开展第32个全国土地日宣传活动

（县自然资源局　供图）

午铅锌多金属矿的发现是喜马拉雅成矿带重要找矿成果，资源优势明显，具备较高的开发利用前景。矿区勘探工作过程中，践行绿色勘查，对项目驻地，施工现场及矿山道路建设及恢复治理等工作，按照绿色勘查要求实施。矿山位于边境，岩石基本裸露，海拔5000米以上，植被稀疏。

【国土空间规划】 2022年，县自然资源局推进全县国土空间规划编制工作，结合“三区三线”确定错那县耕地保护目标3.37万亩，划定永久基本农田总量2.51万亩，结合“十四五”重大项目规划调出生态红线7.81万亩。城镇开发边界按照要求，开展划定工作，通过质检，完成上报。

【维护稳定】 2022年，开展维稳工作，在中国共产党第十九届中央委员会第七次全体会议、中国共产党第二十次全国代表大会等重要时间节点，开展信访群众思想工作，确保社会稳定；按照相关值班工作要求，安排带班、值班人员，确保能及时处理突发状况。

【卫片执法】 2022年，西藏自治区自然资源厅向错那县下发疑似土地违法图斑209宗，经核查，对照图斑编号进行实地核实举证，确定实控区内有图斑24个，实控区外图斑185个，全县未出现违法地块。

【不动产登记】 2022年，县自然资源局开展小康村房屋测量、确权、登记、发证工作，发农村宅基地房地一体不动产权证书227宗，其中，库局乡107宗，麻麻门巴民族乡小康村40宗，吉松二期80宗。

【增减挂钩复垦工作】 按照城乡建设用地增减挂钩工作部署要求，县自然资源局加大城乡建设用地增减挂钩项目实施力度，截至2022年10月，完成总投资8118万元，拆旧复垦后增加耕地1331.79亩、林地173.79亩、草地1150.98亩，改善农村生产生活条件，提高节约集约用地水平，调整城乡用地布局，促进耕地保护和生态环境，确保全县耕地、林地、草地面积有增无减。投入1093.4万元修建牛圈994个，落实拆迁补偿费858户1467.78万元。完成2018年城乡建设用地增减挂钩复垦项目，通过中华人民共和国自然资源部验收；完成2019年城乡建设用地增减挂钩复垦项目，通过山南市自然资源局验收；完成2020年城乡建设用地增减挂钩复垦项目，通过县级自验。

【推进巡察整改】 2022年，县委巡察二组进驻，县自然资源局强化整改责任意识，开展巡察反馈意见整改工作，以政治责任和使命担当，抓住巡察反馈意见整改、落实，把反馈意见和建议转化为提升工作的动力。强化“四个意识”，聚焦问题，立行立改，确保常态长效。

（姑桑曲珍　撰）

统计工作

【概况】 2022年，错那县统计局（以下简称“县统计局”）核定编制3个，其中行政编制3个，领导职数3个。实有人员3人，设局长1人，副局长2人。

【经济指标】 2022年，错那县实现地区生产总值91285.8万元，按可比价计算，同比增长2.3%，总量位居全市第十名，增速位居全市第二名。第一产业增加值3549.9万元、增长4.9%，第二产业增加值45243.5万元、增长2.5%，第三产业增加值42492.4万元、增长2%，人均地区生产总值65267元，同比增长2.33%。产业结构比由2021年3.7：48.9：47.4调整为2022年3.9：49.6：46.5（第二产业：第三产业：第一产业）。

全年实现农林牧渔业总产值6838.35万元，同比增长7.4%，其中，农业产值2421.8万元，增长5.6%；林业产值106.5万元，增长4.4%；牧业产值4008.05万元，增长9%；农林牧渔服务业302万元，增长3.1%。

全年农作物总播种面积23281.65亩，同比增长0.16%；粮食作物面积17242.5亩，增长1.98%。粮食作物以小麦、青稞、荞麦、豌豆为主，面积分别为1928.85亩、13999.95亩、302.4亩、1011.3亩。经济作物以油菜、蔬菜、青饲料为主，面积分别为2525.1亩、1703.1亩、1810.95亩。

全年粮食作物总产量5614.71吨，同比增长2.09%，其中，小麦产量736.66吨，增长25.64%；青稞产量4611.44吨，下降1.47%；荞麦产量64.35吨，下降25.8%；豌豆产量202.26吨，增长38.26%；油菜籽产量400.26吨，增长8.66%；蔬菜产量3160.59吨，下降13.38%；青饲料产量1275.19吨，下降1.91%。

全县工业企业均为规模以下，全年在营规下工业19家，实现产值3445.6万元，增加值1683.1万元，同比下降22.2%，增速位居全市第八位。全年在营建筑业10家，实现增加值44041.2万元，增长5.1%，增速位居全市第二位。

全年固定资产投资完成112567万元，同比增长23.7%，总量位居全市第六位，增速位居全市第四位。5000万元以上项目完成49360万元，同比增长2161%；500万—5000万元项目完成63207万元，同比减少28.82%。

全年完成社会消费品零售总额21073.4万元，同比下降6.1%，总量位居全市第四位，增速位居全市第三位。按行业类型分，批发、零售、住宿、餐饮分别实现3350.7万元、15762.9万元、632.2万元、1327.6万元，同比分别下降38%、增长10.9%、下降15.6%、下降36%。按经营区域分，城镇消费零售额14329.9万元，下降8.8%；乡村消费零售额6743.5万元，增长0.2%。全年电商网络交易额5.3万元，同比增长140%。

农村居民人均可支配收入17849元，同比增长9.1%。其中，工资性收入4216元，增长3.1%；经营性收入6458元，增长9.3%；财产性收入214元，增长47.1%；转移性收入6961元，增长12%。

根据《农林牧渔业统计报表制度》，县统计局组织力量，联合全县统计工作人员集中审核乡、村报表，数据来源真实、准确。2022年全县乡村人口4655户13395人；乡村劳动力8029人，占比60%；乡村从业人员7002人；八大行业（农业、工业、建筑业、交通运输仓储业及邮政业、信息传输和计算机服务和软件业、批发零售业、住宿和餐饮业、其他行业）比重分别为40%、0.87%、21.14%、7.27%、0.04%、3.28%、8.54%、18.88%。2022年底耕地总资源23251.65亩，农作物总播种面积23281.65亩，其中，粮食作物播种面积17242.5亩（小项中青稞播种面积13999.95亩），经济作物播种面积6039.15亩。粮食产量5614.71吨，同比增加115.03吨，其中小麦产量736.66吨、青稞产量4611.44吨、荞麦产量64.35吨、豌豆产量202.26吨。牲畜存栏60453头，其中大畜24169头、小畜36284头（只）。2022年出栏牲畜27306头（只），出栏率44.08%。肉类产量1643.45吨，奶产量4965.81吨。测算农村人均收入17849元，增速9.1%。农、林、牧、渔业总产值6838.35万元，增速7.4%，其中，农业产值2421.8万元，增长5.6%；林业产值106.5万元，增长4.4%；牧业产值4008.04万元，增长9%；农林牧渔服务业产值302万元，增长3.1%。农牧业增加值3811.6万元，增长7.3%。

【住户调查】 住户调查是反映城乡住户收入支出和生活状况的重要民生统计调查。根据《国家统计局关于开展住户调查大样本轮换工作的通知》要求，2022年，县统计局完成国家和地方10个调查点的小区简图标绘、建筑物清查、住宅名录表制作工作，完成摸底734户，系统抽户100户，开展100户AB问卷填写，完成开户任务。确定10个点的辅助调查员，通过视频软件协助山南市调查队开展各阶段培训3次，11月辅助调查员进行试记账任务，12月推进2023年记账工作。

【人口抽样调查】 人口抽样调查反映人口变动、就业、居住和生活状况，正确测算人口总量。根据中华人民共和国国家统计局人口司下发的抽样名单，县统计局对曲卓木乡曲卓木村003、004、005小区进行人口调查任务，完成706个清查任务，其中，清查建筑物389个、清查住房单元317个，抽取26户调查对象作为人口抽样调查样本，完成调查样本户近一年内出生人数、死亡人数、常住人员基本情况调查任务，录入人口抽样调查系统。

【法治宣传】 2022年，县统计局结合“改进作风，狠抓落实”活动要求，利用法治宣传活动日，开展统计法治宣传工作2次，发放统计法律手册110本、宣传折页150余份，受教群众200余人次。组织召开统计工作专题会议，集中传达学习习近平总书记关于统计工作重要指示批示精神，中央《关于深化统计管理体制改革提高统计数据真实性的意见》《统计违纪违法责任人处分处理建议办法》《防范和惩治统计造假、弄虚作假督察工作规定》《关于更加有效发挥统计监督职能作用的意见》和自治区、市关于深化统计管理体制改革提高统计数据真实性的实施意见和具体措施等文件精神，请示县委、县政府列入县委理论学习中心组和政府党组理论学习会，相关学习材料印发至各乡（镇）、各部门列入党组（党支部）会议中，指导实践、推动工作，在全县范围内编制印发《统计法律法规应知应会手册》，明确各级统计主体责任，营造依法治统、规范纳统的环境。

【经济形势分析】 2022年，县统计局撰写涵盖农牧业、收入、人口、固定投资、规下工

6月15日，县统计局与县直各部门在电信十字路口开展统计法治宣传 （县统计局　供图）

业等统计分析报告11篇，统计专业简报35期，其中2篇分析报告、7期简报被山南市统计局采纳。

【统计专报】 2022年，县统计局发挥统计“参谋助手”作用，结合新冠疫情防控形势，9月对住宿、餐饮、零售、批发20余家经营主体开展调研，形成调研报告1篇，调研报告受到分管领导和上级统计部门肯定，在山南统计动态内进行转发。

【统计执法】 2022年，按照《山南市统计造假不收手不收敛问题专项纠治实施方案》总体部署，县统计局围绕“四个必查、一个结合”工作要求，通过自查与督导相结合的方式，组织专业力量对各乡（镇）、项目建设单位、“四下”企业中就权力干预、数据寻租进行2轮督导检查，整治统计工作人员履职不力、担当作为不够，参与篡改统计资料、编造虚假数据，授意、指使、强令统计调查对象或其他人员在统计上提供不真实资料或弄虚作假等行为，全年抽查乡（镇）、项目单位、企业20余家，撰写情况报告2篇，推动统计执法“双随机”抽查工作。

（吴智程　撰）

审计工作

【概况】 2022年，错那县审计局（以下简称“县审计局”）以习近平新时代中国特色社会主义思想为指引，学习中共二十大精神，贯彻落实中央审计委员会及自治区党委、市委审计委员会会议精神。坚持党对审计工作的领导，聚焦主责主业，围绕中心、服务大局，依法履行审计监督职责，审计监督取得成效。县审计局有编制3个，实有4人，为2019年机构改革组建后，从其他单位调入。

【审计监督】 2022年，县审计局贯彻落实县委、县政府对审计工作的安排部署，强化审计监督，聚焦经济责任、重点领域和重点资源，建立规范、提高标准、完善机制，构建审计监督体系，推动领导干部依法依规履职尽责。1月26日，完成对错那县教育局（体育局）原局长边巴索朗的经济责任审计，出具经济责任审计报告及结果报告，涉及24个问题（其中2个问题移送错那县住房和城乡建设局、错那县财政局），督促错那县教育局（体育局）开展审计整改工作。

【审计整改】 2022年，县审计局聚焦突出问题，坚持问题导向，加大审计发现问题的整改力度，解决发现问题，从源头上遏制腐败问题的滋生蔓延。督促指导全县各乡（镇）2018—2020年村财乡管专项审计、错那县发展和改革委员会等5个部门4个乡（镇）2020年预算执行审计整改工作，聚焦问题，剖析原因，确保整改工作落实。召开迎接中央生态环境保护督察工作动员部署会，对2019年山南市审计局自然资

10月16日，县审计局党支部收看中国共产党第二十次全国代表大会开幕会
（县审计局　供图）

源资产审计，2020年县委、县政府主要领导自然资源资产和履行环境保护责任审计发现问题整改情况，下发工作提醒单，要求涉及问题单位自查整改完成情况。

【预算执行审计】 2022年，县审计局聚焦全县中心工作，谋划审计工作，加大沟通协调力度，4月16日，开展2021年县级预算执行和决算与其他财政财务收支审计。8月4日，出具预算执行审计报告，涉及49个问题。

【专项审计】 2022年，县审计局按照审计委员会的批示，7月4日，开展援藏计划外的项目专项审计（错那县曲卓木乡郭麦4组边境小康村建设项目、错那县曲卓木乡曲卓木村9组边境小康村建设项目、错那县职工食堂建设项目），出具专项审计报告3份，涉及26个问题。

【领导干部离任经济责任审计】 县审计局根据《中华人民共和国审计法》第五十八条和中共山南市委审计委员会办公室、山南市审计局的授权，中共错那县委审计委员会的批示，8月3日至11月20日，就地审计白玛央金任麻麻乡党委副书记、乡长期间（以2015年9月至2021年5月为主）的经济责任履行情况。11月28日，出具审计报告，涉及17个问题。

（旦增拉旺　撰）

5月，西藏自治区农科院青稞专家到错那县开展技术指导　　（县农业农村局　供图）

农林水电

农业农村

【概况】 错那县农业农村局（错那县科学技术局、错那县乡村产业发展局）（以下简称“县农业农村局”）行政编制6个，核定局领导职数4个。实有6人，局长1人，副局长3人（其中援藏副局长1人），工人1人（驾驶员），公益性岗位1人（驾驶员）。错那县农牧综合服务中心，副科级事业单位，由县农业农村局管理，核定编制10个，领导职数2个。实有29人，其中副主任1人（管理岗），专技人员25人，工人2名。年内，推动农牧业项目建设发展，落实科技项目3个，开展农业技术服务1000余人次。检修农机750余台次，落实农机购置补贴资金9.32万元，购买农机99台，推进农业现代化发展。

【农业生产】 2022年，全县粮食种植面积1.56万亩，其中青稞种植面积1.4万亩；蔬菜种植面积0.16万亩。粮食总产量7698.8吨，其中青稞产量4606.08吨；蔬菜产量3092.72吨。油菜种植面积0.25万亩，油菜产量400.04吨。调运今春明冬化肥168.7吨，商品有机肥321.44吨，种子112.2吨，农药1.3吨，积造农家肥3.3万吨。全县耕地抛荒撂荒223.92亩，其中，基本农田105.23亩，一般耕地118.69亩，全部完成整改。

【农业技术推广】 2022年，县农业农村局发挥“三区”科技人才、村级科技特派员、村（社区）科技专干、农业农村专干等技术人员的作用，在春耕春播、冬耕冬播等重要节点，深入田间地头，开展良种推广、病虫害防治、设施蔬菜种植、田间管理等技术培训和指导服务工作，全年开展技术服务1000余人次。按照“早谋划、早预警、早准备、早防治”的植保工作要求，沟通协调上级业务部门。

6月，县科技局技术人员到茶田开展技术指导服务
（县农业农村局　供图）

【农机具】 2022年，县农业农村局利用农机服务网点工作人员，开展农机具维修、安全常识、农机报废补贴政策等宣传工作，全年检修农机750余台次，宣讲农机安全知识200余次，培训1600人次，受教育群众2800余人次。落实农机购置补贴资金9.32万元，其中国补资金6.41万元，省补2.91万元。购买农机99台，满足群众农业机械化要求，推进农业现代化发展。

【农业受灾】 2022年，错那县部分区域因自然灾害、野生动物破坏，农作物遭到破坏。县农业农村局组织人员到受灾地开展灾情调查，采取措施，做好宣传工作，做到应收尽收，降低经济损失。全年种植业受灾面积2.31亩，其中，受洪涝灾害1.5亩小麦，被野生动物破坏0.81亩荞麦。

【畜牧业发展】 2022年，错那县牲畜存栏59829头（只、匹），牲畜出栏27171头（只、匹），出栏率45%。成畜死亡1235头（只、匹），死亡率2%。肉产量228.31吨，奶产量3063.08吨。黄牛改良1801

头，牦牛经济杂交50头。在接羔育幼高峰期，成立技术专班，到各村（社区）、放牧点进行接羔育幼技术指导服务，开展怀胎母畜、弱势母畜补饲补料，仔畜保暖防寒等科普知识宣传工作，全年畜牧业技术员包乡（镇）、进村、到放牧点开展技术培训和指导服务140人次。全年新生仔畜22154头（只、匹），仔畜成活数21305头（只、匹），成活率96%。羊新生16125只，成活15472只，成活率96%；牦牛新生3108头，成活3010头，成活率97%；黄牛新生2790头，成活2729头，成活率98%；犏牛新生86头，成活50头，成活率58%；马新生45匹，成活40匹，成活率89%。成畜死亡631头（只、匹），死亡率3%。

【重大动物疫病防治】 2022年，县农业农村局到各乡（镇）采样牛血清30份、羊血清35份，牛OP液30份、羊OP液35份，用以监测边境重大动物疫病情况；采集鸡血清40份，采集禽双棉拭子40份，用以监测高致病性禽流感情况；采集猪血清22份，用以监测非洲猪瘟情况。全县春季重大动物免疫口蹄疫二价疫苗71132头（只），实际免疫70945头（只），免疫密度99%；免疫高致病性禽流感疫苗14131羽，免疫密度100%。秋季重大动物疫病防控工作开展进度99%。全年未发生重大动物疫病。

【防灾减灾】 2022年，县农业农村局以“防灾就是抗灾、抗灾就是减灾、减灾就是增收”的理念，把防灾抗灾作为重点工作，县级储备饲料962吨，向各乡（镇）发放颗粒饲料620.2吨；县级储备剩余341.8吨，用于今冬明春应急储备饲料。乡、村、户三级储备秸秆1.49万吨，储备砖茶1.52万千克，燃料22.24万袋，种子46.42万千克，储藏粮112.5万千克，提升农牧业防抗灾应对能力。

【科技项目管理】 2022年，错那县有科技项目3个。错那县犏牛冻配繁育技术研究推广项目，总投资70万元，全年完成冻配母犏牛50头，指导培训技术人员4人，培训宣传群众100余人次。不同高海拔区域油菜种植试验研究项目，8月评审立项，完成试验地的选址和租赁，购置项目实施所需设备材料，完成土壤采集和检测工作。2022年科普宣讲基地建设项目完成前期手续，招投标阶段中。

【科技培训宣传】 2022年，县农业农村局围绕农牧业产业发展、乡村振兴、科技成果转化、培育农牧业新型经济主体等需求，选派“三区”科技人才8人到基层一线服务100天以上，受益群众1000余人次。开展科技服务活动，组织新时代科技科普志愿服务队到各乡（镇）、抵边搬迁点开展科技科普宣传活动，发放宣传资料1500份，悬挂横幅3条。结合中共二十大精神宣讲活动，开展农村集体产权制度改革、蔬菜大棚种植、疫病防控等法律法规和知识宣传。拓展资源，提升技能水平，采取“请进来、走出去”的工作方式，围绕全县农业产业发展情况，邀请其他省市专家团到错那县实地开展良种改良、人工授精、饲养管理等技术培训4次，参加培训100余人次。

【农牧业项目建设】 全县“十四五”规划储备农牧业常规项目24个，规划投资10.13亿元，规划确定8个项目，截至2022年，6个项目完成前置手续办理工作。2022年续建项目3个，投入300万元的错那县库局乡至确拉牧道建设项目完成投资92%；投入140万元的农技服务体系建设项目复工，完成投资75%；投入1758.3万元的2021年高标准农田建设6000亩，竣工投入使用。新建项目4个，投入1303万元的边境乡村农田水渠建设项目，5月开工建设，竣工投入使用；投入200万元的2022年小型农田水渠建设项目，竣工投入使用；投入500万元的勒布茶叶整体提升建设项目，完成投资75%；投入2160万元的2022年高标准建设

7月7日，县农业农村局到小型农田建设项目点开展验收工作

（县农业农村局　供图）

项目，10月5日开工建设，完成投资60%。实施产业项目2个，浪坡乡产业发展一体化建设项目完成投资30%，停工；康格多高效温室建设项目，7月19日，公安部警务保障局召开错那县温室蔬菜大棚援建项目专家论证会，对此项目提出意见建议，完成修改，招投标阶段中。“十四五”边境农牧业产业规划内项目——错那县乡村蜜蜂养殖示范项目，完成浪坡乡汤乌村、肖村，库局乡雍布等5个点的试点选址工作，每个点上有10箱蜜蜂。

【农村改革】 2022年，县农业农村局完成2021年10个乡（镇）27个行政村农村集体资产清查、统计年报、信息录入等工作。结合实际，以“农户+合作社”模式，流转觉拉乡年扎村、罗堆村抵边搬迁群众耕地1500余亩，解决因搬迁出现耕地抛荒撂荒的情况。邀请四川遥感院研究所技术人员，在3月17日至4月10日，完成各乡（镇）2021年农村集体资产盘点、做账、系统录入与成员身份确认工作。

【产业带动】 2022年，错那县扶贫产业项目带动就业98人，人均增收1万元；扶贫产业项目分红脱贫户586人，人均增收2650元。高效温室、苦荞加工、藏鸡养殖、蜜蜂养殖、绵羊短期育肥等种养殖业发展壮大，带动群众就业创业、增产增收。坚持因地制宜，发展壮大村集体经济，增加农牧民收入，规范农牧民专业合作社运行，全县有农牧民专业合作社41家，家庭农场3家，以养殖业、种植业、民族手工艺、特色产品等为主，其中茶叶合作社带动能力强，覆盖勒门巴民族乡56户141人。

【农牧民增收】 2022年，根据山南市调查队数据反馈，错那县前三季度农村居民人均可支配收入13029元，增长11.1%，与全区相比，总量高1519元，增速高1.2个百分点；与全市相比，总量低13元，增速高于1.1个百分点，增速位居全市第一，增速比2021年同期下降5.8个百分点，环比下降0.6个百分点，完成全年目标任务的69.9%。

【草原生态建设】 新一轮（2021—2025年）草奖政策工作开展，错那县农牧民补助奖励办公室组成补奖政策宣传组，通过发放宣传单，召开宣传会议，深入田间地头、牧户家中等形式，到各乡（镇）对禁牧草原管护及生态保护，村级草原监督员选聘及责任落实，补奖工作政策及制度，《中华人民共和国草原法》，2022年牲畜清点工作原则、要求、措施等进行宣传。全年牲畜存栏5.5万头（只、匹），折羊总数10.48万个绵羊单位。超载88户，超载面积26.36万亩，其中，草畜平衡面积24.95万亩、禁牧面积1.41万亩，超载0.54万个绵羊单位。召开宣传动员专题会议25场次，受众1.3万人次，覆盖全县10个乡（镇）27个行政村（社区）。

（李　超　撰）

林业草原

【概况】 2022年，错那县林业和草原局（自然保护区管理局）（以下简称“县林业和草原局”）坚持以习近平新时代中国特色社会主义思想为指导，贯彻落实习近平生态文明思想，推行林长制工作，建设西藏生态高地，推进林业和草原发展。县林业和草原局核定编制4个，领导职数3个。实有3人，其中，局长1人，副局长2人。错那县林管站实有在编人员5人，公务员2人、参公人员2人，高工1人。年内，建成县、乡、村三级林长制组织体系，保护野生动物和森林草原资源，实施造林绿化项目3个、森林抚育项目1个。落实有害生物防治工作，开展保护性灭獭、病虫害防治工作。强化森林草原防火措施，巩固多年未发生重特大森林火灾的成果。

【林长制工作】 2022年，按照国务院、自治区党委、市委关于全面推进林长制工作要求，错那县下发《关于印发〈错那县全面推行林长制的实施方案〉的通知》，明确推进林长制工作的指导思想、基本原则、组织体系、任务目标和实施步骤。按照自治区、市林长制工作方案要求，建成县、乡、村三级林长制组织体系，设立县级林长2名，副林长25名；乡级林长19名，副林长90名；村级林长38名，副林长159名。各级林长实行分区（片）负责，责任区域原则上按照县、乡、村级山头地块划分，实现全域覆盖。各级林长负责开展各自责任区内森林防火、病虫害防治、森林草原资源保护等工作，定期开展巡林工作。落实林长制经费50万元，设立林长制责任牌38个。

2月8日，县林业和草原局、错那镇林管站工作人员在湿地公园开展巡护工作 （县林业和草原局 供图）

【森林资源】 2022年，错那县林地面积4011.74万亩（包括实际控制线外），占土地总面积76%。林地中，森林面积3345.14万亩，森林覆盖率63.37%；其他灌木林面积638.7万亩，林地绿化率75.5%。全县活立木总蓄积量634.27万立方米，其中，乔木林蓄积量633.15万立方米、疏林蓄积量572立方米、散生木蓄积量7893立方米、四旁植树蓄积量2708立方米，分别占全县活立木总蓄积量的99.83%、0.01%、0.12%、0.04%。全县森林生态状态整体良好，按照生态功能等级好、中、差面积比例为61.6：38.34：0.06。

【生态建设】 2022年，错那县实施造林绿化项目3个，总投资360万元。其中错那县2022年“四旁”植树造林项目，投资135万元，植树4万株；错那县城进口道路两侧绿化项目，投资190万元，植树1100余株；麻麻门巴民族乡绿化提升工程，投资35万元，植树500余株。实施森林抚育项目1个，2022年森林抚育项目，总投资250万元，1.25万亩。

【森林草原资源保护管理】 2022年，县林业和草原局强化依法治林，整治、打击破坏森林资源、非法侵占林地违法行为，守住林地和森林生态红线，维护林草生态安全，到林区开展森林资源监督管理30次，发现问题5个，解决问题5个。开展林草地征占手续办理工作，办理林地征占手续9件，行政处罚5个项目未批先建，处罚金43.98万元；办理草地征占手续32件，行政处罚20个项目未批先建，处罚金106.57万元。完成2022年森林督查自查整改工作，错那县森林督查反馈图斑79个，细斑141个，县林业和草原局协调各单位，推动森林督查整改工作，完成销号图斑76个，细斑134个，初步确定违法图斑3个，细斑7个。

【野生动物保护】 2022年，县林业和草原局根据《中华人民共和国森林法》《中华人民共和国野生动物保护法》等要求，贯彻落实林业法律法规，加大林业执法力度，坚持“预防为主，积极消灭”的方针，加强执法信息交流和执法协调力度，明确林业、渔业对陆生、水生野生动物保护监管的主体责任。开展巡查17次，发放宣传材料1000份，联合森林警察大队开展联合整治行动3次，巡护野生动物栖息繁衍活动区域16处，无行政案件、刑事案件，未发现野生动物交易、贩卖、食用等犯罪现象。

【林业有害生物防治】 9月26日鼠疫发生，县林业和草原局参加保护性灭獭工作，落实自治区、市、县防疫要求，开展有害生物防治工作，发挥草原监督员作用，发放鼠害防治药物75袋2000千克开展鼠害治理工作。针对错那镇、勒布沟地区突发局部病虫害问题，采取应急措施，组织护林员开展防治工作，动用20人次，使用蚍虫灵等药物30千克。结合2022年森林抚育1.25万亩项目，开展有害生物防治工作，全年林业有害生物防治工作实际控制率95%。

【森林草原防火】 2022年，县林业和草原局贯彻落实自治区、市森林草原防灭火会议精神，坚持“生态错那，绿色错那”，强化森林草原防火措施，巩固多年未发生重特大森林火灾的成果。组织专职管护员、护林员开展巡林护林8464人次，巡护点位3675处，到林区开展防火督导检查38场次。根据《西藏自治区人民政府办公厅关于调整自治区防汛抗旱指挥部、森林草原防灭火指挥部、抗震救灾指挥部办公室的通知》，完成森林草原防灭火指挥部工作职能及森林草原设备交接工作。为提高全县林业管护站防灭火能力，发放13.97万元的防火物资，分别为防水防火大衣30件，护林员巡林反光背心1300件，5公里对讲机15部、10公里对讲机7部，手抬机动泵6台，便携式水枪20个和背水袋150个。

【惠民资金落实】 2022年，错那县落实生态岗位草监员第一季度1147人，兑现资金100.36万元；第二季度1115人，兑现资金97.56万元；第三季度1109人，兑现资金97.04万元；第四季度兑现资金100.28万元；四个季度共兑现资金395.24万元。落实生态岗位护林员第一季度912人，兑现资金79.8万元；第二季度860人，兑现资金

11月28日，错那县督导检查森林草原防火及宣传工作
（县林业和草原局　供图）

75.25万元；第三季度831人，兑现资金72.71万元；第四季度880人，兑现资金77万元；四个季度共兑现资金304.76万元。落实生态效益补偿金，全县2022年生态效益补偿面积172万亩，每亩5.3元，根据履职情况，落实护林员864人，兑现资金636.66万元；抵边搬迁护林员439人，兑现资金223.89万元。落实专职管护人员工资，全县6个管护站30人，兑现资金66.77万元。落实错那县城湿地公园管护人员工资，4个湿地公园管护人员4人，兑现资金8.64万元。落实疫源疫病监测人员资金，疫源疫病检测人员2人，兑现资金1.44万元。

【结对帮扶】 2022年，县林业和草原局利用假期、节日组织开展慰问帮扶工作，帮助贫困党员群众解决困难。对觉拉乡扎洞村（二组、三组、四组、五组）8户，浪坡乡肖村1户，曲卓木乡塔嘎村、郭梅村4户，开展结对帮扶活动，帮助群众购买当地农产品，折合资金9900余元。浪坡乡林业管护站站长在森林防火巡逻途中发生车祸，县林业和草原局干部职工捐款3800元。

【党风廉政建设】 2022年，县林业和草原局党支部组织召开“身边事教育身边人”廉政警示教育专题会，党员干部根据学习情况，结合工作实际，撰写心得体会，强化党员干部的纪律和规矩意识，增强党员干部廉洁意识和拒腐防变能力。落实廉政谈话制度，县林业和草原局党组书记、局长李权辉对班子成员开展廉政谈话，强化干部职工“红线意识”“底线思维”，树立不敢腐、不能腐、不想腐的廉政防线。按照县委、县委巡察办要求，围绕巡察反馈的3个方面16个问题，对照1起违纪违法案例剖析，12月12日组织召开巡察整改专题民主生活会。

【党建工作】 2022年，县林业和草原局党支部贯彻落实《中国共产党章程》，《中国共产党纪律处分条例》，中共二十大报告精神，自治区、市和县改进作风狠抓落实相关文件精神，加强理论学习，制订学习计划，召开支委会3次、支部党员大会13次、巡察专题民主生活会1次，组织党课教育4次、主题党日活动12次、中共二十大精神学习6次，举办专题研讨会2次，撰写心得体会8篇，开展改进作风专题研讨2次。

（德吉卓嘎、尼玛卓玛　撰）

水　利

【概况】 2022年，错那县水利局（以下简称“县水利局”）有干部职工14人。行政编制9人（局长1人、副局长2人、一级主任科员1人、二级主任科员1人、四级主任科员1人、一级科员3人；实有在岗7人，长期病假1人，借调山南市水利局1人），公益性岗位2人，“三支一扶”3人。

【河长制工作】 按照《错那县全面推行河长制工作实施方案》，全县22条河流、5个湖泊确定县级河（湖）长。其他河流、湖泊根据河流流域面积、湖泊水面面积分别设立乡级河长、村级河长，设立乡级河（湖）长105个、村级河（湖）长141个。根据市统一部署，县、乡（镇）、村三级分别设立总河长，县委书记、县长担任县级总河长，其他县级领导担任县级主要河湖的河（湖）长，明确县级河（湖）长27人；乡（镇）党政主要负责人担任乡（镇）总河长，其他科级领导担任乡（镇）级主要河湖的河（湖）长；村“两委”班子主要负责人担任村总河长，村“两委”班子其他成员担任村级河湖的河（湖）长。建成县、乡、村三级联动机制，覆盖错那县所有河湖。

2022年，完成“一河（湖）一策”方案编制工作，完成“一河（湖）一策”审查工作，建立“一河（湖）一档”。2021年12月1日划定错那县郭麦村曲，塔嘎村曲、压巴错等18条河（湖）管理范围和堤防保护范围，完成河（湖）

10月18日，错那县河湖长制暨最严格水资源管理考核工作推进会召开 （县水利局　供图）

划定，出具划定成果。

2022年，县级巡河（湖）80余人次，乡级巡河200余人次，发现河（湖）岸线存在少量垃圾等问题20余次，全部整改到位。出动100余人，投入机械，集中清理垃圾10吨。以综治宣传活动、重大节日等时间节点为契机，发放宣传海报、宣传手册，开展错那县全面推行河长制工作宣传活动，全年宣传8次，发放宣传手册400余册、宣传纸杯600余个。

【水资源开发管理】 2022年，错那县取水总量控制指标为0.175亿立方米/万元，工业增加值取水量小于等于232.5立方米/万元，农业灌溉用水有效利用系数大于等于0.461。2022年，错那县取水总量0.1624亿立方米，非工业用水量0.0133亿立方米，农业灌溉用水有效利用系数0.416。

控制用水总量。完成娘江曲水资源开发论证工作。全县可利用水资源总量17亿立方米，其中地下水5.4亿立方米、地表水13.7亿立方米。全县年用水总量0.1624亿立方米，占可利用量的0.6%，其中农业用水量0.1447亿立方米。

控制用水效率。2022年错那县加强节约用水管理，建设水利基础设施，通过渠道防渗处理、改造等田间节水措施，减少农业灌溉用水量，确保水循环利用，降低取用新水量。制定《错那县节水技术、产品推广财政激励政策》，加大灌区节水改造力度，卡达乡灌区、觉拉乡南灌区和曲卓木乡灌区成为节水型灌区。县政府出台鼓励非常规水源利用政策，减少地下水和地表水等新水的利用，控制用水效率。

【水土保持】 2022年，县政府将水土保持工作摆在重要位置，成立办公室，设在县水利局，推动水土保持工作开展，加强与各行业部门联系，宣传水土保持审批程序及意义。将水土保持工作内容学习纳入县政府理论中心学习、县直单位理论学习日程，通过县委“机关大讲堂”、“6·5”世界环境日扩大宣传范围。通过“植树种草”“人居环境整治”等活动，强化各单位水土保持工作的责任意识。

县水利局按照工作要求，强化工作人员专业知识学习，参加水土保持工作培训班，提升业务能力。审查2022年报备项目水土保持报告表，因证件过期、数据不完善等问题，退回整改项目3个。审批水土保持报告表项目25个，水土保持补偿费25.77万元。对涉及的项目部门、建设单位，按照2022年初制定的监督检查计划，通过书面检查、实地核查等方式，监督检查水土保持措施、实施效果。检查5次，反馈问题4项，其中涉及遥感监管整改1项，下达整改任务通知书。完成问题整改，相关佐证资料上传遥感监管系统。

【水利项目建设】 2022年，错那县有水利建设项目18个，总投资1.66亿元。2022年度计划完成投资5863万元，实际完成投资7086万元，年度计划完成率120%，其中续建项目1个，年度计划完成投资457万元，实际完成投资457万元；新建项目17个，年度计划完成5406万元，实际完成投资6629万元。2022年水利续建项目1个，错那县康格多抵边搬迁灌区项目，总投资1622万元，累计完成投资401万元，年度完成投资457万元。水利新建项目17个，项目总投资1.5亿元，年度完成投资6629万元，其中，防洪堤工程项目6个，总投资6979万元，年度完成投资4570万元；饮水改造工程1个，总投资591万元，年度完成投资150万元；一般债券项目10个，总投资7430万元，年度完成投资1909万元。

根据《关于农牧民施工企业参与政府投资基建项目建设的意见的通知》文件要求，2022年400万元以下交由当地农牧民施工企业实施的水利项目5个，总投资729.79万元；400万元以上当地农牧民施工企业中标水利项目2个，总投资1826万元。项目建设吸收全县群众就业9000余人次（技术工4000人次），实现家庭经济创收200万余元。

【防汛抗旱工作】 2022年，县水利局调整防汛抗旱领导小组，修订完善“三案一书”、《山洪灾害应急预案》、《人员转移预案（避灾区示意图）》，设立水库“三个责任人”公示牌，开展汛前汛期安全隐患排查5次，联合山南市水利局防汛办和错那县应急管理局在郭梅村开展山洪灾害应急演练1次。储备防汛抢险应急物资铁丝70卷，铅丝笼300片（圈）、雨衣雨靴50套、防汛铁锹50把。多曲至觉拉乡路段发生水灾，水毁防洪堤4处600余米，造成经济损失50万元，协调山南市水利局争取资金45万元，修复水毁防洪堤。

【民生水利】 2022年，县水利局保障小康村安全供水，实地调研小康村及抵边搬迁扩建工程，发现部分小康村存在水量不足的问题，开展前期工作，汇报情况给县委、县政府，争取资金858万元，年内完成投资429万元，投入使用。打造防洪设施，建设小康村周边河道水利设施，实地调研，争取资金1.21亿元，实施防洪堤工程项目12个，年内完成投资6312万元，投入使用。

【水政执法】 2022年，县水利局办理取水许可证4个，河道采砂许可证未过期2个，村级水管员39个。同山南市水利局水政科实地执法河道采砂情况3次。执法记录20余次，宣传河道采砂相关政策及法律法规。对未办理水土保持手续项目进行遥感监测，督促整改备案，落实项目实施过程中根据土石方总量进行编制水土保持方案的工作，调查水土流失严重或者可能造成水土流失的生产建设活动，督促水土恢复和保护植物、地皮等原地貌，预防治理水土流失，保护利用水土资源，减轻水、旱、风灾等灾害，改善生态环境，构建生态安全保障。

【水利工程建设管理】 2022年，为加强水位调整、安全管理及运行管理等工作，县水利局落实水库现场负责人，确保安全度汛。在项目建设过程中加强安全生产管理工作，与

11月9日，2022年第四季度12个水利设施基础项目集中开工仪式举行 （县水利局 供图）

各施工单位签订安全责任书，不定期检查、指导施工现场安全措施落实情况，明确工程管护责任，按照“谁受益，谁管理”的原则，落实安全责任。

【生态综合整治】 2022年，为贯彻中共十九大、中共二十大精神，落实习近平生态文明思想，县水利局召开党组学习会议和集中学习会议，学习生态文明建设，水污染防治法。安排部署干部职工学习关于生态文明建设和生态环境保护的重要论述、加强生态文明建设必须坚持的原则、习近平论社会主义生态文明建设语录、西藏自治区国家生态文明高地建设条例等内容。环保部门对错那县主要河流每月开展1次地表水环境质量检测工作，经检测，全县河流水质合格达标。贯彻落实河（湖）长制相关工作要求，治理河湖沿线“脏、乱、差”现象，实现河道岸坡整洁、河床平整、水中无污染的目标，组织群众及水生态岗位人员清扫全县范围内河湖沿线垃圾。落实湿地保护，根据自治区《湿地保护修复制度实施方案》要求，将湿地面积、湿地保护率、湿地生态状况等保护成效指标纳入生态文明建设目标评价考核等制度体系，强化湿地生态系统保护力度。

【维护稳定】 2022年，县水利局加大值班工作管理力度，实行领导负责带班，工作人员轮流值班制度。值班人员实行24小时值班制度，每日报告值班情况。开展县水利局防火、防盗工作。开展人员来访登记工作，确保联络畅通，突发事件、紧急公务、重要事件和重要情况报送值班室领导。接待群众来访，协调解决问题，做好政策宣传和解释疏导工作。

【队伍建设】 2022年，县水利局选举新一届党支部委员会书记、副书记，加强对党的建设工作的组织领导，县水利局党支部成立党建（意识形态）工作领导小组、党风廉政建设工作领导小组。落实领导工作“一岗双责”，落实党建工作责任制。调整领导班子成员分工，落实水利工作责任分工，制定《2022年工作要点》，推进工作。学习中共二十大重要内容、习近平总书记关于西藏工作的重要论述和对水利工作的重要指示批示精神，学习习近平总书记在庆祝中国共产党成立100周年大会上的重要讲话精神。

（赵才明　撰）

电　力

【概况】 国家电网西藏电力有限公司错那县供电公司（以下简称“国网错那县供电公司”）成立于2021年10月11日，成立1个党支部，党支部书记由总经理兼任，有正式党员8名，预备党员1名、入党积极分子1名。下设1个职能部门（综合管理部），1个业务支撑机构（供电服务中心），3个班组（输配电及变电运检班、营业班、发电站）。在册职工37人，帮扶人员2人。

11月5日，国网错那县供电公司检查雪灾期间电力设施受灾情况
（国网错那县供电公司　供图）

【安全生产】 2022年，国网错那县供电公司重视上级公司和县委、县政府安全生产相关工作。传达学习、组织部署、落实各项要求，组织开展各类安全培训10余次，开展安规考试3次，增强职工安全生产意识。实施标准化管理，提升综合管理水平，结合组织机构变化，对工作票“三种人”进行认证考评，经考试合格及公司批准，确定年度工作票“三种人”名单。为确保春季检查工作开展，抓住“四个管住”，运用管理和技术手段，管控作业现场安全，落实安全基础管理，实现作业风险全过程可控、能控、在控。贯彻落实上级公司安全生产工作会议精神，执行安全生产相关法律法规及规章制度，建立安委会并规范相关机制，落实安全生产工作。召开“10·25”雪灾电力保供工作部署会，保障电力供应。

【经营管理】 2022年，国网错那县供电公司规范经营管理。强化市场和经营意识，树立经营和管理理念，调整经营策略。把控一般性支出，管控差旅、车辆、后勤、办公等非生产性费用支出。管理综合计划和财务预算，坚持问题导向，安排投资预算，编制计划预算执行里程碑计划，加大关键经营指标监控和风险防范力度。管控“量价费损”等指标，提升同期线损指标。加大营配调贯通治理、营销稽查和反窃查违力度，防范“跑冒滴漏”，确保电费回收“结零”。防控经营风险。修订“三重一大”决策管理制度。推进“关联交易、靠企吃企”专项治理。规范合同管理，完善合同审核工作机制，杜绝合同条款法律风险，清理整改历史遗留问题，推进往来款项清理、历史档案归档工作。依法从严治企。加强全员法治教育，建设法治企业，开展普法宣传和制度宣传贯彻培训，管控重大决策事项合法性审核、合同签订、款项支付等过程，降低法律风险。管控业扩报装、物资采购、工程招标。

【营销工作】 2022年，国网错那县供电公司精简业扩办电流程。落实“一证受理”要求，实现客户办电更省时。规范用电报装服务，制订用电报装工作流程、办理时限、办理环节、申请资料等服务标准和收费项目目录清单，调整并向社会公开。抓住营销普查工作的进度、质量，研判普查工作中的困难点，与乡政府、村委会建立联系机制，宣传普查工作的重要性和必要性，以村小组为单位集中开展普查工作，缩短普查工作时间。指定专人审查用户提供的信息，审查通过后录入系统，保障后续规范应用系统。

【电网建设与发展】 2022年，国网错那县供电公司结合电网发展实际，处理政府关注、民众关系、重大项目投入等与电力保障的关系，推动错那电网与地方经济社会、电网、电源、负荷协调发展，向各级党委、政府汇报公司发展战略、发展布局，解释电网建设、投资、电价等政策，在电网项目建设、电力供应、营商环境等工作中获得支持。强化“大服务”意识，实施对政府重点项目、民生工程督办，专人负责，按期接电。

【队伍建设】 2022年，国网错那县供电公司突出政治标准，强化重实干、重实绩、重担当的用人导向，推进“四优五过硬”领导班子和干部人才队伍建设，开展教育培训，解决管理能力不足、专业知识匮乏等问题。落实党风廉政主体责任和监督责任，抓住“两个责任”清单执行。落实中央八项规定精神，整治“四风”。对“关键少数”、重大工程、重点领域和关键岗位，开展作风和反腐败问题专项治理监督检查。强化廉政教育，增强党员干部纪律意识、规矩意识。

（拉巴占堆　撰）

5月19日，县旅发局开展旅游宣传活动　　（县旅发局　供图）

商贸·旅游

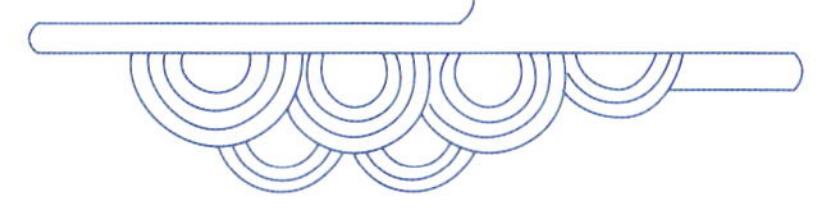

商 贸

【概况】 错那县商务局（以下简称“县商务局”）是县政府工作部门，根据《西藏错那县商务局职能配置、内设机构和人员编制规定》《关于设立错那县供销合作社的批复》文件要求，县商务局下设股级事业单位供销合作社，在职人员6人，其中，行政编制4人，事业编制2人（供销社）。2022年，县商务局在县委、县政府的领导下，在自治区、市商务部门的指导下，围绕中心工作，落实“疫情要防住、经济要稳住、发展要安全”指示要求，立足商务职能，开展扩内需、促消费、强电商、招商引资等工作。县级领导带队组织招商2次，加大招商引资力度。发放6.89万张消费券，促进消费。推进电子商务进农村工作，完善县、乡、村三级物流配送体系建设。组织17家商户参展第42届雅砻物交会。

【供销合作社】 2022年，错那县供销社配备事业编工作人员2名，在岗1人，产假1人。市级安排供销社工作专项经费8万元，其中，设备改造经费5万元，办公经费3万元。

【雅砻物交会】 2022年第42届雅砻物交会错那县参展商户17家34人，其中农畜产品参展商户7家，特色产品参展商户7家，成交额118.04万元。雅砻物交会期间，向错那籍群众190人发放6.05万元消费券，参展商户收集兑现消费抵扣券697张，兑现金额8.95万元。

【促进消费】 2022年，错那县各商店、超市、零售企业开展促销活动，拉动消费。开展“助企惠民·城乡共促·享购错那”促消费活动，错那县发放6.89万张消费券，核销6.69万张消费券133.73万元，带动消费200万余元。社会消费品零售总额21073.4万元，比2021年下降6.1%，增速位居全市第三。

【项目建设】 2022年，错那县肖一带抵边边贸物资交流中心建设项目，总投资1200万元，项目建设中。库局乡边贸市场附属设施提升项目，总投资103万元，完成可研、初设等项目前置手续。电子商务进农村综合示范项目，总投资1500万元，完成10个乡（镇）、16个行政村电商服务站点建设。

【电子商务】 2022年，县商务局推进电子商务进农村工作，完成站点建设26个。完善县、乡、村三级物流配送体系建设，建成物流配送站点24个，完成电子商务培训26人次。发展个人淘宝店、微店等线上店铺13家，网上交易额2.1万元。

【招商引资】 2022年，坚持“亲招商、爱招商、重商、护商”理念，成立以县委书记为组长，县长为常务副组长，各职能部门负责人为成员的招商引资工作专班，县级领导带队组织招商2次，错那县人力资源和社会保障局、县农业农村局等7个部门和抵边村（社区）参与，与投资企业交流，推介错那县招商引资政策。加大招商引资力度，推进错那西午多金属矿勘探项目招商引资项目工作；巴鲁生态温泉酒店升级改造项目，总投资500万元，建成投入运营；错那县成兴加油站，总投资600万元，建成并完成验收，进入试营业阶段。全年完成招商引资6792万元，比2021年增长17.9%，增速位居全市第四。

【市场运行调节】 2022年，县商务局开展节日期间、新冠疫情防控期间的物资保供稳价巡查工作。组织人员对保供企业粮、油、肉、蛋、菜等生活必需物资储备情况进行摸底排查，了解物资价格、销售和供应保障情况。新冠疫情防控期间（8—10月），组织统一外出采购13次，派出运输车辆114辆，共运输23次，采购1113吨货物。新冠疫情防控生活报告工作覆盖全领域，保障群众的基本生活物资需求。

8月，县商务局工作人员调研了解生活必需物资保供情况

（县商务局　供图）

【市场经营管理】 2022年，县商务局联合县市场监管局、县应急管理局、县公安局等部门到错那县城加油站、超市、菜店等商贸流通企业开展安全生产隐患排查工作，加强对错那县成品油市场成品油流通的监测、监管力度，加强对商贸流通领域安全生产隐患排查、化解力度，开展专项检查7次，检查39家。

【党建工作】 2022年，县商务局党支部组织党组理论学习中心组学习12次，开展“主题党日”活动12次，组织集中学习52次。组织党员干部参加线上理论知识测试2次、线下理论知识测试1次。贯彻落实“三会一课”制度。召开党史学习教育专题民主生活会、县委第二轮巡察整改专题民主生活会和组织生活会。

（巴　桑　撰）

旅　游

【概况】 错那县旅游资源众多，主要分布在边境一线，其中勒布沟和曲卓木乡的旅游资源沿娘姆江分布，前景较大，开发程度较高。2022年，错那县推进勒布沟国家AAAA级景区创建工作，对照国家AAAA级标准开展自查，推进规划环评编制工作，勒布沟景区规划环评获批。

【项目建设】 2022年，错那县旅游发展局（以下简称“县旅发局”）推进项目建设工作。按照2022年初山南市委书记许成仓在错那县曲卓木乡调研时的指示精神，抓好项目调整工作，在沙棘林区域实施严格保护政策，联系设计方合理规划曲卓木乡集镇区域，补齐基础设施建设短板，将群众需求纳入建设内容，提高工程建设标准，按照国家标准修建市政道路及乡村道路，按要求实施消防工程和污水管网，保证乡政府、派出所、村委会、学校等接入污水管网；督促规划方加快全域旅游规划工作进度。那日雍措观景平台和翼龙谷道路地质灾害项目开工，完成建设。督促施工方完成翼龙谷景区建设，7月向游客开放。协调优化勒布沟旅游基础设施设计方案，督促设计方、勘察方、施工方在现场确定施工方案，勒布沟旅游基础设施建设项目完成进度70%。新建将军桥停车位16个。

【旅游经营】 2022年，错那县旅游出现较大下降。全年接待游客3.4万人次，同比下降56.6%，完成全年目标任务42%，收入1425.93万元。县旅发局按照县政府要求，组织第一批勒门巴民族乡、麻麻门巴民族乡农家乐经营者和乡村旅游管理人员58人，到乃东区扎西曲登村、琼结县强钦村学习农家乐运营管理及经营模式，为景区运营打下基础。与14家旅行社签订协议，制订出台错那县旅游扶持奖励政策。

【旅游行业管理】 2022年，县旅发局监督管理旅游市场，组织检查旅馆和旅游景区24次，加强景区安全隐患排查和整治，全年旅游景区无事故运

6月25日，错那县乡村旅游考察团到扎西曲登社区考察学习
（县旅发局　供图）

营。全县有景区讲解员3人，缺乏具有处理应急事件能力的一线导游人才，旅游服务滞后于市场发展。有酒店12家，农家乐241家，能够满足旅游旺季游客饮食、住宿需求。县旅发局联合错那县人力资源和社会保障局，组织开展酒店服务人员技能培训，提升景区游客体验感。加大旅游标准化建设力度。通往各主要景区、景点的路网基本建成，景区内的水、电、路、通信、网络等基础设施齐全，能满足游客的基本要求。完成景区内各乡小康村建设，形成新的边境民宿，勒布沟景区有酒店、农家乐253家，床位1200余张。有锦砻勒布酒店、格拉丹东勒布酒店、门吾金林大酒店、勒布沟宾馆、青创酒店等。

【旅游项目投资】 县旅发局编制“十四五”旅游规划，申报旅游基础设施建设项目24个，总投资10.17亿元。2022年，投资1300万元的翼龙谷景区道路建设项目、投资1500万元的勒布沟旅游基础设施建设项目，施工中。援藏投资4700万元的曲卓木乡村振兴和沙棘林特色旅游区域提升项目，开始实施。投资500万元的扶贫涉农整合资金的勒布沟家庭旅馆建设项目完成施工，交付使用。援藏投资1200万元的翼龙谷景区道路项目、投资1300万元的贡日乡旅游富民基础设施建设项目竣工，交付使用。

【旅游发展】 2022年，县旅发局发展核心旅游景区，落实自治区党委、市委关于边境发展的部署，将错那县纳入全国全区旅游大环线，坚持边境三县抱团发展，规划G695边境环线，建设东接隆子，西连洛扎一线的旅游通道，让游客到国土最前沿体验守边精神。依照节点规划建设边境小康村，形成以库局乡（雍布地区、中不交接地区）、浪坡乡、卡达乡为主的守边精神体验区，在觉拉乡扎洞村建设农林休闲体验区，带动全县旅游业发展。

【招商引资】 2022年，安徽省第七批援藏工作队筹划4700万元，按照国家AAAA级标准规划沙棘林和温泉片区，建设基础设施。曲卓木乡曲卓木村申报为全国乡村旅游重点村。

【旅游文化建设】 2022年，错那县以对印自卫反击战张国华将军前线指挥部旧址为主，打造革命旅游文化基地。

（拉　平　撰）

4月1日，县税务局在错那县安徽广场发放税收宣传册　　（县税务局　供图）

财政·税务·金融

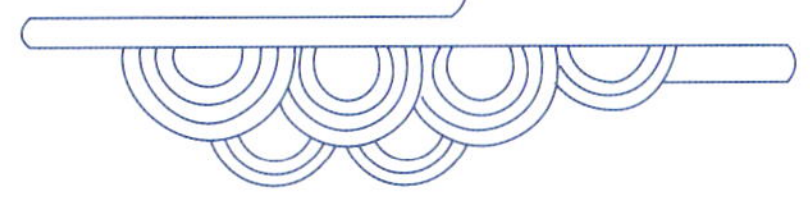

财　政

【概况】 2022年，错那县财政局（以下简称“县财政局”）在县委、县政府的领导下，在县人民代表大会及其相关部门的监督指导下，坚持习近平新时代中国特色社会主义思想，贯彻落实中共十九大精神、十九届历次全会精神和中共二十大精神，贯彻落实习近平总书记关于西藏工作的重要论述和新时代党的治藏方略，贯彻中央第七次西藏工作座谈会精神，贯彻中央、自治区党委、市委、县委经济工作会议精神，贯彻关于稳经济大盘的决策部署和“疫情要防住、经济要稳住、发展要安全”的工作要求，聚焦“四件大事”，聚力“四个创建”，围绕中心、服务大局，把握稳中求进工作总基调，兜牢“三保”底线，统筹财政资金，加大对巩固脱贫成果、增进民生福祉、优化营商环境、夯实发展基础、加强生态保护和推进边境建设等方面的支持力度，抓住预算执行管理和财税体制改革，适应经济发展新常态，完成2022年各项目标任务。

【财政收支】 2022年，错那县一般公共预算收入完成5240万元，比2021年同期增加927万元，增长21.5%。错那县一般公共预算支出完成135116万元，同比增加46350万元，增长52.2%。政府性基金预算支出568万元，同比增加464万元，增长446.2%，占总支出0.04%，主要用于改善民生等方面。

【公共财政预算与支出】 2022年，错那县总财力208052.66万元，其中，上级补助收入157450.28万元，占总财力75.68%；一般公共财政预算收入4122万元，占总财力1.98%；2021年结转资金46480.38万元，占总财力22.34%。较2022年初预算增加105102.57万元，增长102.09%。主要加大在抵边搬迁、基础设施建设、民生改善、乡村振兴、“三保”等方面的投入力度。2022年上级下达的转移支付收入157450.28万元，同比增加26117.99万元，增长19.9%。其中，增值税和所得税返还收入629万元，体制补助收入661.65万元，均衡性转移支付收入23740.14万元，县级基本财力保障机制奖补资金收入8163万元，结算补助9737.2万元，公共服务收入8.5万元，重点生态功能区转移支付收入4169万元，固定数额补助6243.17万元，边境地区转移支付收入16587.05万元，欠发达地区转移支付收入16906.17万元，公共安全共同财政转移支付收入1125.63万元，教育共同财政事权转移支付收入6998.89万元，科学技术共同财政事权转移支付收入39.85万元，节能环保共同财政事权转移支付收入1892.2万元，文化旅游体育与传媒共同财政事权转移支付收入368.46万元，社会保障和就业共同财政事权转移支付收入2019.76万元，医疗卫生共同财政事权转移支付收入2057.82万元，农林水共同财政事权转移支付收入27448.6万元，交通运输共同财政事权转移支付收入1117.5万元，灾害防治及应急管理共同财政事权转移支付收入375.37万元，其他一般性转移支付收入7083.48万元，城乡社区共同事权转移支付收入1860万元，商业和服务业共同事权转移支付收入700万元，粮油物资储备收入26.24万元，地方政府一般转贷收入7300万元，专项债券转贷收入2200万元，住房保障共同事权转移支付收入794万元，其他收入7197.6万元。

【财政监督管理】 2022年，县财政局聚焦财政职能职责，发挥财务监督作用，针对财政系统廉政风险高发、频发问题，为避免错那县各级财务人员发生腐败问题，遏制腐败现象滋生蔓延，组织开展财务监督检查工作3次、寺庙财税监管2次，召开财政系统党风廉政建设安排部署会1次，观看警示教育片2次，接受廉政教育3次。

5月11日，县财政局召开2022年度财政系统廉政工作会议

（县财政局　供图）

【民生保障】 2022年，错那县树立“政府过紧日子”的思想，压减一般性支出，控制“三公”经费，用一般性支出的“减法”换取民生事业支出的“加法”，安排民生资金16299.86万元用于保障民生事业支出。优先发展教育，按照教育“两个只增不减”要求，配置财政资源，安排教育资金2027.27万元［其中县本级财政收入（25%）资金1078.25万元］，改善办学条件，提升办学水平，促进教育公平发展。提高医疗卫生水平，安排资金1987.64万元，重点支持医疗服务与保障能力提升、新冠疫情防控等重大传染病防控、基本公共卫生服务等，推进城乡医疗服务均等化。支持稳岗就业，安排就业补助资金254.75万元，加大对重点群体的就业帮扶力度，推动稳就业工作。健全社会保障体系，安排困难群众救助补助资金396.4万元，重点用于城乡低保、特困人员临时救助等方面，提升群众获得感、幸福感和安全感。

【财政体制改革】 按照西藏自治区财政厅、山南市财政局统一部署，2021年6月错那县启动预算管理一体化改革，经过测试、试点、培训等阶段，错那县63家预算单位上线运行，完成全域覆盖上线任务。

（刘文汉　撰）

税　务

【概况】 国家税务总局错那县税务局（以下简称“县税务局”）成立于1994年，2022年有干部职工7人，其中，藏族3人、汉族3人、傣族1人，中国共产党党员5人。2022年，错那县有纳税人及扣缴义务人937户，其中国有企业24户、集体企业13户、有限责任公司38户、股份有限公司2户、私营独资企业（个人独资企业）28户、内资个体627户、扣缴义务人85户、党政机关67户。建筑行业税收是错那县主要税收来源，占税收总收入80%。

【减税降费】 2022年，县税务局建立政府主导、部门协同、税务主责、系统联动的减税降费工作格局，优化纳税智能申报、全程电子退库等功能，5X（学、选、宣、需、行）工作法在全市税务系统得到推广，落实新的组合式税费支持政策。开展政策学习培训14期，参训60余人次。依托税收宣传月，开展“税法八进”活动，对党政机关工作人员、企业纳税人、军人、寺庙人员、学生等开展税收政策宣传，2022年新增减税降费金额创新高，1家制造业企业享受缓缴政策，为8家企业办理增值税留抵退税。

【纳税服务】 2022年，县税务局以全国第31个全国税收宣传月为契机，开展“税法八进”活动，面向学校、企业、机关事业单位、乡村、寺庙、军队、社区、边境宣讲税收政策，送优惠红利。成立“格桑花”税收宣传团，挂牌“青少年税收教育普法基地”，动用群众力量扩大政策覆盖面，发

4月1日，县税务局举行第31个全国税收宣传月集中宣传启动仪式　　（县税务局　供图）

挥税收宣传效用。助力特色产业发展，多次到勒布沟茶厂，了解经营情况，精准送达税收优惠政策，解决办税难题，为特色产业发展给予税务支持。

设立“方圆”青年理论学习小组和税务学堂，依托青年理论学习小组平台，多形式开展税务干部政治理论和税收业务学习活动，为建设“学习型”税务机关提供制度保障。定期举办纳税人缴费人座谈会，开展政策宣讲和辅导培训，指导社保缴费操作，解决纳税人、缴费人“急愁难盼”问题。

【税收征管】 2022年，县税务局成立《关于进一步深化税收征管改革的意见》（以下简称《意见》）落实领导小组及3个工作组，制定实施方案，掌握改革要求，凝聚工作合力，推动《意见》落地见效。健全税警联络机制，推进“互联网+政务服务”工作，与中国农业银行错那县支行、县工商联举办“银税互动办实事、春风春蕾助小微”活动，通过“纳税e贷”等渠道为6户纳税人融资300万余元。全县推广电子税务局720户纳税人，其中党政机关67户、企业243户，全面覆盖有用票需求的个体工商户。完成税收基础数据清理507条。向县委、县政府主要领导汇报《意见》落实情况3次，县委书记巴桑欧珠作出肯定性批示，要求税务部门全面落实《意见》相关措施。

【税收法律服务】 2022年，县税务局落实行政执法“三项制度”，依托全局法律人才资源，争取县司法局支持，面向全县纳税人、缴费人成立税收法律援助服务工作室，建立“公职律师税收争议咨询调解中心”，免费提供涉税法律咨询，解读相关政策，引导纳税人、缴费人依法理性表达诉求。6月，获得错那县“七五”普法工作先进单位称号。

【税务文化建设】 2022年，县税务局建立以“远方”为核心，“守心、守边、奉公、奉献”“方圆”为理念的文化体系架构，对照“五个品牌”（党建文化、行政文化、廉政文化、服务文化、学习文化），融合税务文化与日常工作，发挥文化凝聚人心作用，铸牢中华民族共同体意识，营造风清气正氛围，激发干事创业精气神，年内，获“西藏自治区文明单位”“错那县民族团结模范进步集体”称号。

【党建工作】 2022年，县税务局以中共二十大精神为指引，全年开展党委理论学习中心组学习8次、“第一议题”学习8次、青年理论学习11期、支部理论学习26期，开展交流研讨8次。

（旦增旺姆　撰）

中国农业银行错那县支行

【概况】 2022年，中国农业银行错那县支行（以下简称“农行错那县支行”）有5个营业机构，分别为县支行营业室、卡达二级支行、曲卓木营业所、觉拉营业所、勒布营业所。觉拉营业所（3人），离农行错那县支行72千米，海拔3900

米；曲卓木营业所（4人），离农行错那县支行69千米，海拔4352米；勒布营业所（3人），离农行错那县支行42千米，海拔2800米；卡达二级支行（3人），距农行错那县支行69千米；海拔4060米。农行错那县支行有在职员工37人，平均年龄32岁。中国农业银行山南市分行长期借调1人。女员工8人，占总员工数22%。

3月25日，农行错那县支行、县税务局、县工商联、县市场监管局，联合开展“银税互动办实事 春风春蕾助小微”共建活动（农行错那县支行 供图）

【经营业绩】 截至2022年底，农行错那县支行各项存款余额13.98亿元，较2022年初减少4053.26万元，其中，储蓄存款6.81亿元，比2022年初增加1.56亿元；对公存款7.17亿元，较2022年初下降1.16亿元。各项贷款余额5.62亿元，较2022年初下降1386.88万元，其中，个人贷款4.7亿元，较2022年初下降1526.74万元；对公贷款余额9225.18万元，较2022年初增加139.85万元。中间业务收入98.86万元，较同期下降18.12万元。

【金融机构建设】 2022年，错那县所辖勒布沟和觉拉乡、曲卓木乡、卡达乡覆盖电子化网点，运行情况良好。全县实现“掌银村”挂牌，各乡、镇，村设立助农服务点36处，有商户POS机具261台，商户聚合码849户，实现金融支付体系建设全覆盖。根据《关于在地方村级组织活动场所同步设立三农金融服务站的通知》，农行错那县支行在勒布沟设立农户金融服务站2个，浪波乡肖村设立农户金融服务站1个。

【服务实体经济发展】 农行错那县支行根据中国人民银行、中国农业银行总行安排，结合错那县金融服务需求，农行错那县支行重点从“存款、贷款、中间业务收入”三大业务领域落实金融服务工作，具体有个人储蓄存款、对公存款，个人贷款、对公类贷款，理财、保险、基金、贵金属等中间业务。助力小微企业等实体经济发展。

【金融监管】 2022年，农行错那县支行受中国人民银行、中国银行业保险监督管理委员会、当地行政机关等多层次监督，设有监管系统实时监测机制，实时监测存在风险，确保风险在管控范围内。通过“经营管理平台”，实时监管银行各项业务经营数据，分析各项业务波动，掌握重点业务发展趋势，实现全线上监管机制。开展金融政策宣传活动，促使错那县金融市场稳定、安全、可靠运行。

（尼玛占堆 撰）

错勒公路　　（县交通运输局　供图）

交通·邮政·通信

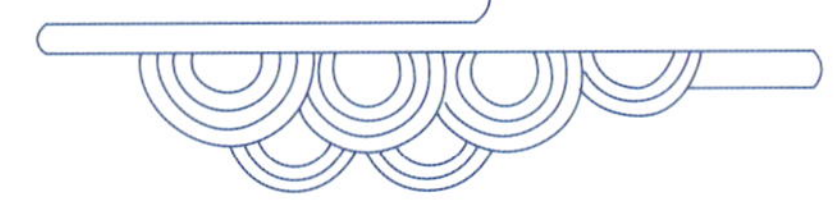

交通运输

【概况】2022年，错那县交通运输局（以下简称“县交通运输局”）贯彻落实习近平总书记关于“四好农村路”的重要指示批示精神，按照党中央、国务院和自治区、市、县各级党委和政府的决策部署，坚持以人民为中心的发展思想，推动“四好农村路”发展，为群众脱贫致富奔小康、农业农村现代化提供保障。全县公路通车总里程1050千米，其中，国道131千米，省道20千米，县道213千米，乡道79千米，村道146千米，边防公路259千米，其他专用公路202千米。全县10个乡（镇）公路通油率100%，27个建制村公路通畅率100%，55个自然村公路通达率100%。

【交通基础设施建设】2022年，县交通运输局把改善农村交通基础状况、建设“四好农村路”作为促进全县经济高质量发展、巩固拓展脱贫攻坚成果同乡村振兴有效衔接的重要举措，把项目建设放在重要位置，开展农村公路建设的前期准备工作，调研各乡（镇）的公路现状和需求，研究立项项目的可行性，确保项目落地实施，发挥社会效益和经济效益。前期项目抓开工、在建项目抓进度、竣工项目抓投产、问题项目抓整改，解决未批先建、前置手续办理不及时、项目推进落后等问题。依托乡村振兴整合资金，全年实施续建项目5个，总投资8528.52万元。推进2023年计划实施项目7个，总投资7710.05万元。

【道路管理】2022年，县交通运输局开展路域环境整治行动，各乡（镇）、村居按照“属地管理”的职责，加强农村公路绿化美化，清理路域范围内的非公路标志和其他杂物，保持路面整洁，边沟排水通畅；按照实际建立重点路段（穿越居民聚集区、农田）路产档案，具备条件的农村公路实现路田分家、路宅分家。将爱路护路纳入村规民约，建立涉路违法行为举报与处理机制，鼓励、引导群众参与到农村公路的“建、管、养、运”环节中，获得经济效益和出行便利。组织各部门和各乡（镇）按时整修清理路面、道路两侧、涵洞等60余次，保持农村公路的干净、整洁和畅通。

【公路养护】2022年，错那县建立健全“县为主体、行业指导、部门协作、社会参与”的农村公路养护工作机制，落实县政府的主体责任，发挥县养护公司、乡养护站点、乡（镇）政府、村（居）委会和村民的作用。建立分级养护体系，按照“县道及重要专用公路县管、乡村道及其他专用公路乡村管”的原则，落实县、乡、村养护主体责任，加大养护人员的培训力度，提升养护水平。落实农村公路“路长制”制度，完善“总路长+三级路长”组织体系，制作安装“路长制”公示牌17块。开展公路沿线环境卫生和安全隐患排查工作，整治、长期保持公

2022年7月，养护公司到觉拉乡开展日常道路养护工作
（县交通运输局　供图）

路沿线的环境卫生，早排查、早发现、早处理隐患。健全养护资金投入保障机制，加大财政资金支持力度，按照自治区50%、市30%、县20%的养护资金投入比例相关要求，将养护资金135万元列入2023年度预算。明确农村公路养护资金、管理机构运行费用和人员支出费用。开展农村公路技术状况检测评定工作，相关工作经费纳入2022年度预算。按照上级行业部门安排部署，填报项目基本情况、资金支出进度等“以奖代补”信息，完成既定目标任务。

【质量安全监督】 2022年，县交通运输局抓住项目前期工作，加大项目前期工作力度，前置要求不齐全、配套资金未及时足额拨付项目工程款到位的项目，不允许开工建设。把控建设质量关口，贯彻落实《农村公路建设管理办法》，加大农村公路建设质量管理力度，建立以质量为核心的管理机制，确保项目一次交工验收合格率为100%。加大项目检查督导力度，实行分管领导建设责任制，行业主管部门履职尽责，落实行动。

【交通安全状况】 2022年，县交通运输局以“安全生产专项整治三年行动”为契机，抓好安全生产工作。建立道路重大安全隐患清单和工作台账，强化道路安全隐患排查整治工作。全年对道路开展隐患排查130余次，消除道路安全隐患150余处。在重要时段和重要路段，采取增设警示标牌、设置路障等方式进行临时交通管制，从源头上防范道路交通安全事故的发生。加大运输市场安全管理力度，把道路运输安全管理工作摆在突出位置，把“两客一危”运输整治及安全生产行业监管作为重要工作，实现农村客运车辆动态监控，重点车辆动态监控设备安装率100%，不定期检查客运公司车辆动态监控运行情况、班车出站前安检工作落实情况等。加强工程建设项目安全管理，督促项目建设单位加大安全隐患排查力度，排查施工现场存在的安全隐患，及时处理上报。落实养护施工现场安全管理工作，按照公路养护作业规程开展作业，维护保养机械设备，禁止机械设备带病作业，做好公路应急抢险准备。

【交通运输综合执法】 2022年，县交通运输局推进执法改革，完成交通运输综合行政执法队伍改革，建设“职责清晰、制度完备、处置有力、要素齐全”的执法队伍，建立“县有执法队、乡（镇）有监管员、村（社区）有护路员”的路产路权保护队伍。因超速行驶、疲劳驾驶问题，对客运公司负责人和相关驾驶人员开展安全生产约谈1次，发放、张贴黑车警示教育宣传标语500余份，联合县应急管理局和错那县交警大队召开旅客运输安全例会1次。加大道路客货运输监督检查力度，督促企业把控车辆营运、人员上岗和动态监管，落实转运车辆凌晨2—5时停车休息制度。加强农村公路超载超限治理工作的宣传教育

2022年5月，错那县道路运输管理所在浪坡乡张贴“抵制非法运营”宣传标语 （县交通运输局 供图）

和执法力度，落实日常巡查、定期检查、不定期抽查制度，防止公路病害、挤占公路等问题发生。开展交警、交通和应急等部门联合执法，打击非法超限运输行为、违法违章和公路“三乱”（乱设站卡、乱罚款、乱收费）行为，依法保护路产、维护路权，确保农村公路安全畅通。全年开展路政执法和联合执法10余次。

【公路发展规划】 2022年，错那县“十四五”规划储备项目中的农村公路建设项目48个推进中，总里程441千米，计划投资9.91亿元。县道建设项目1个，计划投资1.4亿元；乡道建设项目4个，计划投资4.71亿元；村道建设项目22个，计划投资2.85亿元；专用道路建设项目12个，计划投资6430万元；农村桥梁建设项目5个，计划投资970万元；运输服务场站建设项目8个，计划投资2070万元。推进《错那县三年公路提升改造工程计划报告》中的项目20个，计划投资1.2亿元，改善交通出行环境。

【公路应急抢险保通】 2022年，县交通运输局管养路段安全保畅，保障新冠疫情防控物资及时、安全运输。对吉巴门巴民族乡至雍布和康嘎多等公路，开展道路保通保畅抢险作业3次，救援被困车辆6辆、被困人员50余人。8月，安排养护公司补修坑洼路段，铺设沥青10吨，投入资金43万余元。参加10月25日特大雪灾铲雪保畅通工作，出动车辆12辆、150人次参与道路抢险保通任务，保障群众的安全出行。

（蒋仕力　撰）

邮　政

【概况】 中国邮政集团有限公司西藏自治区错那县分公司（以下简称“错那县邮政分公司”）以青年职工为主，有从业人员8人，其中，藏族7人、汉族1人，男职工5人、女职工3人，平均年龄28岁，大专以上学历8人，合同工8人，党员2人，预备党员1人，团员5人。

【基础设施建设】 2022年，错那县邮政分公司有综合楼2套，职工宿舍1套，车6辆，内部转型升级新一代系统，财务实现业财一体化办公。县到乡（镇）、行政村邮路全部实现汽车化，解决“最后一公里”投递。

【业务完成情况】 2022年，错那县邮政分公司有普特服务、寄递、代理金融、函件、党报党刊、分销、其他邮务业务。全年收入139.69万元，完成2022年目标的60%，其中，代理金融业务收入45.21万元，寄递业务收入完成51.75万元，其他邮务42.73万元。

【代理金融业务发展】 2022年，错那县邮政分公司为客户提供金融服务业务，开展金融普惠知识宣传、金融安全知识宣传，全年开展金融普惠政策、预防电信网络诈骗、反洗钱等活动135次，其中入户宣传90余次，截至2022年底储蓄余额规模2000万元。促进地方经济发展，对接上级银行机构，办理扶贫贷款业务，完善服务职能。

【寄递业务发展】 2022年，错那县邮政分公司收寄各类邮件4.5万余件，投递各类邮件28.2万余件，投递报刊20万余份，收寄机要件425件，投递机要件2520件，保障全县党政军群、企事业单位的用邮需求。

【邮政服务】 2022年，错那县邮政分公司通过定期培训，提升员工专业技能水平，制订服务相关指标，完善相关制度，提升基础设施水平，提高整体服务水平，满足群众的服务需求。

（白玛群培、扎西顿珠　撰）

电　信

【概况】 中国电信集团西藏有限公司错那县分公司（以下简

7月5日，错那县邮政分公司下乡开展金融服务活动
（错那县邮政分公司　供图）

称“电信错那县分公司”）位于错那县夏日路14号，2022年以市场化机制创新模式，推进分公司划小承包，促进成为独立自主的经营主体，为员工构建内部市场化平台，确保员工收入增长，实现企业经营稳定发展。开展划小承包，优化资源配置与薪酬分配，强化算账、监督、检查、考核。以客户中心，以提升服务能力为目标，按中国电信西藏自治区分公司整体部署推进政企等机构改革，打造政企营销、服务、能力，构建以客户为中心的价值经营体系，提升客户价值和企业价值。

【业务状况】 2022年，电信错那县分公司主营业务收入完成90%，排名全市第六名。移动业务发展完成80%，排名全市第三名；移动净增完成70%，排名全市第六名。宽带业务发展100%，排名全市第四名；宽带净增100%，排名全市第四名。过网用户市场份额49.32%，提升值0.23%。

【客户经营】 2022年，电信错那县分公司开展客户经营工作，以“价值经营”为导向，以“提值”为抓手，以客户保有和客户收入为核心，围绕全渠道、全业务从“客户保有、拉新扩群、价值提升”3个方面，依托各触点营销能力，组织开展加约、提值、扩群、保有、3G升5G、4G升5G、清零提量等专项行动，通过加强营销策划、数据支撑、培训支撑和过程管控及帮扶指导能力，推进客户经营，提升存量客户收入，加强队伍建设、支撑赋能、业务宣传，助力各项目标任务完成。

落实“全方位、全过程、全员”服务体系，践行“用户至上，用心服务”服务理念，以客户感知为导向，建立服务责任制，加强“首问负责制”，营造发现问题、解决问题，为民服务解难题的氛围，激发全员服务热情，将服务工作贯穿企业经营发展的全过程。建立“服务好不好，客户说了算”的服务评价体系。

（索朗曲珍　撰）

7月3日，中国电信错那县分公司召开2022年上半年工作会议
（电信错那县分公司　供图）

移　动

【概况】2022年，中国移动通信集团西藏有限公司错那县分公司（以下简称“移动错那县分公司”）实现错那县10个乡（镇）4G信号覆盖率99%，有线家庭宽带资源覆盖70%，错那县城覆盖5G信号。勘察信号盲区点、弱覆盖点，错那县27个行政村覆盖4G网络，家庭无线网络覆盖率90%。2022年完成业务总量786万元，固定电话用户4560户，使用率50%；互联网用户2700户。有内部员工6人，营业员2名，直销员3名，技术人员4名。负责全县客户规模及日常维系工作。

【市场运营】2022年，移动错那县分公司强化业务学习，利用周会，分析短板，讨论提升举措，针对短板开展学习培训和举办不定期业务技能比赛，奖励成绩突出与提升较大的员工。提升市场运营，结合错那实际，以全面建设农村家庭宽带网络覆盖战略为基础，在全县市场通过常态化营销、走访、驻点等方式，提升市场掌控能力。针对营业厅客流量小，指标任务重等情况，组织员工以地推、驻点、扫街等方式开展营销活动，遏制市场份额下滑趋势。重视集团客户业务，不定期到各集团单位联系客户，每月定期到集团单位进行驻点服务，听取集团客户意见与建议。以集团产品引入为重点，掌握行业发展核心资源，实现信息化项目突破性增长。

【网络覆盖】2022年，移动错那县分公司提升网络能力，网络、市场协同发展。夯实网络基础，提升网络质量，加强与市场联动，实施网络和市场一对一沟通机制，故障率降低至0.5%，提升5G上网质量，提升用户感知。逐步实现家庭宽带覆盖，优化错那县小康示范村、抵边村信号，盲区点位康格多、聚塘等实现4G信号覆盖。在肖村、多塘村、聚塘村，曲卓木乡5组等区域，建设家庭宽带资源，为群众安装宽带，演示使用藏语平台及观看各种平台操作。保障驻训部队通信，收集通信需求，制定营销方案，6月启动“军企情深、真情回馈”活动。中国移动通信集团西藏有限公司山南市分公司重视，安排网络部勘查现场，制定通信保障方案与应急预案，强化网络信号覆盖，响应客户需求，得到驻训部队认可。

【网络维修】2022年，移动错那县分公司完成错那县城和各乡村网络优化工作，整治传输隐患，提升网络安全性能。

8月，错那县浪坡乡区域OLT（光线路终端）设备主板故障问题导致该区域家庭宽带无法使用，移动错那县分公司到县政府汇报并申请绿色通行证，委托物资保障车辆运送配件，出动抢修，用时6小时保通浪波乡网络故障，抢修保通宽带故障32户。为保障新冠疫情防控工作人员的通信畅通，为区域协查员、数据统计员赠送语音通话时长。

10月25日，错那县遭遇特大暴雨降雪天气，多处电力杆路倒塌，138个基站退服，移动错那县分公司成立24小时专班应急保障小组，到浪波乡、觉拉乡、卡达乡、勒门巴民族乡等，开展协调沟通、处理故障、回访用户工作。排查解决网络故障18处，解决4000余名用户的无线信号问题，处理家庭宽带故障360余户。

【团队建设】2022年，移动错那县分公司以“幸福1+1”为主题，开展登山活动，分组进行比赛。通过登山活动，减轻员工压力，增强员工的凝聚力与信任度。

【民族团结】2022年，移动错那县分公司重视民族团结暨脱贫攻坚工作，落实民族团结工作任务，有一对门巴族、藏族夫妻员工。在装维人员方面，招聘藏族、汉族等民族担任技术人员，除岗位工资外，通过“装维随销”平台，根据安装宽带数量进行提成，提高群众收入，促进民族团结。移动错

8月12日，中国移动错那县分公司到麻麻门巴民族乡抢修基站
（移动错那县分公司　供图）

5月，中国移动错那县分公司到卡达乡开展服务上门行动
（移动错那县分公司　供图）

那县分公司党员干部每月带领员工到小康示范村安装宽带，逐户上门服务，用手机做业务演示，引导客户办理业务，安装宽带后给客户演示藏语平台观看操作，提高各民族之间的凝聚力。

【就业服务】　高校毕业生就业岗位竞争大，2022年移动错那县分公司为高校毕业生提供服务，招聘直销员、营业员和安装维修人员，提供住宿餐食。除工资外，根据业务量发放奖金。

【安全生产】　2022年，移动错那县分公司定期组织员工进行安全生产培训，推行安全生产责任制，定期检查公司各个方面，安排专人及时上报、排除安全隐患，做好重要节日维稳值班工作，强化员工管理，确保公司安全。

【服务工作】　2022年，移动错那县分公司开展“主动服务我上门”行动，组织网格人员按周、月制定走访路线，设定业务发展目标，通过日常地推促销、驻点服务、营销等方式开展活动，确保路线上单位、小区、商铺、学校、村（社区）做到全覆盖，不漏一户，存档记录，回访用户并解决用户难题，提升客户感知。落实服务考核机制，利用周会时间宣讲季度营销活动知识、系统操作知识，不定期进行业务知识抽查和考试，通过考试成绩排名进行奖惩。在移动大厅办理业务的客户通过手机收到满意度打分短信，对营业员服务进行打分。

（格桑卓嘎　撰）

12月1日，县住建局到浪坡乡汤乌村勘察汤乌供水项目选址　　　　　　　　（县住建局　供图）

城建与环保

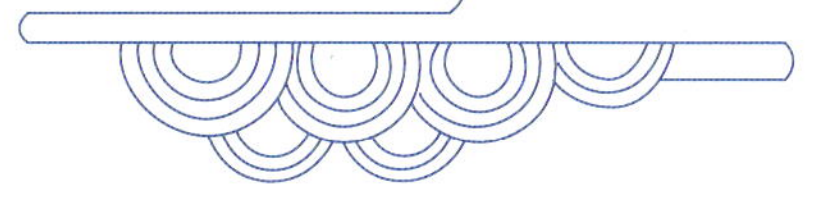

住房和城乡建设

【概况】 2022年，错那县住房和城乡建设局（以下简称“县住建局”）在县委、县政府的领导下，围绕2022年初全县经济工作思路和中心工作，贯彻落实习近平新时代中国特色社会主义思想，结合职能，推进项目建设，落实错那县城、乡（镇）供水工程建设。“十四五”规划项目12个，完成前期手续项目12个。完成2022年乡村振兴考核迎检工作。整治建筑工程领域，检查项目施工现场30次。通过实施项目，扩大保障性住房房源供给，改善居住条件。提升公共服务能力，完善全县垃圾处理规划。

【保障性住房管理】 2022年，县住建局起草拟定并完成司法审查《错那县保障性住房管理办法》《错那县保障性住房小区物业托管运营方案》《错那县供暖托管运营方案及管理办法》等规范性文件。收缴1—6月供暖费122万元，收缴“三房”2022年上半年房租费25.3万元。完成错那县城保障住房小区住户排查和供氧、供暖、供水等排查整治、维修保养工作，正常运行。错那县公租房及乡（镇）整体功能提升项目，批复投资2915.83万元，施工进度70%。错那县乡（镇）公租房建设项目，概算批复投资4393.37万元；错那县2021年周转房项目，概算批复投资612.32万元，预计2023年3月底开工建设。通过实施项目，缓解各乡（镇）、寺管会、学校和卫生院干部职工保障性住房房源不足、居住条件较差等困境。

9月14日，县住建局到贡日门巴民族乡督导检查公租房项目进度、施工质量（县住建局 供图）

【建筑市场管理监督】 2022年，县住建局办理房屋和市政工程施工许可证22份，质量安全监督检查手续6份，加大房屋建筑和市政项目领域新冠疫情防控措施、安全生产、实名制、扬尘治理等工作执法检查力度，检查项目施工现场30次，发现安全隐患并下发整改通知书25份，处罚施工、监理单位各类违规问题4起，处罚金额4万元。

【供水工程】 错那县城供水二期项目概算批复总投资4999.01万元，主要建设内容包括拆除、恢复、消毒、冲洗亚麻荣水厂原有管道，新建配套管网2.1万米，采用PE（聚乙烯塑料）管，以及附属设施建设。2020年10月19日开工建设，2021年完成工程量85%，完成投资4000万元，2022年处于试运行阶段，项目受益干部职工825人，群众1300人，商户等居民560人。浪坡乡肖一带供水工程项目，批复投资2556.9万元，施工进度80%。

【住房公积金管理】 截至2022年11月30日，错那县干部住房公积金银行存款1.77亿元。5月19日完成71家单位（包括各学区）2021年1—12月住房公积金基数的核定及数据录入工作，10月30日完成71家单位2022年1—6月住房公积金补交预算报送工作。截至2022年11月30日，71家单位中县自然资源局等22家单位完成按月缴存任务。2022年缴存3963.94万元（其中县财政承担1981.97万元、个人1981.97万元）。截至2022年11月30日，全县205名干部职工因购房等原因办理支取住房公积金业务，涉及金额1637.6万元，比2021年278人、金额2632.94万元，减少0.36%、0.61%。截至2022年11月30日，全县28名干部职工基于购房等原因办理支取住房公积金业务，涉及金额1707万元，比2021年58人、金额3698万元，减少1.07%、1.17%。截至2022年11月30日，办理跨区域转移业务133人次、金额1614.7万元，其中，跨县转出15人，金额183.35万元；县内转移118人，金额1431.35万元。

【垃圾处理】 2022年，县住建局制订出台《错那县乡（镇）、村（社区）生活垃圾收集处置实施方案》，乡（镇）生活垃圾由通达公司转运至错那县城垃圾填埋场处理；按照项目谋划要求和乡（镇）所在地运输距离，曲卓木乡、库局乡生活垃圾转运到曲卓木乡垃圾填埋场（建设中）处理，觉拉乡、卡达乡生活垃圾转运到觉拉扎洞村垃圾填埋场（建设中）处理，浪坡乡、错那县城生活垃圾转运到勒布沟—错那县城二期垃圾填埋场处理，计划2023年3个垃圾填埋场投入使用，解决生活垃圾处理能力不足，部分垃圾填埋场运行管理不到位问题。

【乡村振兴】 2022年，县住建局巩固拓展脱贫攻坚成果同乡村振兴有效衔接，完成2022年乡村振兴考核迎检工作。干部职工结对帮扶户，开展政策宣讲、消费扶贫、慰问等工作16人次。围绕巩固拓展“两不愁三保障”农村住房安全有保障成果，开展农村房屋安全隐患排查整治工作，完成自建房第一轮排查工作，排查录入系统459户（座），其中，寺庙8座，经营性自建房36户，自建房415户；自建房存在安全隐患10户，完成维修2户。完成全县非国有经营性房屋租金补贴摸排134户，落实补贴资金非住宅和村集体43户5.11万元。

【城乡建设】 错那县“十四五”规划内项目12个，总投资229150万元，完成前期手续项目12个，中期评估调整项目9个（其中7个完成前期手续），2022年开工项目6个，包括高海拔乡（镇）供暖项目，业主为山南市住房和城乡建设局（以下简称“市住建局”），总投资3300万元，平均施工进度85%；农村垃圾污水处理项目，概算总投资470万元，施工进度90%；浪坡乡肖一带供水工程项目，批复投资2556.9万元，施工进度80%；错那县公租房及乡（镇）整体功能提升项目，批复投资2915.83万元，施工进度76%；贡日门巴民族乡市政道路建设项目，批复投资520万

10月14日，县领导检查贡日门巴民族乡市政道路建设点
（县住建局　供图）

元，施工进度10%；勒旺大桥路面维修项目，批复投资71.5万元，施工进度90%。

（旺　加　撰）

城市管理和综合执法

【概况】 2022年，错那县城市管理和综合执法局（以下简称“县城管局”）加强班子建设，以习近平新时代中国特色社会主义思想为指导，贯彻落实新发展理念，树立“城市核心是人”的意识，以改善城市基础设施、提升综合管理服务和执法能力为载体，聚焦市容市貌、环境卫生、垃圾收集处置管理、综合执法等重点工作，克服工作经费、专业人才不足等困难，完善城市功能、保护城市环境、提升城市品位，开展城市管理工作，确保群众生活更加美好、共享城市发展成果，为建设美丽错那提供保障。

县城管局为县政府组成部门，正科级机构，核定编制4个，领导职数3个，实有6人，其中，局长1人，副局长2人，一级主任科员1人，专技人员1人（借调），工人1人。有错那县城市管理和综合执法局党组1个，党支部1个。

【行政执法】 2022年，县城管局针对人员力量不足的问题，通过预算21.8万元，招聘4名未就业大学生作为城市管理执法协管人员，对商户占道经营、乱堆乱放、乱设摆摊、牲畜进城、城区施工工地、市容卫生等进行管理监督和执法检查。开展错那县城秩序综合整治工作，解决群众反映的占道经营、流动摊点、车辆乱停乱放、噪声污染等突出问题，取缔乱设摊点85人次，清理店外经营、店外作业1195人次，清理乱堆乱放1052人次，暂扣、收缴违禁物品120余件，改善市容市貌。成立工作专班，重点整治城区和周边流动摊点、违章流动车辆，建立长效管理机制。管控户外广告，年内拆除影响市容市貌的户外广告245块、大型广告3块、沿街违规乱贴广告670块、横幅150条，确保市容市貌的整洁、美观。

【城市管理】 2022年，县城管局在春节、安全生产宣传月、中共二十大开幕等重要时间节点，开展安全生产大检查和燃气行业专项检查、突击检查，对发现的问题，发出限期整改通知，督促整改到位；全年发出整改通知单45次，要求限期整改到位；全年在城市燃气领域未发生安全生产事故。投入资金66万元，维修、改造错那县城12座老旧厕所照明、通水、室内设施。针对错那县城停车位少、停车不便的问题，投入资金8万元，在道路两侧增设停车位150个。借鉴错那县城试种各类植物的经验，在部分路段通过义务植树活动、城市景观绿化改造等方式，试种樟子松、高山柳树等1300棵。

【基础设施建设】 2022年，县城管局通过县本级预算80万元作为城市管理运营资金，定期、不定期维修更新市政设施设备。针对基于天气、地质沉降等原因造成的道路损坏，投入资金195万元，对错那县城市政道路沥青破损、人行道和地埋电缆沟沉降开裂、路灯不亮、信号灯故障、人行道护栏老旧等进行改造、更新。

【环卫工作】 2022年，县城管局针对生活垃圾“无处可去”和管理不规范的问题，制定出台《错那县市容环境卫生评估办法》《错那县城生活垃圾填埋场运营方案》，政府职能部门集中力量加强对城市环境卫生的监督检查，县本级每年投入资金231万元，对城市环卫保洁、生活垃圾清运处理、县城垃圾填埋场运营维护等实施托管运营，错那县城生活垃圾填埋场每天处理垃圾25吨。针对乡村生活垃圾收集、运输处置难的问题，制定出台《错那县乡（镇）村（社区）生活垃圾处理方案》，通过分时段和路线，收集全县乡（镇）、村

（社区）生活垃圾转运至错那县城垃圾填埋场，投入资金120万元。按照上级行业部门相关要求，预算8.4万元作为厕所革命公厕运营维护和清洁人员费用。针对餐厨垃圾收集、处理难的问题，投入资金26万元，购置餐厨垃圾处理车1辆，安排2辆电动三轮车每天早晚向餐馆、商户收集厨余垃圾，进行集中处理。

【公共设施维护】 2022年，县城管局落实日常巡查制度，每月对错那县城的基础设施完好情况开展1次巡查，了解设施情况，根据巡查结果安排维修。维修道路1000余平方米，填补路面积水坑洼20余处，维修人行道2700余平方米，更换电缆盖600余块，更换雨水井盖56块，清理雨污水检查井450次，疏通下水道800余米，城市道路、下水道、路灯等基础设施完好率85%，城市道路平整、排水通畅，汛期未出现内涝。拉网式排查错那县城路灯、亮化灯照明设施安全隐患，处理路灯基础不稳等安全隐患，排除路灯不亮的问题，维修更换灯具60余套、线缆700余米，路灯亮灯率95%，保障群众夜间出行安全便捷。

（落桑扎西　撰）

生态环境保护

【概况】 错那县位于西藏自治区南部，地势连绵起伏，山岭河流纵横交错，全县平均海拔4400米，错那县城所在地海拔4380米，年平均气温-0.6℃，极端最低气温-37℃，全年无霜期42天。是半农半牧县，是自治区级文明县城、双拥模范县、自治区生态文明生态县、全区首批八个国家级重点生态功能区之一，是国家藏东南边缘森林生态试点示范县之一。2022年有耕地2.82万亩，草场527.89万亩，森林126.94万亩。县委、县政府贯彻落实习近平生态文明思想，开展国土绿化、原始森林保护、天然湖泊保护、河（湖）长制落实、曲卓木沙棘林保护、天然草场封育维护、增加环境维护人员等工作，构建错那县生态安全屏障，提高整体环境质量，促进全县经济社会发展和环境保护相适应。

9月20日，县城管局更换破损雨水井盖　（县城管局　供图）

【生态工作重要会议】 2022年3月27日，县委书记巴桑欧珠组织召开错那县生态文明思想建设领导小组会议暨迎接中央第二轮环保督察工作动员部署会议，县直各单位、各乡（镇）负责人参加会议。

4月11日，县长鲁绪超组织召开“错那县着力推动生态文明建设走在前列暨贯彻落实第二轮生态环境保护督察反馈意见整改工作推进会”，县直各单位负责人参加会议。

7月20日，副县长其米卓嘎组织召开错那县关于加强推动生态文明走在全区前列2022年工作方案意见会，错那县生态文明建设领导小组成员单位参加会议。

8月5日，副书记李浩路

3月27日，错那县召开生态文明工作领导小组会暨迎接中央第二轮环保督察工作动员部署会议

（山南市生态环境局错那县分局 供图）

组织召开错那县第十四届人民代表大会常务委员会第六次会议，听取《2021年度环境质量状况和环境保护目标完成情况的报告》。

10月11日，县长鲁绪超组织召开错那县勒布沟门巴民族乡申报国家“两山基地”征求意见会，县直相关部门、勒布四乡主要领导参加会议。

11月3日，县长鲁绪超组织召开错那县2022年第二轮中央生态环境保护督察反馈问题整改工作推进会及2022年度生态环境保护考核工作安排部署会议，县直相关单位负责人参加会议。

【水土保持】 2022年，水土保持工作相关权限下放，山南市生态环境局错那县分局按照上级决策部署开展水土保持工作，提升水土保持工作水平。

县政府按照2022年初任务目标，专项安排部署水土保持工作，将水土保持工作摆在重要位置。成立办公室，设在县水利局，由县水利局安排1名副职和1名工作人员负责具体工作，县水利局局长负责统筹协调，开展水土保持工作，加强与各行业部门联系，采取多种形式宣传水土保持审批程序、意义。

年内，山南市生态环境局错那县分局审批水土保持报告表项目25个，水土保持补偿费25.77万元。对涉及的项目部门、建设单位，按照2022年初制定的监督检查计划，通过书面检查、实地核查等方式，监督检查水土保持措施、实施效果等共5次，反馈问题4项，其中涉及遥感监管整改1项，下达整改任务通知书。问题整改完成，相关佐证资料上传遥感监管系统。

【水资源管理】 2022年，山南市生态环境局错那县分局从用水源头入手，核定各用水单位申报的年度用水计划，下达控制指标，统计取水、用水、节水数据。落实用水情况检查监督制度，定期、不定期检查用水户取用水情况，强化节水管理工作。2022年，全县总用水量0.1624亿立方米，未超过山南市水利局下达的0.174亿立方米指标任务，其中非工业（砂石厂、砖厂、供暖供水等）用水量0.0133亿立方米，农业灌溉用水0.1447亿立方米，生活用水0.0044亿立方米。

完善《错那县农村饮水工程管护制度》《错那县水利局关于农村饮水工程水费收缴工作方案》《错那县水利局关于转发农村饮水安全专项应急预案的通知》等节水相关管理制度。加强节约用水管理，建设水利基础设施，通过渠道防渗处理、改造等田间节水措施，减少农业灌溉用水量，降低取用新水。研究制定《错那县节水技术、产品推广财政激励政策》，2022年加大灌区节水改造力度，新建渠道使卡达灌区、觉拉南灌区和曲卓木灌区成为节水型灌区；县政府出台鼓励非常规水源利用政策，降低地下水、地表水等新水利用，控制错那县用水率。

【河（湖）长制】 2022年，错那县按照《错那县全面推行河长制工作实施方案》，全县22条河流及5个湖泊确定县级河（湖）长，全部更新调整。其他河流、湖泊根据河流流域面积、湖泊水面面积分别设立乡级河长、村级河长，2022年设立乡级河（湖）长84个，其中，河长53个、湖长21个，乡（镇）总河长10个；设立村级河（湖）长141个，其中，河长100个、湖（措）长41个。通过河（湖）长会议、部门联动、信息共享、工作督察等制度，考核问责，激励机制，表彰奖励成绩突出的河（湖）长及责任单位，问责失职、失责的河（湖）长及责任单位。2018年8月中旬，湖南省汇杰勘测设计股份有限公司和长江水利委员会长江科学院分别在错那县县级河（湖）开展“一河（湖）一策”野外勘测设计及方案编制工作，2022年完成“一河（湖）一策”、方案编制工作，完成“一河（湖）一策”审查工作，建立“一河（湖）一档”。2021年底划定河（湖）管理和堤防保护，2022年完成河（湖）划定，出具划定成果。为改变错那县河（湖）沿线“脏、乱、差”现象，实现“河道岸线整洁、河床平整、水中无污染”目标，2022年全县组织村（社区）群众、水生态岗位人员集中清理河（湖）沿线垃圾，出动100余人，投入机械清理垃圾10吨。以节水宣传活动为契机，发放宣传海报、手册，错那县开展全面推行河长制工作宣传活动。年内宣传4次，发放宣传手册400余、宣传物品260余份。

【造林绿化】 2022年，错那县落实林长制，建立健全各项制度，按照上级要求建设4级林长组织体系。开展“四旁”植树造林工作，将习近平总书记在中央第七次西藏工作座谈会上的“要把生态文明建设摆在更加突出的位置，守护好高原的生灵草木、万水千山，把西藏高原打造成为全国乃至国际生态文明高地”讲话精神作为行动指南，建设“生态文明高地”，制订印发《错那县2022年“四旁植树”实施方案》《关于开展2022年春季义务植树造林活动的通知》，组织开展村（宅）旁、路旁、田旁、水旁植树行动。

【生态环境宣传】 开展全县生态环境宣传工作，山南市生态环境局错那县分局按照2022年初预算，购买雨伞、削皮器、笔记本、充电线、书包等宣传用品，以“6·5”世界环境日、爱国卫生运动等为契机，开展生态环境保护科普“法律七进”等宣传教育活动，结合全县实际，组织新时代文明实践中心环保志愿服务队开展清理河道、优化景区等志愿服务活动。宣传环保知识，全年开展宣传10余期，悬挂横幅10余条，发放宣传册4000余册、环保宣传品1000余份。

引领群众树立生态文明理念，倡导文明生活方式。山南市生态环境局错那县分局到错那县中学、错那镇完全小学、觉拉乡完全小学、曲卓木乡完全小学、卡达乡完全小学、麻麻门巴民族乡完全小学、觉拉寺、扎洞寺、扎洞砂石场、曲卓木砂石场，深入田间地头、走村入户，宣讲《公民生态环境行为规范（试行）》《西藏自治区国家生态文明高地建设条例》等环境保护相关法律法规，宣传习近平总书记关于生态文明高地建设重要思想、“两山”（绿水青山就是金山银山）理论、《中华人民共和国环境保护法》等内容。开展宣讲活动23场次，发放宣讲手册500余份，为学校、寺庙送去书包400余个、雨伞300余把、笔记本400余本，为学校老师、僧尼送去充电线150余根，为群众发放削皮器200余个，折合人民币7万余元，制作宣讲横幅5条，悬挂9次，参与、受益1500余人。

【环境保护与建设】 2022年，错那县“三高”（高污染、高耗能、高耗水）企业和项目零审批、零引进。山南市生态环境局错那县分局按照深化“放管服”改革有关要求，依法依规承接下放审批权限，优化审批流程，建设项目环评登记表

4月18日，县领导到库局乡听取生态环保工作情况汇报

（山南市生态环境局错那县分局　供图）

审批和豁免程序在1个工作日内完成，推行环评审批“承诺制”“备案制”服务。2022年建设项目环境影响评价网上备案登记55个，豁免环评备案项目12个，降级备案项目1个，建设项目节能审批52个。

发放森林生态效益补偿、湿地生态效益补偿、草原生态保护补助奖励资金，2022年初全县安排草原生态保护补助奖励资金1950万元、生态转移支付资金3969万元、生态岗位补偿资金991.11万元。完成草原生态保护补助奖励资金支出1627.87万元，生态转移支付资金支出1986.78万元，生态岗位补偿资金支出965.69万元，支出率分别为83.48%、50.05%、97.44%。

发展绿色产业，推动第一产业、第二产业、第三产业融合发展，构建现代化产业体系，把生态产业发展落实到促进农牧民群众增收上，推动产业兴旺，挖掘特色产业项目可持续发展潜力，培育勒仓莲茶叶、木耳、青稞食品等品牌，为巩固拓展脱贫攻坚成果、推进乡村振兴奠定产业基础。

【饮用水水源地保护】 2022年，全县有3处集中式饮用水水源地，分别为吉巴普水源地、亚马荣水源地、错龙沟水源地。各季度开展饮用水水质检测工作，满足《地下水质量标准》（GB 14848—2017）Ⅱ类标准，完成更新水源地相关标识标牌、台账记录；保护划分3处集中式饮用水水源地，山南市生态环境局错那县分局投入14.8万元，委托西藏亿森环保科技有限公司，开展吉巴普水源地保护划分工作，按照专家意见，修改、完善水源地划分技术报告，将《错那县吉巴普饮用水水源保护划分技术报告》呈请山南市政府研究；制定《山南市生态环境局错那县分局关于组织开展“双随机、一公开”监管工作的实施方案》《“双随机”抽查事项清单》，加大对饮用水水源地等领域的环境监管执法力度，在集中式饮用水水源地开展日常检查12次，未发现环境问题。

【水污染治理】 2022年，山南市生态环境局错那县分局排查错那县城黑臭水体现象，未发现黑臭水体水域。全县涉水企业2家，为扎洞砂石场、吉松砂石场，2家砂石场修建三级沉淀池，产生污水可回水利用，未发现排放或直排污水现象。全县有排污口1个，属于生活入河排污口，主要是将错那县城生活污水排放入湿地，位于错那县巴鲁村，设立有监测点、标识标牌、围栏网；开挖化粪池1个，约50立方米，待错那县污水处理厂建成运行后接入污水处理；针对排污口，建立健全台账、每月开展不少于2次专项检查，在丰水期、枯水期开展季度性监测，排污口水质监测数据未发现异常现象；年内清理排污口垃圾8次，监察记录1次。按照上级业务部门要求，初步完成全县排污口摸排调查工作，山南市生态环境局邀请第三方机构在各乡（镇）开展排污口核查工作。申请县政府解决20万元，邀请第三方编制农村污水治理工作规划，完成规划，征求意见中。与山南市生态环境局规划科和污防科沟通衔接，争取资金500万余元对全县吉巴村、让村、贡日村、肖村4个小康村实施农村污水处理站项目。

【非道路移动机械】 2022年，山南市生态环境局错那县分局开展非道路移动机械摸底调查、登记编码工作。我县登记编码非道路移动机械24辆装载机（挖掘机）。到企业、建筑工地等区域，对非道路移动机械进行地毯式摸底调查，未发现违规、违法非道路移动机械。结合“6·5”世界环境日、8月生态文明宣传月等契机，宣传非道路移动机械应按照相关标准使用，承担保护环境的社会责任。

【建筑工地管理】 2022年，山南市生态环境局错那县分局落实错那县房屋建筑和市政基础设施施工工地扬尘专项整治工作方案要求，建筑工地落实规范化管理，修筑实体围墙，硬化施工通道，绿化施工场地，设置使用冲洗降尘设施，规范堆放建筑材料，清理建筑垃圾等。

【生态环境监测】 2022年初，山南市生态环境局错那县分局制定错那县环境质量常规性监测、监督性监测、农村饮用水水源点监测以及农村试点环境质量监测工作实施方案。投入资金92万元，委托第三方检测机构，开展地表水环境质量监测10次，集中式饮用水、大气环境质量监测4次，农村试点监测4次，监督性监测4次，根据环境质量检测结果，5处地表水监测断面（布鲁河流下游1000米、亚玛荣河流上游、亚玛荣河流经错那县上游500米、错龙河流经错那县城上游500米、浪坡河）达到《地表水环境质量标准》（GB 3838—2002）Ⅲ类标准，3处集中式饮用水水源地（吉巴普水源地、亚马荣水源地、错龙沟水源地）达到《地下水质量标准》（GB 14848—2017）Ⅱ类标准，1处环境空气监测点（县政府院内）满足《环境空气质量标准》（GB 3095—2012）一级标准。

【环保督察问题整改】 中央第四生态环境保护督察组进驻西藏期间，错那县受理群众信访举报转办案3件，其中，1件属实、2件不属实，按照立行立改原则，县委、县政府主要领导带队，第一时间组织有关职能部门到实地核查、现场办公，开展整改工作，2022年完成整改，通过西藏自治区生态环境厅微信公众号向群众公示销号，接受群众监督。

推进督察组反馈意见整改工作，根据山南市中央生态环境保护督察整改工作领导小组办公室下发《中央第四生态环境保护督察组反馈意见整改任务清单》，山南市生态环境局错那县分局对照全市24项问题，梳理涉及错那县共性问题17项，制订印发《错那县贯彻落实中央第四生态环境保护督察组反馈意见整改措施清单（初稿）》，逐项明确牵头领导、责任部门、整改时限、整改目标和整改措施，确保整改任务按时按质完成。2022年8项反馈问题达到销号条件，其余问题按照进度整改中。

【生态环境建设示范】 2022年，山南市生态环境局错那县分局围绕创建“三区一高地”“六个走在全区前列”战略部署，根据自治区《关于开展2021年度自治区生态文明建设示范创建申报工作的函》要求，落实人与自然和谐共生示范建设。根据自治区生态环境厅相关要求，投入49.8万元邀请西藏天一环保有限公司到各乡（镇）开展实地考察和资料收集编制工作，通过2个村（社区）的创建申报工作，4月自治区政府下发《关于命名西藏自治区生态文明建设示范区（第一批）的决定》；投入315万余元，对25个村（社区）、10个乡（镇）、1个县创建自治区级生态文明示范区，创建国家级“两山基地”，截至2022年底，创建自治区级生态文明示范区建设规划和方案，通过自治区、市两级专家评审，等待自治区现场复验和命名。

【执法管理】2022年初，山南市生态环境局错那县分局制定《山南市生态环境局错那县分局关于组织开展“双随机、一公开”监管工作的实施方案》《“双随机”抽查事项清单》，加大对矿产领域、饮用水水源地、重点建设项目、汽修行业、医疗机构等重点行业、领域环境的监管执法力度，年内开展日常检查、联合检查、专项检查等执法检查70余次，检查企业单位60家次，出动执法人员140人次。发现“未批先建”环境违法案件2起，移送至山南市生态环境保护综合行政执法队立案查处，处罚金额3万余元。

4月9日，县长鲁绪超（左三）带队检查卡达西午探矿点

（山南市生态环境局错那县分局　供图）

【生态环境考核】2022年，山南市生态环境局错那县分局开展国家重点生态功能区县域生态环境质量考核工作，组织人员开展各季度环境质量数据系统录入、2022年底环境质量总体考核，完成县域生态环境质量考核工作。

开展2022年生态环境保护考核工作，按照《关于开展山南市2022年度县级领导班子和领导干部综合考核工作的通知》《关于印发2022年度县区综合考核指标评分细则的通知》文件要求，对照考核指标，进行自查自评，对接山南市生态环境局，开展收集考核指标佐证资料工作，涉及山南市生态环境局错那县分局牵头指标7项，考核指标分值8分，据山南市生态环境局考核结果，错那县考核分值7.75分，位居全市第一名。

（扎西措姆　撰）

6月17日，错那县艺术团到隆子县开展“喜迎二十大　文化润边行”文艺交流演出活动

（县文化局　供图）

科教文卫

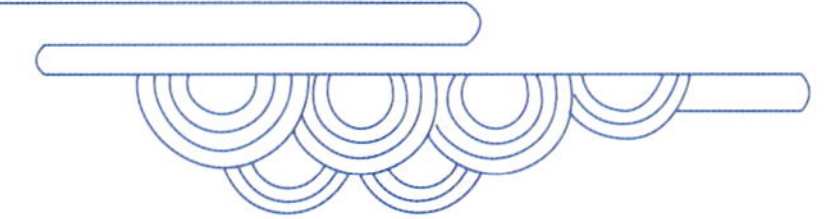

气　象

【概况】 2022年，错那县气象局在上级气象部门和县委、县政府的指导下，以习近平新时代中国特色社会主义思想为指导，学习贯彻中共二十大精神，学习贯彻习近平总书记重要讲话精神，结合错那县实际，开展气象防灾减灾各项工作。全年开展错那县气象灾害、生态气候资源的监测预测管理和发布工作，提出气象灾害防御措施和利用、保护生态气候资源的建议。评估重大气象灾害，为县政府组织防御气象灾害和生态气候资源的开发利用提供决策依据。管理、发布错那县公众气象预报、灾害性天气警报等专业气象预报。

【气候事件】 受气候条件影响，错那县易出现雪灾、强降水、洪涝、霜冻等气象灾害。2022年2月4日11时出现暴雪天气，6月15日出现强降雨天气，7月21日出现强降雨天气，10月25日出现暴雪天气。

2月4日11时，错那县气象局发布暴雪橙色预警信号，2月4日13时至5日13时全县有中到大雪，其中错那县城、勒布沟、浪坡、库局及高寒山区有大到暴雪，局部地区有大暴雪或特大暴雪（30—50毫米），并伴有7级左右大风。

6月15日16时，错那县气象局发布强降雨蓝色预警信号，受高原切变线影响，6月15日20时至16日20时，全县大部地区有中雨或雷阵雨（10—24.9毫米），其中低海拔个别乡（镇）有大到暴雨（30—60毫米）。

7月21日12时，错那县气象局发布强降雨蓝色预警信号受高原切变线影响，7月21日17时至22日17时，勒布沟等低海拔一带有大雨（25—49.9毫米），其余各地有中到大雨（17—37.9毫米）。

10月25日10时45分，错那县气象局发布暴雪红色预警信号，受孟加拉湾低压影响，10月24日14时至25日9时全县出现暴雨（雪），各地降水量在30—60毫米。10月25日10—22时全县大部有大到暴雪（10—15毫米），勒布沟等低海拔部分乡（镇）有中到大雨（8—20毫米）。

2月8日，暴雪后路况　　（县气象局　供图）

【县城气候】 2022年，错那县城平均气温0.6℃，日平均最高气温6.8℃，日平均最低气温-4.1℃。最热月（8月）月平均气温14.8℃，最冷月（2月）月平均气温-4.5℃；最热月最高气温18.1℃，最冷月最低气温-33.4℃。

2022年总降水量393.8毫米；4月最多，85.6毫米；11月最少，无降水。降水集中在4—10月，为361.5毫米，约占年降水量的91.8%；冬季降水量24.9毫米，约占年降水量的6.3%。

2022年日照时数2512.1小时。月平均日照时数209.34小时，11月最多，为279.4小时；12月次高，为267小时；7月最少，为124.3小时。

【气象科技创新】 2022年，错那县气象局推动气象现代化的建设，运用防灾减灾指挥平台，借助天元、MCAPS（气象信息综合分析处理系统）、CMISS（气象观测资料采集系统）、数值预报、精细化等数据平台，开展针对各乡（镇）更精细化的气象服务工作。年内完成天然氧吧设备更换工作；完成曲卓木乡智能站建设；错那县气象站北斗设备更新至第三代；完成全县9个乡1个镇气象自动站全覆盖建设，推进错那县气象事业现代化发展。

6月30日，县气象局收发人影弹药并排除安全隐患

（县气象局　供图）

【气象服务】 2022年，错那县气象局制作、发布气象服务产品，在有灾害性天气或重要天气过程时，落实《强降雨、暴雪天气“叫应”制度》，向县委、县政府有关领导汇报情况，年内汇报9次、发布预警9个，发布预警及天气消息后续实况产品176个。提供专题预报，制作发布天气消息30条、节日气象产品21次、道路交通预报40次、气象火险等级预报365次。提供定期预报服务，制作发布每日天气预报365次、旬预报36次。全年发出短信产品638条，短信18.18万条。

【气象宣传】 2022年，错那县气象局在“3·23”世界气象日，“5·12”全国防灾减灾日、安全生产月等时间，开展气象科普宣传活动，讲解气象防灾减灾知识，科普人工影响天气知识，年内发放宣传品200余份，通过宣传活动，增强群众防灾减灾安全意识，提高群众气象防灾减灾救灾能力。

【人工影响天气作业】 2022年，错那县气象局按照上级部门要求，落实相关内容，完善县级人工影响天气指挥，维护作业体系。规范觉拉乡、觉拉乡扎洞村2个固定作业点和1个移动作业点的环境、设备和弹药的管理。组织开展作业设备年检，培训作业人员5人。在重要时间节点，针对弹药储存工作开展人影安全检查工作，提高气象灾害应急处置能力，保障全县重要粮食产地的粮食安全。组织人影自查4次，作业人员联合技能培训1次，提高人影弹药管理安全。按照上级和县维稳工作要求，监督管理人影弹药、设备，保证人影弹药、设备、人员安全。

【领导视察】 1月26日，山南市气象局副局长彭亮、办公室主任米玛罗杰一行到错那县气象局进行春节节前慰问。1月31日上午，副县长巴桑次仁到错那县气象局，慰问干部职工，指导春节期间气象服务工作。11月14日，山南市气象局援藏副局长潘汉标一行到错那县气象局调研指导工作，在基层发挥援藏作用。

（亚　古　撰）

教　育

【概况】 2022年，错那县有各级各类学校18所（不包含临时幼教点），其中，初级中学1所、乡（镇）完小5所、教学点1个、幼儿园11所，临时幼教点4个。全县初中在校生364人，小学在校生762人，中小学适龄儿童入学率、巩固率100%，在园幼儿或学前班就读幼儿289人。全县教职工186人，其中，初中教职工53人、小学教职工94人、学前教职工39人。截至2022年，错那县获“普及初等义务教育县”“中华扫盲奖”“普及九年义务教育县”“基础教育先进县”“控辍保学先进县”“全国义务教育发展基本均衡县”等称号。

2022年，抵边村幼儿教学点　　（县教育局　供图）

【党建工作】 2022年，错那县教育局（体育局）落实学校党建主体责任，贯彻党的教育方针，推进教育系统全面从严治党工作。推进教育系统“八星党支部”标准化建设，抓好学校基层党组织建设工作，执行党建工作制度，有学校基层党组织7个，党员122人，发展党员6人。推进党支部领导下校长负责制，调整学校党支部班子成员，对学校重大事项执行民主集中制，为实现党对教育工作的全面领导提供保障。落实书记、校长意识形态工作责任制，定期开展小组活动，督促党员执行党的决议，教育培养党员发展对象，做好党员、群众思想工作，使党员干部、教职工在工作中接受锻炼。以加强立德树人为宗旨，开展优秀传统文化和非物质文化进校园工作，加强中小学生中华民族共同体意识、社会主义核心价值观和中国梦教育力度，提高中小学生的思想道德水平，培养、增强学生的价值判断、价值选择、价值塑造能力。建设民主集中制，错那县教育局（体育局）党组召开党组会议9次，研究“三重一大”事项50余项。

【学前教育】 2022年，错那县有幼儿园12所、临时幼教点4个，接收289名幼儿入学，每年符合条件的适龄幼儿都安排入园，农牧区学前两年幼儿入园率97.1%，学前三年毛入园率92.2%。乡村学前教育从“托管模式”转变为“正规教学模式”，在教学过程中开展亲子运动会、家园共育、教师技能比赛、说课比赛等活动。

【素质教育】 2022年，错那县教育局（体育局）坚持立德树人，强化学校思政工作。开展社会主义核心价值观教育，开展学雷锋纪念日、“五四”青年节、庆“六一”国际儿童节、民族团结月等活动，以画报、手抄报、黑板报、演讲及社会实践等形式开展中华优秀传统文化教育。通过国旗下讲话、主题班会、道德讲堂等方式开展“五项”教育，培养学生对党的政治、情感、价值的认同。

【管理能力提升】 2022年，错那县教育局（体育局）建立校领导每月工作例会机制，分析学校管理中存在的问题和制约因素，研究解决办法，为学校治理能力提升提供组织保障。推进局领导包校机制，开展学校教育教学工作督导检查和调研实证工作，由分管副县长和局长带头到课堂开展观课议课活动，举办教育教学工作座谈会。把解决基层困难作为改进作风狠抓落实的具体行动。推进教研员蹲校视导机制，把教研工作重心转移到学校教育教学实际中，通过蹲校视导和县本主题教研活动，对各学校五项教学常规工作（备、教、批、辅、考）开展交叉循环检查，查找短板，制定《错那县教学常规管理专项督导考核方案》，提升教育教学管理能力。优化教学质量评价机制，根据“双减”政策要求，优化教学质量评价环节，系统优化考试试卷的出题、印制、实施、评卷等相关细节，促进评价过程科学性和评价结果的公平、公正。

【教师队伍建设】 2022年，错那县教育局（体育局）为掌握小学教师知识储备情况，组织教师业务考试，进行系统分析，为教师培训提供方向和依据。把“培训+观摩”作为教师培训的重要方式，邀请市级名师、骨干教师以及安徽省援藏教师，“陈伟名师工作室”等专家成员到错那县开展“送课下乡”“送培训下乡”等活动，为教师专业发展提供平台。抓住县本培训，根据薄弱学科情况，安排教研员组织小学数学学科教师培训，邀请自治区级名师利用暑期组织小学语文学科教师培训，提升学科教师专业素养。通过交流评比，提高教师专业素养，组织小学教师“无声课”比赛、学前教师“专业大比武”等活动，选拔优秀教师参加市级评比活动。针对错那县教师研究能力和水平不足的问题，制定《错那县中小学“微课题科学研究”工作方案》，解决教学实际问题，查找关键因素，提出解决办法，提高教师研究水平、教育能力。10月完成全县教师岗位认定工作。

【教育信息化建设】 2022年，错那县教育局（体育局）推进教育信息化，以创建“智慧校园”为目标，实施中小学教师信息技术应用能力提升工程，探索信息化引领教育改革路径。搭建网络研修平台，开展网络教研，推进优质学校和优秀教师通过网络对薄弱学校的传帮带，形成以教育信息化服务教育教学格局。完成曲卓木小学数字校园建设项目，投资649万元。完成中小学教师“两平台”操作培训任务，引入优质教育资源。完成曲卓木乡幼儿园、觉拉乡幼儿园，扎洞村幼儿园、西午村幼儿园、吉松村幼儿园校园安全监控建设项目。

【校园安全治理】 2022年，错那县教育系统落实维护安全稳定工作，学校安全工作总体平稳。加强意识形态领域教育，构筑师生中华民族共同体意识。强化“两个共同”“三个离不开”“五个认同”的思想引领，加强党的民族理论、民族政策宣传力度。健全相关制度，完善方案预案，健全责任体系，与各学校、幼儿园签订安全生产目标管理责任书，构筑安全生产红线意识。落实教育系统安全隐患排查工作，制定教育系统安全隐患排查方案，组织工作人员对各学校开展定期、不定期安全隐患大排查，开展应急疏散演练工作。给各中小学、幼儿园安装安防

2022年，新建错那县中学科技馆　　（县教育局　供图）

系统，通过移动公司与派出所、警务站“110”接警平台联网，确保校园安全。

【教育惠民政策】 2022年，错那县教育局（体育局）规范使用本级财政教育投入经费，争取上级教育各类资金，改善办学条件，完善教育保障措施，优化教育资源配置。落实“三包”及营养改善经费367.05万元。借助“三包”物资集中采购配送制度，在保证质量的前提下，优先考虑与农牧民合作社合作，为农牧民群众增收致富。

【教育精准扶贫】 2022年，错那县教育局（体育局）发放大学生资助金300.31万元，惠及380名学生；2021—2022学年错那县资助建档立卡大学生125人（补差63人），落实金额14.89万元。制订出台《错那县关于开展残疾儿童“送教上门”服务工作实施方案》《错那县“一县一案”控辍保学工作方案》等制度，通过动态建立数据台账、分类安置机制、送教上门、结对帮扶、送教下乡等措施，解决“不上学、辍学”的问题，保障残疾儿童同等享受义务教育的权利。全县有残疾儿童24人，其中，随班就读18人，送教上门服务对象6人，学校每月开展送教上门活动2次，完成残疾儿童学籍注册工作6人。

【教育经费投入】 2022年，错那县本级财政投入1078.25万元；山南市教育局教育事业经费6890.89万元，2021年山南市级财政本级资金187.08万元。全年开工建设项目4个，总投资4000万元，其中肖安置点小学、幼儿园建设项目总投资分别为2500万元、240万元，工程进度90%；错那县中学科技室建设项目，总投资580万元，工程进度95%。康格多安置点幼儿园、初小，雍布安置点、初小，卡达乡多功能健身活动场地、浪坡乡肖安置点多功能健身活动场地建设项目，6个项目完成前期手续。重视学生冬季供暖保障工作，投入50万余元用于燃料采购及第三方运行维护，确保学校供暖充足。

【招生考试】 2022年，错那县教育局（体育局）完成小学其他省市西藏班招生考试的报名、组织、实施等工作。50名考生报考其他省市西藏班招生考试，其中2名学生考入其他省市西藏初中班并被上海珠峰中学录取。小学考试成绩平均分均提升15分。完成初中升高中招生考试工作，121名考生报名参考，其他省市西藏高中班分数上线1名考生。自治区内重点高中录取11名，录取率9.1%；自治区内普通高中录取64名，录取率52.9%；46名考生被自治区内及其他省市中职班录取，录取率38%。中学全市排名较2021年提升1名。组织实施小学三年级、四年级、五年级教学质量监测考试，教研室组织考卷保密印出工作，实施交叉监考，完成质量分析工作。

（李宜蔓　撰）

错那县中学

【概况】 错那县中学（以下简称“县中学”）位于错那县夏日路1号，始建于1994年，历经初建、扩建、发展三个阶段，在县委、县政府的支持下，规范办学，健康发展。学校占地面积27389.9平方米，生均面积77.6平方米；建筑面积6297.1平方米，生均建筑面积17.8平方米。有3栋教学楼、2栋办公实验楼、8栋师生宿舍楼、2栋师生餐厅，有高标准的物化生实验室、电子教学室、音乐室、舞蹈室、美术室、室内篮球场等。2022年，县中学有3个年级、9个班级，在校学生348人。有教职员工63人，其中专任教师49人（初级教师18人、中级教师21人、高级教师10人），教师学历达标率100%。

【师资队伍建设】 2022年，县中学由巴珠任校长、杨茂红任校支部书记、周浩波任教学副校长，索朗杰布任后勤副校长，班子成员分工明确，不断创新，发展学校。学校中层领导，执行力、凝聚力强，保障学校各项事业发展。学校教职员工，热爱本职工作，为学生的学习、生活提供服务，是教学事业发展的主流力量。

【教师培训】 2022年，县中学建立完善的教师培训机制，每年每位教师至少参加1次其他省市或拉萨市、山南市举办的专业培训。每学期开展全校教师赛课和公开课，通过互相交流，提升教师专业实战水平和理论水平。建立“教师阳光书房”，为教师提供书籍，完成自我提升。通过“以老带新，结对互助”的方式，让新教师熟悉课堂，进入教学状态。

【学校管理制度】 2022年，县中学加强管理体制的科学化和现代化建设，根据学校实际情况建立完善管理制度，有《错那县中学教师量化考核管理制度》《错那县中学周值班管理制度》《错那县中学评选骨干教师、学科带头人制度》《错那县中学班主任激励制度》《错那县中学后勤绩效工资实施办法》等规章制度，保障学校的科学管理。

【校园文化建设】 2022年，县中学继续打造“书香校园”文化，让课外书籍进教室，为学生提供便捷的阅读环境。举办各类文体交流活动，1月10—21日，县中学学生代表参加山南市青少年民族团结交流代表团，到安徽交流学习；3月28日，举办隆重纪念西藏百万农奴解放纪念日诗歌朗诵比赛；4月，全校师生参加植树活动；5月4日，举办错那县中学五四文艺会演、错那县中学书法大赛作品展；5月5日，举办错那中学第五届学生冬季越野长跑赛；4月中旬至9月中旬，增设“阳光一小时”活动，教师、学生跳锅庄，参加球类运动。

5月4日，县中学举办五四文艺会演活动 （县中学 供图）

【升学考试情况】 2022年县中学中考学考升学录取学生67人，其中，录取到拉萨江苏实验中学1人、山南市第二高级中学6人、山南市第一高级中学17人、山南市第三高级中学18人、山南市完全中学24人、西格办中学1人。

（尼玛次仁 撰）

文化事业

【概况】 2022年，错那县文化局、错那县文物局、错那县文化市场综合行政执法队合署办公，机构编制5名，实有4人。下属错那县综合文化服务中心机构编制8名，实有10人。下属错那县艺术团演职人员25人。错那县文化局（文物局）［以下简称“县文化局（文物局）”］落实错那县委经济工作会议和山南市文化文物工作会议目标要求，贯彻中华人民共和国文化和旅游部《关于推动文化产业赋能乡村振兴的意见》《“十四五”文化产业发展规划》，落实责任、制度和分工，确保工作开展，确保文化遗产传承保护工作获取成效，推动艺术振兴，规范文化市场，文化发展规划走在全市前列。

【文化活动】 2022年，为提升错那县公共文化服务水平，保障群众基本文化权益，县文化局（文物局）发挥错那县民间艺术团作用，丰富群众文化生活，开展公共文化活动。错那县艺术团完成演出72场次，各行政村完成演出8场次，开展群众性文体活动406场次。

1月30日，县委、县政府在浪坡乡肖村文化广场举行以“边疆人民过新年，新春祝福献给党”为主题的喜迎春节、藏历新年“村晚”活动。县政协主席巴桑旺堆，县委宣传部部长洛琼，县人大常委会副主任次仁，副县长加措出席活动。县委、县政府出席领导代表对群众进行新春慰问，为每户发放慰问金1000元。隆子县艺术团、错那县艺术团开展文艺汇演活动。举办拔河、跳绳、踢毽子、知识抢答等文体活动。

4月20日，错那县综合文化服务中心“书香溢错那·读书润心房”系列活动——“书香溢校园·阅读伴成长”活动在县中学开展。以图书赠送、经典诵读、故事讲读、朗读竞赛等形式开展，6名中学生参加朗读竞赛，展现个人风采、才能。活动培养学生诵读兴趣，锻炼口语表达能力，激发学习热情。发放图书50余本，与学生共同诵读经典文章10篇，为学生讲读故事5篇。

4月24日，错那县综合文化服务中心、错那县新时代文明实践中心联合开展“书香溢错那·读书润心房”系列活动——走进敬老院读书分享活动。20名志愿者参加，赠送《老年人健康饮食》《日常医疗小知识》等图书60余本，发放保暖衣及洗漱用品60余套、便携式布袋60余个。

4月28日，县文化局（文物局）举办以“喜迎党的二十大　永远跟党走　奋进新征程”为主题的错那县第二届“魅力边陲　小康错那”朗读比赛，14名选手参赛。

4月30日，第一届错那县“喜迎二十大·文化润边行”文化产业赋能乡村振兴计划暨行政村文艺演出队业务素质评比活动在麻麻门巴民族乡启动，4—10月，全县27个行政村文艺演出队参与。

5月31日至6月10日，错那县举办以“连接现代生活　绽放迷人光彩”为主题的2022年“文化和自然遗产日”系列展示、“发展传统工艺·助推乡村振兴”传统工艺展销活动。门巴族竹木器编织制作传统工艺产品在山南市“文化和自然遗产日”参展，10支藏戏队、门巴戏队在错那县城开展交流展演活动，参与230余人，观看群众3.2万余人，激发传承人群、民间艺人、文化遗产工作人积极性，为社会参与、支持文化遗产传承保护和开发利用奠定舆论基础。

7月29日，错那县“喜迎二十大　永远跟党走　奋进新征程”第三届歌手大赛初赛活动在错那县综合文化活动中心举行。县委宣传部部长洛琼出席活动并致辞。参赛选手展示歌喉，展现错那风采，演唱《一个妈妈的女儿》《祖国颂》《党在我心里》等歌曲，通过评定，10名选手晋级决赛。

12月11日，“感恩好时代　唱响新生活”错那县第三届歌手大赛决赛在勒布沟举行，10位选手参赛，演唱《红旗飘飘》《青藏高原》《天路》等曲目，获得一等奖1名、二等奖2名、三等奖3名、最佳风格奖3名、优秀奖1名。

【文艺创作】 2022年，县文化局（文物局）为丰富群众文化生活，创作具有错那县特色的歌舞、曲艺类节目，新创作曲目《茶香门隅》《祖国扎西德勒》《奋进新征程》《阿吉泽玛》《飞快舞步》《弦子》《美丽的门巴姑娘》《欢腾雅砻》《吉祥祝福》《民族团结颂》《新错那》《幸福错那》《相约错那》《错那姑娘》《边疆梅朵》《民歌赞战役》《高原依然幸福》《回声嘹亮》《我的祝福》《萨迦酒歌》《新时代折嘎》《兴家园》《乡村振兴》《边疆人民心向党》《雪山不会忘记》等26个。县文化局（文物局）创作《民歌赞战疫》《高原依然幸福》《天使之爱》等新冠疫情防控主题歌曲，《我们的靠山，伟大的中国共产党》《防疫心语》《我们是抗疫志愿者——写给父老乡亲的一封信》等文学作品、短剧，被山南文艺、网信山南、山南文化等媒体采用。

【文化培训】 4月8—9日，县文化局（文物局）组织各乡（镇）文化站负责人，国家级、自治区级、市级、县级非物质文化遗产代表性项目传承人，自治区级文物保护单位、县级文物保护单位、尚未确定文物保护单位野外文物看管人员，各寺管会负责人等84人参加培训。丰富各级非遗传承人、野外文物看管人员，各乡（镇）文化站、寺管会等文化遗产保护人员对文化遗产工作的认识，明确2022年全县文化遗产保护工作目标任务。4月14日，县文化局（文物局）邀请西藏自治区藏剧团国家二级编导索朗扎西，举办错那县艺术团业务技能集中培训会，提升艺术团的演出水平、创作能力。4月25日，错那县27个行政村文艺演出队骨干培训启动，为期15天，参加培训27人。12月，8名艺术团成员到山南市群众艺术馆参与培训，为期2个月。

【公共文化服务体系】 2022年，错那县投入50万元开展乡（镇）综合文化站免费开放活动。为麻麻乡麻麻村、浪坡乡肖村各安排5万元的8个标准建设资金，完善村级文化基础设施。投入295.04万元开展乡（镇）综合文化站维修和设施设备完善工作，提升文化振兴阵地服务能力。错那县民俗文化陈列馆、对印自卫反击战张国华将军前线指挥部旧址陈列馆、乡（镇）综合文化站、综合文化活动中心，各馆、站、活动中心全年平均免费开放220天，2个陈列馆解说接待3600余人次。

5月10日，错那县行政村文艺演出队骨干人员在培训结业典礼上合影
（县文化局 供图）

【文化宣传交流】 2022年，错那县创作的门巴族女子群舞《茶香门隅》，获自治区党委宣传部主办的“格桑花开——青稞飘香”大型晚会舞蹈三等奖。3名藏戏艺人参加西藏文化艺术节，展示错那县传统戏曲魅力。6月17—20日，县委宣传部、县文化局（文物局）组织艺术团到隆子县开展“喜迎二十大 文化进万家”“喜迎二十大 文化润边行”文艺交流演出活动，在隆子县三安曲林乡边久林村委会、扎日乡庄那村委会、洛瓦新村村委会举行。

【文化产业发展】 2022年，县文化局（文物局）组织全县27个行政村文艺演出队，开展文化产业赋能乡村振兴计划暨行政村文艺演出队素质评比活动，举办活动13次，为群众增收30万元，增收群众425人，带动市场稳增收2.3万元。全年民族手工艺、传统工艺、传统美食交易额210.7万元（含非遗传统展销、工坊产品销售、传统美食餐馆、老字号美食、民族手工艺品、民族茶产业）。

【文化市场监管】 2022年，错那县文化市场经营主体8家，其中，娱乐场所7家，互联网上网营业场所1家。全年开展执法检查工作35次，出动144人次，车辆85辆次。文化市场经营场所整体稳定发展，新增娱乐场所1家。

【非物质文化遗产保护】 2022年，错那县有国家级非物质文化遗产保护项目3项、自治区级非物质文化遗产保护项目4项、县级非物质文化遗产保护项目30项；藏戏、门巴戏队10支；自治区级传统技艺传习基地（卡达藏刀传习基地）1处。国家级非物质文化遗产代表性传承人2名，自治区级非物质文化遗产代表性传承人7名，自治区级工艺美术大师（卡达藏刀制作技艺代表性传承人）1名；2名门巴族萨玛民歌代表性传承人被自治区文化宣传部门评为“藏地妙音”。

《错那县文化生态保护区规划纲要（2021—2035年）》申报自治区创建项目，规划融合文化、旅游、自然资源。错那县门巴族萨玛民歌申报为国家级2023年扶持保护项目，门巴萨玛民歌、门巴拔羌姆非遗项目4名自治区级传承人申报为国家级非物质文化遗产代表性传承人。编纂门巴族社会历史调查资料书籍《探秘门巴族文化》，提高门巴族文化宣传展示能力。错那县10支藏戏队开展交流演出活动160余场，兑现补助资金130万元，享受演出补助资金270余人。发展其他非遗歌舞艺术，展演活动10余场，兑现补助资金15万元（含政策补助资金）。保护发展错那县古建筑文化，兑现文物看管补助资金44.64万元，文化遗产补助资金享受人数89人，政策补助带动文化遗产传承保护工作，为文化振兴、艺术赋能工作提供资金支撑。曲卓木乡文化站举办2022年洞嘎传统文化节，融入现代文化元素，发扬优秀传统文化，丰富群众精神文化。

【红色革命基地建设】 2022年，错那县红色革命基地对印自卫反击战张国华将军前线指挥部旧址被命名为自治区级爱国主义教育基地，被评为市、县两级民族团结教育基地，成为爱国主义教育及民族团结教育重要载体。申报1987年4月第一代木屋营房、中布历史战役指挥碉楼2处革命文化遗迹保护项目。

【文物保护】 2022年，县文化局（文物局）投入114万元改造错那县9处文物保护单位线路，补充9处文物保护单位消防设施设备。投入25.6万元开展自治区级文物保护单位卡达扎西曲德寺、县级文物保护单位森木扎拉康抢救性维修工作。检查文物安全15次，出动35人次，整治安全隐患5件。联合错那县自然资源局开展古村落、特色民居增减挂钩工作，保留10处具有一定历史、科学、文化价值的特色民居和古村碉楼，合理划定错那县86处古墓葬、古遗址、石刻、名人名居保护区和控制地带。

【门巴民俗文化陈列馆】 门巴民俗文化陈列馆建设于2018年，投入资金350万元，建筑面积628平方米，占地面积2000平方米，投入10万余元征集藏品，注入门巴族文化元素投入4.5万元，是错那县重点打造的乡一级民俗文化陈列馆。有146件文物藏品，涉及革命、历史、民俗技艺、歌舞、文物、建筑、服饰等多个领域，主要展示勒布沟门巴族生产生活、非物质文化遗产、民风民俗、文物古建、人文历史、自然遗产等内容，以动态与静态结合、传统与现代科技手段结合的方式展现门巴民俗文化。标志着错那县民族文化遗产保护工作迈向新阶段，巩固“中国民间文化艺术之乡”、最美休闲乡村生态文明小康示范村成果。

（次仁措姆　撰）

藏语文工作

【概况】 2022年，错那县藏语文工作委员会办公室（错那县编译局）编制3名，实有

3人。错那县藏语文工作学习领会《中华人民共和国国家通用语言文字法》《西藏自治区学习、使用和发展藏语文的规定》《山南市社会用字管理办法（试行）》等法律法规和政策，发挥法律、政策在藏语文工作中的指导作用，规范藏语文社会用字。

【规范社会用字】 2022年，错那县藏语文工作委员会办公室（错那县编译局）在全县开展社会用字摸底调查8次，检查123处，其中存在问题36处，完成整改32处，整改率89%，净化语言文字环境，为错那县社会和谐稳定作出贡献。

【翻译工作】 2022年，错那县藏语文工作委员会办公室（错那县编译局）翻译各类文件153份，字数达73.43万字，提供翻译横幅、牌匾、标语等服务。购买2台社会用字专用电脑，为开展检查社会用字工作提供便利。

【业务培训】 2022年，为提升业务能力，开阔工作思路，错那县藏语文工作委员会办公室（错那县编译局）加强干部职工的业务能力培训，鼓励参加山南市及西藏自治区藏语文工作委员会办公室（西藏自治区编译局）举办的各项培训，6月20—24日达瓦顿珠参加山南市藏语文工作委员会办公室（山南市编译局）举办的全市第十一期基层翻译骨干培训。

【文字宣传工作】 2022年，错那县藏语文工作委员会办公室（错那县编译局）结合进校活动，通过对小学生发放宣传用品包、宣传册等形式，宣传《西藏自治区学习、使用和发展藏语文的规定》《日常用语读本》《轻松学藏语》等，最大化农牧民群众、小学生藏语文宣传用品使用率，扩大藏语文宣传范围。在藏语文工作经费中支出5.93万元，购买550个双肩书包发放给全县各完全小学，推动错那县教育事业发展。

4月27日，错那县编译局在全县范围内检查社会用字

（错那县编译局 供图）

【党风廉政建设】 2022年，错那县藏语文工作委员会办公室（错那县编译局），以每周理论学习时间为契机，学习《中国共产党党员领导干部廉洁从政若干准则》《中国共产党纪律处分条例》，县纪委通报的身边人、身边事的典型案例和观看警示教育宣传片1部等，提高干部职工政治站位，领会全面从严治党的要求，绷紧廉洁自律弦，做到自省、自警、自励，增强拒腐防变的自觉性、坚定性，执行党风廉政建设责任制。

（洛桑仓决 撰）

卫生健康

【概况】 错那县是牧业县、高海拔边境县，全县共10个乡（镇），其中二类区7个乡（镇），三类区3个乡（镇），2022年上级业务部门及县委、县政府贯彻落实卫生健康工作方针政策，落实全县医疗卫生预防保健、卫生行政执法、健康教育等工作，加大对基层医疗卫生机构人才培养和服务运行的投入力度，规范化、标准化建设基层卫生机构，加强对乡、村两级人才、设备、技术的培训、配置和引导，增强基层医疗卫生服务能力，稳定医疗人才队伍，推进县级公立医院改革。2022年，错那县卫生健康委员会（以下简称“县卫健委”）编制人数5人，实际人员5人。

【新冠疫情防控】 2022年，错那县对接“安徽省第八批援助错那县工作队”，铜陵市、宣城市选派医疗专家6名“组团式”支援错那县，保障全县群众看病就医需求。

【传染病防控】 2022年，错那县开展鼠疫监测20次，面积15.69万亩，发现自毙旱獭6例，开展鼠疫监测和保护性灭獭5次，采集人血清628份，旱獭、羊、狗和黄牛血清579份，检测结果阴性，发放鼠疫防治宣传资料8000余份。加强其他传染病防控工作，对7名感染手足口病学生、6名感染流感学生，采取隔离和药物措施治疗，完成传染病防控工作。

【卫生健康项目】 2022年，错那县卫生健康续建项目1个，县卫生服务中心能力提升工程，国家投资1100万元，6月12日实施完成。新建项目3个，乡（镇）卫生院能力提升建设项目（新建贡日门巴民族乡卫生院，改造错那镇、卡达乡卫生院），援藏投资425万元，完成施工进度80%，资金支出304.7万元。

【妇幼健康】 2022年，县卫健委加大孕产妇跟踪管理力度，全县住院分娩活产数98例，住院分娩率100%。组织开展妇女“两癌”筛查445人，筛查率102%。兑现21名农牧民孕产妇住院分娩补助资金8.49万元，发放妇幼健康宣传资料2000余份，覆盖率90%；免费发放叶酸（维生素B9）97盒，6—36月儿童营养包863盒，受益人数538人。

【养老健康服务】 2022年，县卫健委做好老年健康与医养结合服务工作，为全县1169名65岁及以上老人开展一次免费上门健康体检服务，同时，提供了医养结合服务、健康综合评估与健康指导。

【医疗援藏】 2022年，错那县依托、发挥安徽省医疗卫生技术人员优势，补齐全县医疗卫生专业技术人才短缺的短板，安徽省选派4名医疗技术人才到错那县短期援藏。中国人民解放军联勤保障部队“988”医院选派6名医疗技术专家到错那县援助帮扶。2家援藏医疗队通过以带促培、技术培训、手术指导、专科建设等方式，开展个人防护、流调、妇产科、手术麻醉、院感知识等业务培训8场次，提升医疗人员在复杂情况下的救治能力，为错那县培养基层医疗卫生专技人员22名，指导开展手术56例，其中妇产科手术15例、骨外科手术8例。在援藏医疗专家的帮助下，累计接待门诊患者1.47万人次，住院患者240人，医技检查患者1.52万人次，外治理疗患者5662人次。

【公共卫生服务】 2022年，县卫健委加强卫生执法监督，受理公共卫生许可、注销、变更17份，其中新发卫生许可证10个、延续2个；每月对全县重点场所开展至少2次卫生监督检查工作。贯彻西藏农牧区“一孩双女”户、“特殊子女”家庭特别扶助网上录入及资金兑现工作，录入“特殊子女”扶助对象182人，兑现资金110.81万元；录入“一孩双女”户扶助对象943人，兑现资金90.53万元；向各级医疗机构下拨公共卫生服务经费63.47万元；按照“保基本、强基层、建机制”原则，向各乡（镇）卫生院下拨基本药物制度国家补助资金69.3万元。开展棘球蚴病工作，按照“发现一例、救治一例、管理一例”要求，规范治疗、科学管理确诊棘球蚴病患者，年内无新增确诊病例，药物治疗14例，手术1例。加大“三病”（乙肝、梅毒、艾滋病）防治工作力度，新生儿24小时乙肝疫苗应接种12人，接种率100%。采样全县饮用水水质1次（丰水期），送检采样水质样本29份，合格29份；食用碘盐样本检测189份，检测结果符合食用盐碘标准。推进村（社区）公共卫生委员会建设工作，成立27个村（社区）公共卫生委员会，推选成员107名，其中，主任27名、副主任19名、委员61名，完成业务能力提升培训67人，相关制度挂牌上墙。免费开展义诊活动13次，免费发放药品价值3.6万余元，服务群众4000余人，提供放血治疗、针灸、霍麦、拔罐等藏医特色项目，让群众享受藏医特色理疗。开展城乡居民免费健康体检工作，截至2022年11月底，体检率90%。

【健康随访】 2022年，县卫健委开展家庭医生签约服务，对老年人、高血压患者、糖尿病患者、孕产妇、0—6岁儿童、严重精神障碍患者等重点人群，增加随访和健康指导频次，全县家庭医生签约率100%，并将新冠患者纳入家庭医生签约范围，每季度上门随访1—2次，对罹患大病和慢性病人员开展针对性服务和指导。落实先心病患儿救治常态化工作，筛查0—14岁儿童9人，未发现疑似先心病患者。开展“先诊疗、后付费”“一站式结算”，全年“先诊疗、后付费”优惠1763人次，垫付资金10.37万余元；开展8名农牧民群众返贫人口大病专项监测工作，确保困难群众大病得到及时救治。

【医务人员培训】 2022年，县卫健委建设卫生人才队伍，开展医务人员培训，落实住院医师规范化培训和儿科医师转岗培训、全科医生紧缺人才培养培训工作，选派儿科、全科、紧缺人才参加各类培训15人。

【藏医药工作】 2022年，错那县藏医医院通过一级甲等民族医院创建评审验收，创建山南市“一级甲等”民族医院。开展藏医适宜技术线上、线下培训，实现藏医适宜技术在基层医疗机构的推广应用。推进科研攻关项目，验收2019年立项的局级课题“偶琼膏药”对“真布”病的疗效研究课题，实施2021年立项的局级课题项目“开发藏医传统30种鑫卒器械套装”。

【医疗机构建设】 2022年，县政府牵头，山南市人民医院与错那县卫生服务中心建立“紧密型”医联体合作达成协议，以全面托管的方式共建错那县卫生服务中心，加挂“山南市人民医院错那分院”机构牌子，由山南市人民医院选派管理和技术团队参与医院行政、医疗管理。加大医疗废物处置管理力度，以托管第三方运营方式，规范收集和安全转运县、乡（镇）、村（社区）医疗机构和新冠疫情防控点产生的医疗废物，推动医疗废物管理工作规范化、标准化。推进规范医疗机构诊疗服务行为专项整治行动，把专项整治工作与新冠疫情防控相结合、日常监管和打击非法行医相结合，监督全县医疗机构，依法打击医疗机构违法违规行为。

（杨巨龙　撰）

医疗保障

【概况】 2022年，错那县医疗保障局（以下简称“县医保局”）有干部职工7名，其中，局长1名，副局长2名，专技人员3名，“三支一扶”人员1名。

【城乡居民及干部职工参保】 2022年，错那县城乡居民参保人数113166人，标准缴费参保人数10928人，应享受政策资助参保人员2238人［“6050”参保人员（女性60岁、男性65岁）1827人、监测户参保28人、低保户参保184人、重度残疾人员参保109人、特困人员参保80人、孤儿参保10人］。全县干部职工参保人数1775人。

【基本医疗保险】 2022年，错那县城乡居民基本医疗门诊、住院374人次，支出统筹报销资金137.29万元（其中定点医疗机构审核结算9072人，资金138.74万元）。

【基本医疗救助】 2022年，错那县城乡医疗救助工作在县委、县政府的领导下，在市、县民政部门的指导下，落实医疗救助，完善规章制度，严格程序，标准操作，履行以民为本、为民解困的宗旨。全县开展医疗救助196人次，支出救助资金77.21万元。

【干部职工医疗报销】 按照在职及退休干部职工医疗保险相关政策，2022年错那县在职干部职工、退休干部职工、门诊及住院生育报销115人次，结算金额155.12万元。

【医疗机构及零售药店监督检查】 2022年，错那县有定点医疗机构2家、定点零售药店1家，为确保医保基金安全有序运行，打击欺诈骗保行为，全年开展定点监督检查5次，开展打击欺诈骗保宣传3次。

【党建工作】 2022年，县医保局有正式党员5人，其中，女性党员4人、男性党员1人。把学习贯彻习近平新时代中国特色社会主义思想作为首要任务，读原著、学原文、悟原理，把习近平总书记视察西藏时的重要讲话、重要指示精神贯穿履职尽责全过程，提升党性修养和能力素养。7月，县医保局党支部成立，通过“三会一课”、自主学习等方式，组织集中学习12次，举办组织生活会，剖析查摆问题，开展批评与自我批评。召开党员大会2次、支部会议6次、党课2次。

（洛桑巴旦　撰）

10月16日，县医保局检查定点药店　　（县医保局　供图）

县人民医院

【概况】 错那县人民医院（以下简称“县人民医院”）是一家非营利性综合国有全资医院，成立于1960年。总房屋建筑面积1.26万平方米，其中业务用房面积8487平方米。医院等级为二级乙等医院。全院编制床位数18张，实有床位数42张，观察床数2张。县人民医院无单独编制，卫生服务中心编制48人，其中包含县人民医院、县疾控中心、县妇幼保健、县计生。县人民医院实有54人，其中，编制人员42人、公益性岗位1人、聘任人员10人、援藏1人。

【医疗业务】 2022年，县人民医院门诊总量12817人，医技科15059人，其中检验7599人、B超1709人、放射2911人、心电图578人、C13检查74人。住院收治病人187例，其中，外科住院60人、妇产科住院47人、内科住院80人。手术病人56例，其中，妇产科手术15例、骨科手术8例、普通外科手术33例。

【学科建设】 2022年，县人民医院开设医务科、临床科（内儿科、妇产科、外科、急诊科、手麻科、口腔科）、护理部、医技科（检验、放射、B超、心电图、胃镜室）、药械科、院感科、手术室、供应室、行政科（院办、财务科、信息科、绩效科、后勤）等功能科室。

【人才培养】 2022年，县人民医院派出其他省市进修人员3人，自治区内培训2人。邀请山南市人民医院专家授课3次，其中，院感科2次、财务科1次。援藏医疗队（中国人民解放军联勤保障部队第九八八医院医疗队、安徽省医疗队）分别从医疗人才培养、技术指导、业务带教、专科建设方面重点支援县人民医院，集中授课8次。县人民医院医务科带头进行全院业务培训12次，考核6次，各科室主任带头讲课68次。

【护理工作】 2022年，县人民医院护理质控委员会每月开展1次，共12次；质控安全检查每月4次，共48次；护士长例会每季度1次，共4次。护士参加自治区内学习培训1次，全院业务培训学习12次；组织护士进行新冠疫情防控实战演练2次；“三基”理论考试4次，合格率93.5%；护理操作考核4次，护士参加全院护理技能大比赛1次；患者满意度91.5%，无院内患者投诉。

【医疗质量管理】 2022年，县人民医院按照二级乙等医院工作要求，抓住医疗质量与护理质量管理，改进落实二级乙等医院制度，检查医疗核心制度及登记本。全年灭菌效果监测合格率100%，生物监测合格率100%，空气细菌培养合格率100%，医务人员手细菌培养合格率99%（整改后100%），消毒液染菌量检测合格率100%。门诊处方合格率达95%，入出院诊断符合率98%，住院分娩率99.64%，治愈率87%，病死率0，各种护理表格书写合格率95%，消毒器械合格率100%。

【药物管理研发】 2022年，县人民医院开展处方书写规范管理讲课1次，处方点评合格率95%，抗菌药物使用率门诊≤20%，住院≤60%，急诊≤30%。

【项目建设】 2022年，县人民医院信息化第三期建设投资182万，新增叫号系统、电子病历全结构化、病案首页上报系统，财务管理系统，调试阶段中。

【交流合作】 县人民医院是山南市人民医院医联体成员单位，2022年山南市人民医院下派1名超声专家到县人民医院帮扶。4月3日，邀请山南市人民医院骨科主任次仁伦珠到县人民医院开展第一例膝关节置换手术，此次手术为县人民医院第一例膝关节置换手术，体现县人民医院医疗技术的进步，发挥医联体上下联动作用。

【医疗设施设备投入】 2022年，县人民医院有安科16排CT机、彩色多普勒超声检测仪、12导联心电图机、奥林巴斯电子胃镜、C13呼吸监测仪器、日产奥林巴斯内窥镜和腹腔镜、美国贝克曼LX20速全自动生化分析仪、血常规分析仪等大型先进医疗仪器30余台（件）。

【对口帮扶】 2022年，中国人民解放军联勤保障部队第九八八医院派驻普通外科、骨科、心血管内科、妇产科、影像医学科、手麻科6名医疗专家，到县人民医院开展帮扶工作，为期半年，涉及多个重点科室以及项目的创建、发展，捐赠给县人民医院药品10万元，办公设备（笔记本电脑、打印机）1.2万元。安徽省第十批短期援藏医疗队派驻妇产科、急诊科、心内科、检验科4名专家开展帮扶工作，完善传染性疾病检测2项，开展电解质检验项目6项，长期远景检验项目20项。6—12月门诊量4361人次，比2021年增长20%；住院患者128人次，增长10%；住院手术量56例，增长89%；门诊

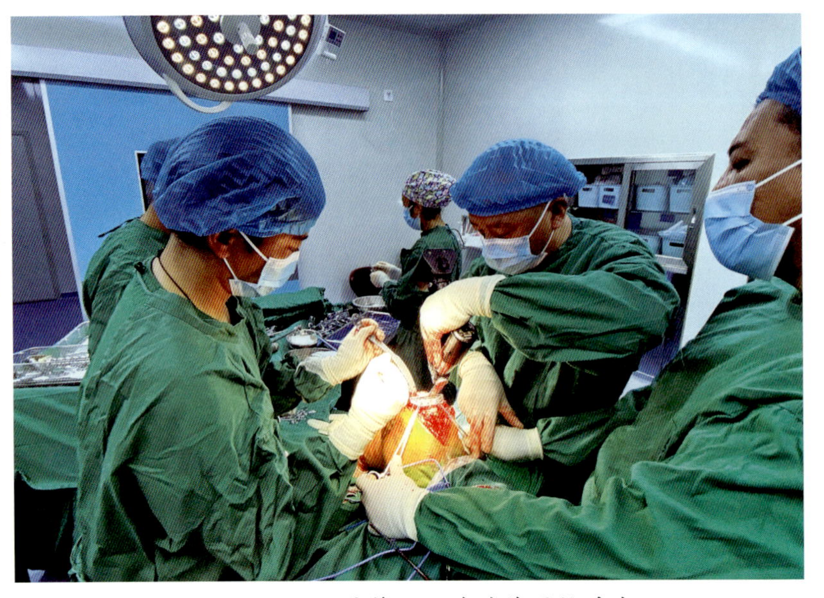
4月6日，县人民医院开展第一例膝关节置换手术（县人民医院　供图）

手术49人次，增长50%；参与或指导急诊抢救工作13次，夜间急会诊22次。

【新冠疫情防控】 2022年，县人民医院落实新冠疫情防控机制，组建新冠医疗救治梯队1组。按照新冠疫情防控学习方案组织医护人员培训10次，参加培训224人次。组织全县新冠疫情防控志愿者穿脱防护服培训1次，参加培训57人。进行新冠应急处置应急演练2次。

【公益性医院建设】 2022年，县人民医院到乡（镇）免费义诊8次，受益3000人，免费发放药品金额1万元。免费进行妇女乳腺癌、宫颈癌筛查445人。完成全县免费健康体检工作，体检率91%。

（朱同伟　撰）

错那县藏医医院

【概况】 2022年，错那县藏医医院在县委、县政府的领导下，发挥藏医医院的职能作用，为全县社会稳定、经济发展、人民健康作出贡献。医院配备3名副科级领导，核定编制10人。编内11人、编外1人（工人），其中，硕士1人、本科9人、大专1人，中专1人；藏医副高职称2人，藏医主治医师2人、藏医执业医师3人、中西医执业助理医师1人，医学影像技术士1人。公益性岗位1人，临时工2人（收费员、清洁工）。年内，新建3个功能科室。创建为山南市“一级甲等”民族医院。

【功能科室建设】 2022年，在国家能力提升项目资金扶持下，错那县藏医医院建设完成藏药咔嚓室、藏药汤剂室、C13（呼气试验正常值）检查室，丰富功能科室。县卫健委下拨公立医院改革补助项目资金350万元，以政府采购的方式开展医疗设备（经络检查仪、彩色多普勒超声检查设备、移动式X射线机）采购和医保、医疗电子票据系统建设项目。

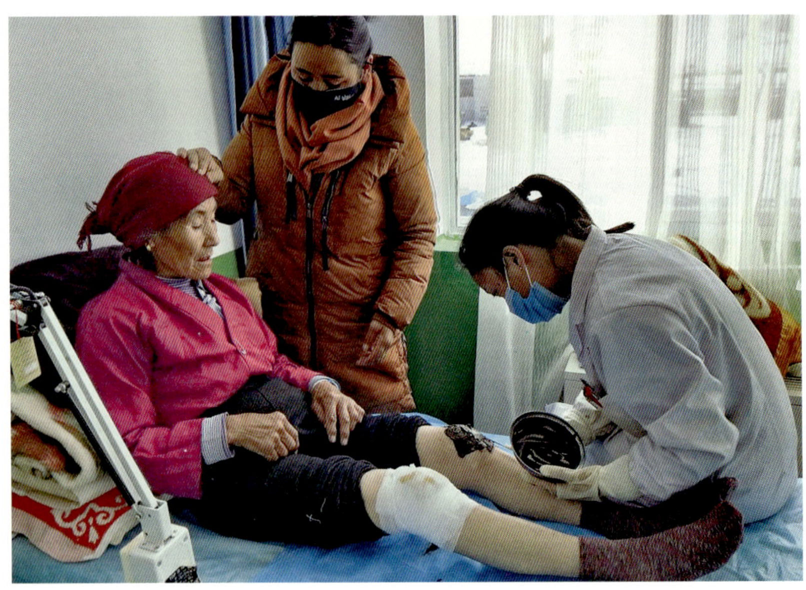
2022年，藏医敷药包扎疗法　（错那县藏医医院　供图）

【业务工作】 2022年，错那县藏医医院收治住院病人75人，门诊看病2595人次，理疗外治9538人次，心电图检查308人，B超检查158人。平均住院日15天，均次住院费用3510元，均次床日费用55.23元，均次门诊费用96.81元。业务总收入595680.41元，其中，药品收入344889.01元，医疗收入250645.4元。药款、临时工工资、电费等项目支出226507.62元，2022年采购藏药品21.78万元未支出。

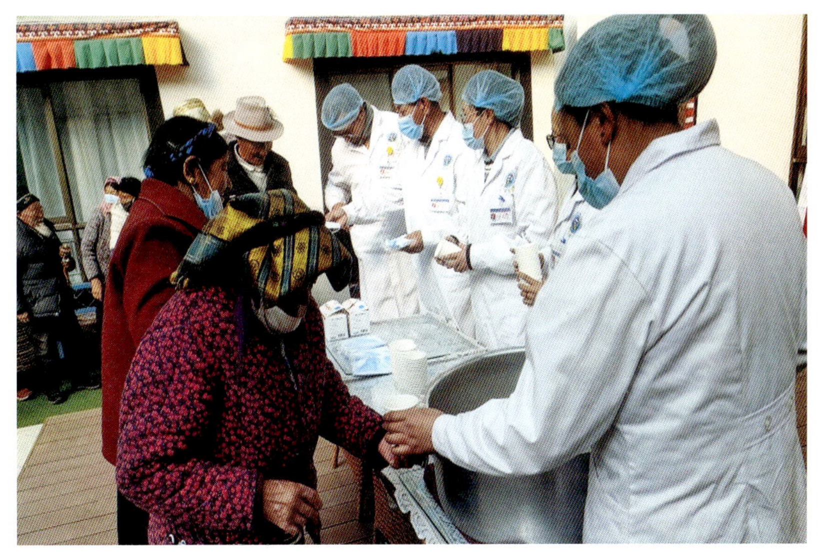

8月，错那县藏医医院给群众免费发放预防流感藏药

（错那县藏医医院　供图）

【新冠疫情防控】 2022年，错那县藏医医院落实新冠疫情防控工作，坚持到县城与县人民医院轮流执行24小时疫情检查。8月12日，按照县委、县政府指示要求，全院职工参与到新冠疫情防控工作中。

组织学习《西藏自治区新型冠状病毒肺炎中（藏）医药防治方案（试行第四版）》。8月12日，在保障错那县城各项疫情防控任务的前提下，安排人员每天熬制藏医药汤剂，开展免费发放“催汤”等藏药活动。发放催汤7千克、流感丸100颗，达斯马宝丸200颗，发放23次，受益3010人次。

保障重点人群的生命健康安全，开展新冠确诊病人的藏医药治疗工作，储备有效藏药，对全县各学校和养老院免费投放预防藏药；按照各单位和乡（镇）统计数据，对全县新冠确诊患者发放治疗藏药品。

【创建“一级甲等”民族医院】 2022年，根据山南市卫生健康委员会《关于创建县级藏医医院“一级甲等”民族医院评审工作通知》要求，6月2日，在县卫健委领导下，召开错那县藏医医院创建“一级甲等”民族医院启动会议。6月21日，山南市卫健委组织开展“一级甲等”民族医院评审验收工作，错那县藏医医院创建为山南市“一级甲等”民族医院。

【乡村藏医药人才队伍建设】 2022年3月22—23日，错那县藏医医院邀请山南市藏医医院专家巴桑伦珠在勒布沟开展40余种常用藏药成品添加咔嚓药物的方法和藏药材植物辨认知识培训，错那县藏医医院和勒布沟藏医专业人员23人参加培训。12月3—5日，邀请山南市藏医院专家巴桑伦珠和山南市藏医医院制剂室副主任巴珠开展“巴桑酥油丸”制作工艺理论知识培训，25人参加培训。通过藏医药技能培训，促进错那县藏医药事业发展。

【义诊活动】 根据县委、县政府工作要求和山南市卫健委关于开展抵边搬迁村义诊活动的通知精神，2022年2月22—26日，错那县藏医医院利用5天时间，组织医护人员到多塘村、聚塘村、汤乌村、肖村，开展以“不忘初心记使命、立足抵边保健康”为主题的义诊活动。免费发放价值2.6万余元的药物，检查B超108人次、心电图109人次，放血治疗34人次、针灸89人次、霍麦48人次、拔罐102人次，开具处方并给药496人次，问诊随诊1000余人次。到错那县养老院

开展免费送医送药爱心活动2次，接诊142人，发放藏药品132人，心电图检查23人，B超检查25人，针灸治疗15人，藏医特色拔罐、火灸治疗18人次，宣讲“戴口罩、勤洗手、少聚集”等新冠疫情防控知识。

【课题申报】 2022年，错那县藏医医院持续申报自治区藏医药管理局局级课题项目，成功申报2021年局级课题“开发藏医传统30种鑫卒器械套装”。

【实习生带教工作】 2022年4月15日，错那县藏医医院完成2022年西藏藏医药大学8名实习生带教工作。8月13日，开展2023年西藏藏医药大学7名实习生带教工作，明确分工责任、带教实习生工作任务，实习生带教工作按计划完成，基本能够掌握常见病治疗和藏医适宜技术的运用。

【党建工作】 2022年，错那县藏医医院学习领会中共二十大精神，开展作风建设，落实党史学习教育，学习领会自治区、市、县各级领导的重要讲话精神，强化自身政治理论素养，铸牢中华民族共同体意识，强化战斗力和凝聚力。以“传承精华，守正创新”为理念，实施藏医药医疗事业，开展“我为群众办实事”免费送医活动7次、集体参观错那县革命基地1次、宣传健康教育政策3次、参加错那县革命歌曲活动1次。党员干部集中开展政治理论学习40次。

7月27日，县人社局就业中心工作人员参加2022年错那县SYB创业培训班结业典礼

（县人社局　供图）

社会事业

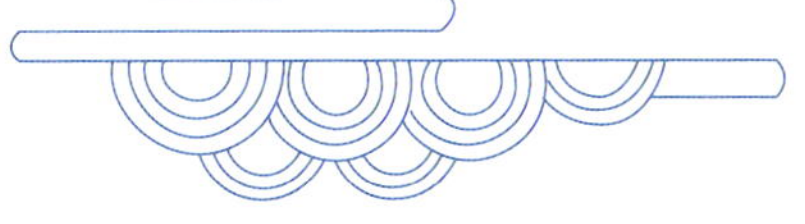

民政

【概况】 2022年，错那县民政局（以下简称“县民政局”）有局长1名，副局长1名，其他行政工作人员3人、机关工人（驾驶员）1人。下级单位有错那县残疾人联合会，行政工作人员2人，公益性岗位1人；错那县社会福利院，事业编制人员5人；错那县家庭经济核算中心，行政工作人员3人。年内，落实社会保障和救助工作。特困人员集中供养服务中心入住农村特困人员75人。开展儿童福利工作，落实事实无人抚养儿童生活补贴资金2.45万元，救助流浪未成年人、乞讨人员。落实经济困难的高龄、失能等老人补贴。规范残疾证办理。建立基层自治信息化平台，完成地名核对工作，巩固第六轮勘界成果等。

【社会保障和救助】 2022年，县民政局提高保障标准。各级党委、政府重视民生保障工作，建立完善社会救助标准动态增长机制、社会救助和保障标准与物价上涨挂钩联动机制，提高基本民生保障水平。城市低保补助标准由2021年每人每月910元提高到927元，农村低保补助标准由2021年每人每年5060元提高到5160元，集中、分散特困人员补贴标准分别由2021年每人每年14196元、7590元提高到14461元、7740元。

强化主动发现机制。与错那县乡村振兴局、县应急管理局、县教育局（体育局）、县医保局等部门建立信息互通渠道，通过各部门反馈情况（乡村振兴“三类人员”监测名单、县医保局统筹资金超额家庭、地方灾情信息等）确定排查对象，依托村（社区）“两委”、驻村工作队、双联户，掌握、核实农村贫困群众遭遇临时性、突发性事件、意外事故、身患重病等特殊情况，将致使基本生活陷入困难的家庭纳入救助范围，实施社会救助，通过关注水滴筹、微信众筹等平台，扩大群众受助面，主动入户排查，实现“应保尽保、应退尽退”。

完善动态调整机制。根据社会救助类型，分领域实行分类管理。按要求成立动态调整小组，逐村逐户开展社会救助对象主动发现探访巡访工作，确保应纳尽纳、不漏一户、不漏一人。特困人员一年一次调整，最低生活保障家庭“城市按月，农村按季度”进行核查，临时救助每季度实施集中排查。2022年，城市低保无新增，清退1人；农村低保新增15户24人，清退47户140人；开展临时救助62户149人次。

优化资金管理、使用及兑现。困难群众补助资金按照山南市要求提前告知指标，县政府列入财政预算，实行专项管理，专账核算、专款专用。资金发放程序经过2次改革，2013年由现金发放改为转账至居民存折；2020年改为县民政局财

3月13日，县民政局到曲卓木乡塔嘎村开展临时救助、最低生活保障、特困人员排查及申请救助人员家庭经济核对工作

（县民政局　供图）

务部门按“一卡通”要求，汇入享受对象本人社保卡账户。借助动态调整或民政其他事务出差，询问、调查享受对象个人账户是否存在亲戚或村“两委”占用情况，保障资金由本人使用或用于享受对象本身，确保享受对象、资金使用精准。2022年，城市低保15户17人，落实生活补贴资金12.97万元；农村低保56户93人，落实生活补贴36.29万元；全县特困老人200人（集中供养76人、分散供养124人），落实资金269.82万元；开展临时救助62户149人次，发放救助金25.76万元［县级救助33户72人次，救助金11.26万元；乡（镇）临时救助备用金29户77人次，救助金14.5万元］，其中，新冠疫情防控期间救助50户102人，救助金16.66万元。按照《自治区关于改革完善社会救助制度的若干措施》要求，对边境县（区）最低生活保障家庭按照自治区2022年最低生活保障标准增发10%的最低生活保障金，城市低保对象每人每月增发92.7元，农村低保每人每年增发516元。

【特困人员集中供养服务中心】 错那县特困人员集中供养服务中心于2015年8月建成并投入使用，为县民政局下属事业单位，主要承担农村特困人员吃、穿、住、医、葬保障服务。截至2022年底，入住农村特困人员75人，有编制内管理人员2人，护理、专业和工作人员31人，分散供养特困人员124人。以“老有所养、老有所医、老有所为、老有所学、老有所乐”为办院宗旨，通过规范化管理和人性化服务，为农村特困人员营造温馨舒适的环境，被中国网、人民网、新华网等24家中央媒体和《西藏日报》采访报道。百度、搜狗和各家媒体网页可搜索到服务和基本情况。

动态调整。为落实特困人员救助供养政策，贯彻《西藏自治区特困人员救助供养办法（试行）》文件精神，逐村逐户地毯式排查全县9个乡、1个镇，24个行政村。按照《特困供养认定办法》《山南市特困人员救助供养标准》，根据“三无”［无劳动能力，无生活来源，无法定赡养、抚（扶）养义务人或者其法定赡养、抚（扶）养义务人无履行义务能力］要件，确定特困人员，依法纳入特困人员救助供养范围，新审核认定27名分散特困人员，无集中特困人员，具体情况记录在册。

资金使用管理。按照特困供养救助资金使用办法相关规定，集中供养和城市分散供养的基本生活标准按照2022年城市最低生活保障标准（全年保障金）1.3倍确定，农村分散供养的基本生活标准按照2022年农村最低生活保障标准1.5倍确定，2022年集中、分散特困人员标准分别为14461元、7740元。集中供养资金使用适用范围包括每月零花钱、基本生活保障、住房保障、照料服务、疾病治疗及陪护、精神生活保障、办理丧葬事宜等，全年落实资金157.98万元；分散特困人员补助资金按全年标准足额落实，全年落实资金111.84万元。

服务设施。为创造舒适温馨的生活环境，提高集中供养人员的归属感、幸福感。争资立项，升级改造。2022年每间供养房内配有冲水式厕所、浴室，防护功能床位、衣柜、桌椅、沙发、电视，供暖、供氧等基本生活设施设备。设有活动室、休闲广场、按摩室、医疗室、棋牌室、理发室、阅览室等有益于老年人身心健康的功能用房。

优质服务。以“谋民福、得民意”作为作风建设的出发点，以个人“辛勤指数”换群众“幸福指数”为标准，开展培训，增强护理人员的服务意识和服务技能，强化特困老人服务保障。制定护理服务流程，每日上下午扫地、拖地、抹灰、清污物桶各1次，每周二、周五为老人洗头、洗脚，周四为老人换洗1次衣物，周五进行1次大扫除，每日查看2次老人的健康状况及人员安全情况，不定期组织理发，对于病重及行动不便老人有专人送饭菜等，按照护理流程和每日照护并填写记录。针对完全丧失和部分丧失生活自理能力的老人，按照培训技能，提供康复、防褥疮、大小便处理等专业服务。在饮食方面，早、中、晚三餐根据营养和老人饮食习惯拟定菜谱，配备水果，实行48小时留样制，保证卫生健康。设立医务室，配备常用医药品和器具，以1个楼为单位与县医院建立一帮一结对帮扶机制，不定期为老人检查身体，健全老人健康档案。

创新典型做法。错那县海拔高气温低，在县委、县政府和上级民政部门的支持下，每间供养房内设有地暖、暖气片，在-30℃的天气，室内温度15℃，平均温度不低于20℃。每间供养房内设有供氧设施，如有紧急情况或类高原反应可直接在供养房内吸氧急救。投资110余万元建设居住阳光棚2间，追资100万元分别建设活动型阳光棚、生态型阳光棚。

医疗保障。和县人民医院签订共建协议，以楼（栋）为单位建立帮扶机制，定期开展医疗帮扶巡诊活动，建立健康档案，实时跟踪特困人员健康状况和自理能力评估。根据病情程度，制定《错那县特困人员集中报告供养服务中心协助就医及陪护制度》，对于需要长期服药的特困人员，提供购药、上门配发药物服务；对于需要住院治疗的特困人员，按照县人民医院的初诊意见，就地治疗或送到上级医院就医，提供来回接送和24小时陪护服务。按照《五保集中供养条例》，每年医疗参保金，由县医保局按最高标准统一缴纳。特困人员住院诊疗费用，进行医疗报销和救助后，仍有高额自付费用的，县民政局进行临时救助，特困供养对象基本实现医疗费用全保障。

丧葬事宜。根据《山南市特困人员救助供养办法》，丧葬费用按2022年特困供养补助资金确定。按照老人临终遗言及亲属意愿，丧葬事宜由所在村（社区）或亲属办理，安葬费全额拨付给办理丧事人员；若村组和亲属不愿办理，由错那县特困人员集中供养服务中心，以“丧事简办”的原则，按照统一流程，办理相关丧葬事宜。

分散特困人员关心关怀。落实“我为群众办实事”活动，推进党史学习教育，制订分散探视制度，每年开展以“走访探望特困户　真情关爱暖人心”为主题的探视巡访分散供养特困人员活动，成立探视小组，分批到全县27个行政村居看生活是否能够自理；看生活环境是否整洁卫生；看是否与亲属共同生活；看是否参加劳动或打零工；看保障金是否本人使用。从老年人的需求出发，在探视巡访过程中，为分散供养特困人员提供测量血压、心理疏导等健康服务；提供洗衣、洗头、叠被、打扫卫生、整理家务等个人和家居卫生服务，填写探视巡访记录表。以谈心交流的方式，了解老人身体生活情况，协调解决实际困难问题，提升困难群众获得感、幸福感、安全感。

【儿童福利工作】 2022年，县民政局开展事实无人抚养儿童排查及新增孤儿认定工作。全县符合事实无人抚养儿童3人，孤儿9人，其中8人在山南市儿童福利院集中供养，1人家庭寄养。全年落实事实无人抚养儿童生活补贴资金2.45万元。

错那县未成年人保护中心以“出租创收+协议服务”的形式，为县财政创收40万余元；与承租方签订协议，为民政服务对象流浪未成年人、乞讨人员，提供免费食宿、必要送返救助。通过了解基本情况、核对家庭经济，临时救助流浪未成年人、乞讨人员，讲解《中华人民共和国未成年人保护法》和相关救助政策，帮助其维护自身合法权益，了解保障政策。提供临时监护、救助、接送、心理疏导及情感支持、甄别寻亲、接送返乡和政策法规宣传、培训等工作。衔接司法、教育、人社、卫生部门，为错那县未成年人保护中心受助未成年人提供法律法规宣讲、行为矫正、法律援助、教育培训、职业技能培训、提供就业岗位、健康知识讲座、健康体检、医疗救治等服务。

【老龄工作】 2022年，县民政局落实经济困难的高龄、失能等老人补贴，按照《西藏自治区建立经济困难的高龄、失能等老年补贴制度的实施意见》文件精神，统计全县城乡低保对象中的高龄及失能老人，有经济困难的高龄老人4人、失能老人10人，补贴标准为每人每月50元，落实生活补助资金7100元。

【残疾人生活保障】 2022年，错那县残疾人联合会规范残疾证办理，按照残疾人证办理程序进行审核、办理，遵守办证规章制度，避免出现违规办理残疾证现象。全年办理新办残疾证40例，变更残疾证5例，残损换新2例，挂失补办1例；为全县122名残疾人进行到期换证。

全县持证残疾人861人，其中一级残疾74人，二级残疾92人，三级残疾188人，四级残疾507人。享受残疾人两项补贴780人，落实生活补贴174.48万元（重度残疾人生活补贴资金34.24万元，困难残疾人生活补贴94.06万元；落实151名一级、二级困难残疾人生活补贴“市十大民心工程”资金46.18万元）。

组织工作人员到各乡（镇）开展残疾人辅助器具需求筛查及适配工作。为全县29名残疾人发放坐便器、拐杖、防褥疮坐垫、轮椅等康复器材35件。组织实施残疾人精准康复服务家庭医生签约工作，残疾人家庭医生签约416人次，签约率100%，每月对残疾人至少进行1次签约随访。

4月27日，山南市残联协同县残联到勒门巴民族乡督导检查残疾人创业帮扶情况 （县民政局 供图）

根据山南市人民政府办公室《关于山南市扶持残疾人自出创业工作实施方案》文件精神，鼓励通过培训或自主学习掌握一项或多项谋生、创业、自立技能的残疾人自主创业，按文件要求，按照创业规模，扶相应资金。对3名残疾人，发放扶持资金5万元；对肖村1名自主创业残疾大学生发放扶持资金5万元。

筛查有无障碍改造需求的困难残疾人23名，验收后每户发放3500元无障碍改造资金，共8.05万元。

【婚姻工作】 2022年，县民政局推广使用民政部“金民工程”婚姻登记管理系统，婚姻登记数据全面联网异地可查，多部门信息共享。办理结婚登记120对，离婚登记25对，婚姻登记合格率100%。落实《中华人民共和国民法典》关于离婚登记“30天冷静期”规定，按照申请、受理、冷静期、审查、登记（发证）的程序办理离婚登记，减少冲动型离婚数量。

【社会救助对象核对】 2022年，县民政局为提高社会救助对象认定准确性，促进社会救助公平、公正，增强社会诚信意识，优化社会公共服务和社会治理，根据《社会救助暂行办法》，结合线下线上核对方法，对全县城市低保、农村低保对象开展认定、清理、整顿、核对工作。通过西藏自治区居民家庭经济状况核对平台，核对124户（包括城市居民申请低保对象、农村低保申请救助对象、其他救助对象）。核查有车有房或工商个体户等情况，反馈问题给所在乡（镇）核实，确保社会救助工作公平、公正。

8月4日，自治区民政厅副厅长协同民政厅勘界处、市民政局基层政权科工作人员到错那县与措美县界限争议点实地走线及指导工作　（县民政局　供图）

【基层政权治理】 2022年，县民政局根据工作要求，建立基层自治信息化平台，完善《全国基层政权建设和社区治理系统》填报内容，更新新一届村（社区）委干部队伍建设信息，村规民约信息、党组织信息，群团组织信息，村（社区）务监督组织信息，社区社会组织信息，村（社区）服务设施及服务人才信息等，掌握基层自治动态数据，适应新时代基层自理新模式。

完成地名核对工作。根据民政部地名信息化平台建设要求，2022年初，通过线上、线下咨询村委会和村中老人的方式，完成全县1800余处地名（包括自然村、山川、湖泊等）名称的规范性、来源、是否有宗教属性等全方位核对和查漏补缺工作。

巩固第六轮勘界成果。根据第六轮实地勘界情况，整理、归档错那县与隆子县、墨脱县、措美县3个县级界限的勘察成果资料，确保行政边界清晰。4月20日与措美县民政局，到错那县郭麦村与措美县波嘎村交界点，解决勘界纠纷，因无明确的界桩和无相关坐标测绘仪器，向山南市民政局请示，8月3日自治区民政厅勘界处领导和技术人员到错那县与措美县界线争议点进行实地测线，向两方村委会成员和乡（镇）代表明确，双方均无争议。

管理行政区划。根据县委、县政府安排，配合有关单位做好申请材料、行政区划变更有关的历史、地理、民族、经济、人口、资源环境、行政区域面积和隶属关系的基本材料收集整理工作，上报县政府。3月17日，县政府研究决定，新成立肖村和岗萨洞村，2022年错那县有29个行政村（社区）。根据抵边搬迁、人口、经济资源等情况，拟定《2022—2024年三年行政区划变更计划》，收集整理相关资料。

【自身队伍建设】 2022年，县民政局在县委、县政府的领导和上级民政部门的支持下，以习近平新时代中国特色社会主义思想为指引，贯彻落实中共二十大精神、历次全会精神、习近平总书记重要讲话精神及习近平总书记对民政工作重要指示精神，围绕“三个聚焦”工作要求，坚持“民政为民、民政爱民”工作理念，发扬不畏艰难、不辞劳苦、顽强奋战的“错那民政人”作风，发挥民政工作职能作用，促进全县经济社会发展和社会稳定。

开展党史学习教育，增强“四个意识”、坚定“四个自信”、做到“两个维护”。加强党的建设，落实《关于新形势下党内政治生活的若干准则》《中国共产党廉洁自律准则》《中国共产党党内监督条例》等党内法规制度。坚持党要管党，保持政治定力，强化“两个责任”，深化标本兼治，加强党内监督，加强纪律建设，抓好作风建设，解决不正之风和腐败问题，推进党风廉政建设和反腐败斗争，巩固发展政治生态，为保障和改善民生、促进民政事业健康发展提供纪律保证。

【项目建设】 2022年，县民政局有4个在建项目，分别是残疾人综合服务中心维修改造项目和3个农村幸福院建设项目（觉拉乡觉拉村、曲卓木乡曲卓木村、曲卓木乡塔嘎村），其中残疾人综合服务中心维修改造项目，总投资200万元，7月建设完成；3个农村幸福院建设项目，总投资900万元，3个农村幸福院建设项目完成主体建设，拨付项目建设款495.71万元。

（平措罗布　撰）

人力资源和社会保障

【概况】 2022年，错那县人力资源和社会保障局（以下简称“县人社局”）有干部职工11名，其中局长1名，副局长2名，四级主任科员1名，一级科员1名，“三支一扶”人员3名，公益性岗位3名。

【就业再就业工作】 2022年，县人社局以习近平新时代中国特色社会主义思想为指导，以“改进作风，狠抓落实”活动为契机，按照自治区、市人力资源和社会保障工作会议精神、总体要求和工作部署，围绕“民生为本、人才优先”工作主线，落实各项工作。

开展农牧民技能培训17期，培训752人，涉及中式烹调、卡垫编制、茶叶加工、装饰装修，混凝土工、钢筋工等，完成年度目标任务100%，培训合格率90%，培训后就业率40%。开展错那县高校毕业生就业创业培训、能力提升培训等，全年培训高校毕业生178人，举办创业、网络主播、计算机操作等培训，培训后实现就业157人。举办专场招聘会2期、网络招聘会2期，共参加125家企业和用人单位，提供高校毕业生就业岗位929个，吸引全县319名求职者参与，投递简历500余份，达成意向协议100余人，顺利就业70人。

错那县实现城镇新增就业378人，完成年度目标任务101%；城镇失业率控制在4%。实现农牧区劳动力转移就业6411人，完成年度目标任务103%，其中脱贫户劳动力转移就业1363人，实现创收5360.7万元，完成年度目标任务100%。组建扶贫民工联队40支，带动就业991人，实现创收684.4万元。成立转移就业基地8个，其中，自治区级1个，市级2个，县级5个，带动就业675人，实现创收963.1万元。

【社会保障体系】 2022年，错

7月3日，县人社局就业服务中心工作人员参加2022年错那县群众性医疗软护培训开班典礼，宣传政府培训政策　（县人社局　供图）

那县机关事业单位养老保险参保人数1224人，参保率100%；工伤保险参保人数1257人，参保率100%；失业保险参保人数1063人，参保率100%。城乡居民养老保险参保人数10293人，参保率100%；60岁以上城乡居民养老保险养老金享受人数2285人，落实养老金59.42万元；企业养老参保人数389人。

【人事人才工作】 2022年全县人才总量743人，其中，专业技术人才469人，工勤人员40人，“三支一扶”人员36人，公益性岗位人员149人，村（社区）助理员24人，村（社区）幼教14人，村（社区）医务人员11人。完成31名专业技术人员录用派遣、8名专业技术人员调出、4名专业技术人员调入、1名专业技术人员辞职，2名工人提前退休，2名工人正常退休。完成12名初级职称、14名中级职称、1名高级技师、4名技师聘任工作，完成1名专业技术人员资格确认工作。完成错那县委党校、错那县社会福利院（五保集中供养中心）、各乡（镇）文化服务中心等6家单位225名专业技术人员、工人转隶工作，完成全县46名专业技术人员转正定级工作，完成错那县首次聘任11名中级专业技术职务人员工作。起草印发《错那县推进事业单位首次岗位等级认定工作方案》。完成县纪委监委移交醉酒驾驶机动车线索案件，降低岗位处分1人。

【工资福利工作】 2022年，县人社局完成452名专业技术人员、工勤人员薪级工资正常晋升工作；完成事业单位工作人员和机关工人调整基本工资、西藏特殊津贴增资清算工作，涉及540人、870万余元。完成西藏特殊津贴新标准、基本工资新标准兑现工作，涉及495人。完成5年浮动、20年固定、学历固定、岗位津贴清理等正常工资变动。完成4名第七批长期援藏干部援藏期满离藏和3名第八批长期援藏干部轮换待遇落实工作；完成5名短期援藏干部待遇落实工作。完成全县机关事业单位干部职工工资社保卡发放，涉及1227人。

【劳动保障监察工作】 2022年，县人社局开展专项劳动保障执法3次、日常巡查9次，整治在建、续建项目违规行为，宣传《中华人民共和国劳动合同法》《保障农民工工资支付条例》等法律法规，发放劳动合同范本400余份、《工伤保险条例》50余本，督促5家施工单位缴纳工伤保险。多渠道受理信访投诉，保障劳动者合法权益。全年受理农民工投诉案件60件，涉及人数532人，金额1104.13万元。

【党建工作】 2022年，县人社局有正式党员8人，其中，女性党员4人、男性党员4人。明确党支部班子对意识形态工作的主体责任，党支部书记是第一责任人，负责统筹协调指导工作；党支部其他成员根据分工，按照“一岗双责”要求，负责分管工作的意识形态，解决干部职工意识形态工作中存在的问题。抓住政治理论学习，按照2022年初制定的政治理论学习计划和党建工作计划，通过自学和集中学习两种方式，每周开展理论学习至少2次，学习时间不少于2小时，开展专题讨论和交流交心活动，提高党员干部思想素质。以党支部领导为示范，开展党支部活动5次。

【党风廉政建设】 2022年，县人社局坚持从严治党，从严治局，加强对干部教育、管理和监督力度。1月成立党风廉政建设小组，成立以局长为组长、副局长为副组长，所有干部职工为成员的党风廉政建设主体责任领导小组，制定《2022年党风廉政建设工作计划》，签订党风廉政建设责任书，党风廉政建设工作实行统一领导，齐抓共管，确保贯彻落实党中央、国务院和自治区、市、县党风廉政建设重大决策和部署。同步进行党风廉政建设和人社工作，从源头上防范，明确两手都要抓的思想，筑牢拒腐防变的思想道德防线，拒绝重业务轻党风廉政教育，组织干部职工观看警示教育影视片，学习《党员领导干部廉洁从政手册》《中国共产党党内监督条例》等。全年组织干部职工学习通报文件4次，学习廉政相关条例7次，节前警示教育3次等。

（旦　珍　撰）

就业创业

【概况】 2022年，错那县应届毕业生190人，其中，男性76人，女性114人，分别占比40%、60%；本科生72人，专科生118人，分别占比62%、38%；脱贫户10人，残疾人2人。2022年应届高校毕业生实现就业187人，就业率98.4%。

【高校毕业生工作】 2022年，错那县高校毕业生就业创业工作领导小组办公室（以下简称“错那县高校办”）组织工作人员，走村入户，对全县190名应届毕业生基本情况进行再核实、再统计，完成录入实名制登记信息系统，了解高校毕业生思想动态，建立应届高校毕业生就业、创业意愿工作台账，实现高校毕业生就业、创业工作动态化管理，做到对高校毕业生就业、创业底数清、情况明。通过集中宣讲和入户宣讲的方式，开展高校毕业生就业、创业政策宣传，帮助高校毕业生和家长分析自治区就业形势，鼓励和引导高校毕业生市场就业、参军入伍、学历提升等，实现就业和缓解就业。

【政策保障】 2022年，错那县设立就业创业扶持政策，资金200万元，制订出台《错那县高校毕业生就业创业补贴资金实施细则》，从7个方面支持高校毕业生就业、创业。

7月21日，县人社局领导及高校办工作人员参加2022年错那县高校毕业生面对面交流座谈会　（县人社局　供图）

【资金保障】 2022年，错那县落实自治区级高校毕业生一次性3个月未就业补贴资金46.62万元，受益84人。落实自治区高校毕业生创业启动资金66万元，受益11人。落实自治区高校毕业生创业场地租金及电费补贴政策3.57万元，受益3人。落实县本级学历提升补贴奖励3000元，受益1人。落实县本级其他省市就业补贴政策13万元，受益13人。

【搭建就业平台】 2022年，错那县举办4期应届高校毕业生专场招聘会和2期线下招聘会，提供市场就业岗位750个，通过招聘会实现就业70人。开发政府岗位，结合2022年新冠疫情防控期间稳岗就业实际需要，针对基层卫生、基础教育、消防安全等领域专业人才缺乏和工作力量薄弱问题，开发政府购买服务性岗位46个，其中，村（社区）医务人员8名，村（社区）幼教6名，县直单位工作人员3名；政府专职消防员9名，消防人员10名。

【帮扶引导】 2022年，错那县按照高校毕业生就业实际情况，实行“一对一”“多对

一”帮扶机制，全县143名正科级以上领导干部帮扶190名应届高校毕业生，实现全覆盖结对帮扶，结对帮扶责任人介绍就业岗位25个，宣传政策、引导就业100人次。

（旦　珍　撰）

民族·宗教

【概况】 县委统战部领导民族宗教工作，县民宗局与县委统战部合署办公。县民宗局主要职责是贯彻执行党和国家的民族宗教政策和法规，依法加强对民族宗教事务的管理，引导宗教与社会主义相适应，调查研究民族宗教方面的问题并提出建议，为县委、县政府决策处理民族宗教问题提供建议，做好服务，会同有关部门做好调查研究，承办上级民族宗教部门交办的其他事项。

【重要会议】 3月17日，县委召开民族工作会议，会议传达学习中央、自治区党委、市委民族工作会议精神，宣读县委、县政府《关于命名第二批县级民族团结进步模范单位、教育基地的决定》。在主席台就座的领导为进步模范单位代表颁奖授牌。吉巴门巴民族乡等3个模范单位代表作交流发言。

5月13日下午，县委副书记、县委宗教工作领导小组组长次仁顿珠主持召开县委宗教工作领导小组会议，会议传达学习全国宗教工作会议精神和全国、全区、全市统战部长会议精神以及全区宗教界深入开展“三个意识”教育动员部署会议精神，研究部署近期重点工作。县委常委、统战部部长、民宗局局长索朗巴珠，副县长刘中权出席会议，各乡（镇）党委书记，各寺管会书记，宗教工作领导小组成员单位主要负责人和部分僧尼代表参加会议。

【民族基本情况】 2022年，西藏自治区有9个民族乡，错那县占4个，即吉巴门巴民族乡、贡日门巴民族乡、麻麻门巴民族乡、勒门巴民族乡。全县居住着藏族、汉族、门巴族、回族等16个民族1.5万人，民族通婚家庭127户。4个民族乡2021年有282户822人，2022年有283户824人，同比增长0.35%；2021年有劳动力513人，2022年有劳动力477人，同比增长-7.02%；2021年人均可支配收入21227.11元，2022年人均可支配收入预计27871.72元，同比预计增长31.30%；2021年粮食产量112.69吨，2022年粮食产量85.21吨，同比增长-24.39%；2021年蔬菜产量70.69吨，2022年蔬菜产量90.76吨，同比增长28.39%；2021年肉类产量120.56吨，2022年肉类产量121.75吨，同比增长0.99%；2021年奶类产量713.57吨，2022年奶类产量631.29吨，同比增长-11.53%；2021年牲畜产量1644头，2022年牲畜产量1223头，同比增长-25.61%。

【宗教事务管理工作】 2022年，错那县有宗教活动场所18座，其中，有僧寺庙9座、无僧寺庙9座，在编僧尼43名。加强和创新寺庙管理，县委统战部、县民宗局和各寺管会投入资金10万元帮助寺庙僧尼办实事31件，对43名在编僧尼进行免费健康体检，解决僧尼实际困难。加强对宗教工作的领导，履行宗教工作主体责任，完善县级领导干部联系寺庙制度，实行“县、乡、村三级书记抓宗教工作”责任制和宗教三级管理模式。召开宗教界代表人士座谈会议1次、县委宗教工作领导小组会议2次，为推进宗教工作提供依据。引导寺庙开展财税监管工作，按照“建立规范透明、制度健全、监管有力、运转高效的寺庙财税管理机制”的要求，将卡达寺、西午寺、贡巴孜寺作为寺庙财税监管改革工作试点，推进14项重点任务。开展“三个意识”教育，成立宗教领域“三个意识”教育活动工作领导小组、宣讲团、办公室，开展错那县宗教教职人员暨“三个意识”教育宣讲员培训；为“三个意识”教育活动开展提供人员和经费保障，解决经费4万元。按照“教育的基础在宣讲、关键在宣讲”的要求，24名宗教领域干部和僧尼组成宗教领域宣讲组，通过层层联动，全面铺开，形成网格式宣讲格局，为“三个意识”教育宣讲工作提供组织基础和保障。

【安全隐患治理】 2022年，加强寺庙安全隐患排查，到全县18处宗教活动场所开展寺庙安全隐患大排查、大清查工作，针对消防及文物安防设备老旧问题，投资150万元配备高原防冻寺庙消防微站及消防设施设备，升级改造全县寺庙供电线路；投资15万元添置寺庙文物安防设备。针对寺庙危房问题，投资21万元对寺庙危房进行抢救性修复。针对寺管会周转房和业务用房老旧紧张问题，投资571万元新建住房和业务用房。淡化宗教消极影响，规范清理非传统旅游景区、道路桥梁、河道护栏、线杆电塔等地点悬挂的经幡、彩旗，规范清理521处。

（拉巴旦增　撰）

退役军人事务

【概况】 2022年，错那县退役军人事务局（以下简称“县退役军人事务局”）在县委、县政府领导下，以习近平新时代中国特色社会主义思想为指导，落实习近平总书记关于退役军人工作重要论述和重要批示、指示精神，增强“四个意识”、坚定“四个自信”、做到“两个维护”。围绕“让退役军人和其他优抚对象成为全社会尊重的人，让军人成为全社会尊崇的职业”工作目标，完成各项任务目标。按照“有机构、有编制、有人员、有经费、有保障”的原则，2019年4月组建错那县退役军人事务局，正科级，编制3名，领导职数3个，2022年有局长1人、副局长2人，办公场所在县民政局1楼。

【退役军人服务保障体系建设】 2019年5月30日，挂牌成立错那县退役军人服务中心，为县退役军人事务局所属公益一类事业单位，编制3名，科级领导职数2个，专技人员1名。2022年有服务中心主任1人、专技人员2人。

【优待证建档立卡】 2022年，县退役军人事务局开展全县退役军人优待证建档立卡及优待证申领工作，全部建档立卡，在规定时间内完成错那籍退役军人优待证申领工作，完成率92%。

【拥军和褒扬纪念】 2022年，县退役军人事务局为增强军民团结，巩固发展“同呼吸、共命运、心连心”的军民关系，营造拥军优属、拥政爱民的氛围，开展错那双拥工作，在“三大节日”、八一建军节期间，慰问驻军部队、优抚对象、农村籍退役士兵、现役军人家属，发放慰问金。配合县人武部完成2022年错那县征兵任务。开展光荣牌悬挂工作，为退役军人和现役军人家属悬挂光荣牌。

【退役士兵安置】 2022年，县退役军人事务局根据自治区《退役士兵安置条例》实施细则，发放退役军人家属优待金及自主就业补助金。

【优抚对象服务管理】 2022年，县退役军人事务局落实优待抚恤政策，按时足额发放各类抚恤资金。全年发放伤残人员抚恤补助金，发放60岁以上农村籍退役军人生活补助金。

【军休干部服务管理】 2022年，错那县有军队退休干部，县退役军人事务局落实工资福利待遇。

【宣传工作】 2022年，县退役军人事务局根据自治区退役军人事务厅政策通知及《山南市退役军人事务局关于宣传动员退役军人家庭抵边搬迁的通知》要求，汇报、安排部署宣传政策工作。上报有意愿搬迁

2022年，县退役军人事务局工作人员入户宣讲政策

（县退役军人事务局　供图）

的退役军人、已搬迁的退役军人情况。

【专项考录】 根据山南市退役军人事务局下发文件通知精神，县退役军人事务局宣传文件到退役军人。筛选符合条件的退役军人参加2022年退役军人专项公职考试。

（张　伟　撰）

3月28日，吉巴门巴民族乡举行庆祝西藏百万农奴解放63周年文体活动（吉巴门巴民族乡　供图）

乡（镇）概况

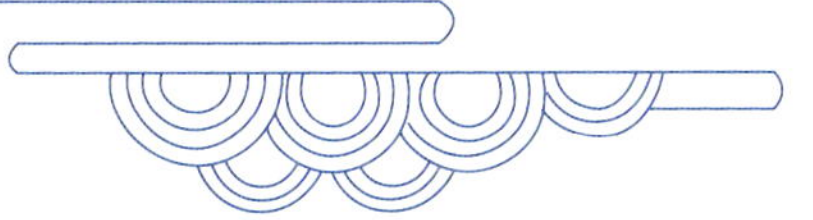

错那镇

5月4日，错那镇举行以“百年芳华　砥砺奋进”为主题的“庆五一·迎五四”文体活动　（错那镇　供图）

【概况】　错那镇是错那县政府驻地，距山南市220公里，总面积1052平方千米，平均海拔4380米，地处高寒边境，气候条件恶劣，平均气温-0.3℃、极端最高气温18.4℃、极端最低气温-37℃，最大冻土深度76厘米，无霜期64天，自然灾害较频繁，水资源丰富，有波拉山、央宗拉山，那日雍措、吉布吉措、格庆措、切乌措、错久雄曲、则曲（错那曲）。错那镇下辖错那、吉松2个社区，7个居民小组，13个自然村，1座寺庙，人口基本为藏族，有少数门巴族。截至2022年底，有714户1926人，其中劳动力1180人。经济发展以第一产业、第三产业为主；公共财政预算收入3004.79万元，比2021年增长16.6%；全社会生产总值6194.74万元，增长13.6%；人均可支配收入20613元，增长9.7%。主要农作物有青稞、油菜，畜牧业有牦牛、绵羊。耕地面积3157.8亩，粮食播种面积1316.55亩，经济作物播种面积959.55亩。

【重要会议】　2022年，错那镇召开各类重要会议72次，其中，县委书记巴桑欧珠主讲中共二十大精神宣讲会1次，错那镇机关支部党委会16次，贯彻落实中央第二轮环境保护督察整改工作会议2次，错那镇机关支部委员会党员大会3次，错那镇第十五届人民代表大会第四次会议1次，安全生产工作推进会议4次，节假日、重要节点维稳工作安排部署会议8次，新冠疫情防控工作安排部署会议11次，高校毕业生转移就业工作会议3次，农牧民增收工作推进会4次，国民经济统计工作会2次，人居环境整治工作推进会13次，拖欠农牧民工工资征讨推进会4次。

【重要活动】　2022年，错那镇以文化惠民为宗旨，依托文化阵地建设效用，结合党史学习教育、加强改进作风建设教育活动、喜迎中共二十大等活动，组织开展“我的中国梦——文化进万家”村晚演出活动；庆祝“3·28”西藏百万农奴解放纪念日活动；“阅读伴我成长·文化惠民生”图书进社区活动，“喜迎二十大·阅读新征程”朗读大赛等读书日活动；联合中国共产主义青年团错那镇委员会、错那镇工会开展以“百年芳华　砥砺奋进”为主题的“庆五一·迎五四”文体活动；联合错那县文化局（文物局）开展以“连接现代生活　绽放迷人光彩”为主题的2022年“文化和自然遗产日”活动；结合“七一”中国共产党建党节开展群众文艺演出活动；结合中华人民共和国成立73周年暨喜迎中共二十大的契机，开展“喜迎党的二十大　庆祝国庆节”活动。

【班子和队伍建设】　按照组织机构架构，2月26日，县委书记巴桑欧珠，县委常委、组织部部长吴建国，县人社局局长罗布次仁到错那镇参加错那镇内设机构和事业单位集中揭牌仪式，机构设置更加规范化、科学化、民主化，为错那镇班子和队伍建设打下基础。8月10日，错那镇党委、镇政府联合下发《关于明确错那镇党委领导班子及干部职工分工的方案》，增强班子成员和队伍的整体功能出发，提升习近平新时代中国特色社会主义思想学习教育的实效性，坚定政治信仰，确保队伍整体功能发挥的方向正确；完善制度机制、改进领导方式，坚持政治领导，强化队伍整体功能发挥；选好干部配强班子，严把政治关，夯实队伍整体功能发挥的组织基础；加强政治训练、实践历练，提高政治能力，构建队伍整体功能发挥的关键支撑；严肃政治生活、严明政治纪律，净化政治生态，培厚队伍整体功能发挥的健康土壤；加强组织领导、优化运行机制，压实政治责任，健全提高队伍整体功能的长效机制。

【农牧业发展】 2022年，错那镇坚持农牧业基础地位不动摇，结合高寒气候特点，采取措施抓好农牧业生产，实现农牧业提质增效。在农业方面，全年农作物播种面积3157.8亩，粮食产量244.98吨、油菜产量121.23吨、蔬菜产量30.82吨、饲草产量566.1吨。在牧业方面，新生仔畜4459头（匹、只），其中，小畜3543只、大畜916头（匹、只），新生仔畜成活率98.8%。成畜死亡24头（匹、只），其中，大畜11头（匹、只）、小畜13只，成畜死亡率0.16%。年底牲畜总头数19047头（匹、只），成畜出栏率39.83%。

【教育事业】 2022年，错那镇加大政策宣传力度，引导适龄儿童入学，召开教育工作座谈会，围绕学校发展的重点、难点、堵点问题进行研究部署，适龄儿童入学率100%、辍学率为0。

【医疗卫生】 2022年，错那镇卫生院在镇党委、镇政府的领导下，完成新冠疫情防控业务知识培训13次，穿脱防护服及无菌操作、区域消毒演练8次。8月7日新冠疫情突袭，对错那镇消毒消杀。开展卫生院家庭签约219户385人，大病、重病一年入户12次。

【文化建设】 2022年，错那镇文化办公室配备11名专职工作人员，图书室有图书3172册，电子阅览室有10台电脑及配套桌椅，娱乐室配备乒乓球、台球、藏拍等器材，购置扬琴、扎木聂、笛子等乐器供群众免费学习。图书室书籍借阅823册，借阅人次613次；每周向农牧民群众免费开放农家书屋56小时。利用春节、藏历新年、“3·28”西藏百万农奴解放纪念日等重大节日，开展自编、自演、自娱的群众性文艺演出活动，举办文艺演出活动11场，到场观众2800人次。利用文化服务平台开展技能培训，全年开展文化夜校培训7期，参训群众400人次。

【社会保障】 2022年，错那镇预算安排民生资金617.88万元用于保障民生事业支出。坚持优先发展教育，落实教育资金2个居委会共10万元，对错那镇完小优秀教师、学生进行奖励，提升教学质量。提高医疗卫生水平，财政拨款50万元用于错那镇卫生院改造升级，48万元用于购置医疗设备，推进城乡医疗服务均等化，提高医疗卫生服务质量。健全社会保障体系，落实民生资金598.99万元，提升人民群众获得感、幸福感、安全感保障群众出行安全，修缮吉松牧区冬季骡马道，支出67.25万元。

【生态环境保护】 2022年，错那镇推进生态环境“六大专项”问题整治，每月组织生态岗位、“双联户”户长、社区“两委”班子开展卫生清理活动2次，组织群众出动413人次，集中清理错那镇河道、公路沿线和草场等区域的垃圾、横幅、经幡，清理垃圾29.32吨，设置告示牌2个；以各卡点

5月16日，错那镇组织开展人居环境整治工作

（错那镇　供图）

取暖为切入点，以销代清，出售堆放杂乱牛粪6吨、柴火3吨作为卡点燃料物资。强化工厂项目综合治理，集中拆除错那镇3个停产砖厂、停运设备，按规定拆除错那居委会砖厂违规扩建区域内的加工设备、厂房，规范堆放各砖厂未售砖块。落实河（湖）长制、林长制工作，围绕“湖有人管、河有人巡、林有人造、树有人护、草有人爱、责有人担”的要求，河湖长、林长每月开展巡河（湖）和巡林工作，现场解决发现的问题；依托义务植树造林，栽种各类高寒树种8000余株，解决错那镇4380米海拔内树木归零的状况，全县湿地、草地回迁坐落的野生动物增加，生态环境良好。

【乡村振兴】 2022年，错那镇抓好政策宣讲，组织干部集中进行理论学习52次、业务知识考试3次。在社会宣传方面，通过微信群、村（社区）广播、文艺演出、村（社区）理论宣讲员宣传乡村振兴政策80余次，加强返贫监测，加大帮扶力度。2022年错那镇有脱贫户79户204人，其中，错那居委会45户114人，吉松居委会19户46人，卡达乡搬迁至吉松一期、二期15户44人。根据《防止返贫动态监测和帮扶机制实施方案》要求，每月对脱贫群众收入情况进行排查，做好帮扶增收工作。帮助2名群众解决就业问题，落实扶贫小额贷款29户，帮助群众收割青稞、油菜等农作物4吨，脱贫户人均收入20807.96元，达到全县脱贫户收入指标。对于因重大疾病刚性支出致使基本生活出现困难的3户9人、因缺劳力致使生活出现困难的1户4人，协助1户监测户申请临时民政救助金1万元，落实4户监测户市、县级各项生活补助资金1.99万元。

【强基惠民】 2022年，错那县铸牢中华民族共同体意识，学习宣传习近平新时代中国特色社会主义思想、习近平总书记关于西藏工作的重要论述、新时代党的治藏方略、自治区第十次党代会精神和山南市第二次党代会精神共120余次，开展专题学习中共二十大精神30余次，撰写学习心得体会。带领群众致富，使用中央财政扶持资金、强基惠民工作经费、涉农部门资金等，发挥驻村工作队、结对帮扶单位优势，组织开展生产服务和集体资源合理开发，帮助群众转变经营理念，发展壮大村集体经济，实现群众增收致富。维护社会稳定，制定维稳工作方案和应急预案，组织护村队、护路队、护校队等开展巡逻活动，协助做好重点领域排查、人员管理。

【重点集体经济】 错那镇产业以集体经济为主，错那社区集体经济产业由错那社区居委会砖厂，2015年建设，属于山南市2014年第三批财政专项扶贫开发项目，总投资165万元。建筑占地面积及空地占地面积6900平方米，2015—2017年主要由错那社区居委会经营。

2018年经过镇党委、镇政府研究，同意错那社区砖厂经营权进行租赁，2018年6月18日租赁给西藏仓赛建筑有限公司，租赁期限4年（2018年6月17日至2021年6月17日），每年租赁费49万元，其中，25%用于贫困户分红，25%用于返贫预警基金，50%用于壮大集体经济。在2022年第二轮中央生态环境保护督察反馈意见中，错那社区砖厂未办理环评手续及取水许可证，2022年未开业生产，招租中。吉松社区集体经济产业有黄牛养殖场、羊毛加工厂和吉松砂石厂，收益最为显著的是吉松砂石厂，截至2022年底，实现集体经济收入176万元。

【宣传工作】 2022年，错那镇开展中共二十大精神专题宣讲活动，采取进农家、进商店、进社区的形式，营造学习氛围，用“线上+线下”的方式宣传中共二十大精神，全年开展中共二十大精神宣讲25场，发放宣传手册625份，受众1500人次。

【强边固防】 2022年，错那镇实施以“神圣国土守护者、幸福家园建设者”为主题的乡村振兴战略和边境小康村建设项目。落实各项惠民政策，兑现各类惠民资金，全年兑现各类民生资金669.69万元，实现人均增收3706元。

【维护稳定】 2022年初，错那镇党委、镇政府与各村（社区）、学校、寺庙、各办公室、各出租房签订责任书15份，村（社区）与各小组签订责任书126份，签订率100%。为把责任书的各项任务落到实处，以做好“两节”、两会、虫草采挖期、萨噶达瓦活动和“两个大庆”期间全镇社会稳定为中心任务，全年组织开展治安巡逻49次，检查社区居委会、学校、寺庙值班带班情况9次，检查旅馆、娱乐场所、茶馆30家。镇党委、镇政府和各调解组织开展集中排查活动9次，重点对荣卡自然小组6户居民未解决小康村住房情况进行走访排查。结合3月综治宣传月、6月综治宣传周、“9·16”平安宣传日活动，宣传中共二十大精神和新冠疫情防控知识、党的富民惠民政策和各项法律法规，张贴标语32条，悬挂横幅14条次，发放各类传单、宣传资料1500余份，现场答复群众咨询114人次，直接受教育群众2130余人次。农牧民“双联户”户长走村入户宣讲51场次，悬挂横幅16条次，发放宣传资料400余份，受教育群众500余人次。开展各类安全隐患排查32次，查处问题13个，现场整改11个，限期整改上报2个。错那镇有重点管控人员13人，其中，安置帮教人员6人、社区矫正人员2人、涉宗人员2人、精神病患者3人，2022年新增人员2人。

【项目建设】 2022年，错那镇项目建设主要有修缮吉松牧区冬季骡马道，投资67.25万元。错那社区四组小康村群众管线改道，投资40万元重新架设引水管道，保障群众饮水畅通和安全。

【特色产业】 2022年，错那镇特色产业以集体经济为主，其中错那居委会集体经济产业为错那社区居委会砖厂，招租中。吉松社区集体经济产业有黄牛养殖场、羊毛加工厂和吉松砂石厂，收益最为显著的是错那居委会砖厂和吉松砂石厂，对外出租年集体经济收入49万元和180万元。

（余　鑫　撰）

浪坡乡

【概况】 浪坡乡位于错那县东南部，东北接卡达乡，西邻勒布沟，西北靠错那镇，西南与印度达仓拉接壤，乡政府驻地距离错那县城19公里。其中草场面积398平方千米，森林面积245平方千米。下设6个行政村，分别是养堆村（海拔4044米）、聚塘村（海拔4296.89米）、肖村（海拔

4080米）、汤乌村（4315.5米）、岗萨洞村（4111米）和昂定村（4329米）。全乡有615户2071人，其中，养堆村31户84人、聚塘村81户273人、汤乌村56户202人、肖村172户600人、岗萨洞村172户300人、昂定村103户365人，有劳动力1171人。全乡有261名党员，其中机关党员35名、农牧民党员226名。全乡气候湿润，雨雪较多，降雨主要集中在4—7月，降雪主要集中在每年11月到次年3月。农牧民群众以牧业为主要收入来源，主要饲养牦牛、黄牛、犏牛、马等。

【重要会议】 2022年，浪坡乡召开重要会议13次，安排部署全乡工作。1月12日，浪坡乡基层工作安排部署会议召开；1月23日，浪坡乡党委改进作风狠抓落实工作动员部署会议召开；1月24日，浪坡乡全面从严治党安排部署会议召开；1月28日，浪坡乡巩固拓展脱贫攻坚成果同乡村振兴有效衔接动员部署会议召开；1月29日，浪坡乡新冠疫情防控安排部署会议召开；2月5日，浪坡乡经济工作动员部署会议召开；2月15日，浪坡乡意识形态工作安排部署会议召开；3月23日，浪坡乡2022年度民族团结进步创建工作推进会召开；3月28日，浪坡乡生态文明工作推进会暨迎接中央第二轮环保督察工作安排部署会召开；5月20日，浪坡乡2022年下半年基层党建工作安排部署会议召开；5月25日，浪坡乡安全生产工作动员部署会议召开；6月3日，浪坡乡军警地“五共五固”结对共建工作推进会召开；10月5日，浪坡乡防返贫监测户排查动员部署会议召开。

【重要活动】 2022年，中共浪坡乡委员会理论学习中心组召开集中学习会13次，浪坡乡党支部学习例会召开42次；2月25—26日，浪坡乡第十五届人民代表大会第二次会议召开；11月30日，浪坡乡第十五届人民代表大会第三次会议召开；5月，肖康桑扩建抵边搬迁点开工建设；6月，汤乌三期抵边搬迁点开工建设；7月12日，浪坡乡昂定村、岗撒洞村举行支部委员会选举；9月8日，浪坡乡开展“爱心剪发、从‘头’开始志愿服务活动”；12月13日，浪坡乡在“学习贯彻二十大　感恩奋进新征程”基层农牧民知识竞赛中获得二等奖。

【班子和队伍建设】 2022年，浪坡乡组织乡党委会议、乡党委理论学习中心组学习13次，开展每周五支部学习例会42次，利用每月1次党员固定活动日、每季度1次党员大会，组织“三会一课”30余次、主题党日活动6次。按照发展党员5个环节25个步骤，指导各村党支部科学、规范发展党员。全乡7个党支部提交入党申请书16份，发展对象3名，转正2名。依托远程教育站点，举办村干部政治理论素质培训班，开展村干部政治理论、基层党建业务工作培训1次，参训20余人次。

【农牧业发展】 2022年，浪坡乡农牧综合服务中心编制10名，实有10人。为推动农牧业抵边产业发展，落实党惠民的政策，组织技术人员包村指导，带领群众在汤乌村、聚塘村利用温室大棚种植蔬菜5.55亩，其中汤乌村5.4亩，亩产978.38千克，年增收5万元。全乡总耕地面积175.72亩。牲畜存栏2903头，其中，牦牛2509头、犏牛及黄牛394头（犏牛改良50头）。开展春季、秋季动物疫情防控工作，免疫牲畜5231头（匹、只），免疫密度95%。为推动畜牧业发展，5月28日，养堆村开展犏牛改良项目试点工程，犏牛改良50头，投入30万元，年增收5万元。

【教育事业】 2022年，浪坡乡巩固义务教育均衡发展成果，坚持管理控辍，建立健全控辍保学制度，签订控辍保学责任书。为解决农牧民子女上学路途远问题，实现就近就便上学，再建肖村幼儿园、小学

6月12日，县委副书记、县长鲁绪超（右一）调研汤乌村温室大棚运行情况（浪坡乡 供图）

建设项目。资助农牧民子女上大学27人，落实资金21万元。新冠疫情防控期间，开展入户宣讲政策，掌握学生上网课学习情况，了解学生上网课存在的困难，让学生认识到“停课不停学”的重要性。设置临时幼儿园教学点4处，配备教师5名、大学生助理教师3名，受益学生60余人。

【医疗卫生】 2022年，浪坡乡抓好农牧区公共卫生工作，改善农牧区卫生状况，提高居民健康水平，保障群众生命财产安全。开展居民健康体检，体检率91%。开展健康教育，提高群众健康素养基本知识和技能，制作健康教育宣传栏8期；结合卫生日、健康日开展宣传活动12次，发放宣传手册300余册。开展预防接种工作，为适龄儿童接种乙肝疫苗、甲肝疫苗等国家免疫规划疫苗并建证，建证率100%、接种率100%，全年无重大疫苗接种事故。开展老年人保健工作，登记管理65岁以上老年人，进行健康危险因素调查和一般体格检查，提供疾病预防、自我保健等健康指导，每季度随访1次，随访率100%，规范管理率98%。开展慢性病管理，对高血压、糖尿病等慢性病高危人群进行健康指导，对35岁以上人群实行门诊首诊测血压，高血压患者建档人数168人，每季度随访1次，随访人数168人，随访率100%，规范管理率98%。开展妇幼保健工作，为孕妇建立保健手册，开展至少5次孕期保健服务和2次产后访视，孕产妇总数27人，建册27人，建册率100%；孕期健康服务27人，产前健康管理率100%；产后访视9人，产后访视率100%。开展新生儿访视及儿童保健系统管理，有0—3岁儿童31人，其中新生儿9人，新生儿随访9人，新生儿访视率100%；婴幼儿保健手册建册9人，建册率100%；儿童健康管理率100%。开展新冠疫情防控工作，全年宣传新冠疫情防控知识32场次，发放宣传手册286份，张贴宣传标语32次，对公共场所和重点区域消毒消杀360余场次。

【文化事业】 2022年，浪坡乡注重节庆文化，2月15日结合元宵节，组织动员干部群众25人，开展“正月十五喜庆多 元宵快乐笑开怀”文体活动。巩固党史学习教育成果，3月26—28日开展“隆重纪念西藏百万农奴解放63周年”活动，举办新旧对比展览、演讲比赛、“理论+文艺”宣讲活动，发放宣传单213份，参与群众263人次，坚定干部群众爱党爱国决心。开展各类文化活动，4月15—18日，在第26个“世界读书日”组织干部到各村开展以“点燃读书激情 共建书香村居”为主题的宣传活动，激发干部群众树立尊重知识、热爱读书的思想意识，受益群众159人次。6月11日，以“文化和自然遗产日”为契机，组织开展“文物保护人人有责 文明薪火代代相传”宣传活动，动员干部群众关注文物事业发展、增强文物保护意识，受益群众203人次。开展“喜迎党的二十大”主题活动，5月27日组织干部群众开展以“全民健身运动　喜迎党的二十大”为主题的运动会，11月25日开展以“学习贯彻二十大　感恩奋进新时代”为主题的活动，参与干部群众53人次。

【社会保障】 2022年，浪坡乡发展科技、医疗卫生、文化等社会公共事业，保障改善民生，改革社会体制，扩大公共服务，完善社会管理。参加城乡医疗保险362人，参保率100%；参加新型农村养老保险179人，参保率100%。利用浪坡乡文化旅游综合服务中心免费开放平台，在春节、藏历新春、“三八”国际劳动妇女节、“3·28”西藏百万农奴解放纪念日、“五四”青年节、“七一”中国共产党建党节、“十一”国庆节等重大节假日，宣传党的惠民政策。

【旅游发展】 浪坡乡主要旅游景点是东章瀑布，位于浪坡乡南部浪坡沟高山原始森林河谷处，瀑布从悬崖上冒出，在山顶无明显源头。东章瀑布常年可接待游客，全年接待游客1万余人次。县委、县政府为吸引游客，提升景区游客体验感，完善旅游基础设施，2021年实施总投资2200万元的东章至肖村抵边旅游观光基础设施项目，2022年竣工并投入使用。

【生态环境保护】 2022年，浪坡乡贯彻“绿水青山就是金山银山，冰天雪地也是金山银山”的发展理念，坚持山水林田湖草沙冰一体化治理，抓好生态保护工作。以“6·5”世界环境日为契机，宣传习近平生态文明思想和环保法律法规，提升群众环保意识，宣传教育60余次，受众2000余人次。结合人居环境整治工作，推广“3355”农村人居环境综合整治、“五好五优”小康村评比、“十小进农家”、爱国卫生运动等，将人居环境整治纳入村规民约，开展人居环境整治活动45次，动员党员群众2800余人次，改善全乡人居环境。推行河（湖）长制和林长制，全年巡河（湖）、巡林144次，发挥护林员、保洁员、水管员等生态岗位作用。

【乡村振兴】 2022年，浪坡乡有脱贫户167户561人，返贫监测户4户18人，在县委、县政府的领导下，浪坡乡以“产业振兴、人才振兴、文化振兴、生态振兴、组织振兴”为抓手，推进乡村振兴规划。贯彻落实防返贫预警和动态监测机制，强化对“三类人员”4户18人的监测管理，落实社会保障制度和社会专项救助制度，防止脱贫人员返贫。加大人居环境整治宣传教育力度，将人居环境整治纳入村规民约，改善全乡人居环境。

【强基惠民】 2022年，浪坡乡有4个驻村工作队（养堆村、聚塘村、汤乌村、肖村），由县公安局、县委统战部、错那县融媒体中心、县林业和草原局、乡政府以及村居（乡村振兴专干、科技专干）6个单位联合选派，5月17日，19名驻村干部进驻驻村点。

督促落实驻村工作队强基惠民工作经费、驻村干部生活补助、驻村工作队员交通费、驻村工作队办公经费、驻村工作队和队员装备费资金，按照相关财政预算落实驻村干部生活补助52.83万元（包括第十批驻村干部1月1日至5月17日、第十一批驻村干部5月17日至11月30日生活补助）；落实第十一批驻村工作队员交通费2.16万元；落实4个驻村工作队取暖费2400元、文艺演出队经费8万元；利用强基惠民工作经费，帮助群众谋划致富思路，发展产业项目，带动贫困群众，从聚塘村强基惠民工作经费中列支4.6万元，购买榨油机、电炒锅、饲料打碎机，壮大村集体经济收入。

安排第十一批驻村工作队员参加县强基办举办的轮换前岗前培训，参加培训人员4名；将全区、山南市干部驻村工作手册发放到各驻村工作队，发放16册；乡强基办开设驻村微信平台，实时解答驻村队员在工作生活中遇到的困难和问题，开展“一对一”交流，指导驻村工作开展。

强化基层组织建设，开设补习班、夜校班46场次，村干部参与率96%；驻养堆村工作队组织村干部、村医进行电脑操作培训，学习打字、打印资料、操作表格等知识，提高3名村干部、村医的电脑操作水平；帮助村（社区）党组织发展党员、培养后备干部、健全规章制度，依托“三会一课”“主题党日活动”，解决基层党组织开展组织生活不够规范、基本制度落实不到位等问题；指导村（社区）党组织健全完善村规民约、党务村务财务公开，夯实村级党组织标准化建设基础。

为提升群众的政策知晓率，驻村干部组织村“两委”班子和群众集中学习党的各项惠民政策48次，参与1193人次；开展应知应会理论知识测试4次，村干部参与率95%；利用广播和微信对村“两委”班子和群众开展新冠疫情防控知识宣传45次，党员群众参与率100%；党员志愿者组成“党史宣讲队”，开展党史“送学上门”学习教育，为老党员送去《论中国共产党历史》等书籍，邀请老党员结合自身经历讲述国家的发展进步。

4个驻村工作队为群众解决问题214件，涉及群众687人；帮助群众秋收3亩；为困难群众捐款捐物折合资金2.16万元，新冠疫情防控期间为群众发放口罩7930个、消毒液7箱13瓶、防护服175件；确保群众饮水安全，3月5—30日，4个驻村工作队与村干部、村医对乡辖区水池进行排放、清洗、消毒等工作。

【重点集体经济】 2022年，浪坡乡6个行政村有集体土地357.39亩，其中农用地191.72亩、建设用地165.67亩。2个行政村为新搬迁村农村集体经济收入薄弱村，4个行政村村集体经济有所突破，其中，养堆村产业楼、农家乐、装载机租赁收入7.7万元；汤乌村产业楼、村集体茶馆、砂石厂收入38万元；肖村房屋、装载机租赁收入12万元，肖村产业楼租赁资金未结算；聚塘村产业楼、装载机租赁收入5.36万元。

【经济社会发展典型案例】 2022年，浪坡乡以“十四五”发展规划为抓手，以建设抵边红色旅游带为目标，发展红色旅游，推进旅游业项目建设。鼓励农牧民群众、民工联队参与项目建设，拓宽增收渠道，浪坡乡机械参与43辆，解决群众务工48人，平均每户每月增收4000元。扶持产业项目发展，汤乌藏鸡养殖场、蔬菜大棚落地运行，创收54万余元。

【宣传工作】 2022年，浪坡乡为贯彻落实中共二十大精神、中央第七次西藏工作座谈会精神、自治区第十次党代会精神，在全乡悬挂横幅；通过领导带头学习宣讲、集中宣讲、入户宣传和“文艺+宣传”等形式，组织开展学习宣传、宣讲活动28场次；通过“以会代学”的方式，研讨发言，撰写学习心得，学习会议精神。结合新时代文明实践所工作，利用志愿服务队，秉承“群众的需求在哪里，志愿服务活动就延伸到哪里”的理念，开展宣传党的惠民政策、关爱行动、爱国卫生运动、我为群众办实事、移风易俗、科学普及、法律服务等志愿服务活动94次。

【兴边富民】 2022年，随着搬迁户的增多，为确保边境一线搬迁群众“搬得出、稳得住、能致富”，浪坡乡落实边境一线惠民政策，落实边民补贴1206人1424.22万元，固边富民补贴1336人102.33万元，守土固边补贴1162人23.24万元，巡边员158人30.84万元，草原补助奖励43.65万亩52.89万元，生态岗位护林员91人9.69万元，搬迁户护林员19人77.53万元，草监员12人8.4万元，群防群测1人3500元，村级保洁员13人

6月22日，乡领导入户走访抵边搬迁群众　（浪坡乡　供图）

4.55万元，边境小康村保洁员4人4.8万元。

【产业发展】 2022年，浪坡乡经济总收入6355.54万元，比2021年增长79%。其中第一产业增加值446.05万元，第二产业增加值178.88万元，第三产业增加值536.24万元，分别增长44%、95%、39%。工资性收入1560.55万元，转移性收入3622.89万元，财产性收入改成10.93万元。农牧民人均可支配收入24883.97元，增长14%。

【维护稳定】 2022年，浪坡乡把维护边境安全作为首要工作，开展“做神圣国土的守护者，幸福家园的建设者”宣传教育活动，增强守边固边力量，实施固边富民工程，打牢群众基础。在重大节日和重要时间段，开展安全隐患排查153次，矛盾纠纷排查142次，开展维稳方案、预案制定和应急演练6次，巡逻465次。围绕“交通畅通、有序高效”的工作目标，开展交通安全专项整治活动，落实平安建设工作，维护道路交通秩序，稳定治安秩序，确保边境稳定。在“三大节日”、“虫草、贝母采挖期”、萨噶达瓦活动期间，乡党委、乡政府、各村党支部、驻村工作队、边防派出所等部门采取措施，组织人员对重点场所、重点部位等进行拉网式排查，处理各种纠纷和隐患，确保全乡社会面和边境一线稳定。

【项目建设】 2022年，浪坡乡在建项目有8个，分别为肖一带小学项目，汤乌村、聚塘村2所幼儿园建设项目，肖康桑扩建项目主体建设，汤乌三期前期建设，肖一带卫生院，边贸物资中心交流项目，浪坡乡职工周转房改造项目。错那县城至曲拿道路维修改建项目，边境巡逻道路建设项目，汤乌村、聚塘村2所幼儿园建设项目，肖一带边贸物资中心交流项目等未开工。肖一带小学建设项目，业主单位为错那县教育局（体育局），总投资2500万元，5月开工；肖康桑扩建项目总投资7774.33万元，5月开工，完成前期基础；汤乌三期建设项目总投资2078.66万元，业主单位为错那县抵边办；肖一带卫生院项目总投资1374.02万元，5月开工。

【特色产业】 2022年，浪坡乡推进地方产业转型，将资源优势转化为产业优势，形成集生产、展示、体验和销售于一体的现代化藏香生产基地，有特色产业白玛岭藏香厂1座，厂址在西藏自治区山南市错那县浪坡乡昂定村，配有藏香加工机器8台，制作藏香和药香、藏式门帘、民族特色洗漱包等各种民族手工艺品，制作精良，产品质量高。有从业人员10人，包括4名贫困户人员和1名大学生，为群众提供就业机会，维护社会稳定。通过“合作社+抵边搬迁户”“两位一体”发展机制，实现优势互补，形成帮扶合力，实现搬迁群众就地就业，保障群众增收致富。

（邵光毅　撰）

卡达乡

【概况】卡达乡地处北纬28°07′、东经92°36′，位于错那县城东南67千米处，北靠觉拉乡，南与印度接壤，乡政府所在地海拔4060米。下辖3个行政村（卡达村、西午村、多塘村）、11个村民小组、27个自然村。行政区域面积2057.09平方千米，户籍人数689户1775人，全乡农村经济总收入3047.95万元，农牧民人均可支配收入17171.55元，同比增长18.20%。

【重要会议】2月，卡达乡党委班子成员2021年度民主生活会召开，会议按照相关要求，进行个人对照检查，班子成员提出批评意见。2月，卡达乡第十五届人民代表大会第二次会议召开，出席会议的人大代表33名，会议听取审议《2021年卡达乡政府工作报告》《2021年卡达乡人大工作报告》，听取审议人大代表意见、建议办理情况报告。11月，卡达乡第十五届人民代表大会第三次会议召开，出席会议的人大代表34名，会议听取审议《卡达乡环境整治工作开展情况报告》，听取审议人大代表意见、建议办理情况报告。

【重要活动】2022年，卡达乡按照县委、县政府决策部署，落实各项重点工作和活动。以"三会一课"党委理论学习中心组学习、周例会等日常学习制度为载体，开展经常性学习，制定以习近平总书记系列讲话精神、中共十九大和中共二十大精神和自治区第十次党代会、市第二次党代会精神为重点的学习计划，组织党员开展理论学习56次、理论测试5次。通过"四查四问"自查整改台账，提升党员干部党性修养，开展改进作风狠抓落实工作推进会2次，"作风怎么看，工作怎么干"谈论会2次。结合乡领导班子联系干部活动，开展党员学习日活动，每周五为党建学习日，组织党员干部集中观看革命电影、习近平总书记系列讲话12次，举办讨论会5次，撰写心得体会162份。以"五共五固"活动为抓手，在多塘村打造"固边兴边富民"基层党建示范点，加大与驻地部队、乡派出所的共建力度，凝聚党政军警民力量，组织联防队、外事巡边员等实行"两天一巡"巡逻管控机制，加大边境通道、山口的巡逻、审查力度，下派包村蹲点干部督促指导各村维稳工作，确保卡达乡社会稳定。开展农村人居环境整治工作，结合"三包五带五促"活动，以村、组、户为单位对标对表，开展农村人居环境整治、"五好五优"爱国卫生运动。落实"村收集，乡转运，县集中"的垃圾收集处理制度，开展环境卫生整治98次，参与5400余人次。

【班子和队伍建设】2022年，卡达乡在编正式干部42名，其中行政编制17名、事业编制25名。编外人员有工人1名，聘用干部1名，公益性岗位3名，村集体经济专干1名，"三支一扶"1名，乡村振兴专干3名，村农牧科技专干3名。乡党委班子成员9人，政府班子成员4人，班子配齐率100%。有1个村党委（卡达村）、1个村党总支（西午村）、4个党支部（机关党支部、多塘村党支部、卡达寺管会党支部、卡达乡完全小学党支部），有党员313名，其中机关党员31名、卡达寺管会3名、卡达乡完全小学4名、卡达村144名、西午村89名、多塘村42名。有2座寺庙（卡达寺、西午寺），为觉拉寺的分寺，有6名僧尼，4名寺管会干部。有1所卫生院、3所村卫生室，有12名卫生院医护人员和12名村医。

【农牧业发展】卡达乡是以农业为主的半农半牧乡，总面积1430平方千米，草场面积75.52万亩，林地面积670.35亩，耕地面积3562.95亩，高标准农田825亩，基本农田750亩，一般农田1980亩。2022年粮食作物面积1899.75亩（其中春小麦285亩、青稞1350亩、豌豆195

亩），粮食产量554吨；经济作物种植面积731.85亩，产量138吨；其他农作物播种面积150亩；温室面积4.5亩。农田灌溉保证率100%。牲畜主要有牛、羊、马，年底牲畜存栏6777头（匹、只），其中牛3389头、羊3344只、马44匹。家禽主要有藏鸡、肉鸡、蛋鸡，总数140只。

【教育事业】 2022年，卡达乡有4所学校，其中，卡达乡完全小学1所，卡达村、西午村、多塘村幼儿园各1所，在校学生67名，小学生45名，幼儿园学生22名，完成适龄儿童应学尽学的既定目标，义务教育阶段不存在辍学学生，“三包”政策和大学生资助政策、农村义务教育学生营养改善计划落实到位。有在编教职工14名，其中专任教师11人，大专及以上学历14名，专任教师学历合格率100%。卡达乡完全小学配备校长1人、副校长2人、党支部书记1人，班子配齐率100%，校内设有德育室、阅览室、实验室、音乐室、美术室、体育馆等，图书阅览室藏书3261册，学生人均拥有图书49册。

【医疗卫生】 2022年，卡达乡有乡卫生院1所、村卫生室3所，设备齐全，运行正常。各村村医配备齐全，有村医12名，其中多塘村卫生室4名、卡达村卫生室5名、西午村卫生室3名。卡达乡卫生院（以下简称“乡卫生院”）在编正式干部12名，其中藏医师2名、药师1名、藏医护士1名、西医医生5名、护士3名，编外人员公益性岗位1名。全乡门诊人数3496人，重大疾病7人，弱势群体4人。乡卫生院总收入4.23万元，其中，药品收入4.2万元、住院收入288元；住院分娩产妇人数13人，住院分娩率100%。有7岁以下儿童101人，5岁以下儿童62人，3岁以下儿童42名，儿童系统管理率100%。完成农牧民、僧尼免费体检健康档案工作，免费为孕产妇优生优育健康检查2次，棘球蚴病筛查2次，艾滋病宣传工作3次，发放宣传资料528本，海报宣传6张，发放避孕药72盒。农村合作医疗参保人员1684人，参保率100%；基本养老保险参保人员1067人，参保率100%。乡党委、乡政府成立医疗工作领导小组，1名副乡长分管乡卫生院日常各项工作，过问、跟踪检查医院日常工作。

【文化事业】 2022年，卡达乡公共文化设施包括乡级文化站1所，村级文化站3所。卡达乡综合文化站位于卡达乡人民政府院内，占地面积160平方米，建筑面积300平方米，有图书阅览室、娱乐室（广播室）、展览室、电子阅览室、多功能活动厅等活动场所，配置齐全。村级综合文化站位于各行政村村委会院内，有农家书屋、娱乐活动室、远程电教设备等，免费向农牧民群众开放，满足群众文化生活需求。每个村级综合文化站组建有村级文艺演出队、骨干宣讲员队伍，推进乡村新时代精神文明建设。全乡有5项非物质文化遗产和4处文物遗址纳入全国保护单位，其中卡达寺、西午寺有500年的历史，属于自治区级文物保护单位。卡达乡将文化工作融入群众的生产生活中，结合新时代文明实践、喜迎中共二十大等活动，到各小组、学校、寺庙、田间地头宣讲党的政策方针、惠民政策30余场，惠及群众1870余人次；组织文艺演出队在春节、藏历新年、“3·28”西藏百万农奴解放纪念日等活动中，开展文艺会演10场次，惠及群众3900余人次，丰富群众的文化娱乐生活。

【社会保障】 2022年，卡达乡有民政救灾仓库1座、农牧仓库1座，建有乡级“藏语汉语”幼儿园1所，配备教师3名，在校学生22名、入园率100%。全乡小学、初中、高中阶段在校生分别为45人、37人、50人，入学率100%；在校大学生42人，其中本科23人、专科19人；应届大学生毕业17人，就业率100%；义务教育阶段不存在辍学学生，“三包”政策和大学生资助政策、农村义务教育学生营养改善计划落实到位；一村两医配备齐全，农村合作医疗参保人员1862人，参保率100%；基本养老保险参保人员1067人，参保率100%；五保户20人，集中供养9人、分散供养11人，住房安全，有人照料生活起居；残疾人79人，其中，一级伤残3人、二级伤残5人、三级伤残9人、四级伤残62人，全部办证，享受残疾人补贴。兑现生态岗位、边民补贴、固边富民、草原补助、残疾人补贴等惠民资金1160万余元；落实消费扶贫资金7880元；开展临时救助1户，落实资金5000元；进行医疗报销36人；大病、慢性病、重病签约服务478人；养老参保（16—59岁）人员916人，医疗参保人员1684人，应参尽参、应保尽保。

6月5日，卡达乡组织新时代文明实践队、生态岗位人员开展人居环境整治行动 （卡达乡　供图）

【生态环境保护】 2022年，卡达乡树立“绿水青山就是金山银山，冰天雪地也是金山银山”的发展理念，按照“产业兴旺、生态宜居、乡风文明、治理有效、生活富裕”乡村振兴总要求，将“3355”农村人居环境整治、“十小进农家”确定为全乡人居环境综合整治目标任务和刚性指标，结合“三包五带五促”活动，以村、组、户为单位对标对表，开展“3355”农村人居环境整治、“五好五优”等爱国卫生运动。将每周一定为“卡达乡人居环境整治日”，组织各村组、新时代文明实践队、生态岗位人员、“双联户”、巾帼志愿队等群体，进行环境卫生大整治98次，对5个临时砖厂和2个临时取料点进行土地平整、恢复农田等生态恢复治理工作。开展国土绿化和义务植树活动，截至2022年全乡零星植树1.87万株，绿化面积2万亩。

【乡村振兴】 2022年，卡达乡按照县委、县政府决策部署，按照脱贫户收入测算月上报要求，落实“四不摘”政策，巩固拓展脱贫攻坚成果同乡村振兴有效衔接，实现由集中资源支持向乡村振兴过渡，定期跟踪测算脱贫户收入。测算上报全乡122户脱贫户收入，宣讲农村人居环境整治、乡村振兴等政策35场次。开展防止返贫动态监测，制定卡达乡防范返贫监测工作方案，对因病致贫的3户6人，其中，多塘村1户、卡达村1户、西午村1户，纳入防返贫动态监测对象，开展精准化帮扶。落实卡达村乡村振兴巩固提升项目，投资2800万元，新建牛羊圈208个、打麦场24个，促进农牧业发展。

【强基惠民】 2022年，卡达乡围绕新时代干部驻村“五项重点任务”，发挥驻村干部的“传帮带”作用，推动驻村工作开展，助推村级事业发展。按照“一任接着一任干，一张蓝图绘到底”的工作要求，通过个人报名、组织推荐的方式，选派12名干部驻村，其中，选派第一书记2名，大学生村官1名，驻村工作队员9名。

巩固第十批驻村工作队的工作成效，发挥第十一批驻村工作队的作用，各村驻村工作队利用农闲时期，通过深入田间地头、走组入户的形式宣传党的惠农惠民政策及各项会议精神65场次，受益3060余人次，宣传覆盖率100%；利用“村干部集中办公日”活动，组织村“两委”开展国家通用语言文字培训35场次，8名村干部能够无障碍交流，12名村干部基本能够交流；西午驻村工作队发现卫星电视接收器被损坏，群众无法观看电视节目，与错那县文化广播电影电视局协调，争取卫星电视接收器172套，价值12.38万元，解决群众观看电视难的问题。

【重点集体经济】 2022年，卡达乡引进错那县乡村振兴蜜蜂养殖项目，发展壮大村级集体经济，增加村集体经济收入，卡达村集体经济增收19.78万元，西午村集体经济增收7.22万元。卡达村、西午村建有清油加工厂、羊毛加工厂等集体经济企业，年总收入10万元，带动农牧民就业10人。

【经济社会发展典型案例】 2022年，卡达乡粮食作物主要有青稞、小麦、豌豆，总产量738.57吨。经济作物主要有油菜、蔬菜、野生药材，总产量1331.18吨。牲畜主要有牦牛、黄牛、山羊、绵羊、马，总头数6777头（匹、只）。家禽主要有藏鸡、肉鸡、蛋鸡，总数143只。肉、蛋、奶年产量884吨，其中，肉164吨，蛋20吨，奶700吨。牲畜免疫注射率100%，无害化处理非正常死亡牲畜。卡达乡农村经济总收入3287.2万元，同比增长14.77%。第一产业收入571.01万元，第二产业收入613.49万元，第三产业收入890.85万元，转移性收入1331.87万元，工资性收入1099.81万元。年人均收入19707.44元。

【宣传工作】 2022年，卡达乡采取网上宣传、广播宣传、流动宣传、文艺宣传等方式，以习近平新时代中国特色社会主义思想为指导，宣传中共十九届历次全会精神，中共二十大精神以及习近平总书记“七一”重要讲话和视察西藏时的重要讲话、重要指示精神。宣传新冠疫情防控工作重要指示批示精神，自治区党委、市委和县委关于新冠疫情防控的部署要求，普及防治知识，凝聚社会力量。利用藏历新年、“三八”国际劳动妇女节、“3·28”西藏百万农奴解放纪念日、“七一”建党节、“十一”国庆节、“喜迎中共二十大”等时间节点，组织村级文艺演出队，开展文艺宣传活动，丰富群众文化生活。全年制作学习宣传贯彻各类会议精神横幅26条、标语700条，发放中共二十大知识口袋书40本，举办宣传会27场次，入户宣讲236次，参与人数70余人，受益群众1755人。

【兴边富民】 2022年，卡达乡围绕“守土有责、守土负责、守土尽责”的工作要求，把边境管控工作放到重要议事日程中，建立健全党政军警民联防、联动、联控机制。4—10月组织乡干部职工、护边员、边防干警到边境一线设卡执勤300余人次。建设一线放牧点为执勤点，在多塘村放牧人员中建立联户单位，形成执勤人员定期不间断巡逻和牧民边放牧边巡逻的格局，增强边境一线牧民维稳意识。落实投资1040万元的多塘村2处防洪坝建设项目，加强边境一线的基础设施建设，解决抵边群众生产生活困难，让抵边搬迁群众愿意来、留得住、守得住。

【维护稳定】 2022年，卡达乡贯彻落实各项维稳决策部署，按照综治维稳工作相关要求，开展平安卡达创建巩固提升工作，成立以乡党委书记为组长，乡长和分管领导为副组长，派出所、村第一书记、乡平安办人员等为成员的维护社会稳定领导小组，制定《卡达乡2022年维稳工作实施方案》《卡达乡2022年社会矛盾纠纷排查化解实施方案》，

2月15日，卡达乡组织干部职工开展“三大节日”维稳巡逻活动（卡达乡 供图）

设立维稳及平安办公室，安排、部署全乡维护社会稳定工作。各村委会、寺管会成立领导小组，由主要负责人员任组长，形成一级抓一级、层层抓落实的工作格局，签订社会治安综合治理及维护社会稳定目标管理责任书，将综治维稳工作任务层层分解到各村委会、寺管会、派出所、学校、驻村工作队。卡达乡平安办每月开展1次排查，对排查出来的矛盾纠纷和治安隐患，群众反映的热点问题，实行“一个问题、一名领导、一套方案、一支队伍、一抓到底”责任制，限期解决。

【项目建设】 2022年，卡达乡实施“水电路讯网、科教文卫保”等基础设施和公共服务类项目，推进产业发展，实施市政道路建设、人居环境整治、垃圾处置、网络通信工程。全年有17个项目开工建设。落实高海拔乡（镇）供暖工程投资887.48万元、乡（镇）附属工程投资115万元、乡（镇）卫生院提升工程投资80万元、寺管会干部职工周转房投资127万元和文化站维修工程，提升干部群众的生活质量。落实卡达乡至康格多沿途修建移动通信基站4个总投资720万元和康格多方向公路养护项目，确保卡达乡与康格多的道路畅通。落实卡达村乡村振兴巩固提升项目投资2800万元，新建牛羊圈208个、打麦场24个，促进农牧业发展。推进投资210万元的边境乡（镇）水渠项目1216米、投资392万元的高标准农田面积1556亩和投资80万元小型农田水利项目，为实施乡村振兴战略提供基础。落实政协办实事资金95万元的西午村水渠项目和投资1040万元的多塘村2处防洪坝建设项目，满足群众生产生活需求，提升防灾减灾能力。

【特色产业】 2008年，卡达藏刀加工工艺被列入西藏自治区非物质文化遗产保护名录。卡达藏刀作为民族特色手工业产品，历史悠久、加工技艺精湛，产品做工细腻、美观大方。卡达藏刀为纯手工制作品，刀把、刀鞘分为银和铜2种，花纹为纯手工雕刻，有老虎、狮子等动物图案，用于生产、生活、装饰和收藏。2022年在山南市各类物资交流会上进行展销，收入15万余元。

（米玛扎西 撰）

觉拉乡

【概况】 觉拉乡总面积2100平方千米，位于错那县东北部，平均海拔3890米，属于高原温带大陆性季风气候，年平均气温5.5℃，年无霜期238.8天，平均年降水量297.4毫米，年日照时数3005.9小时。1959年觉拉乡成立，1962年由隆子县划归错那县，1988年复改为乡，1999年扎洞村并入觉拉乡。截至2022年底，觉拉乡有罗堆村、觉拉村、年扎村、德吉村、扎洞村5个行政村，19个村民小组，74个自然村，总户数1284户，户籍人口3318人，以藏族为主。

【重要会议】 2022年，为稳步推进觉拉乡各项工作开展，乡党委、乡政府班子成员主持召开从严治党专题、党史学习教育专题民主生活、改进作风狠抓落实、党建品牌创建分析、乡村振兴工作安排部署、党建工作推进、新冠疫情防控工作安排部署和推进等会议，部署落实年度重点工作，为觉拉乡的高质量发展提供组织基础。

【重要活动】 2022年，为促进党政军警民团结奋斗，开创新觉拉，觉拉乡联合联村群众、边境派出所等开展喜迎春节慰问、植树造林、国家通用语言文字培训、“喜迎二十大，永远跟党走”庆“七一”、庆祝中华人民共和国成立73周年、“边境巡逻，守山河无恙”、中共二十大精神宣讲等活动。

【班子和队伍建设】 2022年，觉拉乡坚持以习近平新时代中国特色社会主义思想为指导，贯彻落实新时代党的组织路线，贯彻落实党中央、自治区、市、县决策部署，坚持政治标准、突出政治要求，提高党政领导班子建设水平。深化理论武装，强化领导班子政治建设。坚持以政治建设为统领，落实党委理论学习中心组学习制度，通过专题研讨、集中学习、个人自学、线上培训等方式，组织开展各类理论学习活动，增强“四个意识”、坚定“四个自信”、做到“两个维护”。坚持选用标准，建强领导班子队伍。树牢选人用人导向，从基层一线培养选拔干部，把政治标准放在首位，坚持干部选配向基层一线聚焦。

【农牧业发展】 截至2022年底，觉拉乡农田耕地面积9135.6亩，林地面积6.88万亩，草地面积90.54万亩。主要农作物为青稞、土豆、油菜等，其中青稞5981.1亩、油菜475.05亩、土豆291.15亩。畜牧业主要饲养牛、羊、马、猪、家禽，其中，牛1774头、羊1950只、马183匹、猪14头、家禽6581只。

【经济发展】 截至2022年底，觉拉乡农村经济总收入8560万元，其中家庭经济收入4024.88万元（第一产业收入955.96万元、第二产业收入2344.12万元、第三产业收入724.8万元），较2021年下降15.8%（受搬迁影响），工资性收入1678.99万元，转移性收入7484.62万元。农村经济纯收入3661.33万元。农村居民常住人口3318人，人均可支配收入22554.61元，较2021年增长14.1%。

【生态环境保护】 2022年，觉拉乡配合山南市环境保护局错那县分局开展生态文明创建工作，结合爱国卫生运动、“3355”农村人居环境整治、“十小进农家”等活动，开展乡周边及各村环境整治工作。结合实际情况，完善农村环境综合工作机制，以卫生清洁化、道路本土化、环境优美化为标准，在全乡开展以改水改厕、净化环境、道路硬化、美化村庄为内容的农村人居环境整治工作。全乡新建垃圾亭40个，设立垃圾箱32个，5座公厕安排专职清扫人员。为规范垃圾转运及填埋处置，统一转运各村垃圾临时收集点的垃圾到填埋场，与错那县住房和城乡建设局沟通，修复垃圾填埋场破损设施，交给第三方运营。全乡村容村貌发生新变化，实现业兴、家富、人和、村美。

【教育事业】 截至2022年底，全乡建有藏语、汉语幼儿园2所，其中，乡级1所、村级1所，配备教师7人，入园幼儿36人，入园率100%。觉拉乡完全小学在校生105人，教师13人。年内，觉拉乡完全小学完成热水供水改造，配备热水器4台、净水设备2台，确保师生饮水、用水安全。全乡在校大学生100余人。“三包”政策和大学生资助政策、农村义务教育、学生营养改善计划落实到位。

【医疗卫生】 2022年，觉拉乡除觉拉村（觉拉村位于乡政府驻地，群众就诊可到觉拉乡卫生院）外，其他4个行政村卫生室设备齐全、运转正常，配备村医9人。觉拉乡卫生院门诊诊治4000余人次，急诊出诊50余次，救治100余人。开展慢性病等常见病“签约服务”，签约率100%。“三病”筛查疑似肺结核病1人，乙肝病毒携带者80人，无先天病患儿。全乡孕妇34人，其中孕产妇27人，全部住院分娩。

【文化建设】 2022年，觉拉乡发挥乡、村两级宣讲员与理论宣讲志愿队成员的作用，宣扬爱国主义精神，践行社会主义核心价值观，传承弘扬“老西藏精神”、“两路”精神，推进祖国统一与民族团结教育，开展诚实守信宣传教育，传承优良文化传统，培养学习情怀。开展厕所革命，推动群众清理牛羊圈卫生，落实新冠疫情防控与公共场所环境卫生维护工作，推行健康上网、守法上网活动。以“3·28”西藏百万农奴解放纪念日、“五四”青年节、“6·5”世界环境日、“七一”建党节、“十一”国庆节等节日为契机，举办文艺演出20余场，受众1300余人；乡文化站组织干部开展志愿服务活动19次；各村新时代文明实践站开展宣传宣讲和支援服务150余次。

【社会保障】 2022年，觉拉乡坚持以改善民生、凝聚人心为全乡工作的出发点和落脚点，按照“补短板、强弱项”的工作要求，完善基础设施建设，建立健全基层体系制度，提高社会服务能力，促进群众生活和谐幸福。坚持屯兵和安民并举、固边和兴边并重，组织民兵开展训练，锻炼民兵能力，为基层紧急情况提供保障。加大农牧民技能培训力度，增强群众务工能力，提高致富增收技能，巩固拓展脱贫攻坚成果同乡村振兴有效衔接。

【强基惠民】 2022年，觉拉乡调整村领导班子，以忠诚担当好头雁、务实重行好班子、风清气正好氛围、干事创业好环境、高质量发展好动力为目标，4月全乡完成村“两委”换届工作，5个行政村配备81名村“两委”干部及小组干部，选派15名驻村干部、5名乡村振兴专干、5名第一书记助理员、6名科技专干，配齐配强乡公共服务人才、乡村治理人才、生产经营人才、产业发展人才、农业科技人才，为巩固拓展脱贫攻坚成果同乡村振兴有效衔接工作提供人才保障。创新措施精准管理，以乡为单位，成立驻村工作临时党支部，加强驻村工作队队员的教育、管理、监督和服务工作，结合选派部门职能和驻村干部专业特长优势，统筹资源、分工协作，采取组团式帮扶模式集中力量解决群众急难愁盼问题，改变“各自为政”“单打独斗”状况，形成集中力量办大事的工作格局，提升驻村工作成效。

【重点集体经济】 觉拉乡因地制宜、因村而异，抓好以年扎养鸡场、扎洞砂石厂为代表的扶贫产业，以扎洞高效温室为主的小康产业项目、以觉拉乡初心奶牛养殖合作社为主的农牧民合作组织，推进产业振兴工作。截至2022年，年扎养鸡场成立以来为村集体增收8万余元，带动群众就业10余人次，增收36万元。2018—2022年，扎洞砂石厂对全县经济增收400万余元；固定就业群众10人，累计增收216万余元（每年增收54万余元）；每年灵活带动周边群众转移就业55人，累计增收440万元（每年增收110万元）。

【产业发展】 2022年，争取投资2000万余元的觉拉村乡村振兴示范引领项目按期开工建设；党员致富带头人引进推广蜜蜂养殖项目带动群众增收60万余元；藏鸡养殖场、扎洞砂石厂带动群众稳定就业增收，壮大村集体经济；高效温室大棚、庭院果树经济丰富群众“菜篮子”“果盘子”，鼓起群众“钱袋子”。

【安全生产】 2022年，觉拉乡制定《觉拉乡安全生产事故应急预案》《三大安全生产工作方案》《觉拉乡乡级领导督导各村维稳安保督导检查方案》，落实全乡安全生产工作。

【维护稳定】 觉拉乡建立由村“两委”班子成员、“双联户”户长、边防派出所民警、调解组织和民兵等组成的护村队5支、护组队19支、治安巡逻队19支。结合网格化管理工作，在重大节日、重要节点开展巡逻防控工作75次360人次，确保社会局势稳定。

【劳务增收】 2022年，觉拉乡外出务工人员1086人，其中，男性571人、女性515人，主要从事农林牧渔及服务业，工业，建筑业，交通运输及邮电通信业，信息、传输、计算及服务和软件业，批零贸易、住宿和餐饮业等，总收入2558万元，人均务工收入23555.43元。

【党建工作】 2022年，觉拉乡党委在市委、县委的领导下，坚持以习近平新时代中国特色社会主义思想为指导，围绕责任落实，厘清主责主业。围绕党史学习教育，把控学习质量。围绕乡村换届工作，把控选人用人。围绕“三包五带五促”，探索结对帮扶措施。围绕国家通用语言培训，提升村干部能力素质。围绕从严管党治党，建设战斗堡垒。开展“三个专项”行动，推进党建工作质量。结合日常工作开展，到各基层党支部督导“三会一课”“四议两公开”“主题党日”“组织生活会”等制度落实执行情况。觉拉乡党委召开党委会议17次，贯彻执行民主集中制，在党委会上共同研究、分析、决策全乡“三重一大”工作。组织党委理论学习中心组学习27次，书记讲党课3次，集中观看中央领导人讲话15次。开展乡、村两级国家通用语言文字培训105期，培训村干部280人次。举办“清风讲坛”1期，培训村干部21人。

【党风廉政建设】 2022年，觉拉乡党委以习近平新时代中国特色社会主义思想为指导，学习贯彻中共二十大精神，贯彻落实党中央、自治区、市、县关于党风廉政建设和反腐败的决策部署，坚持“标本兼治、综合治理、惩防并举、注重预防”的方针，把党风廉政建设和反腐败工作融入全乡工作中。研究设立觉拉乡党风廉政建设工作领导小组、觉拉乡反腐败工作领导小组，将党风廉政建设纳入重要议事日程，实现党委统一领导，党政齐抓共管，班子成员各负其责，为开展党风廉政建设工作提供组织保障。坚持日常教育与集中教育、正面典型示范教育与反面典型警示教育相结合，通过党规党纪教育，促使党员干部从思想上筑牢抵御腐败的防线。督促党员领导干部开展自查自纠，维护党的政治纪律，执行党风廉政建设责任制，推进领导干部廉洁自律和作风建设，

8月2日，觉拉乡召开2022年上半年党风廉政建设工作总结暨下半年安排部署会

（觉拉乡 供图）

加大对权力运行的监督力度。

【乡村振兴】 2022年，觉拉乡围绕“巩固脱贫攻坚成果、开启乡村振兴建设”主题，开展小康村建设收尾工作。落实“四不摘”要求，建立健全防返贫动态监测和帮扶机制。围绕乡村振兴“五大振兴”，落实产业振兴、人才振兴、文化振兴、生态振兴、组织振兴等相关内容，推进中小企业发展，鼓励高校毕业人才回乡创业，开展文明文化活动，推动生态文明建设与人居环境整治。

【基础设施建设】 2022年，觉拉乡党委、乡政府贯彻落实基层社会建设工作要求，以“让群众能过上方便、健康、有保障的美好生活”为目标，推进基础设施建设工作。实现“两不愁三保障”，落实交通、邮政、供水供电、环保、文化、卫生、医疗等基础设施建设，保障群众的日常生活需要。

【项目建设】 截至2022年底，觉拉乡建成觉拉村防洪堤项目、民政爱心小屋、觉拉村饮用水项目。建成产业项目，分别为觉拉村商贸中心、年扎藏鸡养殖场、扎洞砂石厂、扎洞村高效温室，夯实集体经营基础。觉拉村商贸中心有10家商铺，正式外租8间，实现村集体经济年增收6万元；年扎藏鸡养殖场有鸡舍6间，藏鸡5800只，鸡蛋产量1万余枚，增加村集体收入3.5万元，解决就业3人；扎洞砂石厂占地129亩，年产砂石2万余立方米，增加村集体收入15万元，提供就业岗位6个；扎洞高效温室解决就业11人。

【民生保障】 2022年，觉拉乡发放民生资金16项，落实资金2749.23万元，其中，落实村干部补贴47.4万元、村务监督委员工资3.39万元、村小组长工资9.78万元、“双联户”户长补贴35.6万元、“一孩双女”补贴38.78万元，特扶补贴36.42万元，按季度兑付生态岗位补助241.58万元、按季度兑付草监员补助91.18万元、良种繁育推广补贴32.86万元，耕地保护补贴103.6万元、边民补助资金1313万元、大学生补贴22.2万元、草原生态补贴552.24万元、残疾人补贴43.47万元、低保补贴6.91万元、寿星老人补贴42.01万元、“三老”人员补贴34.2万元，落实村医工资33.3万元、兽医工资41.72万元。在社会保障上，按照应保尽保、应参尽参原则，全乡基本养老保险参保3030人，其中16—59岁参保人员2264人，新增参保人员10人，参保率100%。缴费人数2025人，缴费金额43.36万元，发放养老金201万余元，发放丧葬补助金14.56万元。保障特困供养人员55人，发放资金42.57万元。保障农村低保25户59人，发放低保资金4.01万元。救助困难群众10户32人，发放临时救助资金7.65万元，发放残疾人两项补贴116.03万元，市十大民心困难生活补贴32.65万元，县十大民心困难生活补贴46.16万元。

【林业管控】 2022年，为落实全乡林业管控保护工作，觉拉乡党委、乡政府根据树林分布情况，制定巡查机制，发挥护林员作用，排查森林火灾隐患、私自伐树等情况。加强舆论宣传，利用宣传宣讲、标牌、横幅、电子显示屏、网络、横幅等形式，让群众了解、支持森林保护工作，参与爱绿、护绿队伍，营造“护林有我，人人参与”的氛围。全乡林地占地面积6.88万亩，有经济林545.25亩，防护林1545.6亩，“四旁”（零星）植树4.21万株，成林抚育面积1132.5亩。

【理论宣传】 2022年，觉拉乡党委按照县级各项要求，组织乡干部职工、各村村“两委”、驻村工作队，学习中共二十大精神。贯彻落实习近平总书记对基层治理的重要指示，坚持以人民为中心的发展思想，坚持中国特色社会主义法治道路，坚持改革创新，捍卫政治安全、维护社会稳定、

11月2日，觉拉乡党委书记边巴次仁（中）到年扎村、觉拉村开展中共二十大精神宣讲活动（觉拉乡　供图）

加强队伍建设，建设平安觉拉、法治觉拉。

（何雪松　撰）

曲卓木乡

【概况】 曲卓木乡位于冈底斯山至念青唐古拉山以南的河谷地带，雅鲁藏布江中游，地处西藏南部边陲，地处北纬28°14′、东经91°47′，平均海拔4352米，南接库局乡，北与措美县交界，距错那县城驻地63千米。野生植物种类繁多，有沙棘林树、红景天、爬地柏、人参果等30余种。地貌结构复杂，气候寒冷，年平均气温5℃，夏季短而凉爽，冬季漫长而干旱，风频，冻结时间长，昼夜温差大，无霜期短，属于高原干旱季风气候。下辖4个行政村、15个村民小组，全乡1000户3162人，以藏族为主。总面积2730平方千米，以农牧产业为主，农业包括青稞、豌豆、油菜、土豆、青饲料、大白菜、白萝卜等，畜牧业包括牦牛、犏牛、黄牛、绵羊、山羊、马、驴、藏鸡等。耕地面积6245.85亩，粮食播种面积5041亩，经济作物耕种面积1089.45亩，草场面积99.41万亩，林地面积25.88万亩。牲畜总头数21659头（匹、只），其中，大畜6872头（匹、只）、小畜14787只。野生动物有原麝、猞猁、雪豹、黄羊、雪鸡、野驴等，探明矿产资源有铅、锡、铁、铜、金等，主要旅游景点有曲卓木村千年古沙棘林、曲卓木温泉。2022年生产总值8886.48万元；农村经济纯收入6690.5万元，农牧民人均纯收入21159元，同比增长7.9%。

【重要会议】 2022年，曲卓木乡召开党委会议26次。1月21日，召开党委班子党史专题民主生活会。4月26日，召开2022年基层党建工作安排部署会。11月3日，召开学习宣传中共二十大精神干部大会。2月16—17日，召开曲卓木乡十五届人民代表大会二次会议。11月10—11日，召开曲卓木乡十五届人民代表大会三次会议。

【重要活动】 5月16日，觉拉乡组织机关党员干部34人到塔嘎村开展“做给群众看、带着群众干”卫生环境大整治活动。5月26日，组织4个村“两委”班子、小组组长、第一书记、驻村工作队、专干、助理、在乡干部职工等68人参加村干部国家通用语言使用能力提升活动。6月30日，组织边境派出所、曲卓木乡完全小学、寺管会党支部和各村“两委”班子、第一书记、驻村工作队、专干、助理、小组组长（副组长）等开展“喜迎二十大　永远跟党走　奋进新征程”系列活动。7月1日，组织机关党员干部、塔嘎村农牧民党员、驻塔嘎村工作队、塔嘎村生态岗位等160余人，在塔嘎村开展以“我为家乡增色　我为曲卓木添彩”为主题的环境美化志愿活动，美化、绿化国道560塔嘎段的周边环境。

【班子和队伍建设】 曲卓木乡党委于2021年4月换届，设党委委员9名，其中书记1名、副书记3名；乡政府设乡长1名、副乡长3名；设人大主席团主席1名。全乡实有干部70人，其中，行政干部20人，农牧编制16人，卫生院编制14人，文化编制9人，便民服务中心编制6人，公益性岗位4人、“三支一扶”人员1人。曲卓木乡党委下辖党委3个、党总支1个、党支部8个，有党员405名。曲卓木乡党委贯彻落实理论中心组学习制度，开展理论中心组集中学习24次，交流研讨6次。坚持“三重一大”制度，坚持重大事项民主决策和集体决议。落实双重组织生活会制度，参加党委班子民主生活会和机关党支部组织生活会，开展批评与自我批评。把关入党“五个程序”“二十五个步骤”，入党4人。多岗位锻炼干部，通过定期轮岗的方式，让干部接受历练，熟悉各项工作职责。强化勤政廉政监督，制定分工文件，明确工作职责，避免工作相互推诿。制定《曲卓木乡干部职工请销假制度》，严肃工作纪律、规范工作作风、提升行政效能。

【农牧业发展】 2022年，曲卓木乡开展黄牛改良工作、动物疫病预防工作。实施曲卓木村、洞嘎村高标准农田建设项目，对耕地进行土地平整、集中连片、设施完善、土壤肥沃等改造，改善农业生产条件，提高土地资源利用效率和土地产出效率。全年粮食产量1534.93吨，同比增长0.43%；油料产量61.5吨，增长-15.08%；肉类产量486.52吨，增长0.16%；奶类产量971.61吨，增长0.69%。牲畜出栏率42.9%，增长-1.97%。牦牛疫苗免疫4308头，黄牛疫苗免疫2878头，绵（山）羊疫苗免疫1.55万只，马（驴）疫苗免疫268头，家禽免疫312羽，防疫人员上门服务，治疗发病牲畜，落实疫情监测、防范措施。因汛灾、霜灾导致农作物绝收，落实生活补助资金1.66万元。

【教育事业】 曲卓木乡有完全小学1所，位于乡政府驻地曲卓木村，2022年有教学班12个，在校生308名。教职工77人，其中专任教师39人，大专学历以上38人，专任教师学历合格率100%。有校长1人、副校长2人，支部书记1人、副书记1人，教研主任1人、副主任1人，德教主任1人，总务主任1人，班子配齐率100%，校长持证上岗率100%。有教学楼、宿舍楼、会议室、实验室、德育室、音美室、多媒体教室、学生餐厅、学生浴室、风雨操场。图书阅览室藏书6776册，学生平均图书22册。提高教育信息化水平，实现电子白板班班通。全乡有幼儿园4所，入园率100%。

【医疗卫生】 2022年，曲卓木乡有卫生院（藏医馆）1所，有医护人员14名，其中，藏医临床4名、西医临产医生3名、药师2名、检验1名、食品药品检测专业1名、护士3名。有村卫生室3个，村医17名（4名大学生村医）。西医门诊接诊5652人次，药品销售总额19.1万元。全乡产妇总数31人，住院分娩31人、建册人数11人、产检人数11人，无孕产妇死亡及7岁以下儿童死亡。儿童预防疫苗接种100人，免疫接种率100%。开展义诊活动12场次；制作张贴“鼠疫防控知识”健康教育宣传栏12期；举办健康咨询活动15期；各村悬挂宣传横幅7条；开展鼠疫培训1次；宣传新冠疫情防控、棘球蚴病、慢性病、鼠疫等预防知识，进行健康指导，发放健康教育宣传资料575份。开展先心病筛查351人，农牧民、僧尼免费健康体检2553人，体检率93%。开展家庭医生签约服务，签约853人次，建立家庭医生签约服务手册。开展随访服务3412人次，全乡35岁以上首诊高血压171人，65岁以上老年人263人，残疾人164人，棘球蚴病14人，糖尿病1人，肝炎32人，重病每月随访服务1次，进行随访和健康指导。开展藏医就诊治疗工作，全年门诊看病1028人次；藏医馆有藏药60余种，藏医特色理疗500余人次，包括拔罐、火疗、针灸、涂擦、按摩、放血等；藏医义诊7次，受益900余人次；新冠疫情防控期间，为群众提供免费藏药汤剂10次，受益4000余人次。

【文化事业】 2022年，曲卓木乡完善公共文化服务，利用藏历新年、“3·28”西藏百万农奴解放纪念日、“七一”建党节、喜迎中共二十大等重要节点，开展文体活动。4个村4支文艺演出队开展文艺演出活动24场次，满足群众文化需求；村级文艺演出队参加县级素质评比活动，洞嘎村获得最具特色奖，曲卓木村获得优秀组织奖，郭梅村获得二等奖。曲卓木村综合体育馆投入使用，加大农家书屋、乡综合文化旅游中心和村文化室开放力度，共享信息资源。传承弘扬民俗和非遗文化，有非物质文化遗产项目7个，其中，自治区级1个，县级6个；达羌《箭舞》在错那县2022年文化和自然遗产日进行会演，传播洞嘎民间藏戏；加大文物保护力度，有县级野外文物点52处，文物看管人员18人，实现专人管护。

【社会保障】 2022年，曲卓木乡推进惠农惠民财政“一卡通”，落实兑现各类惠民资金2790.32万元。全乡参加城乡居民养老保险2073人，缴费37.58万元。落实新农合医疗制度，到村组宣传新农合医保政策，开展医疗报销工作。巩固发展新农合医疗成果，解决群众看病难问题。全乡参与新农合3766人，缴费51.9万元，参保率100%。

【旅游发展】 2022年，曲卓木乡实施沙棘林景区综合提升工程，依托千年古沙棘林、曲卓木温泉等旅游资源，完善旅游精品路线，提升旅游人数。全年旅游400人次，旅游收入6.2万余元。

【生态环境保护】 2022年，曲卓木乡树立“绿水青山就是金山银山”的理念，坚持生态优先、绿色发展。加大生态保护力度，统筹山水林田湖草沙一体化保护和系统治理，学习宣传习近平生态文明思想，普及生态环保理念，实施植树种草、封山育林等国土绿化行动；巩固草畜平衡成果，开展人工植树、人工种草工作，改善气候条件，提高生态系统质量和稳定性。综合治理环境，发动党员、群众、生态岗位等基层力量，开展人居环境整治活动，规范整治砂石厂采砂行为；4月7日收到中央生态环保督察转办案件，4月15日完成曲卓木乡临时垃圾填埋场垃圾转运处理问题和举一反三自查问题整改工作；推进污水处理厂建设；关停临时砖厂4家，拆除小康村施工临时板房2处、私搭乱建违规建筑6处、汽修临时板房3家。建立健全长效机制，完善“河长制”“路长制”“林长制”，完成巡河、巡路、巡林530余次；建立完善干部包村机制、人居环境长效管理办法和评比机制，将人居环境整治纳入村规民约，坚持用制度管人，用村规民约约束群众行为，巩固人居环境整治成果。

7月1日，塔嘎村开展以“我为家乡增色　我为曲卓木添彩”为主题的环境美化志愿活动　（曲卓木乡　供图）

【乡村振兴】 2022年，曲卓木乡巩固拓展脱贫攻坚成果同乡村振兴有效衔接，建立健全返贫预警监测机制，开展排查工作，开展防返贫动态监测和临时救助工作，掌握防返贫风险点，确保不发生规模性返贫。落实帮扶责任，完善低收入群众帮扶长效机制，促进脱贫人口就业增收，脱贫户家庭收入1491万元，脱贫户人均收入15257元。实施乡村建设行动，实施曲卓木乡乡村振兴和沙棘林特色旅游景区提升建设项目，总投资4700万元，1月设计单位再次进行设计调整，4月20日复工，截至2022年底完成总工程量的80%；实施塔嘎边境村人居环境整治项目、曲卓木村边境村乡村振兴建设项目，总投资7558.71万元，截至2022年底完成总工程量的80%。

【强基惠民】 曲卓木乡有驻村工作队4个，2022年5月进行轮换，有驻村队员19名，其中驻村第一书记4名。围绕“铸牢中华民族共同体意识、带领群众致富、维护社会稳定、守卫边疆领土、开展反分裂斗争”五项重点任务，压实驻村工作队责任，加大日常管理监督和关怀力度，实施外出审批制度，落实“一月一督导、一季一汇报、一年一总结”工作制度，驻村队员重要节点全员在岗，发挥驻村工作队在宣传中共二十大精神、建强基层党组织、推进人居环境整治、为民办实事解难事、新冠疫情防控、维护社会稳定等重点工作中的作用。

【重点集体经济】 2022年，曲卓木乡有村集体经济企业5个，其中产生收益3个，分别为曲卓木村产业楼、装载机租赁、招待所，总收益20.38万元。有实施中项目1个，为郭梅村绵羊短期育肥项目。申报阶段项目1个，为洞嘎村中央扶持村集体经济饲草料加工项目。

【产业发展】 2022年，曲卓木乡完成4个行政村农村集体经济股份合作制工作；实施郭梅村绵羊短期育肥项目；曲卓木村产业楼出租、装载机租赁等村集体经济发展良好；洞嘎村饲料加工厂项目前期工作推进中。依托千年古沙棘林、曲卓木温泉等资源，发展旅游业、餐饮服务业、社会消费零售业、网络电商，全年旅游400人次，旅游收入6.2万余元。

【维护稳定】 2022年，曲卓木乡维护社会稳定，开展反分裂斗争、扫黑除恶斗争，提升社会治理体系和治理能力。以铸牢中华民族共同体意识为主线，推动民族团结进步教育，推广国家通用语言文字，创建全市民族团结基层党建示范点。加强宗教领域属地管理责任建设，开展“遵行四条标准　争做先进僧尼”“国家意识、公民意识、法治意识”教育活动。坚持和发展新时代“枫桥经验”，排查化解基层矛盾纠纷。落实安全生产责任，按照“党政同责、一岗双责”要求，落实安全生产属地责任，推进安全生产专项整治三年行动，在道路交通、建筑施工、非煤矿山、消防、危险化学品、食药品等重点领域和重点部位，开展安全生产风险隐患排查整治工作，全年未发生较大及以上事故，安全生产形势总体稳定。

【项目建设】 2022年，曲卓木乡续建项目5个，高标准农田建设项目、哈达水库建设项目、郭梅村3组和曲卓木村9组牲畜暖棚圈续建项目于3月复工建设，7月全部竣工；曲卓木乡乡村振兴和沙棘林特色旅游景区提升建设项目，完成总工程量的80%。新建项目6个，有塔嘎村、曲卓木村幸福院建设项目，曲卓木乡政府干部职工、兴玛寺管会驻寺干部周转房建设项目，曲卓木乡塔嘎村防洪堤工程，郭梅村防洪堤工程，错那县人民代表大会票决制项目开工，总投资5300万余元，项目整体进度80%。

【宣传工作】 2022年，曲卓木乡以迎接和学习宣传中共二十大为主线，组织全乡党员干部观看中共二十大开幕会直播盛

6月30日，曲卓木乡开展“喜迎二十大　永远跟党走　奋进新征程”系列活动
（曲卓木乡　供图）

况，撰写心得体会。学习习近平总书记在参加中共二十大广西代表团讨论、中共二十大闭幕会、二十届中共中央政治局常委同中外记者见面会时的重要讲话精神和《中国共产党章程（修正案）》等内容，动员班子成员到各村宣讲中共二十大精神，组织学习中共二十大精神10次、专题研讨会议3次，撰写心得体会30余篇，开展宣讲活动10余场，悬挂横幅56条，发放中共二十大知识口袋书60本。以学习贯彻习近平新时代中国特色社会主义思想为重点，党委理论学习中心组学习21次，各级党组织学习200余次，通过线上线下渠道，向群众集中宣讲党的惠民政策、法律法规。

【鼠疫防控】 9月26日，鼠疫疫情突袭，在错那县“9·26”鼠疫应急处置指挥部的领导下，曲卓木乡落实各项综合性措施，划定小隔离圈6个、大隔离圈3个、警戒圈1个。调配防护服、N95口罩、医用外科口罩、消毒消杀物品，调配帐篷、行军床、棉被等，保障物资需求。采购发放爱心蔬菜包1300个、水果750余千克、猪肉2000余千克，保障群众生活必需品供应，“9·26”鼠疫防控工作取得胜利，避免扩散性传染，保障人民群众生命安全和身体健康。

（多吉加、曾猛军　撰）

库局乡

【概况】 库局乡位于错那县城西部，距县城120千米，平均海拔4039米，东接曲卓木乡洞嘎村，南与不丹交界，西与吉巴门巴民族乡让村毗邻，北部与洛扎县边巴乡接壤。全乡总面积304平方千米，其中耕地面积292.97亩，草场面积24.32万亩，森林面积26.5万亩，边境线长45千米。下辖库局村、桑玉村2个行政村，有库局村、桑玉村、荣村3个自然村。全乡有111户426人，其中劳动力255人。库局乡党委下设3个党支部，有党员118名。全乡有干部职工42人。

2022年，库局乡坚持把经济发展作为重要目标和任务，贯彻新发展理念，坚持“发展才是硬道理”，以巩固拓展脱贫攻坚成果同乡村振兴有效衔接为主线，改善民生，推进经济、社会发展。全乡经济总收入1390.38万元，其中生产经营性收入657.45万元、工资性收入464.31万元、转移性收入267.42万元、财产性收入1.2万元。农牧民人均收入27414.99元。

【党建工作】 2022年，库局乡党委在县委、县政府的领导下，树立以人民为中心的发展思想，贯彻落实中共二十大精神，坚持党建引领，提升基层治理能力和乡村振兴工作水平。坚持党要管党、从严治党，改进作风狠抓落实，推动各项工作。加强思想认识，强化理论武装头脑。做到“两个维护”，学习习近平新时代中国特色社会主义思想和中共二十大精神、中共十九届六中全会精神、习近平总书记视察西藏时的系列讲话精神和中国共产党成立100周年讲话精神，落实理论学习，通过党委会、理论中心组、主题党日等形式促进党员干部政治理论学习。以“改进作风狠抓落实”为工作重点，聚焦“四查四问”“八个落实”，查摆工作中存在的不足和问题，以“全力抓作风促作为”为起点，完善党员干部积分激励、周例会、请销假、考勤等基本制度。严把党员入口关，按照发展党员“十六字总要求”和党员发展程序，按照成熟一个发展一个的原则，提出入党申请9名，吸收入党积极分子5名，发展预备党员6名，预备转正式党员5名，建设基层党组织队伍。健全基层党组织议事规则，落实民主集中制和“三重一大”议事决策，召开党委会13次，落实“三会一课”、主题党日、民主评议党员、谈心谈话等党内组织生活制度，召开民主生活会1次、组织生活会1次，党委书记谈心谈话4次。加强党建引领，保障稳定发展。以“党建+”为抓手，加大对支娘地、麦拉塘等5个放牧地区临时党支部党建长廊的管理使用力度，加大党员干部下沉边境一线力度，促进边境红色党建长廊建设，落实“五共五固”“三包五带五促”等党建重点工作，推进乡村振兴、维护稳定、新冠疫情防控、经济发展、生态文明、强边固防等工作，教育引导群众移风易俗，争做神圣国土守护者和幸福家园建设者。

【重要会议】 10月14—15日，库局乡党委副书记、人大主席仁增平措主持召开库局乡第十五届人民代表大会第三次会议，应到代表25名，因事因病请假2名，实到代表23名。10月14日召开党员大会暨预备会、主席团第一次会议，审议通过《库局乡2022年度农村人居环境综合整治专项工作报告》《库局乡人大代表议案、建议办理情况报告》，以及大会各项日程、主席团和秘书长名单。10月15日召开主席团第二次暨选举大会，审议通过各项报告决议办法，总监票员、监票人、计票人名单，召开选举大会。汪海涛全票当选为库局乡人民政府乡长，向宪法宣誓并作表态发言。

【重要活动】 2022年1月22日，库局乡开展“把爱带回家——送法到家让孩子健康成长”宣讲活动，向学生和家长宣传未成年人保护法等重要知识。2月2日，库局村组织开展迎新春文艺演出。2月22日，桑玉村组织开展迎新春文艺演出。3月30日，库局乡开展庆祝“3·28”西藏百万农奴解放纪念日文艺演出活动。7月2日，桑玉村开展庆祝“七一”中国共产党建党节文艺演出活动。

【班子和队伍建设】 2022年，库局乡以提升基层党员干部的工作能力和素质为目标，抓住政治建设、学习教育、作风建设，建设领导班子和干部队伍。推进干部职工学习教育，线上通过“学习强国”学习平台、“西藏党员教育”、抖音等平台，线下通过理论学习中心组、“三会一课”等集中学习方式，学习中共二十大精神、习近平新时代中国特色社会主义思想、新时代党的治藏方略和中央第七次西藏工作座谈会精神、中国共产党历史以及党的最新理论和政策24次；围绕改进作风狠抓落实，开展交流研讨1次，撰写心得体会36篇；结合“述学、讲学、考学”，开展班子成员轮流讲党课4场次；专题学习中共二十大精神6次，撰写心得体会37篇。推进干部职工作风转变，库局乡党委以“进一步改进作风狠抓落实”工作为重点，聚焦“四查四问”“八个落实”，查摆班子问题3个，督促整改。以“全力抓作风促作为”为起点，建立完善干部考勤、请销假、周例会、集中办公日等制度；制定《库局乡积分制度激励管理实施方案》，实行干部职工每月读书会、打字速度测试、撰写简报信息采用率累计积分兑换礼品、轮休等措施。推进基层党组织建设，健全基层党组织议事规则，落实民主集中制、“三重一大”议事决策，召开党委会议13次，落实“三会一课”“四议两公开”制度。规范党内政治生活制度，召开党内民主生活会、组织生活会。抓住“关键少数”，建设党员队伍，按照发展党员的5个步骤25个阶段要求，对入党积极分子9名、发展对象2名，严审发展程序、严把入口关；开展违规违纪发展党员专项整治“回头看”行动，对违规发展、发展程序混乱、档案丢失的党员3名进行整改，规范党员发展程序。

11月8日，库局乡党委副书记、乡长汪海涛（左二）到高标准农田项目点检查指导工作 （库局乡 供图）

【农牧业发展】 库局乡是以牧业为主、农业为辅的边境乡。2022年库局乡主要种植青稞和小麦，总播种面积292.95亩，全乡粮食总产量91.41吨。储备农家肥146吨、种子8.03吨，其中，桑玉村农家肥70吨、种子4.03吨，库局村农家肥76吨、种子4吨。发放农资化肥11.2吨，其中，桑玉村二胺3.5吨、尿素1.8吨，库局村二胺2.2吨、尿素3.7吨。1—2月开展牲畜清点统计工作，坚持“村不漏户、户不漏畜”原则，统计牲畜2225头（只、匹），折合绵羊单位7535只。出栏率33.5%，肉类产量108.26吨，奶类产量545.9吨，存栏1720头（只、匹）。全乡能繁母畜1364头，实配母畜1110头，怀胎母畜918头，新生仔畜788头，成活仔畜749头，成活率95.1%，派出乡技术人员、村级动物防疫员、兽医以及科技特派员到放牧点开展送药、送科技服务，提高仔畜成活率。重大动物疫病防治注射牲畜2580余头，禽流感注射家禽35只，动物防疫员在放牧点宣讲防疫工作相关知识及牲畜免疫注意措施9场次，受教育400人次，发放宣传单130余份，牲畜免疫注射率95%。落实县农业农村局向库局乡发放防抗灾饲料80吨；落实县农业农村局草原生态保护补助奖励政策相关要求，落实119户草原承包户资金83.82万元；落实粮食补贴4次，落实110户土地承包户耕地地力保护资金1.95万元；落实种粮补贴3次6188.97元，其中，第一次落实资金3531.27元，第二次落实资金1183.73元，第三次落实资金1473.97元。全乡虫草采挖4110人次，采挖根数3.4万根，折合现金收入118.98万元。组织村“两委”班子、各村护林员等上山巡逻20次，开展宣传教育7场次，受益300余人。

【教育事业】 2022年，库局乡改善教学条件，实施教学点供暖和校园改造工程，建设校园硬件设施，提升教学条件。执行相关教育政策，落实大学生资助政策资金11.8万元。巩固义务教育均衡发展成果，全乡教学点有教职工7人，教学点设学前教育班2个，学生9名。全乡有学生82名，其中大学生19名、高中生9名、初中生17名、小学生28名和幼儿园学生9名，适龄儿童入学率100%，控辍保学率100%。

【医疗卫生】 2022年，库局乡保障医疗队伍，培养卫生人才，库局乡卫生院有医疗人员7名，桑玉村有村医2名、库局村有村医3名。开展健康教育宣传工作，开展“鼠疫防控知识”健康教育宣传6期，举办健康咨询活动3期，开展新冠疫情防控和地方病等预防知识及健康指导。全乡孕产妇9人，其中，引产1人、分娩5人、未分娩3人，建册9人、建册率100%，产前检查9人，无孕产妇及7岁以下儿童死亡。对5名产妇和27名0—6岁儿童进行随访和家庭医生签约服务。预防疫苗接种儿童10人，免疫接种率100%。开展慢性病健康管理工作，落实35岁以上首诊测血压制度，对诊断出高血压的患者纳入慢性病的管理范围，按时随访，指导用药状况，2022年有高血压患者38人，建立高血压手册38人，随访114人次，规范管理率95%。开展家庭医生签约服务，为患者提供家庭医生服务，对重病患者1人、高血压患者38人、65岁以上老年人24人、残疾人17人进行一年内4次随访服务，其中重病一年12次随访服务，建立家庭医生签约服务手册，签约240人次。开展政策宣讲及义诊活动，组织医护人员到各村开展义诊活动15场次。

【文化事业】 2022年，库局乡坚持弘扬主旋律和社会正气，培育乡风文明、良好家风、淳朴民风，改善群众精神风貌。向群众免费开放库局乡文化活动室，接待1250人次。通过发放宣传单、张贴标语等方式，宣传党的方针政策和各项惠民政策，发放宣传单280份，张贴标语60张。以群众农闲期间及重大节日为契机，在库局乡文化站多功能厅，放映爱国影视教育影视片4场次，参与群众445人次。库局乡文艺演出队利用各大节庆日举办文艺演出，丰富群众精神文化，2个村级文艺演出队开展文艺演出活动16场次，到场群众2445人次。

【社会保障】 2022年，库局乡以保障民生和改善民生为主线，拓宽为民服务渠道，完善服务体系，提升工作效能。各项专项资金实行专款专用，杜绝挤占挪用专项资金情况发生，采取“一卡通”方式落实民生资金，规范程序，定期公开财务信息，接受乡人大、乡纪委及党员干部群众监督。全年落实民生资金315.17万元，其中落实草原生态保护补助奖励83.82万元、护林员工资81.18万元、边民补贴147.6万元、耕地地力保护资金1.95万元、粮食播种补贴0.62万元。推进农村保险参保工作，城乡居民社会养老保险参保人数（含待遇发放人员）421人，在外参保14人，适龄人口参保率100%，缴费5.96万元。城乡居民社会养老保险参保人数（含待遇发放人员）315人，适龄人口参保率100%。针对火灾、交通事故等意外事件，家庭成员突发重大疾病等原因或生活必需支出突然增加超出家庭承受能力，导致基本生活出现暂时困难的家庭或个人进行临时救助，救助1户4人，临时救助金1万元。聚焦“十项提升”，巩固“两不愁三保障”，完善公共服务体系，保障民生。针对曲库公路和库局乡国道219路段落石频繁，严重影响群众出行安全的问题，配合错那县交通运输局成立农村公路养护站，招聘养护员10名，负责曲卓木乡砂石厂桥头至库局乡路段的日常养护管理工作，保障群众出行安全。

【旅游发展】 2022年，为打造旅游特色，库局乡结合实际，发挥古碉楼民居、地洞民居等历史建筑，瀑布、高山杜鹃等自然风景优势，确定“农文旅融合、雪山湖库局”的旅游发展思路，上报库局乡旅游综合开发项目和库局乡边贸旅游建设项目，结合乡村振兴补短板项目，为旅游业发展创造条件。

【生态环境保护】 2022年，库局乡加强生态环境保护和农村人居环境整治力度，在第二季度、第三季度获得“错那县人居环境先进乡（镇）”称号，桑玉村、库局村获得第一季度、第二季度“错那县人居环境整治工作先进村（社区）”称号。申报1个生态文明示范乡和2个生态文明示范村。加强组织领导，成立工作领导小组，制订《库局乡农村人居环境巩固提升实施细则》，明确目标任务、责任分工、考核办法和奖惩机制等，逐条进行落实。加强宣传教育，让群众了解、参与农村人居环境整治工作，开展宣传活动7场次，参与群众300余人，粘贴悬挂宣传海报标语3个。树立典型，发挥基层党组织和党员在农村人居环境综合整治工作中的模范带头作用，利用每周三“固定清扫日”，带领群众对村（社区）周边环境进行清扫。发挥带头作用，组织全乡干部清理村（社区）周边、道路两旁和河道等，维护环境整治成果。

2月15日，库局乡领导帮助困难群众扫除门前雪
（库局乡　供图）

【乡村振兴】 2022年，库局乡坚持党建引领，以党建促进乡村振兴。巩固拓展脱贫攻坚成果同乡村振兴有效衔接，成立库局乡乡村振兴工作领导小组，乡党委书记担任组长，明确职责分工，层层压实责任，向各村配齐第一书记和驻村工作队。贯彻新发展理念，优化产业结构，结合产业优势和自然环境条件，发展特色产业，补齐短板，增加群众收入。第十一批驻村工作队入驻桑玉村藏香葱加工厂，完成前期手续办理和设备采购工作，开始生产销售，全年销售额14.58万元；库局村电磨坊项目，送审阶段中。加强生态环境保护和农村人居环境整治，加强小康村后续管理工作，发挥基层党组织和党员群众在农村人居环境综合整治工作中模范带头作用。强化技能培训，鼓励群众参与大型机械、驾照等技能培训10余人次；与乡内施工单位沟通对接，协助群众就近务工、就近增收，在乡内施工单位就业群众40余人；鼓励群众外出务工增收，全乡转移就业225人次；引导高校毕业生就业创业，全乡4名高校毕业生实现就业。建立健全每月“文明村”“文明家庭”评选机制，完善村规民约，引导群众移风易俗，崇尚科学文明，抵制宗教消极影响。开展农村精神文明建设工作，利用“党群日”活动和重大节日节点，组织文艺演出队开展文艺演出16场次，丰富群众文化生活。

【强基惠民】 2022年，库局乡党委在自治区党委、市委和县委的安排部署下，聚焦驻村工作“五项任务”，结合工作实际，开展各项工作。加强组织领导，根据关于驻村轮换的相关工作安排，库局乡党委制定轮换人选，根据村（社区）情况和干部个人能力素质，调整第十一批驻村工作队成员，开展驻村干部常态化培训，帮助驻村干部明确职责定位，适应驻村生活。聚焦重点工作，围绕驻村工作“五项职责”，制订《库局乡2022年度强基础惠民生活动工作计划》，指导驻村工作队推进铸牢中华民族共同体意识、带领群众增收致富、维护社会稳定、守卫边疆领土、开展反分裂斗争等工作。监督检查驻村干部，要求驻村干部遵守政治规矩和驻村纪律要求，落实驻村干部、村干部外出报备审批制度，通过严守纪律规矩、强化日常监督管理，解决驻村干部“身在心不在”的问题，为落实强基惠民工作提供组织保障。

【重点集体经济】 在产业发展方面，库局乡桑玉村探索产业发展新渠道，拓宽产业销售经营模式，壮大村集体经济，增加群众经济收入。2022年，桑玉村藏香葱加工厂投入运营，资金来源中央扶持壮大村集体经济项目50万元（包含设施设备），主要经营桑玉村藏香葱特色产品，通过错那县总工会采购、村干部推销、干部职工购买等方式，销售藏香葱14.57万元，受益群众190余人。

【宣传工作】 2022年，库局乡党委班子成员按照“一岗双责”，承担宣传引导责任，按照岗位分工，结合日常重点工作，采取线上线下相结合的方式，联系群众。到乃巴普边境放牧点、热放牧点、秀木虫草采挖点、雍布牧场等地向农牧民群众宣讲中央第七次西藏工作座谈会精神、习近平总书记在西藏考察时的重要讲话精神、中共十九届六中全会精神、中共二十大精神，宣传《中华人民共和国民法典》《中华人民共和国网络安全法》《西藏自治区“打黄扫非”工作举报奖励办法》等法规，宣传“三个意识”，加强民族团结教育。全年开展活动20余场次，制作宣讲横幅30余条，发放宣传资料500余份。围绕守土固边、维护社会稳定、基层治理等方面的先进典型事迹和人物，通过抖音短视频、微信公众号、微信朋友圈等方式，开展线上宣传，用“身边事”教育“身边人”，增强群众守土固边、维护社会稳定的思想意识。创新宣传载体，强化宣传效果，依托新时代文明实践所（站）活动阵地，开展“党群日”活动、文艺演出活动20余次，受教育群众3000余人次，通过微信、抖音等媒体，开展教育宣传。建设精神文明，把党的新政策、新理论、新思想融入文艺文化节目编排中，通过文艺演出的形式，解读、诠释党的方针路线政策。

【兴边富民】 2022年，库局乡按照习近平总书记“治国必治边，治边先稳藏”重要战略思想和自治区、市、县三级相关要求，库局乡党委、乡政府制定《固边富民工作考核实施方案》，组织固边富民工作人员到桑玉村、库局村、荣村3个自然村，综合考评群众“五员”守边稳边固边富民工作中履职尽责和职责落实情况。按照考评考核结果，填写固边富民资金落实表291张。全年落实固边富民291人补助资金140.7万元。

【产业发展】 2022年，库局乡第一产业收入591.93万元，第二产业收入28.84万元，第三产业收入36.68万元。农业生产方面，主要种植青稞和小麦，总播种面积292.95亩，全乡粮食总产量91.41吨。牧业生产方面，全乡有牲畜2225头（只、匹），折合绵羊单位7535只。出栏率33.5%，肉类产量108.26吨，奶类产量545.9吨，存栏1720头（只、匹）。

【维护稳定】 2022年，库局乡按照县委、县政府的部署要求，把维护社会稳定作为“首要政治任务”，落实自治区党委“十个方面”维稳措施、市委维稳工作“十条规定”及县委、县政府关于维稳期间的会议精神和要求，确保全乡社会局势稳定。落实群防群治工作，召开维稳工作动员部署会议，制订维稳方案、应急预案，细化工作措施，调整维稳、应急工作领导小组，明确工作职责，责任落实到人。落实值班备勤工作，坚持24小时双人双岗制度和每天准时向县直相关单位落实有事报情况、急事马上报、无事报平安和“零报告”制度。加强乡政府周围巡察，开展库局乡辖区外来人员和驻地外出人员实名制登记管理工作。常态化开展扫黑除恶斗争。开展宣传教育工作，以3月综治宣传月、6月综治宣传周、9月综治宣传日为契机，组织工作人员宣传中共十九大及十九届历次全会精神、《习近平谈治国理政》第四卷、中央第七次西藏座谈会精神，开展以常态化扫黑除恶斗争21项重点内容、《中华人民共和国安全生产法》、《西藏自治区边境管理条例》、《中华人民共和国草原法》、《村规民约》为要点的法治教育。入户宣讲108户，集中宣讲47场次，受教育785人次。开展公共安全隐患排查工作，组织乡边境派出所民警、乡平安办、乡安委办、乡卫生院工作人员到教学点、各村商店、个体户、虫草采集点等重点场所开展食品、药品安全隐患排查，开展用火、用电、用气及生产生活安全检查，开展道路交通安全隐患排查，开展零散汽油清查。

【项目建设】 2022年，库局乡开复工项目2个。库局乡高标准农田建设项目，总投资107万元，年内完成项目施工的80%，建设内容为库局村178.31亩、桑玉村206.68亩。库局乡桑玉村防洪工程，总投资746.2万元，年内完成项目施工70%，建设内容为河道治理长度2603米，建设防洪堤长度2876米，配套建筑物8座，其中，下河台阶5座，排水涵洞3座。

（吴　俊　撰）

吉巴门巴民族乡

【概况】 吉巴门巴民族乡总面积186.93平方千米，距错那县城所在地39千米。地处秀智拉山山腰，属于高山峡谷地貌，地势北低南高，平均海拔3500米，最西部的夏拉山口海拔4550米。南与麻麻门巴民族乡接壤，北与库局乡相邻，东与贡日门巴民族乡接壤，西与不丹相邻，是一个半农半牧的边境民族乡。吉巴门巴民族乡下辖2个行政村，全乡61户195人，其中，门巴族176人、藏族19人。有多种野生动物、野生药材和野生植物，野生动物主要有豺狼、狗熊、鹿、狼、野猪、雪鸡等40多种，野生药材主要有虫草、松茸、贝母、三七、天麻、香樟树、雪莲花、红景天、当归、灵芝、黄连、兰草等50多种，野生植物主要有红豆杉、松树、白杨树、油松、竹、柏树、桦树等70多种。耕地面积454.5亩，人均耕地面积2.75亩，农作物以春小麦、冬青稞、荞麦为主，草场面积1.47万亩，林地面积6291.96亩，牲畜570头（只、匹），全乡农牧民群众人均可支配收入24585元。

【重要会议】 1月8日，吉巴门巴民族乡召开党委（扩大）会议，研究自治区拟出席中共二十大代表候选人推荐人选。1月21日，吉巴门巴民族乡召开党委第17次（扩大）会议，听取乡各部门2021年度工作开展情况，具体安排部署下一步工作。2月8日，吉巴门巴民族乡召开党委第19次（扩大）会议，研究审议《吉巴门巴民族乡规范干部职工饮酒行为规定（试行）》《关于禁止干部职工参与赌博的规定（试行）》，研究审议吉巴门巴民族乡人民代表大会二次会议召开前期筹备事宜。

【重要活动】 3月28日，吉巴门巴民族乡组织干部群众举行庆祝西藏百万农奴解放63周年文体活动。7月2日，组织全乡党员举行庆祝中国共产党成立101周年暨“七一”活动。10月16日，组织干部群众集中收看中共二十大开幕会。

【班子和队伍建设】 2021年2月6日完成村党支部换届，2021年2月27日完成村委会换届工作，村“两委”班子学历均在初中及以上，女性村干部2人，有门巴族、藏族，平均年龄下降5岁，实现“学历升、结构优、年龄降”目标，巩固基层党组织的战斗力、凝聚力、号召力。2021年4月中共吉巴门巴民族乡总支部委员会改设为中共吉巴门巴民族乡委员会，2021年4月30日完成乡党委换届，提升党组织活力。

10月16日，吉巴门巴民族乡集中收看中共二十大开幕会
（吉巴门巴民族乡　供图）

2022年，吉巴门巴民族乡班子成员职数10人，全部配齐。全乡有乡干部职工36名（其中行政18名，事业12名）。全乡有中国共产党党员75名，其中，机关27名，吉巴村28名，让村20名。

【农牧业发展】 2022年，吉巴门巴民族乡粮食播种面积454.5亩，其中，吉巴村304.5亩、让村150亩。实际播种面积138.23亩，每亩按21.75元补贴要求，落实补贴资金3006.5元，其中吉巴村100亩补贴2175元、让村38.23亩补贴831.5元。发放化肥二胺13袋、尿素12袋，确保春秋农耕工作开展。开展农机购买需求量统计工作，开展农机购置补贴宣传工作。全乡成畜存栏牦牛325头、黄牛5头、犏牛156头、马26匹。其中，吉巴村牦牛222头、黄牛5头、犏牛137头、马21匹；让村牦牛103头、犏牛19头、马5匹。部署春季、秋季重大动物疫病防控工作，实行乡农牧工作人员联系村领导和村兽医、科技特派员工作制度。全乡牲畜总头数570头，注射疫苗570头，注射率100%。宣传黄牛改良政策，开展接羔育幼统计上报工作。发放饲草料55吨，其中，让村22吨、吉巴村33吨。落实草原生态保护补助奖励机制政策惠民资金，每亩按2.5元标准，落实草补资金20.95万亩，52.37万元。宣传《中华人民共和国草原法》《西藏自治区实施〈中华人民共和国草原法〉办法》《草原防火条例》。制定防灾减灾工作领导小组及灾情报告值班制度，宣传抗灾保畜、防灾减灾、动物疫病防控等知识，指导农牧民群众维护牲畜棚圈，实行24小时应急值班制度，落实今冬明春抗灾保畜准备工作。

【教育事业】 2022年，由于人口和学生数量少等原因，吉巴门巴民族乡无幼儿园、小学，学生到麻麻门巴民族乡、错那县城上学。全乡在校就读学生41人，其中，幼儿园5人，小学8人，初中10人，高中13人，大学（含大专）5人（2人为应届毕业生），无因贫困辍学人员，适龄儿童入学率100%，九年义务教育覆盖率100%。

【医疗卫生】 2022年，吉巴门巴民族乡卫生院开展医德医风、医疗卫生、公共卫生服务、新型农村合作医疗等工作。开展行评工作，抓住医德医风，提升卫生院整体形象。贯彻上级精神，开展各项工作，整改存在问题，为群众解决看病问题，提高医疗服务理念和家庭医生签约责任。

开展居民健康教育工作，针对健康素养基本知识技能、慢性病防治及重点健康问题等，制订宣传教育计划，走村入户开展宣传，为群众开展健康信息和健康咨询服务，设置健康教育宣传栏，定期更换资料，开展健康知识讲座等活动。2022年，全镇有健康宣传栏2块，更新版面6次，开展公众健康咨询活动4场，举办健康知识讲座3场，发放各类宣传品164份。对群众进行健康指导和干预，改变群众不良卫生习惯，增强群众健康意识。

按预防接种规范要求，落

实日常工作，为麻麻门巴民族乡中心医院提供数据，加强宣传，为适龄儿童接种14针次，其中常规免疫接种率100%。全年活产数2人，管理托幼机构，完成6岁以下儿童签约服务8人次，在管孕妇2人，早孕建卡率2%，叶酸增补2人，开展相关监测、记录报表。开展母乳喂养周和小儿常见病防治知识宣传活动，宣传妇幼保健知识。

登记管理65岁以上老年人，同县人民医院开展健康体检工作，包括生活方式和健康状况评估，通过问诊了解老年人基本健康状况、生活自理能力。检查体格，包括体温、呼吸、血压、血糖等常规检查；进行必要辅助检查，包括肝血常规、尿常规、心电图等检查。进行健康指导，体检128人，体检率92.6%，其中对发现的原发性高血压和2型糖尿病患者纳入慢性病患者健康管理。

落实35岁以上首诊测血压制度，对诊断出的高血压患者纳入慢性病的管理范围，按时随访，指导用药状况，全年有高血压患者31人，建立高血压手册31人，随访31人次；糖尿病患者3人，建立糖尿病患者手册3人，随访3人次，进行健康指导。

不定期检查吉巴门巴民族乡干部食堂，抽查餐馆、超市等公共场所，全年开展公共卫生监督4次，全乡未发生食物中毒事件和突发性公共卫生事件。每季度对全乡各蓄水池进行消毒消杀1次，保障饮用水安全，全年消毒消杀4场次。

【文化事业】 2022年，吉巴门巴民族乡综合文化服务中心有文编制4人，按照上级文化部门“四室一厅”要求，配备多功能厅、图书室、电子阅览室、办公室、娱乐室。多功能厅配备音响话筒、主席台和会议室桌椅、LED显示屏等设备，满足日常会议需求；图书室配备图书3500余册，涵盖历史、文化、养殖、种植、科普等书籍，满足干部群众阅读需求；电子阅览室在上级部门的支持下，更换电脑设备和桌椅；文娱室配有台球桌、乒乓球、跑步机、扎念、电子琴、多功能音响等器材，满足干部群众文化生活。2个村配有农家书屋、户外健身器材。

乡综合文化服务中心负责日常文化活动开展，依托新时代文明实践所（站）活动阵地，丰富群众文娱生活。调整文艺演出志愿队，动员年轻群众加入演出队。以各大节点为契机，组织群众创新文艺演出形式、内容。加强非遗文化的传承，吉巴门巴民族乡巴羌姆非遗传承人，提炼重构传统舞蹈符号，结合现代审美意趣，发展非遗文化。建立健全文化文艺工作机制，研究制订志愿者管理暂行规定，明确主要职责和招募条件、方式、机构、表彰等，统一规划、合理安排。发挥政府投入主导作用，鼓励农牧民群众参与。

2个行政村组建有文艺演出队，在乡党委、乡政府和上级文化部门安排下，在春节、藏历新年、“3·28”西藏百万农奴解放纪念日、中国共产党建党101周年等节日庆典期间，开展文艺演出活动52场次。

【社会保障】 2022年，吉巴门巴民族乡完善农村养老保险和合作医疗制度，加大城乡居民养老保险、合作医疗惠民政策的宣传力度，全乡符合城乡居民养老保险参保条件98人，参保96人，参保率98%，缴纳2.25万元。推进教育均衡，完善教育管理机制，全面落实“三包”政策，适龄儿童入学率100%，不存在辍学现象，义务教育均衡发展。全面建成小康村，落实农家乐经营和管理制度，协助县旅发局，发放农家乐基础设备。全乡有农家乐57家，单间85间，标间113间，床位311张。

【旅游事业】 2022年1—6月，吉巴门巴民族乡接待游客30余人次，创收8000余元。

【生态环境保护】 2022年，吉巴门巴民族乡加强总体谋划，制订《吉巴门巴民族乡农村人居环境整治年度考核奖惩制度》《吉巴门巴民族乡农村人居环境工作制度》《吉巴门巴民族乡农村人居环境综合整治管护制度》。制定标准体系，出台《人居环境整治管理办法（试行）办法》《督导检查工作方案》等，再次完善和查漏补缺基础材料，创新工作思路，整合资源，强化举措，以“建设美丽宜居村庄”为导向，以农村垃圾、污水治理和提升村容村貌为方向，整治农村人居环境，为巩固拓展脱贫攻坚成果同乡村振兴有效衔接奠定基础。

开展厕所革命，2个村登记每家每户厕所和公共厕所，结合乡村振兴补齐短板项目，推进公共厕所和污水排水处理项目，加强公共监督管理。全乡水冲式户厕61户，修建公厕1座，厕所普及率100%。

贯彻落实《关于开展村庄清洁行动春季战役》文件通知要求，对照《吉巴门巴民族乡人居环境整治“三个十”行动日工作方案》，梳理全乡清理农村生活垃圾、清理村内河道和建立农村环境卫生长效管理机制等5个方面18项任务，在每月的10日、20日、30日集中开展环境综合卫生和路边、河道清洁等行动。组织干部群众拆除私搭乱建18处；整治土堆、石堆、木堆等乱堆乱放12处；对水源点水池消毒32场次；组织农牧民党员设置主干道围栏网2次；对照“八边”，组织干部群众开展卫生清洁行动41次，参与3465人，处理垃圾9吨。

以乡党委书记作为人居环境整治工作“一线指挥长”，压实村“两委”班子和党员责任，推动三级联动，按照《吉巴门巴民族乡2022年度人居环境整治工作实施方案》《吉巴门巴民族乡农村公路“路长制”实施方案》要求，细化村党支部书记和村主任分包路段责任制，制作人居环境“包村包路段牌”，在各村主要路口设置责任牌，制作人居环境整治“标语标牌”。各村将村级9个联户单位划分小康村公共卫生区域包片制，按照“135”（周一、周三、周五）、“246”（周二、周四、周六）划分2个联户小组清洁村庄内外环境。各村成立村级人居环境督导检查组，每日督导检查联户单位清洁工作，登记评分，作为年终奖惩的重要依据。

吉巴村依托广场LED大屏幕，统筹新冠疫情防控和社会稳定工作，每天定期播放防疫知识和生态环境相关政策视频。展示工作力度大、工作措施好、成效明显的影像资料，曝光家庭卫生脏乱差、乱堆乱放、乱倒垃圾、拒不配合等反面典型，推动全乡人居环境整治工作开展。

依托“三包五带五促”工作，发挥党组织战斗堡垒作用和党员干部的“头雁”效应，加强乡干部、村“两委”班子包片、包户、包人责任制，制作“连心卡”了解群众需求，指导环境卫生整治工作中的热点难点问题，推进农村人居环境整治工作。掀起“比学赶超”的氛围，在每家每户悬挂“一月一评比公示栏”，每月得分情况以亮表情方式进行亮分，引导群众养成良好生活习惯，增强“村庄自己住、环境自己护、责任自己负”意识。

【乡村振兴】 2022年，吉巴门巴民族乡贯彻落实各级党委、政府部署的工作会议精神，把巩固拓展脱贫攻坚成果同乡村振兴有效衔接放在首位，把防止返贫贯穿始终。推进防止返贫致贫监测预警工作，排查“三类人员”，按照“四个不摘”“五级书记抓脱贫攻坚”工作要求，巩固“两不愁三保障”成果，建立党政主要领导全覆盖帮扶责任制，对全乡脱贫群众4户7人，曲卓木乡、麻麻门巴民族乡，肖村脱贫群众20户66人进行结对帮扶和教育引导工作，帮扶资金、慰问物资共12万元，不定期摸排其他一般农牧民。了解掌握“两不愁三保障”及饮水安全情况，组织乡新时代文明实践所志愿者，定期为分散特困供养人员、残疾人等困难群众免费体检6次，清扫屋内卫生8场次，受益群众4户7人。建立健全防返贫工作机制，发挥致富带头人、村集体经济、驻村工作队等力量，排查、识别农村常住居民，优先安排公益性岗位给低收入、困难家庭，早发现、早预警和早帮扶。组织安排驻村工作队、村“两委”对困难老人、分散特困供养人员整治房前屋后环境卫生、帮扶生活13次，慰问1600元。1户一级残疾家庭由于生活困难，保留农村低保。按照全县14.5%的增幅要求，2022年脱贫户人均纯收入28162.72元，比2021年增长4439.92元，超出目标1000.12元。为实现群众就近、就地就业，利用各村合作社、外出务工、安排公益性岗位等，未就业高校毕业生安排行政村演出队2人，困难家庭安排村保洁员等岗位2人，高校毕业生参加招聘会2次4人，群众转移就业123人，创收156.32万元。针对产业基础薄弱，未形成规范化产业结构等问题，申请中央扶持资金50万元，用于让村“门隅甘露”提升酿酒技术、更新合作社设备和扩建厂房，通过招商引资，加大合作社的资金投入和销售工作力度。

【重点集体经济】 2022年，吉巴门巴民族乡有重点集体经济企业2个，为吉巴村荞麦加工厂、让村门隅甘露白酒农牧民专业合作社。吉巴村荞麦加工厂全年带动增收5.7万元。让村门隅甘露白酒合作社收入2.91万元，发放群众务工工资4000元。

【经济社会发展典型案例】 吉巴村荞麦加工厂于2009年新建，厂房总面积420平方米，属兴边富民项目，总投资50万元，其中20万元用于购买设备。2022年吉巴村荞麦系列产品有荞麦糌粑、苦荞茶、荞麦枕头3类产品。2014年6月，荞麦加工厂转交给吉巴村委会，成立吉巴村荞麦种植加工农牧民专业合作社。带动吉巴村27户75人转移就业。

让村门隅甘露农牧民专业合作社从事荞麦种植、技术服务、荞麦藏白酒销售等经营活动。是群众自发自愿组成的、具有法人资格的经济合作组织，由县政府投资25万元成立于2013年9月15日，2017年4月26日在错那县工商行政管理局登记注册，建筑面积149.5平方米。2013—2022年收益分红70万余元，其中包括为村民交纳的基本医疗保险费、人身意外保险费，让村大学生补助等。

【宣传工作】 2022年，吉巴门巴民族乡加强思想宣传多样化，抓住意识形态工作。丰富学习载体，拓展宣传渠道，提高吉巴门巴民族乡干部职工对理论、政治和情感的认同，增强道路自信、理论自信、制度自信、文化自信。

组建村级宣传员。按照市委、县委宣传部要求，挑选村（社区）“两委”中学历高、年轻、有活力的成员担任村级文化宣传员职务，对全乡村级文化宣传员进行2期业务培训，提高宣传员业务能力、政治意识。村级宣传员在宣传员集结群、村（社区）微信朋友圈等，宣传中共二十大精神，加大对党和国家方针政策、会议精神的宣传力度，丰富群众精神文化生活，宣传社会主义核

10月，中共二十大代表索朗德吉（右三）到吉巴门巴民族乡宣传中共二十大精神　　（吉巴门巴民族乡　供图）

心价值观。

开展多形式宣传教育活动，激发思想领域活力。开展主题党日活动，推进党员志愿服务活动，提升党员干部形象。组织“身边好人榜”学习宣传活动，发掘生活中的好人好事，如为民服务的党员、持家的家庭主妇、孝敬父母的子女等，运用多种形式加强对道德模范感人事迹的宣传。以“移风易俗，树文明新风”为主题，通过宣传展板、转发文明新风倡议书、制定村规民约等方式宣传移风易俗文明新风尚。

通过“道德模范与身边好人”“最美人物”等活动，培育、弘扬和践行社会主义核心价值观。

【兴边富民】 2022年，吉巴门巴民族乡围绕“边民更加幸福，边防更加稳固”的工作目标，加大强农惠农富农政策执行力度，提高种粮补贴、森林管护员补助、动物防疫员及村干部待遇。全乡落实惠民资金244.99万元，其中，增减挂钩补助89.08万元、“双联户”联户长上半年工资1.06万元、村医工资2.13万元、2021年护林员增资补发3.75万元、动物防疫员工资1.22万元、“三老人员”补贴1.66万元、农村低保资金0.31万元、分散特困供养人员补助0.6万元、残疾人两项补贴1.02万元、科技特派员生活补助2.4万元、种粮一次性补贴0.5万元、耕地地力保护补贴2.26万元、村“两委”班子及村务监督委员会委员工资17.14万元、边民补贴61.2万元、草原生态保护补助52.37万元、房屋拆除补偿5.35万元、农村人居环境整治经费2.94万元。

【维护稳定】 2022年，吉巴门巴民族乡按照上级部门的部署要求，以推进军民共建“五共五固”体系为载体，与边境派出所、边防某连沟通协作，组织群众和干部，推动全乡社会局势和谐稳定。理论学习齐抓共管，打造基层战斗堡垒。以开展党史学习教育为载体，组织全乡干部、乡边境派出所、驻地部队，与农牧民党员结对联系，同学党章，同上党课、同开组织生活，促进军警民相互学习、帮带、提高，实现优势互补。以“七一”建党节、八一建军节为契机，组织干部群众到边境派出所、驻地部队开展文艺演出、结对慰问等活动。开展理论学习3次，组织活动4次，慰问2次。全面推进乡村振兴，巩固拓展脱贫成效。开展固边富民工作，通过发挥党员的先锋模范作用，宣传以“神圣国土的守护者、幸福家园建设者”为主题的乡村振兴战略目标，带动群众守土有责、守土负责、守土尽责。结合党史学习教育“我为群众办实事”活动，发挥桥梁枢纽作用，联合乡边境派出所、驻地部队，向全乡干部群众送药送物3次，帮助病残群众清理木头6次，修缮因冰雪导致破裂的输水管3次。军民团结联谊，促进和谐发展。联合驻地官兵在边境线上巡逻，在重要节点期间，开展以“让国旗在边境线上高高飘扬”为主题的宣传和巡逻工作，促进军民共抓强边固防。组织边境放牧点人员、护林员等开展宣传守土固边进牧民、军警民地联合“巡边护界”活动及扫黑除恶斗争，构筑军警地合力、军警民联控、治安联防、平安共创的联防体系和爱民固边建设。

【项目建设】 2022年，吉巴门巴民族乡项目建设有2个。让村乡村振兴补短板项目，项目主体单位为错那县乡村振兴局。吉巴门巴民族乡污水处理设施项目，项目主体单位为县住建局。

（徐志远　撰）

贡日门巴民族乡

【概况】 贡日门巴民族乡位于错那县西南部，距错那县城36千米，总面积110平方千米，耕地面积158亩，草地面积9.72万亩，林地面积6.25万亩。乡政府所在地海拔3225米，下辖斯木村、贡日村2个行政村。2022

年有农牧民群众61户169人，其中，斯木村38户113人、贡日村23户56人。全乡经济总收入501.55万元，农牧民人均可支配收入24626.36元，同比增长14%。

【重要会议】 2022年，贡日门巴民族乡为稳步推进各项工作，乡党委、乡政府班子成员主持召开军地联席会议、从严治党专题会、党史学习教育专题民主生活会、改进作风狠抓落实会、党建品牌创建分析会、乡村振兴工作安排部署会、党建工作推进会、新冠疫情防控工作安排部署和推进会等，部署落实重点工作，为全乡的高质量发展提供组织基础。

【重要活动】 2022年，为促进党政军警民团结奋斗，开创全乡新局面，贡日门巴民族乡联合联村群众、边境派出所、驻地部队等开展喜迎春节慰问、“三八”国际妇女节、植树造林、国家通用语言文字培训、“喜迎二十大，永远跟党走”、庆“七一”、八一建军节慰问、庆祝中华人民共和国成立73周年、“边境巡逻，守山河无恙”、中共二十大精神宣讲等活动。

【班子和队伍建设】 2022年，贡日门巴民族乡坚持以习近平新时代中国特色社会主义思想为指导，贯彻落实新时代党的组织路线，贯彻落实党中央、自治区、市、县决策部署，坚持政治标准、突出政治要求，提高党政领导班子建设水平。深化理论武装，强化领导班子政治建设。坚持以政治建设为统领，落实党委理论学习中心组学习制度，通过专题研讨、集中学习、个人自学、线上培训等方式，组织开展各类理论学习活动，增强“四个意识”、坚定“四个自信”、做到“两个维护”。坚持选用标准，全面建强领导班子队伍。树牢选人用人导向，注重基层一线培养选拔干部，把政治标准放在首位，坚持干部选配向基层一线聚焦。

【经济发展】 截至2022年底，贡日门巴民族乡经济总收入501.55万元，完成目标值100%，其中，第一产业增加值87.11万元，第二产业增加值22.1万元，第三产业增加值118.47万元，工资性收入146.54万元，转移性收入117.82万元，财产性收入9.51万元。完成2022年度转移就业指标，完成率100%。完成农牧业指标100%。农牧民群众人均可支配收入24626.36元，同期增长14%。农牧民群众参加培训7人。

【农牧业发展】 2022年，贡日门巴民族乡组织农牧综合技术人员、科技特派员走村下田，开展田间管理和病虫害防治工作5次，签订动物防疫责任书2份，无害化处理动物尸体2次。开展牦牛经济杂交政策集中宣传6场次，入户宣传9场次，统计能繁犏牛103头。实施“高原大棚温室茶园”试点建设项目，种植茶苗3亩2万株，推广古茶树项目，新增古茶树种植面积15亩，茶苗长势良好。落实第一批种粮补贴43户1178.33元，第二批种粮补贴43户394.99元。完成62户农村集体资产清查公示工作，完成农牧民补助奖励机制县级验收及责任书签订工作。

【医疗卫生】 2022年，贡日门巴民族乡新建卫生院，有乡村医生8人，初步实现小病就医不出乡村健康目标。开展农村常见病健康宣传教育，引导群众树立良好的饮食卫生生活习惯。保障老年人身体健康，开展65周岁以上老年人免费健康体检活动，免费检测血压、血糖等。加强新冠疫情防控工作，全乡医务人员参与防控工作，展现“敬佑生命、救死扶伤、甘于奉献、大爱无疆”的职业精神。

【文化事业】 2022年，贡日门巴民族乡开展文化工作，满足群众文化生活需求，推动文化事业发展，为全乡经济和社会事业发展提供精神支持。以文艺活动促繁荣的理念，举办文艺活动。举办庆祝“3·28”西藏百万农奴解放纪念日、“七一”建党节等活动。挖掘、保护本土文化“拔羌姆”。

【生态环境保护】 2022年，贡日门巴民族乡开展人居环境整治。落实规章制度，立足实际，调整农村人居环境整治工作领导小组，制订《贡日门巴民族乡“3355”农村人居环境整治工作方案》《贡日门巴民族乡人居环境整治提升攻坚月行动实施方案》《贡日门巴民族乡人居环境整治群众参与“最美村庄最美家庭——星级创评”实施方案》《贡日门巴民族乡人居环境整治日常工作机制》《三包责任机制》等，推动全乡农村人居环境整治工作，年内开展安排部署会4次、工作推进会8次。结合改进作风狠抓落实工作要求，1月27日开始实施“贡日门巴民族乡沿线公路牛粪清理百日攻坚行动”，通过每日“牧户+保洁员+乡村干部联合治理”举措，提升公路沿线牛粪整治工作质量；乡干部职工、驻村工作队、村“两委”班子入户3次，开展牲畜处理思想教育，每日开展公路牛粪清理工作；开展旧房拆除工作，分解重点任务，召开旧房拆除动员大会1次、推进会1次，入户开展思想教育宣传工作30余次，测量房屋面积，解决群众搬家难问题，旧房全部拆除；对照《错那县生态环境问题大排查大整改工作实施方案》，开展自查全乡环境污染存在问题，清理村庄周边积存的部队生活垃圾；推动“河（湖）长制”工作，按照属地管理原则制订河（湖）责任清单，通过“西藏河长制”应用程序，12名乡党政班子成员负责7条乡河（湖）的巡河巡湖任务，每人完成4次巡河清理垃圾工作任务。落实考核评比，结合错那县“3355”人居环境整治提升暨“五好五优”小康村评比活动及“最美村庄最美家庭——星级创评”活动，每周五动员乡干部、驻村工作队、党员群众、“双联户”户长开展环境卫生清扫工作48次；县级干部带队乡（镇）交叉考核评比3次，在第一季度交叉考核中贡日门巴民族乡被评为先进集体乡；两村星级创评交叉考核2次，公布红黑榜家庭；村内自评考核，发放流动红旗。

【社会保障】 2022年，贡日门巴民族乡以“改善民生、凝聚人心”为工作出发点，“补短板、强弱项”，完善基础设施建设，建立健全基层体系制度，提高社会服务能力。组织民兵开展训练，锻炼民兵能力，为处理紧急情况提供保障。强化旅游技能培训，提升服务能力，组织群众开展农家乐经营培训，从基本服务、卫生处理、农家乐经营等方面提高旅游服务能力，推动全乡旅游产业服务发展。组织群众参与厨师、挖掘机等技能培训，提高群众务工能力，强化致富增收技能，巩固拓展脱贫攻坚成果同乡村振兴有效衔接。

【旅游发展】 2022年，贡日门巴民族乡贯彻旅游发展理念。全乡有农家乐69家，正常运营，有400余张床位；有餐馆3家，保障旅游基本服务。完成旅游景点翼龙谷的道路建设升级，提升景点基础服务能力，群众增收10万—15万元。

【乡村振兴】 2022年，贡日门巴民族乡为实现产业振兴、人才振兴、文化振兴、生态振兴、组织振兴，协助县乡村振兴局挖掘全乡优势资源开展乡村振兴项目前期论证工作，实施投资2000万元的勒布四乡乡村振兴补短板项目，完善乡公共厕所、停车场等基础配套设施。立足门巴特色文化，以“民宿+旅游”方式，实施斯木村古村落建设项目，申报入选第六批中国传统村落名录。探索符合全乡发展前景的产业项目，依托亚热带湿润气候环境，对接第九批安徽省援藏队伍，引进莓茶项目，计划邀请专业人员在斯木村利用村集体10亩土地试种。落实人才振兴战略，培养村后备干部17人，开办夜校，组织学习，提高村干部教育水平、思想认知、服务水平。培育次仁巴珠等致富带头人，安排培训，提高致富经验、资源获取和利用能力。

巩固拓展脱贫攻坚成果，分析测算脱贫户收入，有脱贫户8户21人，脱贫户收入主要类型为转移性收入。2022年人均纯收入20873.35元，同比增长14.55%。根据动态返贫监测机制，每月动态监测“三类人员”，全乡无监测对象。完成62户农户信息采集及系统录入工作。落实结对帮扶工作，乡干部职工有结对帮扶户33户，入户结对帮扶户3次，宣传政策，消费帮扶6600元。

【强基惠民】 2022年，贡日门巴民族乡落实抓党建促乡村振兴重要任务，推进干部驻村工作。创新模式精准选派，加强顶层设计，坚持全覆盖原则，做到一村一策、队村相适，按需选派驻村干部2人，将乡村振兴专干、科技专干等纳入驻村工作队，统筹考虑驻村干部年龄、民族、性别、专业等，提高干部驻村精准度。创新措施精准管理，以乡为单位，成立驻村工作临时党支部，加强驻村工作队队员的教育、管理、监督和服务工作，结合选派部门职能和驻村干部专业特长优势，统筹资源、分工协作，采取组团式帮扶模式集中力量解决群众急难愁盼问题，改变“各自为战”“单打独斗”状况，形成集中力量办大事的工作格局，提升驻村工作成效。

【特色产业】 2022年，贡日门巴民族乡拓宽发展路径，寻找适合地区发展的产业项目。在援藏工作队的支持下，经过专业团队的实地考察，确定“雪域莓茶”产业发展项目。完成产业项目试产试种，取得良好成效。获得中央扶持资金50万元进行基地厂房建设。

【重点集体经济】 贡日门巴民族乡集体经济以斯木村勒布沟特色产品农牧民专业合作社为主，主要进行农产品加工，生产门香、荞麦粉、荞麦茶等荞麦系列产品，截至2022年，累计为群众缴纳农村社会养老保险和农村医疗保险18万元，累计向困难群众发放补助2.4万元；2022年为群众分红8万余元。

【宣传工作】 2022年，贡日门巴民族乡坚持以人民为中心的发展理念，发挥新时代文明实践所（站）作用，完成志愿服务队登记归档工作，发挥志愿服务作用，联合驻村工作队通过集中宣讲、入户、广播、微信、“党员教育”App等方式开展党的政策知识理论宣讲，在春节、藏历新年、“3·28”西藏百万农奴解放纪念日、“七一”建党节、“十一”国庆节等重大节日开展文艺会演10余场次，入户宣讲20场次，受教育1000余人次，悬挂横幅标语20余条，发放宣传手册、法律知识手册等300余册。

【增收富民】 2022年，贡日门巴民族乡鼓励群众就近就业，截至2022年10月，开展技能培训7人次，实现转移就业85人次，创收67.6万元。农牧民群众增收90.2万元，其中，第一产业收入15.9万元，占17.63%；第二产业收入29.8万元，占33.04%；第三产业收入44.5万元，占49.33%。农牧民群众人均收入5244.19元，较2021年增长14.3%。开展高校毕业生就业指导及帮扶工作3次。

【维护稳定】 2022年，贡日门巴民族乡强化思想认识，落实自治区、市、县的部署要求，提高政治站位，强化大局意识，严格属地管理，落实维稳措施，严明维稳责任，确保社会和谐稳定。强化矛盾纠纷排查化解，把矛盾解决在基层、化解在萌芽状态。树立安全生产底线思维、红线意识，防止各类安全生产事故发生。教育引导群众，发挥村“两委”、驻村工作队作用，学习贯彻中共二十大精神，引导群众发展生产、增加收入、改善生活。强化基层组织建设，发挥基层党组织在维护稳定、乡村振兴、服务群众等方面的重

3月16日，贡日门巴民族乡召开民族团结创建工作安排部署会
（贡日门巴民族乡　供图）

要作用，团结带领群众维护社会稳定，听党话、感党恩、跟党走。

【安全生产】 2022年，贡日门巴民族乡制定《2022年安全生产工作实施方案及应急预案》，召开安全生产部署会3次、推进会6次，签订县、乡、村安全生产责任书3份。开展全乡安全生产大排查27次、排查问题13处，全部整改完毕。动员群众组建应急救援队伍1支。制订《森林防火实施方案及应急预案》，签订县、乡、村森林防火责任书3份，巡逻46次。制订《应对极端恶劣天气应急预案》，按预案执行相关处置措施，确保群众生命安全不受损失，财产安全损失降到最低，发生灾情后及时上报灾情报告1份。

（冀双磊　撰）

麻麻门巴民族乡

【概况】 麻麻门巴民族乡位于错那县西南部，地处勒布沟旅游景区中部，是西藏自治区9个人口较少民族乡之一，是错那县门巴民族的主要聚居地。麻麻门巴民族乡属于青藏高原边缘及高山深谷地貌，地貌类型结构复杂。全乡平均海拔2800米，水资源丰富，水系密度大，河流落差大。娘姆江是乡内主要的河道，流经长度5千米。

麻麻门巴民族乡总面积82.7平方千米，耕地面积84.3亩，草场面积6.02万亩，林地面积1.08万亩。下辖行政村麻麻村1个，有利马荣村、麻麻新村、扎姆拉村3个自然村，麻麻村村“两委”班子成员5名。全乡105户315人，其中，男性140人，女性175人。全乡脱贫户26户89人（含脱贫监测户1户3人），护林员87人，生态岗位38人，联防队16人（含辅警1人），残疾人14人，“三老”人员4人；乡人大主席1名，乡人大专干1名，人大代表25名。

2022年，麻麻门巴民族乡有在编干部职工40名，其中党政领导班子10名，公务员3名，事业副科2名，事业干部24名，事业工人1名。全乡有党支部3个，党员106名，其中，麻麻乡机关党支部35名、错那县麻麻乡小学党支部4名、麻麻村农牧民党员67名。有1所小学——错那县麻麻乡小学，有学生41名，教职工14名；1所幼儿园——麻麻乡藏语汉语幼儿园，有学生16名，教职工9名（教师3人、保育员2人、乡村幼教2人、保安1名、厨师1名）。

【农牧业发展】 2022年，麻麻门巴民族乡完成农作物播种面积75.75亩，农业收入14.24万元。粮食作物播种面积56.85亩，其中，青稞10.5亩，荞麦36.9亩，小麦3.45亩，豌豆6亩；经济作物播种面积18.9亩，其中，设施蔬菜面积16.5亩、陆地蔬菜2.4亩，主要是白菜、萝卜、土豆。全乡各类农作物产量青稞1590千克，荞麦4160千克，小麦350千克，豌豆260千克；经济作物产量设施蔬菜1.9万千克，陆地蔬菜2380

千克。全乡农田施肥量尿素0.6吨，二胺0.55吨。按照县旅发局、山南市生态环境局错那县分局、县林业和草原局等部门关于禁止在旅游景区核心区养殖牲畜的要求，维护景区生态环境，促进旅游经济发展，全乡养殖牲畜全部出售，无新增牲畜，牲畜出栏率100%，奶产量72吨，肉产量30.44吨。

【教育事业】 2022年，麻麻门巴民族乡有1所小学——错那县麻麻乡小学，学校占地面积5768.82平方米、建筑面积3231.11平方米，教学设施完备，师资力量雄厚，有图书阅览室、室内篮球场、学生食堂；有教职工14名，其中，教师12名，职工2名；有学生41名。有1所幼儿园，学校占地面积1258.04平方米，总建筑面积621.76平方米；有学生16名（含1名寄养儿童）；有教职工9名，其中，教师3名，乡村幼教2名，保育员2名，厨师1名，保安1名。

【医疗卫生】 2022年，麻麻门巴民族乡卫生院接诊700余人次，同比增长20%，急诊9人次。全乡有孕妇4名，其中高危孕产妇2名，孕产妇及高危孕产妇管理率100%，住院分娩率100%。为落实“两降一升”工作，乡卫生院走村入户，了解妇女身体状况，开展女性健康宣传工作。完成新生儿卡介疫苗接种、建卡和乙类疫苗接种工作；有0—6岁儿童22名，按季度了解身体发育情况，健康管理率100%；开展幼儿学生血红蛋白和视力检查1次并发放营养包，在“6·6”全国爱眼日和“9·20”全国爱牙日，宣传卫生健康知识。乡卫生院协同县人民医院完成农村健康档案基础资料的采集录入和分类管理等工作，动态维护健康档案。全乡健康体检率90%，更新健康教育宣传栏3次，举办健康讲座6次，发放宣传册、宣传资料400余份。

【文化事业】 2022年，麻麻门巴民族乡有文化站1个，村级文化室1个，农家书屋1个，县级陈列馆1个，室外活动场所2处。全乡有文化编制工作人员6名，文化站负责人1名，村级文化辅导员1名，野外文物勘察员2名，农家书屋管理员1名，文化志愿服务者20名，行政村文艺演出队1支。

2022年，麻麻门巴民族乡文化站发挥文化引领作用，落实文化站免费开放规定，弘扬自治区级非物质文化遗产“萨玛酒歌”。利用群众文化广场、活动室，开展文艺排练，创作门巴特色表演节目10余个。在藏历新年、春节、“七一”建党节、“十一”国庆节等节日开展文艺演出活动，以跳广场舞（锅庄）、唱爱国歌曲、跳门巴特色舞等形式带动游客体验门巴风情，全年开展大型文化活动5场、文艺演出活动40次（其中篝火晚会32次）、文体活动3场，受众1400余人次，带动旅游产业发展，促进乡村振兴。

2021年，麻麻村文艺演出队到山南市参加西藏电视台举办的大型综艺节目《青稞飘香》初赛，错那县艺术团、麻

3月28日，麻麻门巴民族乡开展西藏百万农奴解放63周年纪念活动
（麻麻门巴民族乡　供图）

麻村文艺演出队联合排练舞蹈《采茶姑娘》参赛。2022年，麻麻村文艺演出队到拉萨参加文艺比赛，在《青稞飘香》比赛中获全自治区第三名。

【社会保障】 2022年，麻麻门巴民族乡以“改善民生、凝聚人心”作为全乡工作的出发点，按照“补短板、强弱项”的工作要求，完善基础设施建设，提高社会服务能力。坚持屯兵和安民并举、固边和兴边并重。组织开展抵边搬迁群众农家乐经营培训2次。完成群众临时救助1万元。落实惠民资金，改善生产生活条件，提升群众幸福指数，全年兑现民生资金214.39万元，其中，边民补助108.6万元、低保补差资金1.52万元、草原生态补助资金14.99万元、残疾人两项补助2500元、“三老”人员补贴资金3.14万元、科技特派员资金1.2万元、固边富民资金8000元、大学生资助资金4.1万元、森林管护人员资金66.84万元、生态岗位资金12.95万元。全年财政总收入1689.84万元，支出1513.22万元。

【旅游发展】 2022年，麻麻门巴民族乡以“旅游兴乡，产业富乡”为抓手，按照“着眼长远、立足当前、积极有为”的原则，以乡村振兴为契机，完善景区基础设施，推进景区生态文明、特色产业、文化旅游建设，提升景区服务水平和服务能力，创建勒布沟国家AAAA级景区。为提升旅游服务质量，补齐基础设施短板，上报搬迁点亮化工程、旅游公厕建设项目，鼓励群众参与旅游业。全年接待游客4589人，实现旅游增收57.4万元。

【生态环境保护】 2022年，麻麻门巴民族乡坚持“绿水青山就是金山银山，冰天雪地也是金山银山”的发展理念，按照“产业兴旺、生态宜居、乡风文明、治理有效、生活富裕”乡村振兴总要求，将全乡人居环境综合整治工作，同迎接“309”工作组美化环境融合，落实“3355”农村人居环境整治工作，召开生态环境保护及人居环境整治工作专题会议4次，改善村容村貌，提升群众文明生活意识。开展环境整治行动60次，清理生活垃圾25吨、建筑垃圾3吨，入户摸底排查旧房未拆、私搭乱建行为，开展群众思想教育工作，拆除私搭乱建9处，旧房3处。入户签订遵守土地房屋有关政策法规、规定协议书98份，占总户数92.45%。参与干群2000余人次，出动车辆76辆。利用“6·5”世界环境日等时间节点，宣传生态文明理念、人居环境整治、环境保护法，开展宣传50次。

【乡村振兴】 2022年，麻麻门巴民族乡抓住“两不愁三保障”，推进乡村振兴，巩固拓展脱贫攻坚成果同乡村振兴有效衔接，巩固边境小康村建设成果，强化环境综合整治，提高群众生活水平，改善人居生活环境。加强脱贫群众收入测算工作，全乡有脱贫户26户89人，人均纯收入18925.85元，完成14.5%的增长率目标。组织实施景区面貌提升工程，修复路灯80余盏；实施道路两侧绿化工程，种植树木1000棵；开展牲畜处理工作，入户教育18次，302头（只、匹）牲畜全部出售，为创建勒布沟国家AAAA级景区奠定基础。配合相关单位，制定完善生活垃圾“村收集、乡转运、县处理”工作机制，改善全乡环境卫生面貌。

【强基惠民】 2022年，麻麻门巴民族乡贯彻落实自治区、市、县级强基惠民有关工作部署要求，按照“铸牢中华民族共同体意识、带领群众致富、维护社会稳定、守卫边疆领土、开展反分裂斗争”工作要求，坚持以党建为统领，以民生为扎根，以产业为关键，推动强基惠民各项工作。麻麻门巴民族乡驻村工作队协助村“两委”班子，进行群众调研6次，开展送温暖活动28次，开展中共二十大精神及感党恩宣传教育32次，开展“党旗在基层一线高高飘扬”“党的光辉照边疆、边疆人民心向党”“守土固边我有责、守土固边我尽责”主题党员志愿活动20次，开展茶叶种植、白酒酿造技术培训2次，争取上级资金项目带动群众增收100万余元。

【重点集体经济】 2022年，麻麻门巴民族乡茶叶种植280余亩，长势良好80余亩。挖掘、开发门巴族白酒酿制技术，与现代技术相结合制作门隅白酒包装进行出售，麻麻乡村集体经济收入104.1万元，每人分红3000元。

【宣传工作】 2022年，麻麻门巴民族乡发挥新时代文明实践所（站）作用。落实志愿服务队档案工作，发挥志愿服务作用，通过集中宣讲、入户、广播微信、文化服务送田间、甜茶馆里话党恩等形式开展理论宣讲，在重要活动、重大会议等时间节点发挥志愿服务队作用，宣讲67场次，涉及群众1800余人次，悬挂横幅标语50余条，发放宣传手册700余册。骨干宣讲员在茶馆和农闲期间宣讲党的惠民政策和重大会议精神，法律法规、新冠疫情防控知识等36次。开展学雷锋精神、新冠疫情防控、人居环境整治、医疗健康服务，走访慰问、边境巡逻、节假日向导游客、景区交通梳理等62次志愿活动。促进文化繁荣，做好精神文明建设。开展群众业余文化活动，利用新时代文明实践所、综合文化站，举办元旦、春节、藏历新年、“3·28”西藏百万农奴解放纪念日、“七一”建党节、国庆节、世界读书日、文化服务送田间、篝火晚会、知识竞赛等活动50余次，丰富群众精神文化生活。

10月1日，麻麻门巴民族乡开展“同心庆十一、喜迎党的二十大”主题活动
（麻麻门巴民族乡　供图）

【兴边富民】 2022年，麻麻门巴民族乡强化国土安全意识，落实“党政军警民”合力强边固防责任。以“五共五固”为载体，贯彻落实县委、县政府强边固防工作要求，发挥党委、政府、边防干警、驻地部队以及护边员联防联控作用，组织15名护边员开展巡边活动40余次，组织召开“党政军警民”合力强边固防联席会议2次，联合开展边境巡逻2次，守土有责、守土负责、守土尽责。

【产业发展】 2022年，麻麻门巴民族乡农村经济总收入988.5万元，同比增长30.05%。农村经济纯收入827.12万元，人均可支配收入26258元，同比增长7%。第一产业增加值136.79万元，第二产业增加值3.97万元，第三产业增加值463.7万元，工资性增加值124.22万元，转移性收入147.35万元，财产性收入112.47万元。农牧民群众的收入主要依靠经营农家乐、运输、外出务工、政策性收入等。经济发展水平名列全县前茅，高于全县平均水平。

【维护稳定】 2022年，麻麻门巴民族乡每季度召开专题会议，听取麻麻门巴民族乡平安办、麻麻村综治维稳工作开展情况汇报，解决工作困难及问题。到一线开展督导检查20

次，听取综治维稳工作汇报4次。建立健全维稳工作制度，落实任务、明确责任到人，乡党委、乡政府与乡卫生院、错那县麻麻乡小学、农行勒布营业所、麻麻村、联户长、个体工商户、护林员、施工单位、货运司机等主要负责人层层签订维稳目标责任书、安全生产工作目标责任书32份，加大工作检查、督促、考核力度，落实维稳工作措施要求。以“矛盾纠纷消灭在激化前、化解在内部、消除在萌芽、解决在基层”为工作着力点，在“司法调解、人民调解、行政调解”工作体系下，开展矛盾纠纷大排查大调处工作，排查矛盾纠纷隐患42次。加大“双联户”服务管理工作的督促检查力度，组成专门工作组到村、学校及各有单独住宿楼的单位检查指导“联户平安、联户增收”工作开展情况，对群众宣传“双联户”服务管理、“先进双联户”创建评选活动、“双联户”优惠政策、联户长职责以及“十八员”作用。加大党员干部的法律学习力度，以乡、村领导带头学法带动全乡党员干部学法，制订领导干部学法计划，结合理论学习和相关会议，学习法律法规13次，增强党员干部法律意识，提高依法履职能力。全年张贴宣传标语30余份，悬挂横幅9条，发放宣传单400余份，结合法治宣传与法治实践，提高群众懂法、用法、守法的意识，促进依法治乡。以利民、惠民、便民为宗旨，以加强基层社会治理服务为基础，以夯实基层基础工作为抓手，以创新体制机制为动力，构建横向到边、纵向到底、职能到位、责任到人的基层社会治理服务新模式，配强基层力量，促进网格管理服务工作精细化、规范化、科学化，构建政府主导、社会广泛参与、整体联动、多元治理的网格化社会服务管理体系，推进平安麻麻建设进程，组建乡级网格1个、村级网格1个，对麻麻村再划分4个片区，组建片区级网格4个。

12月6日，麻麻门巴民族乡在边境一线开展巡边暨主权宣誓活动
（麻麻门巴民族乡　供图）

【特色产业】 2022年，麻麻门巴民族乡提升特色产业发展力度，发展茶叶种植、藏白酒、门巴木碗等特色产品，加大对村集体经济的投入力度，壮大村集体经济，拓宽增收渠道。

【党建工作】 2022年，麻麻门巴民族乡党委、乡政府坚持以习近平新时代中国特色社会主义思想为引领，巩固拓展脱贫攻坚成果同乡村振兴有效衔接，抓住基层党建，开展党性、政治、理想信念教育，学习宣传中共二十大精神。提升乡、村两级领导班子和党组织的政治领导力、思想引领力、群众组织力、社会号召力，推进党建工作与乡村振兴融合，实现以组织振兴带动乡村产业、生态、经济振兴，以党建引领农业农村发展。

提高政治站位，学习宣传贯彻中共二十大精神。组织全乡党员干部群众收听收看中共二十大开幕会，撰写心得体会103篇。召开党委班子会议，制定《麻麻乡党员干部率先深入学习宣传贯彻党的二十大精神方案》和宣讲时间安排表。开展党委（党组）理论学习中心组专题学习研讨15次，中共二十大专题研讨3次，组织乡党委班子撰写宣讲稿9份，党政班子通过集中宣讲、走村入户、深入田间地头的方式宣讲中共二十大精神30余次，通过“三会一课”和集体学习的方式学习宣传中共二十大精神6次。坚持理论联系实际，将中共二十大精神与工作实际相结合，制订实施方案，细化工作措施，贯彻落实中共二十大精神到工作各个方面。加强基层党组织建设，激发基层党建工作活力。落实村干部坐班值班、集中办公日制度，为群众提供便利服务，解决基层党组织作用弱化问题。加强村“两委”班子培训，组织村干部和后备干部学习国家通用语言和文字23次，开展党员政治教育4次，7人基本掌握国家通用语言，达到能听、能说、会写要求。选拔培养村后备干部，结合实际，从退役军人、返乡大学生和先进联户单位等群体中择优培养村后备干部，后备干部年龄在35岁以下，大专以上学历2人、高中学历6人、初中以上学历100%。强化国土安全意识，落实党政军警民合力强边固防责任。以“五共五固”为载体，贯彻落实县委、县政府强边固防工作要求，发挥乡党委、乡政府、边防干警、驻地部队以及护边员联防联控作用，组织15名护边员开展巡边40余次，组织召开党政军警民合力强边固防联席会议2次，联合开展边境巡逻2次。按照党员发展5个环节、25个流程的程序，落实政治审查制度，接收预备党员1名，培养入党积极分子10名。开展违规违纪发展党员专项整治“回头看”行动，核查中共十八大以后发展的24名党员档案，整改1份党员档案不规范问题。加强流动党员管理服务，转接党组织关系2人，收缴党费4.04万元。开展“三老”人员、困难党员慰问帮扶4次，发放慰问资金6000元。

发挥党员先锋模范作用。以主题党日、党群活动日为抓手，组织开展“为民办实事活动”300余人次，入户听取群众诉求建议20余条，开展结对帮扶200人次、解决群众问题30余个。抓好精神文明建设，宣传党的惠民政策。落实志愿服务队档案工作，发挥志愿服务作用，通过集中宣讲、入户、广播微信、文化服务送田间、甜茶馆里话党恩等形式开展理论宣讲，在重要时间节点、重要活动、重大会议等时间发挥志愿服务队作用，全年宣讲67场次，涉及群众1800余人次，悬挂横幅标语50余条，发放宣传手册700余册。骨干宣讲员在茶馆和农闲期间宣讲党的惠民政策和重大会议精神、法律法规、新冠疫情防控知识等36次。开展学雷锋精神、新冠疫情防控、人居环境整治、医疗健康服务、走访慰问、边境巡逻、节假日游客向导、景区交通管理等志愿活动62次。

【党风廉政建设】 2022年，麻麻门巴民族乡纪委在县纪委、乡党委的领导下，贯彻落实中共十九大、十九届历次全会，中共二十大和自治区、市、县纪委全会精神，贯彻上级纪委工作安排部署，围绕乡党委、乡政府中心工作，坚持“标本兼治、综合治理、惩防并举、注重预防”的方针，履行监督执纪问责工作职能，推进各项工作。提高政治站位，推进全面从严治党。协助乡党委制定麻麻门巴民族乡2022年全面从严治党工作计划和党领导小组，与重点人员、重点岗位人员签订《2022年度麻麻门巴民族乡落实党风廉政建设目标责任制目标责任书》10份。协助乡党委召开2022年全面从严治党专题会议2次，向乡党委汇报纪委工作2次。

强化廉政教育，筑牢干部廉洁思想防线。通过“线上+线下”结合，传达学习习近平总书记关于全面从严治党和党风廉政暨反腐败相关重要论述，学习自治区、市、县纪委全会精神，以及《中国共产党党内监督条例》《中国共产党廉洁自律准则》《党员干部纪律处分条例》《中国共产党问责条例》等，线上传达学习20余次，集中组织学习10余次。组织全乡党员干部观看党风廉政警示教育片《零容忍》2场次，节前警示教育8次，传达学习违法违纪典型案例10余次，召开《身边事教育身边人》廉政警示教育1场次，抓住“关键少数”，督促乡党政一把手阅读自治区、市纪委监委编制的违纪违法忏悔录本，督促抓好学习、做好表率，引导党员干部筑牢廉政思想防线。

加强日常监督，推动重点工作落地落实。为营造党风政风，融洽党群干群关系，乡纪委围绕纪检监察工作职责，发挥村务监督委员会的监督主体作用，对全乡各领域开展常态化监督检查，落实工作责任，提升监督实效。强化纠正“四风”，加强作风建设。在重要节点进行教育提醒、监督检查、通报案例。围绕公款吃喝、公车私用、酒驾、赌博以及干部作风等问题开展专项监督检查5次，签订《八小时以外行为规范》承诺书32份，签订《党员干部不参与具有赌博性质的活动》承诺书，改进党员干部工作、生活作风。聚焦乡村振兴重点环节，精准监督检查。按照自治区纪委书记王卫东在过渡期专项监督检查工作会上的讲话精神，开展产业、生态、人居环境、生活保障、基层治理、“四不摘”等专项监督检查10余次，提出整改意见4次，督促整改4次。

抓住问题整改，确保整改见效。为确保巡视、审计反馈问题整改工作取得效果，乡纪委坚持问题导向，对照整改任务，强化督促检查力度，县委巡察办、县审计局对麻麻村提出问题整改工作意见建议2次，督促整改2次。开展联合监督，维护群众利益。按照县纪委要求，专项监督检查乡“一卡通”、温室大棚荒废、耕地抛荒、惠民资金落实、牲畜售卖、干部作风等情况5次，提出问题整改1次。加强乡村财务监督，规范收支管理。坚持查账与分析资料相结合，采取听、查、看的方法，检查麻麻乡和麻麻村财务账目4次，对存在问题整改1次。

（格列朗杰　撰）

勒门巴民族乡

【概况】 勒门巴民族乡位于错那县西南部，距错那县城52千米，与印度、不丹接壤，是门巴族的主要聚居地之一。全乡总面积363平方千米，平均海拔2350米，森林面积14.78万亩，草场面积9.36万亩，退耕还林面积204.87亩。下辖2个行政村（勒村、贤村）、4个自然村（勒村、贤村、格林久、贤定），有1个乡党委，4个党支部，77名党员（包含预备党员），2022年群众152人，其中，勒村34户90人，男性47人、女性43人，门巴族63人、藏族27人；贤村21户62人，男性29人、女性33人，门巴族28人、藏族34人。联防队30人（勒村17人、贤村13人），护林员68人（勒村44人、贤村24人），外事巡边员25人（勒村17人、贤村8人）。

【重要会议】 2022年，勒门巴民族乡组织召开党委会议17次，召开党委理论学习中心组学习11次、支部例会30余次，组织开展中共二十大专题研讨4次，开展“作风怎么看、工作怎么干”专题研讨4次，党委领导班子成员到各村举办专场宣讲会30余次。勒门巴民族乡人大主席团依法召开乡第十五届人民代表大会第二次会议和第三次会议，召开人大代表年度述职评议1次、上级人大及其常委会各类会议精神学习会30余次；开展“人大是什么、干什么、怎么干”专题研讨2次；举办《中华人民共和国乡村振兴促进法》《中华人民共和国宪法》《山南市红色文化资源利用条例》等法律条例宣讲会10余次。勒门巴民族乡政府组织召开农牧、统计、乡村振兴等领域重要行动安排部署会20余次、工作推进会30余次、季度工作总结会10余次。

【重要活动】 2022年，勒门巴民族乡组织开展“3·28”西藏百万农奴解放纪念日、“七一”建党节、“庆中秋、迎国庆”等重要活动，乡人大代表到林芝等地考察学习1次。

【教育事业】 勒门巴民族乡无学校，上学需到其他乡（镇）。2022年在校学生25人，其中，学前班8人、小学生4人、初中生4人、高中生5人、大学生4人。2020—2022年适龄儿童入学率100%，九年义务教育覆盖率100%。

【医疗卫生】 2022年，勒门巴民族乡有乡级卫生院1个，村级卫生室2个，有乡村医护人员9名。乡卫生院有编制床位3个，开放床位1个，设立门诊室、药房、输液室、藏医室4个科室，设有医疗废物储藏室。乡卫生院建立健全规章制度，调动医护人员积极性、主观能动性，推动事务落实，全年就医900余人次，同比增长30%，无住院病人，业务总收入2.55万元。2022年新农合参保率100%。

【文化事业】 2022年，勒门巴民族乡设有文化站1所，农家书屋2处，国家级非物质文化遗产门巴戏“阿吉拉姆”传习所1所。文化事业以创新工作为抓手，以发展公共文化服务为突破口，以满足群众精神文化需求和更好地惠及民生为落脚点，加强文化工作力量，配齐工作人员，有乡级工作人员4人（负责人员1人、工作人员3人），村级文化管理员2人，干部职工、群众组建文化工作志愿服务队14个，确保文化工作开展。坚持文艺引领，宣扬正能量，开展“文化进农家”活动，满足群众精神文化需求，在春节、藏历新年、“3·28”西藏百万农奴解放纪念日、“七一”建党节、“十一”国庆节等重要节庆日开展文化活动35次，参与1600余人次，投入资金2.3万元。

【社会保障】 2022年，勒门巴民族乡应参保75人，其中，勒村49人、贤村26人，参保率100%。每月核对15名养老保险待遇领取人员的相关信息及待遇资金的发放情况。每月上报全乡残疾人“两项补贴”落实表，半年内上报残疾专职委员工资落实表，全乡有残疾人7人，残疾专职委员2人为残疾人，残疾人落实资金1.56万元，落实2022年残疾人“两项补贴”。每季度上报特困人员生活补贴落实表，全乡有特困人员1人，每年享受资金7740元；根据自治区民政厅下发文件要求，为特困人员增发一次性补贴1200元，2022年全乡特困人员享受补贴资金8940元。

【旅游发展】 2022年，勒门巴民族乡巩固新型特色小城镇、小康村建设成果，围绕“文旅结合、以旅促农”发展目标，推进“农业+旅游+特色产业”模式。打造“游仓央嘉措故里，品门隅茶玉罗冈吉”精品旅游路线。以干部包户的形式，组织干部指导群众经营农家乐，组织群众参加培训，提高游客接待能力和农家乐管理水平，提升游客满意度，增加群众收入。建设旅游硬件设施，岗亭瀑布玻璃栈道项目开工。有“阿吉拉姆”（门巴戏）、“萨玛酒歌”、门巴服饰和门巴木碗等民族文化，“阿吉拉姆”于2007年被列入国家级非物质文化遗产名录。全年接待游客5000余人次，带动每户平均增收2000元。

【生态环境保护】 2022年，勒门巴民族乡树立“抓好环保为经济，发展经济为环保”大局观，将生态环保工作列入全年计划，制订环保目标，成立生态环保工作领导小组，按照目标责任书要求，结合属地责任和部门职责，抓住重点，强化管理，深化宣传，落实环保目标责任书各项内容和指标，开展各项工作，促进全乡经济与环境、社会协调发展，建设新农村。

【乡村振兴】 2022年，勒门巴民族乡巩固拓展脱贫攻坚成果同乡村振兴有效衔接，健全完善党政一把手负总责的乡村振兴工作责任制，发挥基层党组织战斗堡垒作用，成立以乡党政主要领导为主管的脱贫攻坚成果同乡村振兴有效衔接工作领导小组，明确职责分工，主要领导抓，分管领导具体抓。建立健全防返贫监测机制，对全乡1户脱贫户、54户农户开展“三类人员”排查工作，了解群众生产生活、经济收入情况，救助“脱贫不稳定户、边缘易致贫户、严重困难户”，开展排查工作2次，入户排查55户151人，其中脱贫户1户1人，排查率100%。落实“四不摘”政策，开展干部结对帮扶，制订《勒门巴民族乡包村联户工作实施方案》，通过入户走访、帮扶慰问等方式，巩固脱贫成果，建立工作台账，主要领导部署、谋划，督促指导工作。开展联系服务群众工作165次，解决群众问题23件，宣传中共二十大精神55次。按照县乡村振兴局关于开展信息采集工作要求，开展行政村采集和农户信息采集工作，审核把关数据，确保数据真实性，采集2个行政村、55户农户信息，采集率100%。将小康村人居环境整治工作纳入日常重要议程，制订计划方案，把小康村柴火堆放、道路清理、牛粪清除、垃圾处置、屋内摆设等人居环境整治工作纳入村规民约奖惩机制。修改完善村规民约，将生态环境保护纳入村规民约，增强农牧民群众保护生态环境的意识，打造生态旅游品牌。

【强基惠民】 2022年，勒门巴民族乡坚持德才兼备、以德为先，培养锻炼干部，选派优秀人才开展驻村工作，做到配置合理、人岗相适，按照配齐配强原则，选派驻村工作队队长2名，队员3名。2个村强基惠民经费35.2万元，突出乡村振兴重点、集中经济投入、形成发展合力，与2023年强基惠民经费整合使用。

【重点集体经济】 2022年，勒村、贤村共同组建勒门巴民族乡茶叶农牧民专业合作社，兑现群众分红52.85万元，发放群众务工工资104.91万元，落实土地流转资金38.25万元。

2022年，勒村有村集体经济产业3个。森木扎农家乐，租金6.44万元，带动群众参与务工5人，务工收入7.5万元；卡达扶贫就业楼出租，租金3万元；温室大棚出租，租金6000元，带动群众参与务工2人，务工收入1.2万元。勒村各村集体经济产业总收入10.04万元，带动7名群众通过村集体经济增收8.7万元。

2022年，贤村有村集体经济产业2个。达甘亚泡脚粉加工厂，新增机械设备等固定资产13万余元，6月对外承包经营，承包费2.2万元；1—6月生产经营额6900元，带动群众参与务工11人，务工总收入5775元，村集体经济通过泡脚粉加工厂增收2.89万元。辣椒加工厂，全年种植、销售青椒292.5千克，生产辣椒制品91盒，生产经营总额1.38万元，带动群众参与务工16人，务工总收入1.23万元，净利润1480元。贤村各村集体经济产业净利润3.04万元，带动群众就业22人，群众通过村集体经济产业增收1.81万元。

【宣传工作】 2022年，勒门巴民族乡加强党对意识形态工作的领导，鼓励单位、个人对外宣传，传播凝聚正能量，坚持正面宣传为主，尊重舆论宣传规律，提高舆论引导效果，线上线下共同发力，围绕习近平新时代中国特色社会主义思想、社会主义核心价值观等主题，在重大节庆、纪念日期间通过组织党内活动、开展专题讨论等参与宣传活动，增强党性修养。注重把握不同时期宣传重点，提高舆论引导水平，对重大事件、突发性问题，早预见、早发现、提前介入，制订应急预案，掌握网络舆情。重视精神文明建设工作，定期研究精神文明建设工作，建设文化站，各村完善农家书屋，结合中共二十大精神宣讲，增强意识形态领域的主导权和话语权，坚定干部群众的道路自信、理论自信、制度自信、文化自信，提升凝聚力、向心力，推动全乡发展。

【兴边富民】 2022年，勒门巴民族乡围绕自治区、市、县各项文件会议指示精神，立足实际，探索创新固边工作机制和富民工作方法。加强组织领导和谋划。乡党委、乡政府调整固边富民工作领导小组、考核领导小组，制订《勒门巴民族乡固边富民考核办法》《勒门巴民族乡固边富民考核细则》，层层压实固边富民工作责任。开展宣讲活动，学习贯彻中共二十大精神和习近平总书记重要讲话精神，让群众听得懂、能领会、可落实。以党建为引领，促进稳定发展，凝聚全民守边固边、兴边富边力量，围绕“促发展、构和谐、固边防”主题，建设边境党建长廊，落实“五共五固”建设，完善放牧点临时党支部，把基层党组织向边境延伸，形成“村村是堡垒，户户是哨所，人人是哨兵，生产是执勤，放牧是巡逻，处处是防范”格局。推进联创联建，整合党政军警民力量，乡干部、边境派出所民警在各临时党支部24小时值班蹲守，完善各类职责制度，建立流动人员管理台账。发挥基层党组织的领导作用，以特色产业发展为目标，壮大集体经济，整合优势资源，建立健全经济发展长效机制。坚持“治国必治边，治边先稳藏”的重要战略思想，坚持依法治藏、富民兴藏、长期建藏、凝聚人心、夯实基础的重要原则，落实固边富民惠民政策补助资金。

【产业发展】 2022年，勒门巴民族乡将发展农牧业作为群众增收的重要途径，以发展为中心、增收为核心，以新农村建设为抓手，推动农牧业工作。落实草原生态补助奖励政策，开展牲畜清点工作。以“村不漏户、户不漏畜”的原则，统计牲畜清单户数和牲畜头数，牲畜清点统计有281头（只、匹），其中牦牛126头、犏牛63头、马2匹。全乡牧户草场承包面积9.21万亩，其中，勒村4.6万亩、贤村4.61万亩，全乡载畜量4204.3只（以羊为单位），实现草畜平衡。全乡2022年应享受草补资金23.03万元，实际享受资金23.02万元（1户封顶保底后不予以兑现141元）。全乡牲畜能繁母畜145头，实配母畜132头，怀胎母畜107头；新生仔畜90头，成活仔畜60头，牛犊成活率70%。乡农牧综合工作人员牵头各村科技特派员、动物防疫员到4个放牧点开展动物免疫工作，全年注射牲畜273头，宣讲相关政策7场次，受教育150人次，发放宣传单50余份，牲畜免疫注射率100%。贯彻落实县农业农村局《关于一线牲畜疫情防控补饲料》《关于调运牲畜疫情防控及防抗灾物资工作》通知要求，对全乡31户，发放饲料10吨。推动销售特色农产品，销售青椒2500千克，收入7.5万余元，户均增收1300余元。发展茶产业，坚持“走出去，请进来”相结合，安排乡干部和合作社社员到安徽参观考察；在安徽援藏队的帮助下，邀请安徽茶叶专家实地指导，提档升级茶叶，带动群众增收致富。

【特色产业】 勒门巴民族乡森林茂密、气候宜人、环境无污染、生物资源多样，“一山有四季、十里不同天”，“立体气候”特征明显，气候温和，年日照时数1940小时，无霜期186天，年平均气温10.03℃。具有发展高山茶叶种植的条件，茶叶理化指标：茶多酚7.13%—8.5%（正常偏少水平），氨基酸8.9%—12%（偏高水平），儿茶素总量17.25%（偏高水平）。有森木扎、岗亭瀑布等旅游景点，旅游业、茶产业带动全乡经济发展。

勒门巴民族乡茶叶农牧民专业合作社成立于2013年，由勒村、贤村村“两委”班子、农牧民群众151人组成，注册资金500万元，是经营茶叶种植、清茶加工、嫩茶加工和销售的专业合作社。2022年合作社有“两新”党支部委员7名、理事会成员9名、监事会5名，有生产加工车间1200平方米，职工住宿250平方米，

5月6日，自治区党委副书记，自治区人民政府党组书记、主席严金海（前排左六）在勒乡茶叶农牧民专业合作社调研茶叶产业
（勒门巴民族乡　供图）

合作社办公用房312平方米。茶田总面积693亩（可采摘210亩，2013年后改扩建茶田面积483亩），有大叶茶、红茶、绿茶、速溶茶4种产品，完成茶叶包装“勒仓莲”提档升级，打入市场。全年茶叶合作社收入583万余元（散茶528万元、袋泡茶15万余元、红茶和绿茶40万余元）。

【维护稳定】 2022年，勒门巴民族乡党委、乡政府坚持以人为本，推进“7+1”维稳工作模式，防范化解重大风险隐患，查摆解决维稳工作中的突出问题，建立全年及重点时段妥善维护社会稳定方案、预案，树立“稳定压倒一切”思想，实现“三无”“三不出”“三稳定”目标。加强组织领导，乡党委、乡政府成立各大节日、重要时段工作领导小组，完善方案、预案15份，健全工作制度、机制、台账，将任务分解落实到岗位、个人。按照“属地管理”原则，层层压实维稳工作责任；成立监督检查工作专班，定期、不定期督导维稳措施落实情况，压实维稳责任。突出重点工作，安排部署重点时段及常态化维稳重点工作，强调做好带班值班的重要意义，在重大节假日、重要时期按照戒备等级要求，确保值班人员24小时在岗在位，将维稳工作摆在首要位置。强化矛盾纠纷排查化解工作力度，全乡组织开展矛盾纠纷排查200余次，安排工作专班、村“两委”、驻村工作队排查道路交通安全。建立乡干部联系项目点机制，制定联系包保项目点工作职责，6名乡副科级干部联系各包保项目点维稳、安全生产等工作。

【经济工作】 勒门巴民族乡属于半农半牧乡，农业主要是种植、加工、出售茶叶，另外种植青稞、鸡爪谷和辣椒等，有茶田693亩，可采摘茶田210亩，农作物种植面积32.5亩。牧业以饲养大畜为主，2022年牲畜存栏总头数281头。2022年，全乡农村经济总收入891.41万元，完成目标任务，其中，落实国家政策性收入114万元，占总收入的12.79%；农牧民工资性收入233.2万元，占总收入的26.16%；生产经营性收入423.79万元，占总收入的47.54%；财政性收入87.46万元，占总收入的9.81%。年度转移就业指标完成率100%，农牧民群众人均可支配收入36016.11元，同期增长14%。

【“五共五固”】 2022年，勒门巴民族乡坚持党对工作的领导，互聘军地党建指导员，通过党建指导员开展政治理论课互上、主题党日互动、边境管控措施互学，老党员退役军人互关怀、重点节日同联谊等活动。发挥乡、营联席会议机制作用，落实“五共五固”活动的组织、指导和协调工作，召开军（警）地联席会议，研究解决工作中存在的困难和问题。在“三大节日”、“七一”建党节、“八一”建军节等节日开展军（警）地联谊活动，开展共学党的理论固信仰信念、共建基层组织固一

5月27日，西藏自治区党委组织部副部长索朗玉珍（左六）在择绕桥调研“五共五固”工作开展情况　　（勒门巴民族乡　供图）

线堡垒、共促民生改善固脱贫成果、共树文明新风固民族团结、共守神圣国土固边境安宁活动。邀请驻地部队、边境派出所开展巡逻活动，联合开展巡边守边活动50余次。以巡边固边兴边富民为主题，开展巡逻路上讲党课5次，开展共升一面旗、同唱一首歌活动8次，开展边境路上忆苦思甜活动1次。以共建为主题，开展互讲党课2次；以民生为主题，结合“爱民诊所”创建，开展军地互诊3次，共同慰问退役军人。

【党建工作】 2022年，勒门巴民族乡把握党的建设主线任务，推进基层党组织建设工作，学习贯彻落实党中央、各级党委关于党的建设的各项指示要求和工作部署，建设边境党建长廊，增强基层党组织战斗堡垒作用。

加强政治建设。把党的政治建设摆在首位，贯彻落实党中央和上级各级党委决策部署，发挥党委把方向、管大局、保落实的领导作用，细化分解党建重点工作任务，压实班子成员责任制、党建责任制“一岗双责”，落实意识形态工作责任制，定期研究党建工作，将党的建设工作纳入年度整体工作部署。专题研究党建工作3次、意识形态工作3次，研究党风廉政建设和反腐败工作4次，安排部署党建工作会议4次。

开展理论学习。把思想政治教育常态化放在首位，坚持党委理论学习中心组学习、支部例会和“主题党日”等学习制度，结合“学习强国”学习平台，依托“互看互学互比”活动的开展，采取集中学习、讨论交流、“走出去，请进来”等学习方式，将理论学习、业务学习、党建和意识形态专题知识学习结合起来，用党的理论成果武装头脑、指导实践。组织召开党委会议17次，召开党委理论学习中心组11次、支部例会30余次，组织开展中共二十大专题研讨4次，开展“作风怎么看、工作怎么干”专题研讨4次，党委领导班子成员到各村举办30余次专场宣讲会。

压紧压实责任。把“党对一切工作的领导”的要求落实到工作中，树立“抓好党建是最大政绩”的理念，健全“一把手负总责、班子成员分工负责，一级抓一级、层层抓落实”的党建工作机制。围绕把党建“软指标”变成工作“硬任务”，坚持责任在先、调度在先的原则，明确2022年党建工作目标，乡主要领导包村，不定期参加各村组织生活，指导参与新冠疫情防控、维护稳定、落实安全生产等任务。乡分管领导包干部职工，不定期开展谈心谈话，引导干部职工推进党建重点任务，专班推进、专人落实、专题责任、专项部署，把党建目标指标化、责任化，形成“班子齐心抓党建、形成合力强党建、上下一心促党建”氛围。

【党风廉政建设】 2022年，勒门巴民族乡坚持学做统一。学习贯彻落实习近平总书记关于全面从严治党的重要论述和党内法规，用党的理论武装头脑，树立政治纪律和政治规矩，让党员领导干部在思想上、意志上、行动上统一到中国特色社会主义现代化建设上来。加强理想信念教育，全面覆盖党风廉政教育。

坚持言行统一。坚持学思用贯通、知信行统一，将习近平新时代中国特色社会主义思想转化为坚定理想、锤炼党性和指导实践、推动工作的力量。引导和推动党员领导干部做思想上的“明白人”，行动上的“老实人”。组织党员共同、自行观看警示教育片4部，学习相关案例11件。

坚持大小统一。坚持党性党风党纪一起抓，结合正风肃纪和反腐败斗争，落实中央八项规定精神，抓住“关键少数”，整治“四风”，重点纠治形式主义、官僚主义，破除特权思想、行为，提高党性觉悟，增强拒腐防变能力。查摆群众身边的“蝇贪”，加强新时代廉洁文化建设，树立“莫伸手，伸手必被抓”的警示思想。

11月24日，山南市委组织部部务委员洛桑曲达（前排右三）带队到勒村开展基层党建示范点创建验收工作　（勒门巴民族乡　供图）

坚持点面统一。坚持对党员干部个人思想政治教育和组织拒腐防变体系建设相结合，贯彻落实新时代党的建设总要求，健全全面从严治党体系，让党员干部坚守初心、牢记使命、践行宗旨。完善党内政治生活，增强政治性、时代性、原则性、战斗性，用好批评和自我批评武器，推进自我净化。以党章为根本，以民主集中制为核心，形成坚持真理、修正错误，发现问题、纠正偏差的机制，加强对各基层党组织“一把手”和领导班子的监督，落实全面从严治党政治责任。

（尼　珍　撰）

7月12日，退休老干部参观隆子县列麦精神纪念馆　　（县委老干部局　供图）

荣　誉

错那县受县级以上表彰集体一览表

表1

获奖单位	奖项名称	表彰时间	授予单位
县交通运输局	2022年度“四好农村路”全国示范县创建单位	2022年11月	中华人民共和国交通运输部
县人社局	西藏自治区就业创业工作先进集体	2022年2月	中共西藏自治区委员会、西藏自治区人民政府
县边境管理大队	西藏自治区民族团结进步模范单位	2022年12月	中共西藏自治区委员会、西藏自治区人民政府
勒布沟景区	西藏自治区民族团结进步模范景区	2022年4月	中共西藏自治区委员会、西藏自治区人民政府
库局乡人民政府	西藏自治区高原生态文明建设基层党组织示范点	2022年	中共西藏自治区委员会组织部
县公安局台崩路便民警务站	集体三等功（西藏自治区公安机关党的二十大安保维稳工作有功集体）	2022年2月	西藏自治区公安厅
县统计局	第七次全国人口普查自治区级先进单位	2022年8月	西藏自治区第七次全国人口普查领导小组办公室
麻麻门巴民族乡麻麻村	西藏自治区文明村镇	2022年12月	西藏自治区精神文明建设指导委员会
县卫健委	西藏自治区2019—2022年死因监测先进集体奖	2022年	西藏自治区疾病预防控制中心
勒布沟景区	山南市民族团结进步模范单位	2022年1月	中共山南市委员会、山南市人民政府
县税务局	山南市民族团结进步模范单位	2022年6月	中共山南市委员会、山南市人民政府
县公安局公共信息网络安全监察室	集体嘉奖	2022年7月	山南市公安局
错那县中学	2022年山南市防震减灾科普示范学校	2022年6月	山南市地震局、山南市教育局、山南市科技局、共青团山南市委
库局乡人民政府	2022年度山南市人居环境整治“十佳乡（镇）”	2022年	山南市委农村人居环境整治工作专班
错那镇	2022年度错那县民族团结进步模范单位	2022年	中共错那县委员会、错那县人民政府
浪坡乡肖村	2022年度错那县民族团结进步模范单位	2022年	中共错那县委员会、错那县人民政府
曲卓木乡人民政府	2022年度错那县民族团结进步模范单位	2022年	中共错那县委员会、错那县人民政府
中国农业银行错那县支行	2022年度错那县民族团结进步模范单位	2022年	中共错那县委员会、错那县人民政府
错那镇党委、错那镇政府	2022年度错那县民族团结进步模范集体	2022年3月	中共错那县委员会、错那县人民政府
错那镇完全小学	2022年度错那县民族团结进步模范集体	2022年3月	中共错那县委员会、错那县人民政府
对印自卫反击战张国华将军前线指挥部旧址	2022年度错那县民族团结进步模范集体	2022年3月	中共错那县委员会、错那县人民政府
江苏扬州太阳雨志愿者团队	2022年度错那县民族团结进步模范集体	2022年3月	中共错那县委员会、错那县人民政府
觉拉寺管理委员会	2022年度错那县民族团结进步模范集体	2022年3月	中共错那县委员会、错那县人民政府
某部队某分队	2022年度错那县民族团结进步模范集体	2022年3月	中共错那县委员会、错那县人民政府

续表1

获奖单位	奖项名称	表彰时间	授予单位
曲卓木乡党委、曲卓木乡政府	2022 年度错那县民族团结进步模范集体	2022 年 3 月	中共错那县委员会、错那县人民政府
汤乌村村民委员会	2022 年度错那县民族团结进步模范集体	2022 年 3 月	中共错那县委员会、错那县人民政府
县公安局	2022 年度错那县民族团结进步模范集体	2022 年 3 月	中共错那县委员会、错那县人民政府
县人大常委会办公室	2022 年度错那县民族团结进步模范集体	2022 年 3 月	中共错那县委员会、错那县人民政府
县委办公室	2022 年度错那县民族团结进步模范集体	2022 年 3 月	中共错那县委员会、错那县人民政府
县委统战部	2022 年度错那县民族团结进步模范集体	2022 年 3 月	中共错那县委员会、错那县人民政府
县卫生健康委员会	2022 年度错那县民族团结进步模范集体	2022 年 3 月	中共错那县委员会、错那县人民政府
县乡村振兴局	2022 年度错那县民族团结进步模范集体	2022 年 3 月	中共错那县委员会、错那县人民政府
中国农业银行错那县支行	2022 年度错那县民族团结进步模范集体	2022 年 3 月	中共错那县委员会、错那县人民政府
错那县中学	2022 年度错那县民族团结进步模范学校	2022 年 3 月	中共错那县委员会、错那县人民政府
县乡村振兴局	2022 年度错那县民族团结进步先进单位	2022 年	中共错那县委员会、错那县人民政府
县交通运输局	错那县第三批民族团结进步创建模范机关	2022 年	中共错那县委员会、错那县人民政府
县审计局	错那县第三批民族团结进步创建模范机关	2022 年	中共错那县委员会、错那县人民政府
县水利局	错那县第三批民族团结进步创建模范机关	2022 年	中共错那县委员会、错那县人民政府
曲卓木村	错那县民族团结进步模范村（居）	2022 年 3 月	中共错那县委员会、错那县人民政府
曲卓木乡人民政府	错那县民族团结进步模范景区	2022 年 3 月	中共错那县委员会、错那县人民政府
曲卓木乡人民政府	错那县民族团结进步模范乡（镇）	2022 年 3 月	中共错那县委员会、错那县人民政府
错那镇	2022 年度巩固拓展脱贫攻坚成果同乡村振兴有效衔接工作先进乡（镇）	2022 年	中共错那县委员会、错那县人民政府
库局村	2022 年度先进村（居）“两委”班子	2022 年	中共错那县委员会、错那县人民政府
卡达乡人民政府	2022 年第三季度“人居环境整治”先进乡（镇）	2022 年 11 月	中共错那县委员会、错那县人民政府
卡达乡人民政府	2022 年第一季度“人居环境整治”先进乡（镇）	2022 年 11 月	中共错那县委员会、错那县人民政府
觉拉乡人民政府	2022 年第二季度“人居环境整治”先进乡（镇）	2022 年 11 月	中共错那县委员会、错那县人民政府
觉拉乡人民政府	2022 年第四季度“人居环境整治”先进乡（镇）	2022 年 11 月	中共错那县委员会、错那县人民政府
县财政局	2022 年度“三农”工作先进单位	2022 年	中共错那县委员会、错那县人民政府
错那镇	2022 年度促进农牧民增收先进乡（镇）	2022 年	中共错那县委员会、错那县人民政府

续表1

获奖单位	奖项名称	表彰时间	授予单位
贡日门巴民族乡	2022 年度促进农牧民增收先进乡（镇）	2022 年	中共错那县委员会、错那县人民政府
县财政局	2022 年度基层党建工作先进集体	2022 年	中共错那县委党的建设（基层组织建设）领导小组办公室
中共曲卓木乡委员会	2022 年度基层党建工作先进集体	2022 年	中共错那县委党的建设（基层组织建设）领导小组办公室
曲卓木乡人民政府	“先进双联户”创建评选工作先进乡（镇）	2022 年 12 月	中共错那县委平安建设领导小组
卡达乡人民政府	“先进双联户”创建评选工作先进乡（镇）	2022 年 12 月	中共错那县委平安建设领导小组
觉拉乡人民政府	“先进双联户”创建评选工作先进乡（镇）	2022 年 12 月	中共错那县委平安建设领导小组

错那县受县级以上表彰个人一览表

表2

姓名	性别	民族	工作单位	奖项名称	表彰时间	授予单位
张　兰	女	汉族	县公安局	成绩突出女民警	2022 年 3 月	中华人民共和国公安部、中华全国妇女联合会
土旦次仁	男	门巴族	麻麻门巴民族乡	西藏自治区民族团结进步模范个人	2023 年 2 月	中共西藏自治区委员会、西藏自治区人民政府
曹文磊	男	汉族	县委	西藏自治区民族团结进步模范个人	2023 年 2 月	中共西藏自治区委员会、西藏自治区人民政府
李　顺	男	汉族	库局乡人民政府	西藏自治区重大活动先进个人	2023 年 2 月	中共西藏自治区委员会、西藏自治区人民政府
李　军	男	汉族	县公安局	个人嘉奖（全区公安机关党的二十大安保维稳工作有功个人）	2022 年 2 月	西藏自治区公安厅
洛桑桑杰	男	藏族	县司法局	西藏自治区级金牌调解员	2022 年 6 月	西藏自治区司法厅
查　果	女	藏族	错那镇卫生院	2022 年度拉萨市抗击新冠疫情优秀援助医疗队员	2022 年 9 月	中共拉萨市委员会、拉萨市人民政府
邓　伟	男	汉族	勒布边境派出所	山南市民族团结进步模范个人	2022 年 12 月	中共山南市委员会、山南市人民政府
土旦次仁	男	门巴族	麻麻门巴民族乡党委	山南市民族团结进步模范个人	2023 年 2 月	中共山南市委员会、山南市人民政府
曹文磊	男	汉族	县委	山南市民族团结进步模范个人	2023 年 2 月	中共山南市委员会、山南市人民政府
朱俊松	男	汉族	扬州太阳雨志愿者团队	山南市民族团结进步模范个人	2023 年 2 月	中共山南市委员会、山南市人民政府
厉兆鹏	男	汉族	吉巴门巴民族乡	先进驻村工作队员	2022 年 6 月	中共山南市委员会、山南市人民政府
罗松四郎	男	藏族	觉拉乡	先进驻村工作队员	2022 年 6 月	中共山南市委员会、山南市人民政府
张　凡	男	汉族	库局乡人民政府	2022 年度组织系统十佳网宣员	2023 年 5 月	中共山南市委员会组织部
仁增平措	男	藏族	库局乡人民政府	三等功	2022 年 1 月	中共山南市委员会组织部
次旦卓嘎	女	藏族	县统计局	第七次全国人口普查市级先进个人	2023 年 5 月	山南市第七次全国人口普查领导小组办公室

续表2

姓名	性别	民族	工作单位	奖项名称	表彰时间	授予单位
拉巴桑杰	女	藏族	县统计局	第七次全国人口普查市级先进个人	2023 年 5 月	山南市第七次全国人口普查领导小组办公室
阿旺江村	男	藏族	县公安局	个人嘉奖	2022 年 7 月	山南市公安局
格桑旺堆	男	藏族	县公安局	个人嘉奖	2022 年 7 月	山南市公安局
李 律 冰	男	汉族	县公安局	个人嘉奖	2022 年 7 月	山南市公安局
索朗次仁	男	藏族	县公安局	个人嘉奖	2022 年 7 月	山南市公安局
扎西顿珠	男	藏族	县公安局	三等功	2022 年 7 月	山南市公安局
扎西旺堆	男	藏族	县公安局	三等功	2022 年 7 月	山南市公安局
白玛欧珠	男	藏族	县公安局	新冠疫情防控工作中表现突出民（辅）警通报表扬	2022 年 9 月	山南市公安局
旦增多吉	男	藏族	县公安局	新冠疫情防控工作中表现突出民（辅）警通报表扬	2022 年 9 月	山南市公安局
晋美顿珠	男	藏族	县公安局	新冠疫情防控工作中表现突出民（辅）警通报表扬	2022 年 9 月	山南市公安局
李　　强	男	汉族	县公安局	新冠疫情防控工作中表现突出民（辅）警通报表扬	2022 年 9 月	山南市公安局
尼玛次仁	男	藏族	县公安局	新冠疫情防控工作中表现突出民（辅）警通报表扬	2022 年 9 月	山南市公安局
洛松曲扎	男	藏族	县气象局	2022 年度先进个人	2022 年 12 月	山南市气象局
巴桑罗布	男	藏族	县气象局	2022 年度优秀个人	2022 年 12 月	山南市气象局
马　　鼎	男	汉族	山南市生态环境局错那县分局	2022 年度优秀公务员	2023 年 3 月	山南市生态环境局党组
扎西措姆	女	藏族	山南市生态环境局错那县分局	2022 年度优秀公务员	2023 年 3 月	山南市生态环境局党组
达娃卓嘎	女	藏族	县中学	第八届民族团结进步创建工作先进个人	2022 年	山南市教育局（体育局）党组
郭　　旗	男	汉族	武警错那县中队	个人战备训练三等功	2022 年 12 月	武警西藏总队山南支队
杨 弟 亮	男	汉族	武警错那县中队	个人战备训练三等功	2022 年 12 月	武警西藏总队山南支队
杨 亚 伟	男	汉族	武警错那县中队	个人战备训练三等功	2022 年 12 月	武警西藏总队山南支队
次仁曲扎	男	藏族	曲卓木乡洞嘎村	2022 年度优秀村（社区）干部	2022 年 2 月	中共错那县委员会、错那县人民政府
扎西错姆	女	藏族	曲卓木乡	2022 年错那县民族团结进步模范个人	2023 年 1 月	中共错那县委员会、错那县人民政府
罗桑群培	男	藏族	库局乡人民政府	2022 年度民族团结创建优秀工作者	2023 年 2 月	中共错那县委员会、错那县人民政府
旺　　久	男	藏族	错那县社会福利院	2022 年度民族团结优秀个人奖	2022 年	中共错那县委员会、错那县人民政府
旦达群培	男	藏族	觉拉乡人民政府	2022 年度优秀第一书记	2022 年	中共错那县委员会、错那县人民政府
西　　洛	男	藏族	库局乡人民政府	2022 年度优秀第一书记	2023 年 2 月	中共错那县委员会、错那县人民政府
乃觉旺姆	女	藏族	错那县残疾人联合委员会机关	2022 年度优秀公务员	2022 年	中共错那县委员会、错那县人民政府
洛桑仓决	女	藏族	错那县藏语文工作委员会办公室	2022 年度优秀公务员	2022 年	中共错那县委员会、错那县人民政府
德庆曲珍	女	藏族	错那镇	2022 年度优秀公务员	2023 年 2 月	中共错那县委员会、错那县人民政府

续表2

姓名	性别	民族	工作单位	奖项名称	表彰时间	授予单位
闫雪君	女	汉族	错那镇	2022年度优秀公务员	2023年2月	中共错那县委员会、错那县人民政府
周　喜	男	汉族	错那镇	2022年度优秀公务员	2023年2月	中共错那县委员会、错那县人民政府
冀双磊	男	汉族	贡日门巴民族乡	2022年度优秀公务员	2022年12月	中共错那县委员会、错那县人民政府
群　培	男	藏族	贡日门巴民族乡	2022年度优秀公务员	2022年12月	中共错那县委员会、错那县人民政府
余林广	男	汉族	贡日门巴民族乡	2022年度优秀公务员	2022年12月	中共错那县委员会、错那县人民政府
刘雄飞	男	汉族	觉拉乡人民政府	2022年度优秀公务员	2022年	中共错那县委员会、错那县人民政府
毛加宁	男	汉族	觉拉乡人民政府	2022年度优秀公务员	2022年	中共错那县委员会、错那县人民政府
扎西达瓦	男	藏族	觉拉乡人民政府	2022年度优秀公务员	2022年	中共错那县委员会、错那县人民政府
张建宇	男	汉族	觉拉乡人民政府	2022年度优秀公务员	2022年	中共错那县委员会、错那县人民政府
白玛旦增	男	藏族	卡达乡	2022年度优秀公务员	2023年1月	中共错那县委员会、错那县人民政府
拉姆次仁	女	藏族	卡达乡	2022年度优秀公务员	2023年1月	中共错那县委员会、错那县人民政府
青双宝	男	汉族	卡达乡	2022年度优秀公务员	2023年1月	中共错那县委员会、错那县人民政府
邹家华	男	汉族	卡达乡	2022年度优秀公务员	2023年1月	中共错那县委员会、错那县人民政府
次仁德吉	女	藏族	库局乡人民政府	2022年度优秀公务员	2023年2月	中共错那县委员会、错那县人民政府
次仁旦增	男	藏族	麻麻门巴民族乡	2022年度优秀公务员	2023年1月	中共错那县委员会、错那县人民政府
格列朗杰	男	藏族	麻麻门巴民族乡	2022年度优秀公务员	2023年1月	中共错那县委员会、错那县人民政府
戴育生	男	汉族	曲卓木乡	2022年度优秀公务员	2023年2月	中共错那县委员会、错那县人民政府
鲁红星	男	汉族	曲卓木乡	2022年度优秀公务员	2023年2月	中共错那县委员会、错那县人民政府
洛桑坚赞	男	藏族	曲卓木乡	2022年度优秀公务员	2023年2月	中共错那县委员会、错那县人民政府
吴　韬	男	汉族	曲卓木乡	2022年度优秀公务员	2023年2月	中共错那县委员会、错那县人民政府
旦增索朗	男	藏族	县发改委	2022年度优秀公务员	2022年	中共错那县委员会、错那县人民政府
洛桑顿珠	男	藏族	县发改委	2022年度优秀公务员	2022年	中共错那县委员会、错那县人民政府
念　扎	男	藏族	县发改委	2022年度优秀公务员	2022年	中共错那县委员会、错那县人民政府
白玛罗布	男	藏族	县纪委	2022年度优秀公务员	2022年	中共错那县委员会、错那县人民政府
次仁卓嘎	女	藏族	县纪委	2022年度优秀公务员	2022年	中共错那县委员会、错那县人民政府

续表2

姓名	性别	民族	工作单位	奖项名称	表彰时间	授予单位
刘书婷	女	汉族	县纪委	2022 年度优秀公务员	2022 年	中共错那县委员会、错那县人民政府
石重海	男	毛南族	县纪委	2022 年度优秀公务员	2022 年	中共错那县委员会、错那县人民政府
格桑卓玛	女	藏族	县交通运输局	2022 年度优秀公务员	2022 年 12 月	中共错那县委员会、错那县人民政府
索朗达杰	男	藏族	县交通运输局	2022 年度优秀公务员	2022 年 12 月	中共错那县委员会、错那县人民政府
德吉卓嘎	女	藏族	县林业和草原局	2022 年度优秀公务员	2022 年	中共错那县委员会、错那县人民政府
刘堂勇	男	汉族	县林业和草原局	2022 年度优秀公务员	2022 年	中共错那县委员会、错那县人民政府
白玛群宗	男	藏族	县民政局	2022 年度优秀公务员	2022 年	中共错那县委员会、错那县人民政府
边巴罗布	男	藏族	县农业农村局	2022 年度优秀公务员	2022 年	中共错那县委员会、错那县人民政府
宗吉	女	藏族	县人社局	2022 年度优秀公务员	2022 年	中共错那县委员会、错那县人民政府
邓红霞	女	汉族	县商务局	2022 年度优秀公务员	2022 年	中共错那县委员会、错那县人民政府
巴桑	男	藏族	县市场监管局	2022 年度优秀公务员	2022 年	中共错那县委员会、错那县人民政府
德前曲格	女	藏族	县司法局	2022 年度优秀公务员	2022 年 12 月	中共错那县委员会、错那县人民政府
罗宗	女	藏族	县司法局	2022 年度优秀公务员	2022 年 12 月	中共错那县委员会、错那县人民政府
周竹	男	土家族	县司法局	2022 年度优秀公务员	2022 年 12 月	中共错那县委员会、错那县人民政府
次旦卓嘎	女	藏族	县统计局	2022 年度优秀公务员	2023 年 1 月	中共错那县委员会、错那县人民政府
次旦卓嘎	女	藏族	县统计局	2022 年度优秀公务员	2023 年 1 月	中共错那县委员会、错那县人民政府
吴智程	男	汉族	县统计局	2022 年度优秀公务员	2023 年 1 月	中共错那县委员会、错那县人民政府
吴智程	男	汉族	县统计局普查中心	2022 年度优秀公务员	2023 年 2 月	中共错那县委员会、错那县人民政府
达娃	女	藏族	县委办公室	2022 年度优秀公务员	2023 年 2 月	中共错那县委员会、错那县人民政府
刘文	男	汉族	县委办公室	2022 年度优秀公务员	2023 年 2 月	中共错那县委员会、错那县人民政府
欧阳兆彧	男	汉族	县委办公室	2022 年度优秀公务员	2023 年 2 月	中共错那县委员会、错那县人民政府
孙林	女	汉族	县委办公室	2022 年度优秀公务员	2023 年 2 月	中共错那县委员会、错那县人民政府
次仁旺堆	女	藏族	县文化局（文物局）	2022 年度优秀公务员	2022 年	中共错那县委员会、错那县人民政府
次仁曲珍	女	藏族	县乡村振兴局	2022 年度优秀公务员	2022 年	中共错那县委员会、错那县人民政府
崔耀	男	汉族	县乡村振兴局	2022 年度优秀公务员	2022 年	中共错那县委员会、错那县人民政府

续表2

姓名	性别	民族	工作单位	奖项名称	表彰时间	授予单位
索朗次旦	男	藏族	县乡村振兴局	2022年度优秀公务员	2022年	中共错那县委员会、错那县人民政府
拉姆次仁	女	藏族	县医疗保障局	2022年度优秀公务员	2022年	中共错那县委员会、错那县人民政府
武美琦	女	汉族	县政府办公室	2022年度优秀公务员	2022年	中共错那县委员会、错那县人民政府
袁达旺	男	汉族	县政府办公室	2022年度优秀公务员	2022年	中共错那县委员会、错那县人民政府
央金措姆	女	藏族	县政协办公室	2022年度优秀公务员	2022年	中共错那县委员会、错那县人民政府
次珍	女	藏族	县总工会	2022年度优秀公务员	2022年1月	中共错那县委员会、错那县人民政府
平措朗杰	男	藏族	县司法局	2022年度优秀政法干警	2022年12月	中共错那县委员会、错那县人民政府
洛桑卓玛	女	藏族	县中学	2022年度优秀个人	2022年	中共错那县委员会、错那县人民政府
格桑德吉	男	藏族	县机关后勤服务中心	2022年度优秀工作人员	2022年	中共错那县委员会、错那县人民政府
旦增次旦	男	藏族	县纪委	2022年度优秀工作人员	2022年	中共错那县委员会、错那县人民政府
边巴卓玛	女	藏族	县农业农村局	2022年度优秀工作人员	2022年	中共错那县委员会、错那县人民政府
官令	男	汉族	县农业农村局	2022年度优秀工作人员	2022年	中共错那县委员会、错那县人民政府
李超	男	汉族	县农业农村局	2022年度优秀工作人员	2022年	中共错那县委员会、错那县人民政府
旦增曲培	男	藏族	县乡村振兴局	2022年度优秀工作人员	2022年	中共错那县委员会、错那县人民政府
旦增曲白	男	藏族	贡日门巴民族乡	2022年度优秀工作人员	2022年	中共错那县委员会、错那县人民政府
米玛片多	女	藏族	贡日门巴民族乡	2022年度优秀工作人员	2022年	中共错那县委员会、错那县人民政府
伦珠土旦	男	藏族	错那县社会福利院	2022年度优秀专技人员	2022年	中共错那县委员会、错那县人民政府
德庆旺堆	男	藏族	错那镇	2022年度优秀专技人员	2023年2月	中共错那县委员会、错那县人民政府
洛桑塔杰	男	藏族	错那镇	2022年度优秀专技人员	2023年2月	中共错那县委员会、错那县人民政府
白玛仁增	男	藏族	错那镇卫生院	2022年度优秀专技人员	2023年2月	中共错那县委员会、错那县人民政府
索朗巴姆	男	藏族	觉拉乡人民政府	2022年度优秀专技人员	2022年	中共错那县委员会、错那县人民政府
童安杰	男	汉族	觉拉乡人民政府	2022年度优秀专技人员	2022年	中共错那县委员会、错那县人民政府
赵玉香	女	汉族	觉拉乡人民政府	2022年度优秀专技人员	2022年	中共错那县委员会、错那县人民政府
平措次仁	男	藏族	觉拉乡卫生院	2022年度优秀专技人员	2022年	中共错那县委员会、错那县人民政府
旦增曲珍	女	藏族	卡达乡	2022年度优秀专技人员	2023年1月	中共错那县委员会、错那县人民政府

续表2

姓名	性别	民族	工作单位	奖项名称	表彰时间	授予单位
洛桑旦增	男	藏族	卡达乡	2022 年度优秀专技人员	2023 年 1 月	中共错那县委员会、错那县人民政府
吴　俊	男	汉族	库局乡人民政府	2022 年度优秀专技人员	2023 年 2 月	中共错那县委员会、错那县人民政府
次仁央吉	女	藏族	麻麻门巴民族乡	2022 年度优秀专技人员	2023 年 2 月	中共错那县委员会、错那县人民政府
德　庆	女	藏族	麻麻门巴民族乡	2022 年度优秀专技人员	2023 年 2 月	中共错那县委员会、错那县人民政府
索朗康珠	女	藏族	曲卓木乡	2022 年度优秀专技人员	2022 年	中共错那县委员会、错那县人民政府
西　落	女	藏族	县文化局（文物局）	2022 年度优秀专技人员	2022 年	中共错那县委员会、错那县人民政府
次仁旺堆	男	藏族	县机关后勤服务中心	2022 年度优秀工勤人员	2022 年	中共错那县委员会、错那县人民政府
陶玉平	男	汉族	巴鲁温泉酒店	错那县民族团结进步模范个人	2022 年 1 月	中共错那县委员会、错那县人民政府
马哈奴乃	男	回族	错那县回族商店	错那县民族团结进步模范个人	2022 年 1 月	中共错那县委员会、错那县人民政府
达　娃	女	藏族	错那镇完全小学	错那县民族团结进步模范个人	2022 年 1 月	中共错那县委员会、错那县人民政府
扎西卓玛	女	藏族	对印自卫反击战张国华将军前线指挥部旧址	错那县民族团结进步模范个人	2022 年 1 月	中共错那县委员会、错那县人民政府
尼玛卓玛	女	门巴族	贡日门巴民族乡	错那县民族团结进步模范个人	2022 年 1 月	中共错那县委员会、错那县人民政府
旺　堆	男	门巴族	贡日乡斯木村党支部	错那县民族团结进步模范个人	2022 年 1 月	中共错那县委员会、错那县人民政府
尹　红	女	汉族	江苏扬州太阳雨志愿者团队	错那县民族团结进步模范个人	2022 年 1 月	中共错那县委员会、错那县人民政府
次旺久米	男	藏族	觉拉寺	错那县民族团结进步模范个人	2022 年 1 月	中共错那县委员会、错那县人民政府
欧阳辉	男	汉族	卡达乡多塘村	错那县民族团结进步模范个人	2022 年 1 月	中共错那县委员会、错那县人民政府
琼次仁	男	藏族	浪波乡肖村党支部	错那县民族团结进步模范个人	2022 年 1 月	中共错那县委员会、错那县人民政府
卓玛次仁	女	门巴族	勒门巴民族乡勒村	错那县民族团结进步模范个人	2022 年 1 月	中共错那县委员会、错那县人民政府
旦增拉姆	女	门巴族	麻麻门巴民族乡	错那县民族团结进步模范个人	2022 年 1 月	中共错那县委员会、错那县人民政府
土旦次仁	男	门巴族	麻麻门巴民族乡	错那县民族团结进步模范个人	2022 年 1 月	中共错那县委员会、错那县人民政府
卓　玛	女	门巴族	麻麻门巴民族乡	错那县民族团结进步模范个人	2022 年 1 月	中共错那县委员会、错那县人民政府
索朗多吉	男	藏族	米斯广告传媒有限公司	错那县民族团结进步模范个人	2022 年 1 月	中共错那县委员会、错那县人民政府
王梓鑫	男	藏族	某部队	错那县民族团结进步模范个人	2022 年 1 月	中共错那县委员会、错那县人民政府
扎西措姆	女	藏族	曲卓木乡塔嘎村	错那县民族团结进步模范个人	2022 年 1 月	中共错那县委员会、错那县人民政府
旦　曲	男	藏族	山南支队执勤二大队	错那县民族团结进步模范个人	2022 年 1 月	中共错那县委员会、错那县人民政府

续表2

姓名	性别	民族	工作单位	奖项名称	表彰时间	授予单位
黎德志	男	汉族	天府鱼庄	错那县民族团结进步模范个人	2022 年 1 月	中共错那县委员会、错那县人民政府
白玛欧珠	男	藏族	县藏医院	错那县民族团结进步模范个人	2022 年 1 月	中共错那县委员会、错那县人民政府
德西巴宗	男	藏族	县人民医院	错那县民族团结进步模范个人	2022 年 1 月	中共错那县委员会、错那县人民政府
旺久	男	藏族	县特困人员集中供养中心	错那县民族团结进步模范个人	2022 年 1 月	中共错那县委员会、错那县人民政府
曹文磊	男	汉族	县委	错那县民族团结进步模范个人	2022 年 1 月	中共错那县委员会、错那县人民政府
王红苍	男	汉族	县委办公室	错那县民族团结进步模范个人	2022 年 1 月	中共错那县委员会、错那县人民政府
苗涛涛	男	汉族	县委政法委	错那县民族团结进步模范个人	2022 年 1 月	中共错那县委员会、错那县人民政府
旺庆旦增	男	藏族	县消防救援大队	错那县民族团结进步模范个人	2022 年 1 月	中共错那县委员会、错那县人民政府
次珍	女	门巴族	县政府办公室	错那县民族团结进步模范个人	2022 年 1 月	中共错那县委员会、错那县人民政府
张百强	男	汉族	兴玛寺管会	错那县民族团结进步模范个人	2022 年 1 月	中共错那县委员会、错那县人民政府
马发土麦	男	回族	伊香园	错那县民族团结进步模范个人	2022 年 1 月	中共错那县委员会、错那县人民政府
扎西	男	藏族	驻觉拉乡扎洞村驻村队	错那县民族团结进步模范个人	2022 年 1 月	中共错那县委员会、错那县人民政府
洛桑群培	男	藏族	库局乡	错那县民族团结优秀工作者	2022 年 12 月	中共错那县委员会、错那县人民政府
尼玛拉姆	女	藏族	勒村民创	错那县民族团结优秀工作者	2022 年 12 月	中共错那县委员会、错那县人民政府
桑杰曲珍	女	藏族	勒乡民创	错那县民族团结优秀工作者	2022 年 12 月	中共错那县委员会、错那县人民政府
边巴次仁	男	藏族	县国安办	错那县民族团结优秀工作者	2022 年 12 月	中共错那县委员会、错那县人民政府
运旦贡布	男	藏族	县民创办	错那县民族团结优秀工作者	2022 年 12 月	中共错那县委员会、错那县人民政府
土登群培	男	藏族	库局乡人民政府驻库局村工作队	2022 年度巩固拓展脱贫攻坚成果同乡村振兴有效衔接先进个人	2022 年 12 月	中共错那县委员会农村工作领导小组
索朗达瓦	男	藏族	觉拉乡人民政府	2022 年度巩固拓展脱贫攻坚成果同乡村振兴有效衔接工作先进个人	2022 年 12 月	中共错那县委员会农村工作领导小组
格桑玉珍	女	藏族	觉拉乡	驻村工作队先进个人奖	2022 年 12 月	中共错那县委员会组织部
德庆卓嘎	女	藏族	觉拉乡	2022 年度优秀乡村振兴专干	2022 年 12 月	中共错那县委员会组织部

12月2—5日，县司法局在抵边村开展“学习宣传贯彻中共二十大精神，推动全面贯彻实施宪法”宣传活动

（县司法局　供图）

附　录

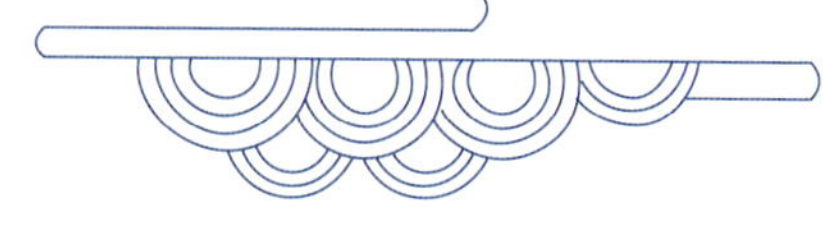

2022年错那县国民经济统计表

2022年错那县人口统计表

表3

序号	乡（镇）	村（社区）	年初总户数（户）	新增户数（户）	减少户数（户）	年末实有户数（户）	年初总人口（人）	新生（人）	死亡（人）	迁入（人）	迁出（人）	年末实有人数（人）
1	库局乡	桑玉村	50	0	0	50	198	1	2	0	3	194
		库局村	61	0	0	61	226	4	1	4	1	232
小计			111	0	0	111	424	5	3	4	4	426
2	浪坡乡	聚塘村	33	48	0	81	87	2	0	184	0	273
		汤乌村	20	37	1	56	59	4	0	139	0	202
		养堆村	32	0	1	31	86	0	1	1	2	84
		肖村	41	131	0	172	130	2	4	420	1	547
		岗萨洞	0	172	0	172	0	1	2	601	0	600
		昂定	0	103	0	103	0	1	2	366	0	365
小计			126	491	2	615	362	10	9	1711	3	2071
3	错那镇	错那居委会	513	21	15	519	1378	8	8	60	54	1384
		吉松居委会	157	39	1	195	429	2	0	119	8	542
小计			670	60	16	714	1807	10	8	179	62	1926
4	觉拉乡	罗堆	182	0	84	98	514	1	3	3	256	259
		觉拉	528	0	12	516	1323	6	12	7	35	1289
		年扎	288	0	141	147	889	0	8	0	474	407
		扎洞	344	0	3	341	888	7	10	5	4	886
		德吉	183	0	1	182	476	5	1	4	7	477
小计			1525	0	241	1284	4090	19	34	19	776	3318
5	卡达乡	卡达村	455	3	40	418	1040	7	8	2	103	938
		多塘村	63	0	0	63	209	1	1	1	1	209
		西午村	171	0	4	167	526	7	6	3	9	521
小计			689	3	44	648	1775	15	15	6	113	1668
6	曲卓木乡	塔嘎村	241	11	10	242	739	5	5	8	21	726
		郭梅村	270	0	0	270	930	5	10	8	5	928
		曲卓木村	393	4	85	312	1238	3	8	19	287	965
		洞嘎村	273	0	97	176	859	4	4	1	317	543
小计			1177	15	192	1000	3766	17	27	36	630	3162
7	勒乡	勒村	34	1	0	35	90	1	0	0	2	89
		贤村	21	0	0	21	61	1	1	1	1	61
小计			55	1	0	56	151	2	1	1	3	150
8	麻麻乡	麻麻村	105	0	0	105	306	6	0	7	4	315
小计			105	0	0	105	306	6	0	7	4	315
9	贡日乡	斯木村	38	0	0	38	116	0	3	0	0	113
		贡日村	23	0	0	23	59	0	1	0	2	56
小计			61	0	0	61	175	0	4	0	2	169

续表3

序号	乡（镇）	村（社区）	年初总户数（户）	新增户数（户）	减少户数（户）	年末实有户数（户）	年初总人口（人）	新生（人）	死亡（人）	迁入（人）	迁出（人）	年末实有人数（人）
10	吉巴乡	吉巴村	42	0	0	42	136	1	1	1	1	136
		让村	19	0	0	19	54	0	0	0	0	54
小计			61	0	0	61	190	1	1	1	1	190
合计			4580	570	495	4655	13046	85	102	1964	1598	13395

错那县农村基本情况及农业生产条件表

表4

指标	计量单位	绝对值	2021年	2022年	库局乡	浪波乡	错那镇	觉拉乡	卡达乡	曲卓木乡	勒乡	麻麻乡	贡日乡	吉巴乡
一、农村行政区划情况														
乡（镇）	个	—	10	10	1	1	1	1	1	1	1	1	1	1
其中：镇	个	—	1	1	—	—	1	—	—	—	—	—	—	—
村	个	2.00	25	27	2	6	—	5	3	4	2	1	2	2
社区	个	—	2	2	—	—	2	—	—	—	—	—	—	—
二、农村基础设施														
自来水受益村	个	2.00	25	27	2	6	—	5	3	4	2	1	2	2
通汽车村	个	2.00	25	27	2	6	—	5	3	4	2	1	2	2
通电话村	个	2.00	25	27	2	6	—	5	3	4	2	1	2	2
通电村	个	2.00	25	27	2	6	—	5	3	4	2	1	2	2
通邮村	个	2.00	25	27	2	6	—	5	3	4	2	1	2	2
能收看电视村	个	2.00	25	27	2	6	—	5	3	4	2	1	2	2
通有线电视村	个	—	1	1	—	—	—	—	—	—	—	—	—	—
通宽带村	个	2.00	25	27	2	6	—	5	3	4	2	1	2	2
三、乡村人口与从业人员														
乡村户数	户	75.00	4580	4655	111	615	714	1284	648	1000	56	105	61	61
其中：农业户	户	(901.00)	3960	3059	—	—	—	1284	574	1000	55	104	—	42
牧业户	户	(88.00)	461	373	111	113	65	—	63	—	1	1	—	19
半农半牧户	户	1064.00	159	1223	—	502	649	—	11	—	—	—	61	—
乡村人口数	人	349.00	13046	13395	426	2071	1926	3318	1668	3162	150	315	169	190
1.男	人	154.00	6063	6217	202	1005	865	1531	764	1467	77	140	85	81
2.女	人	195.00	6983	7178	224	1066	1061	1787	904	1695	73	175	84	109
其中：农业人口	人	(2893.00)	11378	8485	—	73	—	3318	1421	3099	146	313	—	115
牧业人口	人	(168.00)	1348	1180	426	242	159	—	209	63	4	2	—	75
半农半牧业人口	人	3410.00	320	3730	—	1756	1767	—	38	—	—	—	169	—
乡村劳动力资源数	人	275.00	7754	8029	255	1171	1180	1958	1224	1726	100	166	104	145
占乡村人口		0.01	0.59	0.60	0.60	0.57	0.61	0.59	0.73	0.55	0.67	0.53	0.62	0.76
1.男	人	196.00	3721	3917	131	565	548	986	564	875	49	80	54	65
2.女	人	79.00	4033	4112	124	606	632	972	660	851	51	86	50	80
其中：劳动年龄内	人	223.00	7537	7760	255	1146	1180	1958	1063	1681	96	166	104	111
乡村从业人员数	人	725.00	6277	7002	241	1111	1180	1958	908	1127	96	166	104	111
其中：劳动年龄内	人	725.00	6277	7002	241	1111	1180	1958	908	1127	96	166	104	111

续表4

指标	计量单位	绝对值	2021年	2022年	库局乡	浪波乡	错那镇	觉拉乡	卡达乡	曲卓木乡	勒乡	麻麻乡	贡日乡	吉巴乡
（一）按性别分	人	725.00	6277	7002	241	1111	1180	1958	908	1127	96	166	104	111
1. 男	人	438.00	3087	3525	121	552	548	986	413	668	47	80	54	56
从事农业的人口	人	51.00	1296	1347	59	35	179	507	213	243	17	30	23	41
2. 女	人	287.00	3190	3477	120	559	632	972	495	459	49	86	50	55
从事农业的人口	人	(559.00)	2011	1452	66	38	196	590	210	270	12	27	14	29
（二）按国民经济行业分		725.00	6277	7002	241	1111	1180	1958	908	1127	96	166	104	111
1. 农业从业人员	人	(508.00)	3307	2799	125	73	375	1097	423	513	29	57	37	70
2. 工业从业人员	人	8.00	53	61	—	—	7	18	8	20	8	—	—	—
3. 建筑业从业人员	人	(7.00)	1487	1480	59	186	80	580	195	348	3	—	10	19
4. 交通运输仓储业及邮政业从业人员	人	82.00	427	509	31	14	123	72	51	153	4	33	17	11
5. 信息传输、计算机服务和软件业	人	1.00	2	3	—	—	—	—	3	—	—	—	—	—
6. 批发零售业从业人员	人	106.00	124	230	—	24	101	38	42	14	5	—	—	6
7. 住宿和餐饮业	人	115.00	483	598	11	19	260	28	55	74	35	76	35	5
8. 其他行业从业人员	人	928.00	394	1322	15	795	234	125	131	5	12	—	5	—
四、农业用地情况														
1. 耕地	公顷	5.67	1550.11	1555.78	19.53	11.52	212.52	609.04	237.53	416.39	2.63	5.79	10.53	30.30
2. 园地	公顷	—	—	—	—	—	—	—	—	—	—	—	—	—
3. 林地	公顷	—	149929.8	149929.8	17497.734	19022.7	26304.0	4583.538	19830.469	17251.158	18727.046	7241.108	8571.936	6291.96
4. 草地	公顷	—	351929.91	351929.91	16701.6	29731	92045.93333	60358.97933	50348.8	73293.73333	6241.2	4013.2	4459.601333	14735.86667
5. 设施农业用地	公顷	—	—	—	—	—	—	—	—	—	—	—	—	—
五、农业机械化情况														
（一）农用机械总动力	千瓦	(2008.03)	47469.16	45461.13	1071.63	2157.96	6609.86	14156.10	9061.28	12167.93	—	22.78	40.43	173.16
1. 柴油发动机动力	千瓦	(3784.05)	40028.02	36243.97	476.28	595.83	3960.18	14156.10	4651.28	12167.93	—	22.78	40.43	173.16
2. 汽油发动机动力	千瓦	1776.02	7441.14	9217.16	595.35	1562.13	2649.68	—	4410	—	—	—	—	—
3. 电动机动力	千瓦	—	—	—	—	—	—	—	—	—	—	—	—	—
4. 其他机械动力	千瓦	—	—	—	—	—	—	—	—	—	—	—	—	—
（二）主要农业机械与设备														
大中型拖拉机	台	(51.00)	917	866	9	10	120	444	33	249	—	1	—	—
	千瓦	696.78	21004.1	21700.88	132.30	1323.00	3087.00	8158.50	4410.00	4575.38	—	14.70	—	—
小型拖拉机	台	(103.00)	893	790	19	27	66	318	32	320	—	—	1	7
	千瓦	(997.55)	11093.45	10095.9	251.37	357.21	873.18	3505.95	352.00	4704.00	—	—	11.03	41.16
大中型拖拉机配套农具	台	—	—	—	—	—	—	—	—	—	—	—	—	—
小型拖拉机配套农具	台	13.00	—	13	—	13	—	—	—	—	—	—	—	—
农用排灌电动机	台	—	—	—	—	—	—	—	—	—	—	—	—	—
	千瓦	—	—	—	—	—	—	—	—	—	—	—	—	—

续表4

指标	计量单位	绝对值	2021 年	2022 年	库局乡	浪波乡	错那镇	觉拉乡	卡达乡	曲卓木乡	勒乡	麻麻乡	贡日乡	吉巴乡
农用排灌柴油机	台	—	—	—	—	—	—	—	—	—	—	—	—	—
	千瓦	—	—	—	—	—	—	—	—	—	—	—	—	—
联合收割机	台	1.00	1	1	—	—	—	—	1	—	—	—	—	—
	千瓦	—	102.9	102.9	—	—	—	—	102.9	—	—	—	—	—
自走式机动收割晒机	台	22.00	398	420	—	—	420	—	—	—	—	—	—	—
	千瓦	129.36	2340.24	2469.6	—	—	2469.6	—	—	—	—	—	—	—
机动脱粒机	台	(55.00)	725	670	42	—	49	148	166	262	—	1	2	—
	千瓦	(1057.67)	7714.085	6656.42	92.61	—	180.08	1631.7	1826	2888.55	—	8.08	29.4	—
农用运输车	辆	(14.00)	92	78	9	5	—	13	49	—	—	—	—	2
	千瓦	(778.95)	5214.38	4435.43	595.35	477.75	—	859.95	2370.38	—	—	—	—	132
机电井	眼	—	—	—	—	—	—	—	—	—	—	—	—	—
节水灌溉机械	套	—	—	—	—	—	—	—	—	—	—	—	—	—
农用水泵	台	—	—	—	—	—	—	—	—	—	—	—	—	—
(三)农机作业情况														
机耕面积	公顷	15.80	28.2	44	—	—	—	44	—	—	—	—	—	—
机播面积	公顷	—	—	—	—	—	—	—	—	—	—	—	—	—
机收面积	公顷	(8.00)	451.06	443.06	—	—	26.67	—	—	416.39	—	—	—	—
六、农业主要能源及物资消耗														
1. 乡、村办水电站	个	—	2	2	—	1	—	—	—	—	—	—	—	1
装机容量	千瓦	—	1228	1228	—	1200	—	—	—	—	—	—	—	28
发电量	千瓦/小时	—	4777760	4777760	—	4700000	—	—	—	—	—	—	—	77760
2. 农村用电量	千瓦/小时	90595.82	1003486.40	1094082.22	20560	125803.6	366016	246720.6	75369	204000.00	10304	15040.0	17317	12952
每户平均用电量	千瓦/小时	15.93	219.10	235.03	185.23	204.56	512.63	192.15	116.31	204.00	184.00	143.24	283.89	212.33
3. 农用化肥施用量	吨	(38.80)	211.28	172.48	11.20	3.75	7.24	57.10	30.34	57.10	—	1.15	1.90	2.70
其中:氮肥(尿素)	吨	(41.94)	155.75	113.81	5.5	2.16	4.26	29.65	15.24	53.7	—	0.6	1.15	1.55
磷肥(二铵)	吨	3.14	55.53	58.67	5.7	1.59	2.98	27.45	15.1	3.4	—	0.55	0.75	1.15
钾肥	吨	—	—	—	—	—	—	—	—	—	—	—	—	—
复合肥	吨	—	—	—	—	—	—	—	—	—	—	—	—	—
4. 农用塑料薄膜使用量	吨	—	3.25	3.25	—	—	0.25	—	—	—	3	—	—	—
其中:地膜使用量	吨	—	2	2	—	—	—	—	—	—	2.00	—	—	—
地膜覆盖面积	公顷	—	32.2	32.2	—	—	—	—	—	—	32.20	—	—	—
5. 农用柴油使用量	吨	76.94	937.56	1014.5	—	30.00	—	22.00	—	962.50	—	—	—	—
6. 农药使用量	吨	(0.51)	1.15	0.64	—	—	—	0.64	—	—	—	—	—	—
七、农田水利建设情况														
有效灌溉面积	公顷	4.05	1464.414	1468.46	13.00	—	192.50	609.04	237.53	416.39	—	—	—	—
旱涝保收面积	公顷	—	—	—	—	—	—	—	—	—	—	—	—	—
机电排灌面积	公顷	—	—	—	—	—	—	—	—	—	—	—	—	—
八、合作组织														
农村专业合作组织	个	3.00	9	12	—	—	2	3	—	1	1	1	2	2
经济人	个	3.00	12	15	—	—	4	3	—	1	1	1	3	2

续表4

指标	计量单位	绝对值	2021 年	2022 年	库局乡	浪波乡	错那镇	觉拉乡	卡达乡	曲卓木乡	勒乡	麻麻乡	贡日乡	吉巴乡
其中：农业户（签订订单）	个	282.00	204	486	—	—	—	279	—	30	55	65	15	42
牧业户（签订订单）	个	(8.00)	48	40	—	—	20	—	—	—	1	—	—	19
九、自然灾害情况														
受害面积合计	公顷	—	—	—	—	—	—	—	—	—	—	—	—	—
成灾面积合计	公顷	—	—	—	—	—	—	—	—	—	—	—	—	—
粮食减产面积	公顷	—	—	—	—	—	—	—	—	—	—	—	—	—
减产粮食	吨	—	—	—	—	—	—	—	—	—	—	—	—	—
减产油料	吨	—	—	—	—	—	—	—	—	—	—	—	—	—
死亡人口	人	—	—	—	—	—	—	—	—	—	—	—	—	—
死亡大牲畜	头	—	—	—	—	—	—	—	—	—	—	—	—	—
死亡羊	只	—	—	—	—	—	—	—	—	—	—	—	—	—
倒塌民房	间	—	—	—	—	—	—	—	—	—	—	—	—	—
损坏民房	间	—	—	—	—	—	—	—	—	—	—	—	—	—
成灾人口合计	人	—	—	—	—	—	—	—	—	—	—	—	—	—
缺粮人口	人	—	—	—	—	—	—	—	—	—	—	—	—	—
补充资料														
牛粪	吨	(620.23)	3822.94	3202.71	—	—	490	1646.5	55.97	1000	—	—	10.24	—
薪柴	立方米	44.00	2269	2313	514	—	—	—	1047	—	438	106	13	195
沼气	立方米	—	—	—	—	—	—	—	—	—	—	—	—	—
十、农村人居环境建设和环境综合整治														
有贸易市场村	个	—	—	—	—	—	—	—	—	—	—	—	—	—
有绿化建设村	个	—	4	4	—	4	—	—	—	—	—	—	—	—
有农家书屋村	个	—	25	25	2	4	—	5	3	4	2	1	2	2
有综合文化体育设施村	个	—	25	25	2	4	—	5	3	4	2	1	2	2
有村级广播站	个	5.00	20	25	2	4	—	5	3	4	2	1	2	2
能观看流动电影村	个	—	25	25	2	4	—	5	3	4	2	1	2	2
有卫生站村	个	—	25	25	2	4	—	5	3	4	2	1	2	2
有太阳能公共照明村	个	—	25	25	2	4	—	5	3	4	2	1	2	2
有硬化道路村	个	2.00	25	27	2	6	—	5	3	4	2	1	2	2
有村级垃圾污水治理村	个	—	2	2	—	—	—	—	—	—	—	—	2	—

错那县农业主要产品生产情况表（一）

表5

单位：公顷

指标	绝对值	2021 年	2022 年	库局乡	浪波乡	错那镇	觉拉乡	卡达乡	曲卓木乡	勒乡	麻麻乡	贡日乡	吉巴乡
农作物总播种面积	2.44	1549.67	1552.11	19.53	11.52	210.52	609.04	237.53	416.39	2.63	5.05	9.60	30.30
一、粮食作物合计	22.35	1127.15	1149.50	18.92	0.00	87.77	549.91	122.24	343.76	0.30	3.79	4.79	18.02
（一）谷物	(7.08)	1089.16	1082.08	18.32	0.00	87.77	503.65	109.74	336.10	0.30	3.39	4.79	18.02
1. 小麦	23.62	104.97	128.59	0.00	0.00	0.00	104.91	19.74	0.00	0.00	0.23	1.69	2.02
春小麦	(36.29)	61.03	24.74	—	—	—	5.00	19.74	—	—	—	—	—

续表5

指标	绝对值	2021 年	2022 年	库局乡	浪波乡	错那镇	觉拉乡	卡达乡	曲卓木乡	勒乡	麻麻乡	贡日乡	吉巴乡
冬小麦	59.91	43.94	103.85	—	—	—	99.91	—	—	—	0.23	1.69	2.02
2. 玉米	—	—	—	—	—	—	—	—	—	—	—	—	—
其中：杂交玉米	—	—	—	—	—	—	—	—	—	—	—	—	—
3. 其他谷物	(30.70)	984.19	953.49	18.32	0.00	87.77	398.74	90.00	336.10	0.30	3.16	3.10	16.00
其中：青稞	(26.24)	959.57	933.33	18.32	—	87.77	398.74	90.00	336.10	—	0.70	1.40	0.3
荞麦	(4.46)	24.62	20.16	—	—	—	—	—	—	0.30	2.46	1.70	15.7
（二）豆类合计	29.43	37.99	67.42	0.60	0.00	0.00	46.26	12.50	7.66	0.00	0.40	0.00	0.00
其中：豌豆	29.43	37.99	67.42	0.60	0.00	0.00	46.26	12.50	7.66	0.00	0.40	0.00	0.00
（三）薯类（按折粮薯类计算）													
其中：马铃薯	—	—	—	—	—	—	—	—	—	—	—	—	—
二、油料合计	(5.24)	173.58	168.34	0.00	0.00	62.86	31.67	52.16	21.65	0.00	0.00	0.00	0.00
其中：油菜籽	(5.24)	173.58	168.34	0.00	0.00	62.86	31.67	52.16	21.65	0.00	0.00	0.00	0.00
三、蔬菜(含菜用瓜)	(19.29)	132.83	113.54	0.08	5.31	1.11	27.46	63.13	11.82	2.33	1.26	0	1.04
其中：土豆	2.83	74.09	76.92	0.06	5.16	0.3	19.41	39.77	11.82	0	0.16	0	0.24
四、瓜果类	—	0.30	—	—	—	—	—	—	—	—	0	—	—
五、其他农作物	4.92	115.81	120.73	0.53	6.21	58.78	0.00	0.00	39.16	0.00	0.00	4.81	11.24
其中：青饲料	4.92	115.81	120.73	0.53	6.21	58.78	0.00	0.00	39.16	0.00	0.00	4.81	11.24

错那县农业主要产品生产情况表（二）

表6

指标	单位	绝对值	2021 年	2022 年	库局乡	浪波乡	错那镇	觉拉乡	卡达乡	曲卓木乡	勒乡	麻麻乡	贡日乡	吉巴乡
一、粮食作物合计	吨	115.03	5499.68	5614.71	91.41	0.00	250.34	2957.51	695.31	1534.93	1.00	6.81	13.21	64.19
粮食亩产	吨	0.69	650.57	651.26	644.19	—	380.30	717.09	758.41	595.35	444.44	239.58	367.71	474.95
(一)谷物	吨	59.06	5353.39	5412.45	89.52	0.00	250.34	2805.18	654.46	1528.00	1.00	6.55	13.21	64.19
1. 小麦	吨	150.34	586.32	736.66	0.00	0.00	0.00	588.08	134.74	0.00	0.00	0.35	4.44	9.05
小麦亩产	吨	19.09	744.75	763.83	—	—	—	747.41	910.10	—	—	202.90	350.30	597.36
春小麦	吨	(193.63)	356.78	163.15	—	—	—	28.06	134.74	—	—	0.35	—	—
冬小麦	吨	343.97	229.54	573.51	—	—	—	560.02	—	—	—	—	4.44	9.05
2. 玉米	吨	—	—	—	—	—	—	—	—	—	—	—	—	—
其中：杂交玉米	吨	—	—	—	—	—	—	—	—	—	—	—	—	—
3. 其他谷物	吨	(91.28)	4767.07	4675.79	89.52	0.00	250.34	2217.10	519.72	1528.00	1.00	6.20	8.77	55.14
其中：青稞	吨	(68.91)	4680.35	4611.44	89.52	—	250.34	2217.10	519.72	1528.00	—	1.59	3.67	1.5
青稞亩产	吨	8.44	650.34	658.78	651.53	—	380.30	741.37	769.96	606.17	—	302.86	349.52	666.67
荞麦	吨	(22.37)	86.72	64.35	0.00	—	—	—	—	—	1.00	4.61	5.1	53.64
荞麦亩产	吨	(44.05)	469.65	425.60	—	—	—	—	—	—	444.44	249.86	400.00	455.54
（二）豆类合计	吨	55.97	146.29	202.26	1.89	0.00	0.00	152.33	40.85	6.93	0.00	0.26	0.00	0.00
其中：豌豆	吨	55.97	146.29	202.26	1.89	0.00	0.00	152.33	40.85	6.93	0.00	0.26	0.00	0.00

续表6

指标	单位	绝对值	2021 年	2022 年	库局乡	浪波乡	错那镇	觉拉乡	卡达乡	曲卓木乡	勒乡	麻麻乡	贡日乡	吉巴乡
豆类亩产	吨	(113.43)	513.43	400.00	420.00	—	—	439.05	435.73	—	—	86.67	—	—
（三）薯类（按折粮薯类计算）	吨	—	—	—	—	—	—	—	—	—	—	—	—	—
其中：马铃薯	吨	—	—	—	—	—	—	—	—	—	—	—	—	—
二、油料合计	吨	31.89	368.37	400.26	0.00	0.00	121.23	83.89	133.64	61.50	0.00	0.00	0.00	0.00
其中：油菜籽	吨	31.89	368.37	400.26	0.00	0.00	121.23	83.89	133.64	61.50	0.00	0.00	0.00	0.00
油菜籽亩产	吨	34.07	282.96	317.03	—	—	257.14	353.18	341.62	378.75	—	—	—	—
三、野生植物的采集														
1. 野生药材	千克	(228.61)	484.28	255.67	38.16	85.49	10.13	0.00	0.00	0.00	61.00	0.00	10.89	50.00
虫草	千克	1.53	14.02	15.55	13.04	0.44	0.12	—	—	—	—	—	1.95	—
贝母	千克	(150.74)	234.86	84.12	25.12	59.00	—	—	—	—	—	—	—	—
天麻	千克	(85.80)	153.80	68.00	—	17.30	10.00	—	—	—	40.00	—	0.7	—
雪莲花	千克	0.00	0.00	0.00	—	—	—	—	—	—	—	—	—	—
红景天	千克	0.00	0.00	0.00	—	—	—	—	—	—	—	—	—	—
灵芝	千克	(14.30)	35.30	21.00	—	—	—	—	—	—	21.00	—	—	—
其他药材	千克	20.70	46.30	67.00	—	8.75	0.01	—	—	—	—	—	8.24	50
2. 柴草	吨	26.00	601.00	627.00	—	—	—	—	—	—	438.00	—	—	189
四、蔬菜	吨	(488.26)	3648.85	3160.59	1.58	182.49	30.82	789.78	1747.21	317.95	49.55	19.00	0.00	22.21
蔬菜亩产	吨	48.90	3662.68	3711.57	2633.33	4582.30	3702.10	3834.81	3690.18	3586.58	2835.48	2010.58	—	2847.44
其中：土豆	吨	120.54	2051.55	2172.09	1.25	180.8	8.33	558.24	1098.08	317.95	0	2.38	0	5.06
五、瓜果类	吨	—	0.40	—	—	—	—	—	—	—	—	0	—	—
六、其他作物	吨	(24.83)	1300.02	1275.19	5.83	114.45	566.10	0.00	0.00	430.24	0.00	0.00	50.50	108.07
其中：青饲料	吨	(24.83)	1300.02	1275.19	5.83	114.45	566.10	0.00	—	430.24	0.00	0.00	50.5	108.07
青饲料亩产	吨	(88.42)	1496.73	1408.31	1466.67	2457.33	1284.11	—	—	1464.90	—	—	1399.86	1281.97

错那县蔬菜及特种作物生产情况表（一）

表7

单位：公顷

指标	绝对值	2021 年	2022 年	库局乡	浪波乡	错那镇	觉拉乡	卡达乡	曲卓木乡	勒乡	麻麻乡	贡日乡	吉巴乡
蔬菜合计	(19.29)	132.83	113.54	0.08	5.31	1.11	27.46	63.13	11.82	2.33	1.26	—	1.04
1. 叶菜类	—	—	—	—	—	—	—	—	—	—	—	—	—
其中：菠菜	—	—	—	—	—	—	—	—	—	—	—	—	—
芹菜	—	—	—	—	—	—	—	—	—	—	—	—	—
油菜	—	—	—	—	—	—	—	—	—	—	—	—	—
2. 白菜类	(1.54)	12.31	10.77	—	0.07	0.05	3.23	6.81	—	0.33	0.05	—	0.23
其中：大白菜	(1.29)	11.86	10.57	—	0.02	0.05	3.23	6.81	—	0.33	0.03	—	0.1

续表7

指标	绝对值	2021 年	2022 年	库局乡	浪波乡	错那镇	觉拉乡	卡达乡	曲卓木乡	勒乡	麻麻乡	贡日乡	吉巴乡
3. 甘蓝类	—	—	0.04	—	0.04	—	—	—	—	—	—	—	—
其中：卷心菜（结球甘蓝）	—	—	0.04	—	0.04	—	—	—	—	—	—	—	—
4. 根茎类	5.16	75.17	80.33	0.08	5.18	0.40	22.11	39.77	11.82	0.08	0.21	—	0.68
其中：白萝卜	2.33	1.08	3.41	0.02	0.02	0.10	2.7	—	—	0.08	0.05	—	0.44
胡萝卜	—	—	—	—	—	—	—	—	—	—	—	—	—
土豆	2.83	74.09	76.92	0.06	5.16	0.30	19.41	39.77	11.82	—	0.16	—	0.24
5. 瓜菜类	0.42	0.04	0.46	—	0.02	0.03	0.41	—	—	—	—	—	—
其中：黄瓜	0.21	0.04	0.25	—	0.01	0.03	0.21	—	—	—	—	—	—
南瓜	—	—	0.01	—	0.01	—	—	—	—	—	—	—	—
冬瓜	—	—	0.20	—	—	—	0.2	—	—	—	—	—	—
6. 豆类	—	—	0.20	—	—	—	0.2	—	—	—	—	—	—
其中：四季豆	—	—	0.20	—	—	—	0.2	—	—	—	—	—	—
7. 茄果类	1.47	2.31	3.78	—	—	0.03	0.70	—	—	1.92	1.00	—	0.13
其中：茄子	(0.05)	0.07	0.02	—	—	0.02	—	—	—	—	—	—	—
辣椒	1.32	2.24	3.56	—	—	0.01	0.5	—	—	1.92	1	—	0.13
西红柿	0.20	—	0.20	—	—	—	0.2	—	—	—	—	—	—
8. 葱蒜类	—	—	0.81	—	—	—	0.81	—	—	—	—	—	—
其中：大葱	—	—	0.81	—	—	—	0.81	—	—	—	—	—	—
9. 其他蔬菜	(25.85)	43.00	17.15	—	—	0.60	—	16.55	—	—	—	—	—

错那县蔬菜及特种作物生产情况表（二）

表8　　　　单位：吨

指标	绝对值	2021 年	2022 年	库局乡	浪波乡	错那镇	觉拉乡	卡达乡	曲卓木乡	勒乡	麻麻乡	贡日乡	吉巴乡
蔬菜合计	(488.26)	3648.85	3160.59	1.58	182.49	30.82	789.78	1747.21	317.95	49.55	19.00	—	22.21
1. 叶菜类	—	—	—	—	—	—	—	—	—	—	—	—	—
其中：菠菜	—	—	—	—	—	—	—	—	—	—	—	—	—
芹菜	—	—	—	—	—	—	—	—	—	—	—	—	—
油菜	—	—	—	—	—	—	—	—	—	—	—	—	—
2. 白菜类	(40.73)	346.74	306.01	—	0.63	1.39	92.90	199.47	—	6.00	0.80	—	4.82
其中：大白菜	(24.00)	326.63	302.63	—	0.28	1.39	92.90	199.47	—	6.00	0.49	—	2.1
3. 甘蓝类	—	—	0.67	—	0.67	—	—	—	—	—	—	—	—
其中：卷心菜（结球甘蓝）	—	—	0.67	—	0.67	—	—	—	—	—	—	—	—
4. 根茎类	193.42	2073.85	2267.27	1.58	181.11	11.11	635.90	1098.08	317.95	2.00	3.20	—	16.34
其中：白萝卜	72.88	22.30	95.18	0.33	0.31	2.78	77.66	—	—	2.00	0.82	—	11.28
胡萝卜	—	—	—	—	—	—	—	—	—	—	—	—	—

续表8

指标	绝对值	2021 年	2022 年	库局乡	浪波乡	错那镇	觉拉乡	卡达乡	曲卓木乡	勒乡	麻麻乡	贡日乡	吉巴乡
土豆	120.54	2051.55	2172.09	1.25	180.80	8.33	558.24	1098.08	317.95	—	2.38	—	5.06
5. 瓜菜类	11.59	1.11	12.70	—	0.08	0.83	11.79	—	—	—	—	—	—
其中：黄瓜	5.77	1.11	6.88	—	0.01	0.83	6.04	—	—	—	—	—	—
南瓜	—	—	0.07	—	0.07	—	—	—	—	—	—	—	—
冬瓜	—	—	5.75	—	—	—	5.75	—	—	—	—	—	—
6. 豆类	—	—	5.75	—	—	—	5.75	—	—	—	—	—	—
其中：四季豆	—	—	5.75	—	—	—	5.75	—	—	—	—	—	—
7. 茄果类	38.73	39.83	78.56	—	—	0.83	20.13	—	—	41.55	15.00	—	1.05
其中：茄子	(1.39)	1.94	0.55	—	—	0.55	—	—	—	—	—	—	—
辣椒	34.37	37.89	72.26	—	—	0.28	14.38	—	—	41.55	15.00	—	1.05
西红柿	5.75	—	5.75	—	—	—	5.75	—	—	—	—	—	—
8. 葱蒜类	—	—	23.31	—	—	—	23.31	—	—	—	—	—	—
其中：大葱	—	—	23.31	—	—	—	23.31	—	—	—	—	—	—
9. 其他蔬菜	(721.00)	1187.32	466.32	—	—	16.66	—	449.66	—	—	—	—	—

错那县设施农业生产情况表（一）

表9　　单位：公顷

指标	绝对值	2021 年	2022 年	库局乡	浪波乡	错那镇	觉拉乡	卡达乡	曲卓木乡	勒乡	麻麻乡	贡日乡	吉巴乡
蔬菜	4.54	8.07	12.61	—	0.37	0.81	4.05	5.98	—	0.17	1.1	—	0.13
其中：生姜	—	—	—	—	—	—	—	—	—	—	—	—	—
辣椒	0.85	0.96	1.81	—	—	0.01	0.5	—	—	0.17	1	—	0.13
芹菜	—	—	—	—	—	—	—	—	—	—	—	—	—
油菜	—	—	—	—	—	—	—	—	—	—	—	—	—
菠菜	—	—	—	—	—	—	—	—	—	—	—	—	—
黄瓜	0.21	0.04	0.25	—	0.01	0.03	0.21	—	—	—	—	—	—
西红柿	0.20	—	0.2	—	—	—	0.2	—	—	—	—	—	—
其他	3.28	7.07	10.35	—	0.36	0.77	3.14	5.98	—	—	0.1	—	—

错那县设施农业生产情况表（二）

表10　　单位：吨

指标	绝对值	2021 年	2022 年	库局乡	浪波乡	错那镇	觉拉乡	卡达乡	曲卓木乡	勒乡	麻麻乡	贡日乡	吉巴乡
蔬菜	124.61	176.662	301.27	—	5.43	22.49	117.25	134.33	—	4.1	16.62	—	1.05
蔬菜亩产	266.69	2918.83	3185.51	—	1956.76	3702.06	3860.08	2995.09	—	3215.69	2014.55	—	1076.92
其中：生姜	—	—	—	—	—	—	—	—	—	—	—	—	—
辣椒	23.23	11.582	34.81	—	—	0.28	14.38	—	—	4.1	15	—	1.05
芹菜	—	—	—	—	—	—	—	—	—	—	—	—	—
油菜	—	—	—	—	—	—	—	—	—	—	—	—	—
菠菜	—	—	—	—	—	—	—	—	—	—	—	—	—

续表10

指标	绝对值	2021 年	2022 年	库局乡	浪波乡	错那镇	觉拉乡	卡达乡	曲卓木乡	勒乡	麻麻乡	贡日乡	吉巴乡
黄瓜	5.78	1.1	6.88	—	0.01	0.83	6.04	—	—	—	—	—	—
西红柿	5.75	—	5.75	—	—	—	5.75	—	—	—	—	—	—
其他	89.85	163.98	253.83	—	5.42	21.38	91.08	134.33	—	—	1.62	—	—

错那县茶叶、水果生产情况表

表11

指标	单位	绝对值	2021 年	2022 年	库局乡	浪波乡	错那镇	觉拉乡	卡达乡	曲卓木乡	勒乡	麻麻乡	贡日乡	吉巴乡
一、茶叶合计	吨	1.04	11.40	12.44	—	—	—	—	—	—	10.94	1.50	—	—
绿茶	吨	—	0.03	0.03	—	—	—	—	—	—	0.03	—	—	—
青茶（乌龙茶）	吨	—	—	—	—	—	—	—	—	—	—	—	—	—
黑茶	吨	—	—	—	—	—	—	—	—	—	—	—	—	—
黄茶	吨	—	—	—	—	—	—	—	—	—	—	—	—	—
白茶	吨	—	—	—	—	—	—	—	—	—	—	—	—	—
红毛茶	吨	0.02	0	0.02	—	—	—	—	—	—	0.02	—	—	—
其他茶（粗茶）	吨	1.02	11.37	12.39	—	—	—	—	—	—	10.89	1.50	—	—
二、园林水果	吨	—	—	—	—	—	—	—	—	—	—	—	—	—
1. 苹果	吨	—	—	—	—	—	—	—	—	—	—	—	—	—
其中：国光苹果	吨	—	—	—	—	—	—	—	—	—	—	—	—	—
红富士苹果	吨	—	—	—	—	—	—	—	—	—	—	—	—	—
2. 梨	吨	—	—	—	—	—	—	—	—	—	—	—	—	—
其中：雪花梨	吨	—	—	—	—	—	—	—	—	—	—	—	—	—
鸭梨	吨	—	—	—	—	—	—	—	—	—	—	—	—	—
3. 柑橘	吨	—	—	—	—	—	—	—	—	—	—	—	—	—
其中：柑	吨	—	—	—	—	—	—	—	—	—	—	—	—	—
桔	吨	—	—	—	—	—	—	—	—	—	—	—	—	—
橙	吨	—	—	—	—	—	—	—	—	—	—	—	—	—
柚	吨	—	—	—	—	—	—	—	—	—	—	—	—	—
4. 其他园林水果	吨	—	—	—	—	—	—	—	—	—	—	—	—	—
其中：桃子	吨	—	—	—	—	—	—	—	—	—	—	—	—	—
葡萄	吨	—	—	—	—	—	—	—	—	—	—	—	—	—
三、年末实有茶园面积合计	公顷	(8.34)	74.24	65.90	—	—	—	—	—	—	46.20	19.70	—	—

续表11

指标	单位	绝对值	2021年	2022年	库局乡	浪波乡	错那镇	觉拉乡	卡达乡	曲卓木乡	勒乡	麻麻乡	贡日乡	吉巴乡
其中：本年采摘面积	公顷	16.56	17.43	33.99	—	—	—	—	—	—	25.33	8.66	—	—
四、年末实有果园面积合计	公顷	—	—	—	—	—	—	—	—	—	—	—	—	—
其中：苹果园	公顷	—	—	—	—	—	—	—	—	—	—	—	—	—
梨园	公顷	—	—	—	—	—	—	—	—	—	—	—	—	—
桃园	公顷	—	—	—	—	—	—	—	—	—	—	—	—	—
葡萄园	公顷	—	—	—	—	—	—	—	—	—	—	—	—	—
柑桔	公顷	—	—	—	—	—	—	—	—	—	—	—	—	—

错那县林业生产情况表

表12

指标	单位	绝对值	2021年	2022年	库局乡	浪波乡	错那镇	觉拉乡	卡达乡	曲卓木乡	勒乡	麻麻乡	贡日乡	吉巴乡
一、荒山荒（沙）地造林面积														
1. 人工造林	公顷	—	100.00	100.00	—	—	—	—	—	—	—	—	—	—
其中：竹林面积	公顷	—	—	—	—	—	—	—	—	—	—	—	—	—
乔木林面积	公顷	—	—	—	—	—	—	—	—	—	—	—	—	—
2. 飞播造林	公顷	—	—	—	—	—	—	—	—	—	—	—	—	—
3. 无林地和疏林地新封	公顷	—	—	—	—	—	—	—	—	—	—	—	—	—
4. 按经济成分分														
（1）公有经济造林	公顷	—	100.00	100.00	—	—	—	—	—	—	—	—	—	—
其中：国有经济造林	公顷	—	—	—	—	—	—	—	—	—	—	—	—	—
集体经济造林	公顷	—	100.00	100.00	—	—	—	—	—	—	—	—	—	—
（2）非公有经济造林	公顷	—	—	—	—	—	—	—	—	—	—	—	—	—
5. 按林种用途分														
（1）用材林	公顷	—	—	—	—	—	—	—	—	—	—	—	—	—
其中：速生丰产林面积	公顷	—	—	—	—	—	—	—	—	—	—	—	—	—
（2）经济林	公顷	—	—	—	—	—	—	—	—	—	—	—	—	—
（3）防护林	公顷	—	100.00	100.00	—	—	—	—	—	—	—	—	—	—
（4）薪炭林	公顷	—	—	—	—	—	—	—	—	—	—	—	—	—
（5）特种用材林	公顷	—	—	—	—	—	—	—	—	—	—	—	—	—

续表12

指标	单位	绝对值	2021 年	2022 年	库局乡	浪波乡	错那镇	觉拉乡	卡达乡	曲卓木乡	勒乡	麻麻乡	贡日乡	吉巴乡
二、有林地造林面积														
1. 林冠下造林	公顷	—	—	—	—	—	—	—	—	—	—	—	—	—
2. 飞播营林	公顷	—	—	—	—	—	—	—	—	—	—	—	—	—
3. 有林地和灌木林地新封	公顷	—	—	—	—	—	—	—	—	—	—	—	—	—
三、更新造林	公顷	—	—	—	—	—	—	—	—	—	—	—	—	—
四、低产低效林改造面积	公顷	—	—	—	—	—	—	—	—	—	—	—	—	—
五、四旁（零星）植树	株	(45185)	91550	46365	400	780	5250	25716	6407	5786	400	676	550	400
六、年末实有封田（沙）育林面积	公顷	—	—	—	—	—	—	—	—	—	—	—	—	—
七、未成林抚育作业面积	公顷	—	—	—	—	—	—	—	—	—	—	—	—	—
八、未成林抚育实际面积	公顷	—	—	—	—	—	—	—	—	—	—	—	—	—
九、成林抚育面积	公顷	(167)	1000.00	833.33	—	—	—	—	—	—	—	—	—	—
其中：中、幼龄林抚育面积	公顷	(167)	1000.00	833.33	—	—	—	—	—	—	—	—	—	—
十、抚育改造出材量	立方米	—	—	—	—	—	—	—	—	—	—	—	—	—
其中：中、幼龄林抚育出材量	立方米	—	—	—	—	—	—	—	—	—	—	—	—	—
十一、林木种子采集量	吨	—	—	—	—	—	—	—	—	—	—	—	—	—
十二、当年苗木产量	株	—	—	—	—	—	—	—	—	—	—	—	—	—
十三、育苗面积	公顷	—	—	—	—	—	—	—	—	—	—	—	—	—
其中：本年新增育苗面积	公顷	—	—	—	—	—	—	—	—	—	—	—	—	—
十四、年末实有母树林面积	公顷	—	—	—	—	—	—	—	—	—	—	—	—	—
十五、年末实有种子园面积	公顷	—	—	—	—	—	—	—	—	—	—	—	—	—
十六、主要林产品产量	吨	—	—	—	—	—	—	—	—	—	—	—	—	—
其他	吨	—	—	—	—	—	—	—	—	—	—	—	—	—
十七、竹木采伐														
1. 木材	立方米	—	—	—	—	—	—	—	—	—	—	—	—	—
其中：村及村以下采伐	立方米	—	—	—	—	—	—	—	—	—	—	—	—	—
2. 竹材	根	—	—	—	—	—	—	—	—	—	—	—	—	—
其中：村及村以下采伐	根	—	—	—	—	—	—	—	—	—	—	—	—	—

错那县耕地面积情况表

表13 单位：公顷

指标	绝对值	2021 年	2022 年	库局乡	浪波乡	错那镇	觉拉乡	卡达乡	曲卓木乡	勒乡	麻麻乡	贡日乡	吉巴乡
一、年初耕地总资源	0.01	1550.10	1550.11	19.53	11.16	212.52	604.99	237.53	416.39	2.63	4.53	10.53	30.3
二、年内增加	5.66	0.01	5.67	—	0.36	—	4.05	—	—	—	1.26	—	—
其中：新开荒地	5.66	0.01	5.67	—	0.36	—	4.05	—	—	—	1.26	—	—
园地改为耕地	—	—	—	—	—	—	—	—	—	—	—	—	—
三、年内减少	—	—	—	—	—	—	—	—	—	—	—	—	—
其中：国家基建占地	—	—	—	—	—	—	—	—	—	—	—	—	—
其他基建占地	—	—	—	—	—	—	—	—	—	—	—	—	—
退耕还林还草占地	—	—	—	—	—	—	—	—	—	—	—	—	—
耕地改为园地	—	—	—	—	—	—	—	—	—	—	—	—	—
四、年末耕地总资源	5.67	1550.11	1555.78	19.53	11.52	212.52	609.04	237.53	416.39	2.63	5.79	10.53	30.30
（一）常用耕面积	5.67	1550.11	1555.78	19.53	11.52	212.52	609.04	237.53	416.39	2.63	5.79	10.53	30.30
其中：水田	—	—	—	—	—	—	—	—	—	—	—	—	—
水浇地	—	—	—	—	—	—	—	—	—	—	—	—	—
（二）临时性耕地	—	—	—	—	—	—	—	—	—	—	—	—	—
其中：25 度以上陡坡耕地	—	—	—	—	—	—	—	—	—	—	—	—	—

错那县草场建设情况表

表14 单位：公顷

指标	绝对值	2021 年	2022 年	库局乡	浪波乡	错那镇	觉拉乡	卡达乡	曲卓木乡	勒乡	麻麻乡	贡日乡	吉巴乡
草场建设	—	—	—	—	—	—	—	—	—	—	—	—	—
总草场面积	—	351929.914	351929.91	16701.60	29731.00	92045.93	60358.98	50348.80	73293.73	6241.20	4013.20	4459.60	14735.87
其中：可利用草场面积	—	334874.88	334874.88	16215.67	29101.40	87849.23	58215.87	48358.33	66573.06	6142.85	3998.62	4439.07	13980.80
其中：已利用草场面积	—	—	—	—	—	—	—	—	—	—	—	—	—
围草场面积	—	—	—	—	—	—	—	—	—	—	—	—	—
其中：网围栏面积	—	—	—	—	—	—	—	—	—	—	—	—	—
当年禁牧面积	53253.33	80	53333.33	—	—	5333.333333	44666.66667	—	3333.333333	—	—	—	—
草场灌溉面积	—	—	—	—	—	—	—	—	—	—	—	—	—
人工种草面积	—	—	—	—	—	—	—	—	—	—	—	—	—

错那县畜牧业主要产品生产情况表

表15

指标	单位	绝对值	2021年	2022年	库局乡	浪波乡	错那镇	觉拉乡	卡达乡	曲卓木乡	勒乡	麻麻乡	贡日乡	吉巴乡
牲畜总头数	头	(1497.00)	61950	60453	2560	4101	18795	5233	6882	21659	212	—	441	570
一、大牲畜	头	321.00	23848	24169	2560	3281	4639	2163	3433	6872	210	—	441	570
其中：从事农事劳役的	头	(2522.00)	10793	8271	962	746	1292	810	790	3440	53	—	134	44
当年成畜死亡	头	226.00	385	611	218	64	9	84	46	65	71	—	26	28
当年生仔畜	头	203.00	4781	4984	519	592	916	634	550	1621	19	—	32	101
1.牛	头	458.00	23087	23545	2434	3264	4621	1974	3389	6677	210	—	424	552
其中：肉用牛	头	2881.00	9521	12402	1392	1603	3037	1113	2033	2447	115	—	265	397
奶牛	头	(55.00)	3458	3403	184	931	307	210	610	950	42	—	40	129
役用牛	头	(2368.00)	10108	7740	858	730	1277	651	746	3280	53	—	119	26
能繁殖的母畜	头	(1997.00)	10789	8792	1057	931	1745	1023	1101	2210	139	—	270	316
当年购入的牛	头	(741.00)	8006	7265	561	1478	2119	743	876	874	182	—	223	209
当年生仔畜	头	173.00	4748	4921	509	591	916	610	550	1594	19	—	31	101
1—2岁	头	198.00	4841	5039	705	366	1250	445	668	1447	25	—	42	91
2—3岁	头	317.00	4451	4768	658	434	1013	271	487	1607	22	—	46	230
当年出售牛	头	(459.00)	470	11	—	5	—	—	—	—	6	—	—	—
当年出售和自宰牛	头	357.00	10818	11175	866	1053	2901	1142	1306	2985	193	223	237	269
成畜死亡	头	193.00	349	542	201	64	8	64	46	43	71	—	21	24
年初牛存栏数	头	1117.00	21970	23087	2431	2317	4495	1827	3315	7237	279	223	428	535
（1）黄牛	头	(141.00)	6978	6837	355	197	754	1865	858	2671	68	—	50	19
能繁殖的母畜	头	(1515.00)	4950	3435	201	83	432	1008	434	1185	50	—	34	8
当年购入黄牛	头	194.00	1012	1206	140	132	11	663	148	91	—	—	17	4
当年生仔畜	头	178.00	1503	1681	112	40	189	594	197	528	9	—	6	6
1—2岁	头	64.00	1509	1573	122	18	239	420	227	520	17	—	8	2
2—3岁	头	89.00	1400	1489	74	23	180	264	177	748	11	—	8	4
当年出售黄牛	头	(114.00)	117	3	—	—	—	—	—	—	3	—	—	—
当年出售和自宰黄牛	头	193.00	2663	2856	183	88	231	1065	372	814	1	89	7	6
成畜死亡	头	(49.00)	218	169	38	7	3	64	10	12	27	—	7	1
年初存栏数	头	(483.00)	7461	6978	324	120	788	1737	895	2878	90	89	41	16

续表15

指标	单位	绝对值	2021年	2022年	库局乡	浪波乡	错那镇	觉拉乡	卡达乡	曲卓木乡	勒乡	麻麻乡	贡日乡	吉巴乡
（2）良种及改良乳牛	头	—	—	—	—	—	—	—	—	—	—	—	—	—
能繁殖的母畜	头	—	—	—	—	—	—	—	—	—	—	—	—	—
当年购入乳牛	头	—	—	—	—	—	—	—	—	—	—	—	—	—
当年生仔畜	头	—	—	—	—	—	—	—	—	—	—	—	—	—
1—2岁	头	—	—	—	—	—	—	—	—	—	—	—	—	—
2—3岁	头	—	—	—	—	—	—	—	—	—	—	—	—	—
当年出售乳牛	头	—	—	—	—	—	—	—	—	—	—	—	—	—
成畜死亡	头	—	—	—	—	—	—	—	—	—	—	—	—	—
年初存栏数	头	—	—	—	—	—	—	—	—	—	—	—	—	—
（3）牦牛	头	722.00	15370	16092	1999	2877	3867	109	2531	3988	92	—	240	389
能繁殖的母畜	头	(462.00)	5391	4929	798	717	1313	15	667	1025	57	—	130	207
当年购入牦牛	头	(918.00)	6801	5883	406	1326	2108	80	728	783	115	—	178	159
当年生仔畜	头	21.00	3167	3188	391	540	727	16	353	1049	6	—	21	85
1—2岁	头	154.00	3252	3406	577	341	1011	25	441	918	7	—	31	55
2—3岁	头	269.00	2931	3200	574	402	833	7	310	840	9	—	35	190
当年出售牦牛	头	(329.00)	335	6	—	4	—	—	—	—	2	—	—	—
当年出售和自宰牦牛	头	142.00	7867	8009	657	938	2670	77	934	2123	123	109	176	202
成畜死亡	头	216.00	118	334	146	54	5	—	36	29	30	—	11	23
年初存栏数	头	1648.00	13722	15370	2005	2007	3707	90	2420	4308	126	109	228	370
（4）犏牛	头	(123.00)	739	616	80	190	—	—	—	18	50	—	134	144
能繁殖的母畜	头	(20.00)	448	428	58	131	—	—	—	—	32	—	106	101
当年购入犏牛	头	(17.00)	193	176	15	20	—	—	—	—	67	—	28	46
当年生仔畜	头	(26.00)	78	52	6	11	—	—	—	17	4	—	4	10
1—2岁	头	(20.00)	80	60	6	7	—	—	—	9	1	—	3	34
2—3岁	头	(41.00)	120	79	10	9	—	—	—	19	2	—	3	36
当年出售犏牛	头	(16.00)	18	2	—	1	—	—	—	—	1	—	—	—
当年出售和自宰犏牛	头	22.00	288	310	26	27	—	—	—	48	69	25	54	61
成畜死亡	头	26.00	13	39	17	3	—	—	—	2	14	—	3	—
年初存栏数	头	(48.00)	787	739	102	190	—	—	—	51	63	25	159	149
2. 马	匹	(124.00)	723	599	126	17	18	184	44	175	—	—	17	18

续表15

指标	单位	绝对值	2021 年	2022 年	库局乡	浪波乡	错那镇	觉拉乡	卡达乡	曲卓木乡	勒乡	麻麻乡	贡日乡	吉巴乡
能繁殖的母畜	匹	18.00	47	65	40	—	7	—	7	1	—	—	9	1
当年购入马	匹	(34.00)	59	25	6	8	—	—	1	10	—	—	—	—
当年生仔畜	匹	27.00	32	59	10	1	—	20	—	27	—	—	1	—
1—2 岁	匹	(10.00)	39	29	12	—	3	6	—	7	—	—	1	—
2—3 岁	匹	(43.00)	80	37	16	—	—	4	1	15	—	—	—	1
3—4 岁	匹	(24.00)	100	76	—	—	—	14	—	60	—	—	1	1
当年出售马	匹	(57.00)	199	142	28	2	5	18	2	78	2	5	1	1
成畜死亡	匹	31.00	35	66	17	—	1	19	—	20	—	—	5	4
年初存栏数	匹	(143.00)	866	723	155	10	24	201	45	236	2	5	22	23
3. 驴	头	(12.00)	32	20	—	—	—	—	—	20	—	—	—	—
当年生仔畜	头	(1.00)	1	—	—	—	—	—	—	—	—	—	—	—
当年购入驴	头	(1.00)	1	—	—	—	—	—	—	—	—	—	—	—
1—2 岁	头	(3.00)	4	1	—	—	—	—	—	1	—	—	—	—
2—3 岁	头	2.00	2	4	—	—	—	—	—	4	—	—	—	—
当年出售驴	头	1.00	9	10	—	—	—	—	—	10	—	—	—	—
成畜死亡	头	1.00	1	2	—	—	—	—	—	2	—	—	—	—
年初存栏数	头	(8.00)	40	32	—	—	—	—	—	32	—	—	—	—
4. 骡	头	(1.00)	6	5	—	—	—	5	—	—	—	—	—	—
当年购入骡	头	—	—	—	—	—	—	—	—	—	—	—	—	—
当年生仔畜	头	4.00	0	4	—	—	—	4	—	—	—	—	—	—
1—2 岁	头	—	—	—	—	—	—	—	—	—	—	—	—	—
2—3 岁	头	—	—	—	—	—	—	—	—	—	—	—	—	—
3—4 岁	头	—	—	—	—	—	—	—	—	—	—	—	—	—
当年出售骡	头	4.00	0	4	—	—	—	4	—	—	—	—	—	—
成畜死亡	头	1.00	0	1	—	—	—	1	—	—	—	—	—	—
年初存栏数	头	—	6	6	—	—	—	6	—	—	—	—	—	—
二、猪	头	(130.00)	149	19	—	3	—	14	—	—	2	—	—	—
其中：藏香猪	头	3.00	0	3	—	3	—	—	—	—	—	—	—	—
能繁殖的母畜	头	(114.00)	124	10	—	—	—	10	—	—	—	—	—	—
当年购入猪	头	(24.00)	30	6	—	5	—	—	—	—	1	—	—	—
当年生仔畜	头	(45.00)	50	5	—	—	—	2	—	—	2	1	—	—
当年出售猪	头	(30.00)	36	6	—	2	—	4	—	—	—	—	—	—

续表15

指标	单位	绝对值	2021年	2022年	库局乡	浪波乡	错那镇	觉拉乡	卡达乡	曲卓木乡	勒乡	麻麻乡	贡日乡	吉巴乡
当年出售和自宰猪	头	31.00	104	135	—	—	—	6	—	—	1	51	64	13
成畜死亡	头	(13.00)	13	—	—	—	—	—	—	—	—	—	—	—
年初猪存栏数	头	(73.00)	222	149	—	—	—	22	—	—	—	50	64	13
三、羊	只	(1688.00)	37953	36265	—	817	14156	3056	3449	14787	—	—	—	—
能繁殖的母畜	只	(4129.00)	15405	11276	—	10	6162	1578	1240	2286	—	—	—	—
当年购入羊	只	(1393.00)	8303	6910	—	1640	783	1402	407	2678	—	—	—	—
当年生仔畜	只	(2748.00)	10472	7724	—	42	3543	858	784	2497	—	—	—	—
当年出售羊	只	(1532.00)	1655	123	—	98	—	25	—	—	—	—	—	—
当年出售和自宰羊	只	(2064.00)	18060	15996	—	751	4685	1524	1392	7644	—	—	—	—
成畜死亡	只	(66.00)	269	203	—	16	13	76	81	17	—	—	—	—
年初存栏数	只	(1209.00)	39162	37953	—	—	14528	2421	3731	17273	—	—	—	—
1. 山羊	只	(8.00)	4687	4679	—	108	20	450	2476	1625	—	—	—	—
能繁殖的母畜	只	(1111.00)	2539	1428	—	—	—	110	892	426	—	—	—	—
当年购入山羊	只	(1202.00)	2248	1046	—	135	20	399	244	248	—	—	—	—
当年生仔畜	只	(162.00)	1106	944	—	31	—	120	546	247	—	—	—	—
当年出售山羊	只	(1225.00)	1230	5	—	5	—	—	—	—	—	—	—	—
当年出售和自宰山羊	只	(937.00)	2852	1915	—	52	—	128	1082	653	—	—	—	—
成畜死亡	只	(104.00)	182	78	—	1	—	—	73	4	—	—	—	—
年初存栏数	只	(910.00)	5597	4687	—	—	—	59	2841	1787	—	—	—	—
2. 绵羊	只	(1680.00)	33266	31586	—	709	14136	2606	973	13162	—	—	—	—
能繁殖的母畜	只	(3018.00)	12866	9848	—	10	6162	1468	348	1860	—	—	—	—
当年购入绵羊	只	(191.00)	6055	5864	—	1505	763	1003	163	2430	—	—	—	—
当年生仔畜	只	(2586.00)	9366	6780	—	11	3543	738	238	2250	—	—	—	—
当年出售绵羊	只	(307.00)	425	118	—	93	—	25	—	—	—	—	—	—
当年出售和自宰绵羊	只	(1127.00)	15208	14081	—	699	4685	1396	310	6991	—	—	—	—
成畜死亡	只	38.00	87	125	—	15	13	76	8	13	—	—	—	—
年初存栏数	只	(299.00)	33565	33266	—	—	14528	2362	890	15486	—	—	—	—
四、家禽	只	(2492.00)	10150	7658	41	223	63	6581	442	295	—	—	13	—
其中：藏鸡	只	(2492.00)	10150	7658	41	223	63	6581	442	295	—	—	13	—

续表15

指标	单位	绝对值	2021年	2022年	库局乡	浪波乡	错那镇	觉拉乡	卡达乡	曲卓木乡	勒乡	麻麻乡	贡日乡	吉巴乡
其中：肉鸡	只	(867.00)	1408	541	29	3	13	390	32	70	—	—	4	—
蛋鸡	只	(1625.00)	8742	7117	12	220	50	6191	410	225	—	—	9	—
五、禽蛋	吨	(1.95)	56.12	54.17	0.06	0.15	0.08	49.53	2.05	2.25	—	—	0.05	—
其中：鸡蛋	吨	(1.95)	56.12	54.17	0.06	0.15	0.08	49.53	2.05	2.25	—	—	0.05	—
六、当年出售和自宰的肉用猪	头	31.00	104	135	—	—	—	6	—	—	1	51	64	13
七、当年出售和自宰的肉用牛	头	357.00	10818	11175	866	1053	2901	1142	1306	2985	193	223	237	269
八、当年出售和自宰的肉用羊	只	(2064.00)	18060	15996	—	751	4685	1524	1392	7644	—	—	—	—
其中：出售和自宰的肉用绵羊	只	(1127.00)	15208	14081	—	699	4685	1396	310	6991	—	—	—	—
其中：出售和自宰的肉用山羊	只	(937.00)	2852	1915	—	52	—	128	1082	653	—	—	—	—
上年年末牲畜存栏总数	只	(316.00)	62266	61950	2586	2327	19047	4477	7091	24778	281	278	514	571
本年出栏	只	(1676.00)	28982	27306	866	1804	7586	2672	2698	10629	194	274	301	282
本年出栏率	%	(2.47)	46.5	44.08	33.49	77.52	39.83	59.68	38.05	42.90	69.04	98.56	58.56	49.39
九、当年出售和自宰的家禽	只	(7.00)	2913	2906	4	—	39	2744	60	28	—	7	—	24
其中：鸡	只	(7.00)	2913	2906	4	—	39	2744	60	28	—	7	—	24
十、当年肉类总产量	吨	16.01	1627.45	1643.46	108.26	142.14	432.96	169.77	182.06	486.52	24.18	30.44	32.83	34.31
1. 当年猪牛羊肉总产量	吨	16.01	1623.08	1639.10	108.25	142.14	432.90	165.65	181.97	486.48	24.18	30.43	32.83	34.28
其中：猪肉	吨	1.55	5.20	6.75	—	—	—	0.30	—	—	0.05	2.55	3.20	0.65
牛肉	吨	44.63	1352.25	1396.88	108.25	131.63	362.63	142.75	163.25	373.13	24.13	27.88	29.63	33.63
羊肉	吨	(30.16)	265.63	235.47	—	10.51	70.28	22.60	18.72	113.35	—	—	—	—
其中：山羊	吨	(12.55)	37.50	24.95	—	0.73	—	1.66	14.07	8.49	—	—	—	—
绵羊	吨	(17.61)	228.13	210.52	—	9.79	70.28	20.94	4.65	104.87	—	—	—	—
2. 家禽肉产量	吨	(0.01)	4.37	4.36	0.01	—	0.06	4.12	0.09	0.04	—	0.01	—	0.04
其中：鸡	吨	(0.01)	4.37	4.36	0.01	—	0.06	4.12	0.09	0.04	—	0.01	—	0.04

续表15

指标	单位	绝对值	2021年	2022年	库局乡	浪波乡	错那镇	觉拉乡	卡达乡	曲卓木乡	勒乡	麻麻乡	贡日乡	吉巴乡
十一、奶类产量	吨	(99.14)	5064.95	4965.81	545.90	593.03	845.45	662.60	715.93	971.61	135.58	72.00	206.55	217.16
其中：牛奶产量	吨	16.08	4641.12	4657.2	545.90	593.03	845.45	662.60	715.93	663.00	135.58	72.00	206.55	217.16
羊奶产量	吨	(115.22)	423.83	308.61	—	—	—	—	—	308.61	—	—	—	—
十二、羊毛产量	吨	3.29	42.97	46.26	—	—	21.23	0.85	1.59	22.59	—	—	—	—
绵羊毛产量	吨	3.32	41.80	45.12	—	—	21.23	0.74	0.97	22.18	—	—	—	—
其中：细羊毛	吨	(14.18)	15.89	1.71	—	—	—	0.74	0.97	—	—	—	—	—
半细羊毛	吨	17.50	25.91	43.41	—	—	21.23	—	—	22.18	—	—	—	—
山羊毛	吨	(0.03)	1.17	1.14	—	—	—	0.11	0.62	0.41	—	—	—	—
其中：山羊粗毛	吨	(0.03)	1.17	1.14	—	—	—	0.11	0.62	0.41	—	—	—	—
山羊绒	吨	—	—	—	—	—	—	—	—	—	—	—	—	—
十三、牛毛产量	吨	4.70	17.54	22.24	4.7	2.05	6.28	—	—	7.98	0.17	0.45	—	0.61
十四、牛绒产量	吨	—	—	—	—	—	—	—	—	—	—	—	—	—
十五、牛皮产量	张	357.00	10818	11175	866	1053	2901	1142	1306	2985	193	223	237	269
十六、羊皮产量	张	(2815.00)	18060	15245	—	—	4685	1524	1392	7644	—	—	—	—
其中：绵羊皮产量	张	(1826.00)	15208	13382	—	—	4685	1396	310	6991	—	—	—	—
十七、牛犊皮	张	—	—	—	—	—	—	—	—	—	—	—	—	—
十八、牛尾	公斤	178.50	5409	5587.5	433	527	1451	571	653	1493	97	112	119	135

错那县劳动力外出务工情况表

表16

指标	单位	绝对值	2021年	2022年	库局乡	浪波乡	错那镇	觉拉乡	卡达乡	曲卓木乡	勒乡	麻麻乡	贡日乡	吉巴乡
一、外出务工人员	人	(692.00)	5049	4357	225	389	805	1086	291	1127	96	166	61	111
其中：本区	人	464.00	420	884	24	143	337	262	53	55	—	—	—	10
本县	人	327.00	841	1168	21	1	332	400	77	321	2	1	—	13
本乡	人	(1514.00)	3737	2223	177	245	136	374	161	723	94	165	61	87
区外	人	31.00	51	82	3	0	0	50	0	28	—	—	—	1
二、外出务工人员情况	人	(692.00)	5049	4357	225	389	805	1086	291	1127	96	166	61	111
1. 男	人	(285.00)	2561	2276	122	236	327	571	137	668	47	80	32	56
2. 女	人	(407.00)	2488	2081	103	153	478	515	154	459	49	86	29	55

续表16

指标	单位	绝对值	2021 年	2022 年	库局乡	浪波乡	错那镇	觉拉乡	卡达乡	曲卓木乡	勒乡	麻麻乡	贡日乡	吉巴乡
三、外出务工人员按从事行业分	人	(692.00)	5049	4357	225	389	805	1086	291	1127	96	166	61	111
1. 农林牧渔及服务业	人	(1006.00)	2483	1477	125	0	0	583	91	513	29	57	9	70
2. 工业	人	11.00	45	56	0	0	7	18	3	20	8	—	—	—
3. 建筑业	人	(195.00)	1247	1052	59	143	80	271	124	348	3	—	5	19
4. 交通运输及邮电通讯业	人	112.00	355	467	16	1	123	72	42	153	4	33	12	11
5. 信息、传输、计算机服务和软件业	人	(2.00)	2	0	0	0	—	0	0	—	0	—	—	—
6. 批零贸易	人	75.00	110	185	0	2	101	37	20	14	5	—	—	6
7. 住宿和餐饮业	人	81.00	453	534	10	10	260	24	7	74	35	76	33	5
8. 其他行业	人	232.00	354	586	15	233	234	81	4	5	12	—	2	—
四、外出务工人员收入情况														
1. 外出务工得到的总收入	万元	4934.38	5417.34	10351.72	175.59	974.04	2455.22	2558	1443.3	1885.73	130.5	473.41	85.44	170.49
其中：年内已得到的收入	万元	4934.38	5417.34	10351.72	175.59	974.04	2455.22	2558	1443.3	1885.73	130.5	473.41	85.44	170.49
尚未得到的收入	万元	—	—	—	—	—	—	—	—	—	—	—	—	—
人均务工收入	元	13029.29	10729.53	23758.82	7804	25040	30500	23554	49598	16732	13594	28519	14007	15359

错那县农林牧业特色产业情况表

表17

指标	单位	2021 年	2022 年	库局乡	浪坡乡	错那镇	觉拉乡	卡达乡	曲卓木乡	勒乡	麻麻乡	贡日乡	吉巴乡
一、特色产业项目情况													
1. 农业项目	个	—	—	—	—	—	—	—	—	—	—	—	—
2. 林业项目	个	—	—	—	—	—	—	—	—	—	—	—	—
3. 牧业项目	个	—	—	—	—	—	—	—	—	—	—	—	—
4. 渔业项目	个	—	—	—	—	—	—	—	—	—	—	—	—
5. 其他（茶叶）	个	1	1	—	—	—	—	—	—	1	—	—	—
二、特色产业项目覆盖范围													
1. 农业项目受益户数	户	—	—	—	—	—	—	—	—	—	—	—	—

续表17

指标	单位	2021 年	2022 年	库局乡	浪波乡	错那镇	觉拉乡	卡达乡	曲卓木乡	勒乡	麻麻乡	贡日乡	吉巴乡
2. 林业项目受益户数	户	—	—	—	—	—	—	—	—	—	—	—	—
3. 牧业项目受益户数	户	—	—	—	—	—	—	—	—	—	—	—	—
4. 渔业项目受益户数	户	—	—	—	—	—	—	—	—	—	—	—	—
5. 其他项目受益户数	户	55	55	—	—	—	—	—	—	55	—	—	—
三、特色产业项目收益情况													
1. 从农业项目中获得的收入	元	—	—	—	—	—	—	—	—	—	—	—	—
2. 从林业项目中获得的收入	元	—	—	—	—	—	—	—	—	—	—	—	—
3. 从牧业项目中获得的收入	元	—	—	—	—	—	—	—	—	—	—	—	—
4. 从渔业项目中获得的收入	元	—	—	—	—	—	—	—	—	—	—	—	—
5. 从其他项目中获得的收入	元	—	—	—	—	—	—	—	—	—	—	—	—
四、当年新增项目投入情况													
1. 当年农业项目投入资金	万元	—	—	—	—	—	—	—	—	—	—	—	—
2. 当年林业项目投入资金	万元	—	—	—	—	—	—	—	—	—	—	—	—
3. 当年牧业项目投入资金	万元	—	—	—	—	—	—	—	—	—	—	—	—
4. 当年渔业项目投入资金	万元	—	—	—	—	—	—	—	—	—	—	—	—
5. 其他	万元	—	—	—	—	—	—	—	—	—	—	—	—

错那县农村经济收入分配情况表

表18

项目	单位	增加	2021 年	2022 年	库局乡	浪波乡	错那镇	觉拉乡	卡达乡	曲卓木乡	勒乡	麻麻乡	贡日乡	吉巴乡
一、农村经济总收入	万元	5697.17	32627.59	38324.76	1390.38	6355.54	6194.74	7906.74	4507.03	8886.48	891.41	988.50	501.55	702.39
（一）家庭经济收入	万元	1257.14	16085.50	17342.64	657.45	1161.17	3323.42	4042.88	2075.35	4409.89	423.79	604.46	227.68	416.55
其中：出售产品收入	万元	1573.52	361.60	1935.12	51.00	89.53	0.00	676.64	89.44	908.02	20.25	15.21	38.41	46.62
1. 第一产业收入	万元	1831.49	6290.05	8121.54	591.93	446.05	1860.00	955.96	571.01	3258.16	49.02	136.79	87.11	165.51
其中：出售产品收入	万元	1400.46	356.60	1757.06	51.00	0.80	0.00	676.64	80.94	853.82	19.69	11.24	16.31	46.62
（1）种植业收入	万元	206.94	1909.68	2116.62	51.00	68.21	196.48	676.64	173.61	853.82	19.69	14.24	16.31	46.62

续表18

项目	单位	增加	2021年	2022年	库局乡	浪波乡	错那镇	觉拉乡	卡达乡	曲卓木乡	勒乡	麻麻乡	贡日乡	吉巴乡
其中：粮食收入	万元	49.47	1707.59	1757.06	51.00	0.80	0.00	676.64	80.94	853.82	19.69	11.24	16.31	46.62
（2）林业收入	万元	(18.82)	258.18	239.36	72.18	23.65	0.00	—	7.20	101.30	—	21.32	13.71	0.00
（3）牧业收入	万元	1643.37	4122.19	5765.56	468.75	354.19	1663.52	279.32	390.20	2303.04	29.33	101.23	57.09	118.89
（4）渔业收入	万元	0.00	—	—	—	—	—	—	—	—	—	—	—	—
2.第二产业收入	万元	(393.92)	4410.90	4016.98	28.84	178.88	322.50	2344.12	613.49	421.52	81.56	3.97	22.10	0.00
（1）工业收入	万元	90.35	185.95	276.30	0.00	88.73	93.86	0.00	12.88	54.20	0.56	3.97	22.10	0.00
其中：出售产品收入	万元	101.60	76.46	178.06	0.00	88.73	0.00	—	8.50	54.20	0.56	3.97	22.10	0.00
（2）建筑业收入	万元	(484.27)	4224.95	3740.68	28.84	90.15	228.64	2344.12	600.61	367.32	81.00	—	—	0.00
3.第三产业收入	万元	(180.43)	5384.55	5204.12	36.68	536.24	1140.92	742.80	890.85	730.21	293.21	463.70	118.47	251.04
（1）交通运输业收入	万元	(332.47)	2929.08	2596.61	14.80	287.19	690.75	314.63	386.11	457.30	83.83	258.86	78.95	24.19
（2）商业、饮食业收入	万元	220.15	943.47	1163.62	17.14	91.28	326.33	173.68	188.65	181.56	90.08	22.00	20.05	52.85
（3）服务业收入	万元	(148.99)	987.89	838.90	0.00	131.84	46.40	195.79	288.41	85.40	12.33	55.75	19.47	3.51
（4）其他收入	万元	80.88	524.11	604.99	4.74	25.93	77.44	58.70	27.68	5.95	106.97	127.09	—	170.49
支出总费用	万元	433.94	4393.43	4827.37	160.33	388.45	453.52	381.55	1220.33	1525.07	220.37	161.38	81.09	235.28
（二）工资性收入	万元	1647.88	6937.87	8585.75	464.31	1560.55	1012.61	1678.99	1099.81	2149.87	266.17	124.22	146.54	82.68
（三）转移性收入	万元	2423.21	8873.14	11296.35	267.42	3622.89	1116.64	2078.49	1331.87	2296.72	113.99	147.35	117.82	203.16
转移性支出	万元	444.82	1225.66	1670.48	62.16	813.62	32.65	41.57	—	664.91	51.30	0.00	4.27	0.00
（四）财产性收入	万元	368.94	731.08	1100.02	1.20	10.93	742.07	106.38	—	30.00	87.46	112.47	9.51	—
财产性支出	万元	9.54	22.70	32.24	0.00	—	0.00	0.00	—	6.00	26.24	—	0.00	—
二、农村经济纯收入	万元	4805.47	26935.96	31741.44	1167.89	5153.47	5708.57	7483.62	3286.70	6690.50	540.27	827.12	416.19	467.11
（一）家庭经济纯收入	万元	823.20	11692.07	12515.27	497.12	772.72	2869.90	3661.33	855.02	2884.82	203.42	443.08	146.59	181.27
（二）工资性收入	万元	1644.49	6888.03	8532.52	464.31	1560.55	1012.61	1678.99	1099.81	2149.87	212.94	124.22	146.54	82.68
（三）转移性纯收入	万元	1978.39	7647.48	9625.87	205.26	2809.27	1083.99	2036.92	1331.87	1631.81	62.69	147.35	113.55	203.16
（四）财产性纯收入	万元	359.40	708.38	1067.78	1.2	10.93	742.07	106.38	0	24	61.22	112.47	9.51	0

续表18

项目	单位	增加	2021 年	2022 年	库局乡	浪波乡	错那镇	觉拉乡	卡达乡	曲卓木乡	勒乡	麻麻乡	贡日乡	吉巴乡
农村居民常住人口	人	349.00	13046	13395	426	2071	1926	3318	1668	3162	150	315	169	190
农村居民人均可支配收入	元	3049.57	20646.91	23696.48	27415	24884	29640	22555	19704	21159	36018	26258	24627	24585

错那县农林牧渔业增加值情况表

表19

	代码	2022 年	2021 年	现价（%）
一、农、林、牧、渔业总产值	1	6838.35	6365.31	7.4
1. 农业	2	2421.80	2294.12	5.6
2. 林业	3	106.50	102.04	4.4
3. 牧业	4	4008.05	3676.15	9.0
4. 渔业	5	—	—	—
5. 农林牧渔业服务业	6	302.00	293	3.1
二、中间消耗比重 %	7	44.26	44.21	—
（一）中间物质消耗	8	3026.74	2814.33	7.5
1. 农业	9	1345.92	1273.06	5.7
2. 林业	10	42.32	40.47	4.6
3. 牧业	11	1583.50	1447.80	9.4
4. 渔业	12	—	—	—
5. 农林牧渔业服务业	13	55.00	53.00	3.8
（二）对生产服务支出	14	—	—	—
三、增加值		3811.61	3550.98	7.3
1. 农业	9	1075.89	1021.05	5.4
2. 林业	10	64.18	61.58	4.2
3. 牧业	11	2424.55	2228.35	8.8
4. 渔业	12	—	—	—
5. 农林牧渔业服务业	13	247.00	240.00	2.9

错那县总产值计算表

表20

指标	单位	产品产量	按现行价格计算			
			价格（元）	2022 年	2021 年	百分比
农、林、牧、渔业总产值				6838.35	6365.31	7.4
一、农业产值合计				2421.80	2294.12	5.6
（一）谷物及其他作物				1357.23	1321.31	2.7
1. 谷物	吨	16183.65	—	1193.79	1179.25	1.2
（1）小麦	吨	736.66	—	132.60	105.54	25.6

续表20

指标	单位	产品产量	按现行价格计算			
			价格（元）	2022年	2021年	百分比
其中：春小麦	吨	163.15	1800	29.37	64.22	-54.3
冬小麦	吨	573.51	1800	103.23	41.32	149.9
（2）其他谷物	吨	4675.79	—	931.94	946.48	-1.5
其中：青稞	吨	4611.44	2000	922.29	936.07	-1.5
荞麦	吨	64.35	1500	9.65	10.41	-7.2
（3）谷物副产品	吨	10771.20	—	129.25	127.23	1.6
小麦秸	吨	1473.32	120	17.68	14.07	25.6
青稞杆	吨	9222.88	120	110.67	112.33	-1.5
其他各物秸秆	吨	75.00	120	0.90	0.83	8.1
2. 豆类	吨	606.78	—	44.50	32.18	38.3
豌豆	吨	202.26	2000	40.45	29.26	38.3
豆秸	吨	404.52	100	4.05	2.93	38.3
3. 油料	吨	1200.78	—	108.07	99.46	8.7
油菜籽	吨	400.26	2500	100.07	92.09	8.7
油菜籽杆	吨	800.52	100	8.01	7.37	8.7
4. 其他农作物	亩	1810.95	—	10.87	10.42	4.2
青饲料	亩	1810.95	60	10.87	10.42	4.2
（二）蔬菜、园艺作物	吨	3160.59	—	726.94	638.55	13.8
其中：蔬菜	吨	3160.59	2300	726.94	638.55	13.8
（三）水果、坚果、饮料和香料	吨	12.44	—	124.40	114.00	9.1
其中：茶及其他饮料（干品）	吨	12.44	—	124.40	114.00	9.1
茶	吨	12.44	100000	124.40	114.00	9.1
（四）野生植物采集				213.24	220.25	-3.2
1. 野生药材	千克	255.67	—	181.89	190.20	-4.4
虫草	千克	15.55	90000	139.95	126.18	10.9
贝母	千克	84.12	2500	21.03	49.32	-57.4
天麻	千克	68.00	500	3.40	7.69	-55.8
雪莲花	千克	—	100	0.00	0.00	—
红景天	千克	—	—	0.00	0.00	—
灵芝	千克	21.00	1990	4.18	4.24	-1.3
其他药材	千克	67.00	1990	13.33	2.78	379.9
2. 柴草	吨	627.00	500	31.35	30.05	4.3
二、林业产值				106.50	102.04	4.4
（一）林木的培育和种植				106.50	102.04	4.4

续表20

指标	单位	产品产量	按现行价格计算			
			价格（元）	2022 年	2021 年	百分比
1. 育种育苗	公顷	0.00	200	0.00	0.00	—
2. 造林	公顷	100.00	2200	22.00	22.00	0.0
其中：人工造林	公顷	100.00	2200	22.00	22.00	0.0
飞机播种造林	公顷	—	—	—	—	—
3. 抚育物管理				84.50	80.04	5.6
零星植树	株	46365.00	7.8	36.16	32.04	12.9
迹地更新	公顷	—	—	—	—	—
幼林抚育	公顷	—	—	—	—	—
成林抚育	公顷	833.33	580	48.33	48.00	0.7
（二）竹木采运				—	—	—
1. 木材采运	立方米	—	—	—	—	—
其中：村及村以下	立方米	—	—	—	—	—
2. 竹材采运	根	—	—	—	—	—
其中：村及村以下	根	—	—	—	—	—
（三）林产品的采集				—	—	—
其中：天然和人工林的果实	吨	—	—	—	—	—
三、牧业产值				4008.05	3676.15	9.0
（一）牲畜的饲养				3956.24	3618.55	9.3
1. 牛的饲养				1686.05	1438.63	17.2
其中：出售黄牛	头	3.00	8000	2.40	29.25	−91.8
出售良种及改良乳牛	头	—	—	—	—	—
出售牦牛	头	6.00	10000	6.00	184.25	−96.7
出售犏牛	头	2.00	7000	1.40	8.10	−82.7
牛肉产量	吨	1396.88	12000	1676.25	1217.03	37.7
2. 羊的饲养				198.12	220.63	−10.2
其中：出售的山羊	只	5.00	600	0.30	24.60	−98.8
出售的绵羊	只	118.00	800	9.44	23.38	−59.6
羊肉产量	吨	235.47	8000	188.38	172.66	9.1
3. 其他牲畜饲养				17.84	19.27	−7.4
出售马	匹	142.00	1200	17.04	18.91	−9.9

续表20

指标	单位	产品产量	按现行价格计算			
			价格（元）	2022年	2021年	百分比
出售驴	匹	10.00	600	0.60	0.36	66.7
出售骡	匹	4.00	500	0.20	0.00	—
4. 奶产品	吨	4965.81	—	1837.63	1717.63	7.0
其中：牛奶	吨	4657.20	3800	1769.74	1624.39	8.9
羊奶	吨	308.61	2200	67.89	93.24	-27.2
5. 毛绒产品	吨	—	—	58.09	49.13	18.2
山羊毛	吨	1.14	3500	0.40	0.41	-2.6
绵羊毛	吨	45.12	5500	24.82	22.99	7.9
山羊绒	吨	—	—	—	—	—
牛毛	吨	22.24	8500	18.90	14.91	26.8
牛绒	吨	—	—	—	—	—
牛尾	千克	5587.50	25	13.97	10.82	29.1
6. 其他牲畜产品（牲畜皮张）	张	26420.00	60	158.52	173.27	-8.5
（二）猪的饲养				7.88	12.38	-36.4
1. 当年出售猪	头	6.00	3000	1.80	9.00	-80.0
2. 猪肉产量	吨	6.75	9000	6.08	3.38	79.7
（三）家禽（毛重）				43.93	45.22	-2.8
1. 肉禽	只	2906.00	30	8.72	8.74	-0.2
鸡	只	2906.00	30	8.72	8.74	-0.2
2. 禽蛋	吨	54.17	6500	35.21	36.48	-3.5
其中：鸡蛋	吨	54.17	6500	35.21	36.48	-3.5
四、农林牧渔服务业				302	293.00	3.1
（一）农业服务业				118	113	4.4
1. 灌溉服务				—	—	—
2. 农产品初加工服务				—	—	—
3. 其他农业服务				118	113	4.4
（二）林业服务业				72	70	2.9
（三）畜牧业服务业				112	110	1.8
1. 兽医服务				112.00	110.00	1.8
2. 其他畜牧服务				—	—	—

错那县农、林、牧、渔业中间消耗计算表

表21

	计量单位	数量	价格（元）	2022 年	2021 年	现价 %
农、林、牧、渔业生产中间消耗总计	吨	—	—	3026.74	2814.33	7.5
一、农业	吨	—	—	1345.92	1273.06	5.7
（一）中间物质消耗	吨	—	—	778.92	723.06	7.7
1. 用种量	吨	—	—	66.17	59.68	10.9
谷物	吨	—	—	—	—	—
稻谷	吨	—	—	—	—	—
小麦	吨	58.93	1000	5.89	4.69	25.6
玉米	吨	—	—	—	—	—
高粱	吨	—	—	—	—	—
其他杂粮	吨	368.92	1000	36.89	33.70	9.5
其中：青稞	吨	368.92	1000	36.89	33.70	9.5
豆类	吨	48.54	900	4.37	3.16	38.3
薯类	吨	—	—	—	—	—
油料	吨	32.02	1200	3.84	3.54	8.7
其中：油菜籽	吨	32.02	1200	3.84	3.54	8.7
其他	吨	—	—	—	—	—
烟草类	吨	—	—	—	—	—
中药材	吨	—	—	—	—	—
蔬菜、瓜类	吨	252.85	600	15.17	14.60	3.9
其中：莲花白	吨	—	—	—	—	—
其他用种	吨	—	—	—	—	—
2. 役畜用饲料、饲草	吨	—	—	20.73	17.97	15.4
饲料用粮	吨	144.88	1100	15.94	13.90	14.7
饲料用油饼	吨	—	—	—	—	—
糠麸	吨	—	—	—	—	—
饲料作物	吨	—	—	—	—	—
农作物秸梗	吨	598.81	80	4.79	4.07	17.7
饲草	吨	—	—	—	—	—
其他	吨	—	—	—	—	—
3. 肥料	吨	—	—	32.74	35.92	-8.9
化学肥料	吨	—	—	—	—	—
氮肥	吨	113.81	2000	22.76	26.48	-14.0
钾肥	吨	—	—	—	—	—
磷肥	吨	58.67	1700	9.97	9.44	5.7
复合肥	吨	—	—	—	—	—
绿肥	吨	—	—	—	—	—
饼肥	吨	—	—	—	—	—
其他肥料	吨	—	—	—	—	—
4. 燃料	吨	—	—	507.25	468.78	8.2
柴油	吨	1014.5	5000	507.25	468.78	8.2
汽油	吨	—	—	—	—	—

续表21

	计量单位	数量	价格（元）	2022 年	2021 年	现价 %
润滑油	吨	—	—	—	—	—
煤	吨	—	—	—	—	—
其他	吨	—	—	—	—	—
5. 农药	吨	0.64	3600	0.23	0.35	-33.2
6. 农用塑料薄膜	吨	3.25	500	0.16	0.16	—
7. 用电量	度	1094082.22	0.6	65.64	60.21	9.0
8. 小农具购置费	吨	—	—	86.00	80.00	7.5
9. 办公用品购置	吨	—	—	—	—	—
10. 其他物质消耗	吨	—	—	—	—	—
（二）生产服务支出	吨	—	—	567.00	550.00	3.1
1. 修理费	吨	—	—	62.00	60	3.3
2. 外雇运输费	吨	—	—	95.00	90	5.6
3. 生产性邮电费	吨	—	—	—	—	—
4. 保险费	吨	—	—	—	—	—
5. 广告费	吨	—	—	—	—	—
6. 职工教育费	吨	—	—	—	—	—
7. 技术咨询费	吨	—	—	—	—	—
8. 外雇排灌费	吨	—	—	—	—	—
9. 外雇机耕费	吨	—	—	—	—	—
10. 上交管理费	吨	—	—	—	—	—
11. 差旅费	吨	—	—	—	—	—
12. 会议费支出	吨	—	—	204.00	200	2.0
13. 其他劳务费	吨	—	—	206.00	200	3.0
二、林业	吨	—	—	42.32	40.47	4.6
（一）中间物质消耗	吨	—	—	27.82	27.47	1.3
1. 用种量	吨	—	—	27.82	27.47	1.3
种籽	吨	—	—	—	—	—
树苗	株	46365	6	27.82	27.47	1.3
2. 肥料	吨	—	—	—	—	—
化学肥料	吨	—	—	—	—	—
氮肥	吨	—	—	—	—	—
钾肥	吨	—	—	—	—	—
磷肥	吨	—	—	—	—	—
复合肥	吨	—	—	—	—	—
其他肥	吨	—	—	—	—	—
3. 燃料	吨	—	—	—	—	—
柴油	吨	—	—	—	—	—
汽油	吨	—	—	—	—	—
润滑油	吨	—	—	—	—	—
煤	吨	—	—	—	—	—
其他	吨	—	—	—	—	—
4. 农药	吨	—	—	—	—	—
5. 用电量	度	—	—	—	—	—

续表21

	计量单位	数量	价格（元）	2022 年	2021 年	现价 %
6. 小农机具购置费	吨	—	—	—	—	—
7. 办公用品购置费	吨	—	—	—	—	—
8. 其他物质消耗	吨	—	—	—	—	—
（二）生产服务支出	吨	—	—	14.50	13.00	11.5
1. 修理费	吨	—	—	—	—	—
2. 外雇运输费	吨	—	—	—	—	—
3. 生产性邮电费	吨	—	—	—	—	—
4. 保险费	吨	—	—	—	—	—
5. 广告费	吨	—	—	—	—	—
6. 技术咨询费	吨	—	—	—	—	—
7. 上交管理费	吨	—	—	—	—	—
8. 差旅费	吨	—	—	—	—	—
9. 会议费	吨	—	—	—	—	—
10. 其他劳务费	吨	—	—	14.50	13.00	11.5
三、牧业	吨	—	—	1583.50	1447.80	9.4
（一）中间物质消耗	吨	—	—	1213.50	1097.80	10.5
1. 用种量	吨	—	—	—	—	—
种蛋	吨	—	—	—	—	—
种蚕	吨	—	—	—	—	—
其他	吨	—	—	—	—	—
2. 饲料、饲草	吨	—	—	843.50	747.80	12.8
饲料用粮	吨	3000	1100	330.00	290.00	13.8
饲料用油饼	吨	—	—	—	—	—
糠麸	吨	—	—	—	—	—
饲料作物	吨	—	—	—	—	—
农作物秸梗	吨	—	—	—	—	—
饲草	吨	—	—	—	—	—
青饲料作物	吨	3400	1100	374.00	336.60	11.1
其他（盐）	吨	450	3100	139.50	121.20	15.1
3. 燃料	吨	—	—	—	—	—
柴油	吨	—	—	—	—	—
汽油	吨	—	—	—	—	—
润滑油	吨	—	—	—	—	—
煤	吨	—	—	—	—	—
其他	吨	—	—	—	—	—
4. 用电量	度	—	—	—	—	—
5. 畜牧用药品	吨	—	—	—	—	—
6. 其他物质消耗	吨	—	—	370.00	350.00	5.7
（二）生产服务支出	吨	—	—	370.00	350.00	5.7
1. 修理费	吨	—	—	—	—	—
2. 外雇运输费	吨	—	—	—	—	—
3. 生产性邮电费	吨	—	—	—	—	—
4. 保险费	吨	—	—	—	—	—

续表21

	计量单位	数量	价格（元）	2022 年	2021 年	现价 %
5. 广告费	吨	—	—	—	—	—
6. 职工教育费	吨	—	—	—	—	—
7. 配种费	吨	—	—	—	—	—
8. 防疫费	吨	—	—	—	—	—
9. 技术咨询费	吨	—	—	—	—	—
10. 上交管理费	吨	—	—	—	—	—
11. 差旅费	吨	—	—	—	—	—
12. 会议费	吨	—	—	—	—	—
13. 其他劳务费	吨	—	—	370.00	350.00	5.7
四、农林牧渔服务业中间消耗	吨	—	—	55.00	53.00	3.8

错那县农村非农行业总产值情况表

表22

指标	代码	2022 年	2021 年	%
农村非农行业产值合计	1	10284.72	10155.21	1.28
一、农村工业总产值	2	921.00	619.83	48.59
1. 乡办工业产值	3	—	—	—
2. 村办工业产值	4	—	—	—
3. 村以下办工业产值	5	921.00	619.83	48.59
二、农村建筑总产值	6	5343.83	5633.27	-5.14
1. 建筑安装工程产值	7	5343.83	5633.27	-5.14
（1）兴建房屋产值	8	3580.37	3774.29	-5.14
（2）农田水利工程产值	9	1603.15	1689.98	-5.14
（3）其他	10	160.31	169.00	-5.14
2. 其他	11	—	—	—
其中：开垦荒地	12	—	—	—
三、农村运输业总产值	13	2856.271	2929.08	-2.49
1. 乡办运输企业货运产值	14	—	—	—
2. 村办运输企业货运产值	15	—	—	—
3. 村以下办运输企业货运产值	16	2856.271	2929.08	-2.49
四、农村批发零售贸易业、饮食业总产值	17	1163.62	973.03	19.59
1. 批发零售贸易业产值	18	698.17	583.82	19.59
其中：农村供销社	19	—	—	—
2. 饮食业产值	20	465.45	389.21	19.59
其中：农村供销社	21	—	—	—

错那县农林牧渔业商品产值情况表

表23

商品产值	2022 年	2021 年	%
农林牧渔业商品产值	1966.39	1838.19	6.97
一、农业商品产值	689.01	612.26	12.54

续表23

商品产值	2022年	2021年	%
（一）种植业	438.20	146.97	198.15
1. 主要产品商品产值	438.20	146.97	198.15
（1）粮食作物合计	132.73	—	—
①谷物	119.38	—	—
②豆类	13.35	—	—
（2）油料	32.42	29.84	8.66
（3）蔬菜	145.39	—	—
（4）茶叶	124.40	114.00	9.12
（5）其他种植业	3.26	3.13	4.14
其中：饲料作物	3.26	3.13	4.25
2. 副产品商品产值	0.00	—	—
（1）粮食作物产品	0.00	—	—
其中：谷物副产品	—	—	—
（2）其他副产品	—	—	—
（二）其他农业	250.82	465.29	-46.09
1. 采集野生植物	72.76	76.08	-4.37
2. 农民家庭兼营商品性工业	178.06	389.21	-54.25
二、林业商品产值	13.33	2.78	379.95
（一）营林	—	—	—
（二）林产品	13.33	2.78	379.95
（三）竹木采伐	—	—	—
其中：村及村以下	—	—	—
三、牧业商品产值	1264.04	1223.15	3.34
（一）牲畜商品产值	1250.86	1209.58	3.41
1. 大牲畜	511.17	437.37	16.87
（1）牛	505.82	431.59	17.20
（2）马	5.11	5.67	-9.87
（3）驴	0.18	0.11	66.67
（4）骡	0.06	—	—
2. 猪	2.36	4.95	-52.29
3. 羊	59.43	88.25	-32.65
4. 其他	677.90	679.01	-0.16
（二）家禽	13.18	13.57	-2.85

错那县非物质文化遗产项目名录分布表

表24

序号	项目类别	项目名称	项目级别	项目所在地（乡、村）	传承人	备注
1	戏剧	门巴戏（门巴阿吉拉姆）	国家级	勒乡勒村	格桑旦增	国家级代表性传承人
					巴桑	国家级代表性传承人
2	传统舞蹈	门巴拔羌姆之本羌姆派	国家级	吉巴乡吉巴村	旦增旺杰	市级代表性传承人
		门巴拔羌姆之唷羌姆派		贡日乡斯木村	索朗次仁	自治区级代表性传承人
3	民间音乐	门巴萨玛酒歌之吉巴派	自治区级	吉巴乡让村	白玛次仁	自治区级代表性传承人
		门巴萨玛酒歌之麻麻派	自治区级	麻麻乡麻麻村	次仁曲宗	市级代表性传承人
4	传统技艺	门巴族服装编织技艺	自治区级	吉巴乡吉巴村	卓嘎	自治区级代表性传承人

续表24

序号	项目类别	项目名称	项目级别	项目所在地（乡、村）	传承人	备注
5	传统技艺	卡达藏刀制作技艺	自治区级	卡达乡卡达村	扎西巴珠	自治区级代表性传承人
6	传统舞蹈	扎洞扎念弹唱	自治区级	觉拉乡扎洞村	次仁顿珠	自治区级代表性传承人
7	民俗	洞嘎达羌节	自治区级	曲卓木乡洞嘎村	边巴	县级第一批
8	传统技艺	扎洞铃铛制作技艺	县级	觉拉乡扎洞村	暂未公布	县级第一批
9	传统舞蹈	西午咚斯舞	县级	卡达乡西午村	暂未公布	县级第一批
10	民俗	亚玛荣传统边贸会	县级	错那镇亚玛荣村	暂未公布	县级第一批
11	传统舞蹈	洞嘎谐钦	县级	曲卓木乡洞嘎村	暂未公布	县级第一批
12	传统舞蹈	洞嘎果谐	县级	曲卓木乡洞嘎村	暂未公布	县级第一批
13	习俗	门巴旺久阡莫习俗	县级	勒布四个门巴族乡	暂未公布	县级第一批
14	传统技艺	门巴木碗制作技艺	县级	麻麻乡麻麻村	暂未公布	县级第一批
15	传统技艺	门巴竹器编织技艺	县级	麻麻乡麻麻村	暂未公布	县级第一批
16	戏剧	卡达雪藏戏	县级	卡达乡卡达村	暂未公布	县级第一批
17	戏剧	西午藏戏	县级	卡达乡西午村	暂未公布	县级第一批
18	戏剧	恰嘎（果久）藏戏	县级	卡达乡恰嘎村	暂未公布	县级第一批
19	戏剧	觉拉藏戏	县级	觉拉乡觉拉村	暂未公布	县级第一批
20	戏剧	罗堆藏戏	县级	觉拉乡罗堆村	暂未公布	县级第一批
21	戏剧	洞嘎藏戏	县级	曲卓木乡洞嘎村	暂未公布	县级第一批
22	戏剧	郭巴藏戏	县级	曲卓木乡郭巴村	暂未公布	县级第一批
23	戏剧	灭息藏戏	县级	曲卓木乡灭息村	暂未公布	县级第一批
24	戏剧	亚玛荣藏戏	县级	错那镇亚玛荣村	暂未公布	县级第一批
25	传统舞蹈	觉拉德吉谐钦	县级	觉拉乡德吉村	暂未公布	县级第一批
26	民俗	觉拉旺果节	县级	觉拉乡觉拉村	暂未公布	县级第一批
27	民间音乐	勒乡贤村门巴族牧歌	县级	勒乡贤村	暂未公布	县级第二批
28	传统舞蹈	兴玛寺加羌姆	县级	曲卓木乡兴玛寺	暂未公布	县级第二批
29	传统技艺	门巴族门香制作技艺	县级	贡日乡斯木村	暂未公布	县级第二批
30	传统技艺	勒乡竹器编织技艺	县级	勒乡勒村	暂未公布	县级第二批
31	民俗	勒乡贤村门巴族服饰	县级	勒乡贤村	暂未公布	县级第二批
32	传统技艺	门巴族传统美食	县级	勒布四个门巴族乡	暂未公布	县级第二批
33	传统技艺	浪坡退瑞煮配制	县级	浪坡乡养堆村	暂未公布	县级第二批
34	民俗	门巴族婚庆	县级	勒乡勒村	暂未公布	县级第二批
35	传统技艺	门巴族荞麦酒酿制	县级	勒布四个门巴族乡	暂未公布	县级第二批
36	民俗	觉拉勇吉村旺果节	县级	觉拉乡勇吉村	暂未公布	县级第二批

注：勒布4个门巴民族乡为吉巴门巴民族乡、贡日门巴民族乡、麻麻门巴民族乡、勒门巴民族乡。

组织机构及负责人名录

中国共产党错那县委员会

书　记：
　　巴桑欧珠
常务副书记：
　　姜烨（援藏，9月任）
副书记：
　　鲁绪超
　　李浩路
　　次仁顿珠
　　金建东（援藏，4月任）
　　徐　超
常　委：
　　陈　锐
　　巴桑次仁
　　周　兵（援藏，4月任）
　　洛　琼
　　吴建国
　　索朗巴珠
　　吴达胜
　　李广进
　　张盛杰
　　张　和（7月任）

错那县人民代表大会常务委员会

主　任：
　　李浩路
副主任：
　　王利民
　　坚　增（藏族）
　　尼玛它确（藏族）
　　次　仁（藏族）

错那县人民政府

县　长：
　　鲁绪超
常务副县长：
　　姜　烨（援藏，7月任）
　　金建东（援藏，7月任）
　　巴桑次仁（藏族，4月离）
副县长：
　　周　兵（援藏，7月任）
　　其米卓嘎（藏族）
　　土登次仁（藏族）
　　刘中权
　　张宗宝
　　马建荣
　　加　措

中国人民政治协商会议错那县委员会

主　席：
　　巴桑旺堆（藏族，5月离）
　　次仁顿珠（藏族，7月任）
副主席：
　　白玛次仁（藏族，7月离）
　　普　　巴（门巴族）
　　冯勇卫

中共错那县纪律委员会·错那县监察委员会

纪委书记、监委主任：
　　张盛杰（7月离）
　　张　和（7月任）

纪委副书记、监委副主任：

伍金扎西（藏族）

石重海（毛南族）

信访室主任：

拉　珍（女，藏族）

党风政风监督室主任：

次仁卓嘎（女，藏族）

监督检查室主任：

边巴拉姆（女，藏族）

信息中心主任：

蔡　奕（4月离）

中共错那县委各部、委、办、局

县委办公室

主　任：

李广进

副主任：

张　俊（6月任）

刘　文（12月离）

蒋一奎（12月任）

旦巴热杰（藏族，12月任）

县委组织部

部　长：

吴建国

常务副部长：

施奇成

副部长：

仁增曲珍（女，藏族）

巴桑罗布（藏族）

央　目（藏族，12月任）

郑　彬（12月任）

县委宣传部

部　长：

洛　琼（藏族）

常务副部长：

朱家星（彝族，6月离）

向秋仁青（藏族，6月任）

副部长、新闻出版局局长：

丁洪飞

副部长、新闻办公室主任：

次　央（女，藏族）

副部长、广电局局长：

李　蒙（12月任）

网评中心主任：

尼玛次仁（藏族）

县委统一战线工作部

部长、民宗局局长：

索朗巴珠

常务副部长：

扎西格列（藏族）

副部长、民宗局副局长：

拉巴旦增（藏族）

副部长、民宗局副局长：

李永辉（12月任）

县委政法委员会

书　记：

吴达胜

常务副书记：

周　全

副书记：

罗　鑫

平措顿旦（藏族）

县委巡察办

主　任：

达娃罗布（藏族，6月离）

县委直属机关工作委员会

书　记：

吴建国

副书记：

张　川

县委党校（县行政学校）

校　长：

吴建国

常务副校长：

琼　达（藏族，12月任）

副校长：

赵好青（12月任）

错那县档案局（馆）

馆　长：

央　宗（女，藏族）

副馆长：

魏　渊（12月任）

错那县人大专门委员会人大常委会办公室

县人大财经农牧城建环保委员会

主任委员：

吉　律（藏族）

县人大法制司法民族宗教委员会

主任委员：

贡觉卓玛（女，藏族）

县人大科学教育文化卫生委员会

主任委员：

尼玛坚才（藏族，6月离）

达娃罗布（藏族，6月任）

县人大常委会办公室

主　任：

张　川

副主任：

多吉占堆（12月任）

尼玛拉姆（藏族，12月离）

多吉占堆（藏族，12月离）

错那县人民政府各委、办、局

错那县政府办公室

主　任：

王浩星

副主任：

桑旦拉姆（藏族，12月离）

旦增赤列（藏族，12月任）

格桑阿旺（藏族，12月任）

李青松（12月任）

错那县信访局

局　长：

边巴次仁（藏族）

副局长：

洛桑罗布（藏族，6月离）

措　姆（女，藏族）

错那县发展和改革委员会

主　任：

边巴次仁（藏族，7月离）

念　扎（藏族，7月任）

副主任：

江永权（援藏）

洛桑顿珠（藏族，12月离）

阿旺四朗（藏族，7月离）

桑旦拉姆（女，藏族，12月任）

欧阳辉（12月任）

郑　波

错那县教育局（体育局）

局　长：

王俊锋

副局长：

徐松赞

多　吉（12月任）

错那县公安局

局　长：

吴达胜（8月任）

政　委：

罗布顿珠（藏族，8月任）

错那县边境管理大队

大队长：

王维喜

教导员：

苏晓勇

错那县司法局

局　长：

周　竹（土家族）

副局长：

桑旦卓玛（女，藏族）

顿珠朗杰（藏族）

罗　宗（女，藏族，12月任）

错那县民政局

局　长：

强巴旦增（藏族）

副局长：

阿旺曲宗（女，藏族）

错那县财政局

局　长：

阿　边（藏族）

副局长：

扎西顿珠（藏族）

索朗益西（藏族）

刘文汉

错那县人力资源和社会保障局

局　长：

洛桑平措（藏族）

副局长：

宋苏文

宗　吉（女，藏族）

错那县自然资源局

局　长：

旦增平措（藏族）

副局长：

白玛拉姆（女，藏族）

屈志威

姑桑曲珍（女，藏族）

错那县交通运输局

局　长：

秦晓民（6月任）

副局长：

蒋仕力

欧　珠（藏族，12月任）

格桑卓玛（女，藏族，12月任）

道路运输管理所所长：

索朗达杰（藏族）

错那县住房和城乡建设局

局　长：

罗布次仁（藏族）

副局长：

巴桑央宗（女，藏族）

庞　凌

错那县水利局

局　长：

念　扎（藏族，6月离）

洛　桑（6月任）

副局长：

洛桑次旦（藏族）

张政涛

错那县农业农村局

局　长：

洛桑罗布（藏族）

副局长：

王天柱（援藏）

桑旦扎西（藏族，6月离）

格桑旦增（藏族，12月任）

姚　魏

边巴罗布（藏族）

农牧综合服务中心副主任：

杨晋松（苗族，6月离）

强久次仁（12月任）

李　超

错那县商务局

局　长：

扎西巴珠（藏族）

副局长：

邓红霞（女）

巴　桑（藏族，12月任）

错那县文化局（文物局）

局　长：

班月玲（女，6月离）

华卫强（6月任）

副局长：

次仁旺堆（藏族）

孙　尧（12月离）

白玛措姆（女，藏族，12月任）

艺术团团长：

次　仁（藏族）

艺术团副团长：

扎西顿珠（藏族）

错那县旅游发展局

局　长：

刘　杰

副局长：

闵吉祥（8月任，援藏）

次仁卓嘎（女，藏族）

拉　平（藏族）

王新凤（12月任）

错那县卫生健康委员会

主　任：

汪红伟

副主任：

格桑卓玛（女，藏族，12月离）

春　花（女，藏族）

孙　波（12月任）

群　觉（藏族，12月任）

错那县退役军人事务局

局　长：

张　伟（女）

副局长：

普布卓玛（女，藏族）

田衍鸿（6月离）

周建波（12月任）

错那县应急管理局

局　长：

阿旺四朗（藏族，6月任）

副局长：

蒋　鹏

西　洛（藏族）

格桑卓玛（女，藏族，12月任）

错那县审计局

局　长：

邓　虎

副局长：

旦增拉旺（藏族）

错那县市场监督管理局

局　长：

白玛曲珍（女，藏族）

副局长：

次吉卓玛（女，藏族）

巴　桑（藏族，12月离）

刘　文（12月任）

错那县统计局

局　长：

次旦卓嘎（女，藏族）

副局长：

卓玛曲宗（女，藏族）

毛加宁（12月任）

错那县林业和草原局

局　长：

李权辉（6月任）

副局长：

次仁卓嘎（女，藏族）

刘堂勇

错那县医疗保障局

局　长：

其米卓嘎（女，藏族）

副局长：

扎西央宗（女，藏族）

拉姆次仁（女，藏族）

错那县行政审批和便民服务局

局　长：

郑　龙（6月离）

王乐飞（白族，6月任）

副局长：

央　吉（女，藏族）

仁增曲珍（女，藏族，12月离）

次仁曲珍（女，藏族，12月任）

错那县城市管理和综合执法局

局　长：

洛桑扎西（藏族，6月任）

副局长：

孙　尧（12月任）

洛桑扎西（藏族）

错那县藏语文工作委员会办公室（错那县编译局）

主　任：

达瓦顿珠（藏族）

副主任：

洛桑仓决（女，藏族）

错那县乡村振兴局

局　长：

格桑次卓（女，藏族，6月任）

副局长：

边巴扎西（藏族，12月任）

宋苏文（12月任）

错那县外事办公室

主　任：

格桑次卓（女，藏族，8月离）

田衍鸿（8月任）

副主任：

达娃央珍（女，藏族）

罗珍白玛（女，藏族，12月任）

错那县政协办公室和综合委员会

政协办公室

主　任：

陈　义（彝族）

副主任：

央金措姆（女，藏族）

综合委员会

主　任：

洛桑次仁（藏族，12月离）

邓　虎（12月任）

军队系统

错那县消防救援大队

指导员：

彭南忠

各级直属部门

错那县人民法院

院　长：

尼玛琼达（藏族）

副院长：

朗　杰（藏族）

错那县人民检察院

检察长：

陆　健

副检察长：

罗　布（藏族）

国家税务总局错那县税务局

局　长：

杨伟德

副局长：

李　鑫

纪检组组长：

索　珍（女，藏族，12月离）

扎西央金（女、藏族，12月任）

山南市生态环境局错那县分局

局　长：

加　律（女，藏族，6月离）

洛桑达瓦（藏族，6月任）

副局长：

马　鼎

次仁顿旦（藏族）

白玛德吉（女，藏族，6月任）

群众团体

错那县总工会

主　席：

达瓦多吉（藏族，6月离）

次　珍（女，藏族，6月任）

副主席：

林　杰

错那县妇女联合会

主　席：

宗　吉（女，藏族，6月任）

副主席：

尼玛拉姆（女，藏族，12月任）

共青团错那县委员会

书　记：

央金卓嘎（女，藏族）

副书记：

次央拉姆（女，藏族）

错那县工商业联合会

主　席：

华卫强（6月离）

边巴次仁（藏族，6月任）

副主席：

扎西央宗（藏族）

错那县残疾人联合会

理事长：

乃觉旺姆（藏族）

县直以上企事业单位

机关后勤服务中心

主　任：

益西次仁（藏族）

副主任：

普布次仁（藏族）

格桑德吉（藏族）

错那县人民医院（卫生服务中心）

主　任：

暂　缺

副主任：

汪舜荣（7月离，援藏）

程志昆（7月任，援藏）

尼玛旺久（藏族）

王东旭

德西巴宗（女，藏族）

错那县藏医院

主　任：

暂缺

副主任：

普布次仁（藏族）

达瓦索朗（藏族）

白玛欧珠（藏族）

错那县气象局

局　长：

巴桑罗布（藏族）

副局长：

阿旺格桑（藏族）

台　长：

格桑云丹加措（藏族）

错那县广播电视台

主　任：

多杰次仁（藏族）

副主任：

张泽成

西藏自治区广播电视局错那县中波转播台

台　长：

达瓦扎西（藏族）

副台长：

扎西旦增（藏族）

国家电网错那县供电有限责任公司

总经理：

佘建平

副经理：

尼玛次仁（藏族）

索朗罗布（藏族）

错那县中学

校　长：

巴　珠（藏族）

支部书记：

杨茂红

副校长：

周浩波

索朗杰布（藏族）

错那镇完全小学

校　长：

仁　增（藏族）

书　记：

格桑强巴（藏族）

卡达乡小学

校　长：

达瓦多吉（藏族）

书　记：

桑　吉（藏族）

觉拉乡完全小学

校　长：

索朗扎西（藏族）

书　记：

薛鹏程（藏族）

曲卓木乡完全小学

校　长：

洛桑次仁（藏族）

书　记：

扎西顿珠（藏族）

麻麻门巴民族乡小学

校　长：

边巴次仁（藏族）

书　记：

康珠卓玛（藏族）

错那县邮政分公司

总经理：

张　刚

副经理：

白玛群培（12月任）

中国农业银行错那县支行

行　长：

平措桑旦（藏族）

副行长：

益西欧珠（藏族）

次旺罗布（1月任，9月离）

次仁多布杰（10月任，12月离）

中国电信集团有限公司错那县电信局

局　长：

索朗曲珍（女，藏族）

中国移动通信集团有限公司错那县分公司

县经理：

达娃卓嘎

网格长：

罗　亚（藏族）

网格经理：

格桑卓嘎（女，藏族）

乡（镇）

错那镇

党委书记：

拉巴顿珠（藏族）

党委副书记、镇长：

蒲文刚

党委副书记、人大主席：

强巴德吉（女，藏族，5月离）

扎西央宗（女，藏族，6月任）

党委副书记：

尼玛曲珍（女，藏族，12月离）

普布单增（藏族，12月任）

纪委书记：

普布单增（藏族，1—11月）

拉　　珍（女，藏族，12月任）

组织委员：

徐文胜（12月离）

宣传委员、政法委员：

嘎玛次仁卓玛（女，珞巴族）

统战委员、副镇长：

渠继增

副镇长：

益西次仁（门巴族）

周　喜

司法所所长：

德庆曲珍（女，藏族）

旅游文化综合服务中心主任：

达娃央金（女，藏族，12月离）

农牧综合服务中心主任：

德庆旺堆（藏族）

便民服务中心（综治中心）主任：

格　　平（藏族，12月任）

浪坡乡

党委书记：

冯勇卫

党委副书记、乡长：

次仁朗杰

乡党委副书记、人大主席：

索朗旺堆（藏族）

党委副书记：

邵光毅

纪委书记：
索朗措姆（女，藏族）
统战委员、副乡长：
土旦顿珠（藏族）
组织委员：
曾猛军（12月任）
宣传委员、政法委员，副乡长：
次仁央金（女，藏族，12月任）
副乡长，肖村党支部书记：
琼次仁（藏族）
副乡长：
索朗次旦（藏族，2月任）
便民服务中心主任：
拉　增（藏族）
文化旅游服务中心主任：
达娃央金（女，藏族）
农牧综合服务中心主任：
扎西顿珠（藏族）

卡达乡

党委书记：
李欢欢
党委副书记、乡长：
米玛旦增（藏族）
党委副书记、人大主席：
白玛旦增（藏族）
党委副书记：
索朗拉珍（女，藏族）
纪委书记：
青双宝（藏族）
宣传委员：
次仁卓玛
组织委员、统战委员：
张文意（3月离）
邹家华（藏族，12月任）
人武部部长：
蒋建川
政法委员、副乡长：
尼玛曲珍（女，藏族）
副乡长：
晋　美（藏族）
拉姆次仁（女，藏族）
农牧综合服务中心主任：
旦增曲珍（女，藏族）
文化服务中心主任：
洛追坚参（男，藏族）
后勤服务中心主任：
次　吉（藏族）
卫生服务中心主任：
洛桑旦增（藏族）

党拉乡

党委书记：
边巴次仁（藏族）
党委副书记、乡长：
刘雄飞
党委副书记、人大主席：
扎西达瓦（藏族）
党委副书记：
周建波（12月离）
纪委书记：
索朗德吉（女，藏族，12月离）
组织委员：
扎西仓决（女，藏族，12月离）
宣传委员、副乡长：
白玛曲珍（女，藏族）
统战委员、政法委员：
益西卓玛（女，藏族）
副乡长：
毛加宁（12月离）
索朗达瓦（藏族）

曲卓木乡

党委书记：
布琼次仁（藏族）
党委副书记、人大主席：
洛桑坚赞（藏族）

党委副书记、乡长：

王　波

党委副书记：

戴育生（12月任）

组织委员：

曲尼措姆（女，藏族，12月任）

统战委员、宣传委员：

索朗巴珠（藏，12月任）

纪检委员：

扎西仓决（女，12月任）

政法委员、副乡长：

朱自力（藏族，12月任）

副乡长：

次仁多吉（藏族）

李吉忠（12月任）

库局乡

党委书记：

马建荣（6月离）

次仁扎西（藏族，6月任）

党委副书记、人大主席：

仁增平措（藏族）

党委副书记、乡长：

次仁扎西（藏族，6月离）

汪海涛（7月任）

党委副书记：

罗　宗（女，藏族，12月离）

索朗加措（藏族，12月任）

人武部部长：

索朗加措（藏族，12月离）

纪委书记：

白玛卓嘎（女，藏族）

组织委员：

向　康（土家族，12月离）

邓　亳（12月任）

政法委员、宣传委员：

邓　亳（12月离）

李　顺（12月任）

统战委员、副乡长：

罗桑群培（藏族）

副乡长：

李　顺（12月离）

次仁德吉（女，藏族）

司法所所长：

仓决卓嘎（女，藏族，12月任）

吉巴门巴民族乡

党委书记：

梅　超

党委副书记、乡长：

索朗德吉（女，门巴族）

党委副书记、人大主席：

西　洛（藏族，6月离）

桑旦扎西（藏族，6月任）

党委副书记：

厉兆鹏

纪委书记：

格桑旺姆（女，藏族）

组织委员、统战委员：

刘忠珏

宣传委员、副乡长：

普布多杰（藏族）

政法委员、副乡长：

群　培

副乡长：

阿旺洛旦（藏族）

司法所所长：

仓决卓嘎（女，藏族）

农牧综合服务中心主任：

巴桑仓决（女，藏族）

后勤服务中心主任：

次仁卓玛（女，藏族）

贡日门巴民族乡

党委书记：

杨东风

党委副书记、乡长：
斗卓玛（女，门巴族）
党委副书记、人大主席：
赵　军
党委副书记：
余林广
纪委书记：
格　桑（女，藏族）
组织委员：
旦增卓玛（女，藏族）
宣传委员、政法委员：
王新风
统战委员、副乡长：
白玛玉珍（女，藏族）
副乡长：
央　宗（女，藏族）

麻麻门巴民族乡

党委书记：
褚寿龙（7月离）
马建荣（7月任）
党委副书记、人大主席：
仓木卓玛（女，藏族）
党委副书记、乡长：
土旦次仁（门巴族）
党委副书记：
赵　恒
纪委书记：
次仁旦增（藏族）
组织委员、政法委员：
索朗加措（藏族）
宣传委员、副乡长：
格列朗杰（藏族）
统战委员、副乡长：
琼　吉（女，藏族）
人武部部长：
徐　伟（汉族）
副乡长：
索朗卓嘎（女，藏族）
后勤服务中心主任：
次仁央吉（女，藏族）
农牧综合服务中心主任：
次　珍（女，藏族）

勒门巴民族乡

党委书记：
冯永义
党委副书记、乡长：
拉巴卓玛（女，门巴族）
党委副书记、人大主席：
格桑旦增（门巴族）
党委副书记：
汪海涛（7月离）
向　康（土家族，12任）
组织委员：
曲尼措姆（女，藏族，12月离）
扎西曲珍（女，藏族）
纪委书记：
格桑次仁（藏族，12月离）
巴桑次仁（藏族，12月任）
政法委员：
贾燕伟（12月任）
宣传委员、统战委员：
桑杰曲珍（女，藏族，12月离）
次诺拉（藏族，12月任）
边境派出所教导员：
李飞龙

索　引

INDEXES

说　明

一、本索引采用主题分析法编制，索引范围为全书各部类条目。“特辑”“大事记”“附录”等部类的具体内容未做索引，以其部类名称标引。

二、本索引按主题词首字汉语拼音音序（同音字按音调）排列。若首字拼音相同则按第二字音序排列，以此类推。部类、分目作索引款目用黑体字排印，其余均用宋体字排印。条目5条以上不做索引。

三、索引款目后的阿拉伯数字和拉丁字母（a、b、c）分别表示内容所在的页码和栏别（即左、中、右栏）。

D

E

F

K

L

M

N

P

Q

R

S

T

W

X

Y

Z